lonely planet

L'essentiel de la Thaïlande

Pour découvrir le meilleur de la Thaïlande

Édition écrite et actualisée par

China Williams,
Mark Beales, Tim Bewer, Celeste Brash,
Austin Bush, David Eimer, Adam Skolnick

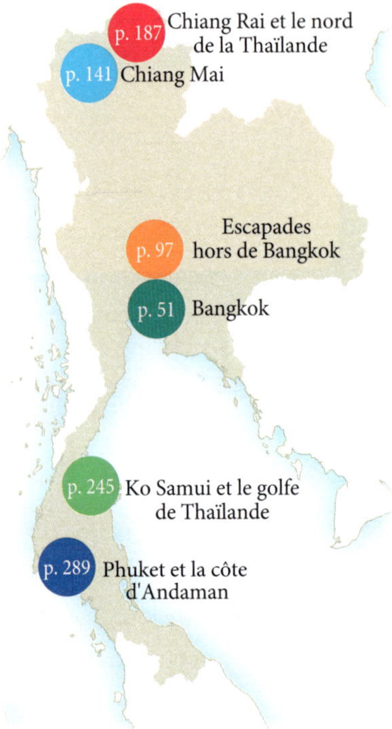

Chiang Mai

- Wat Phra Singh
- Musée des Arts populaires lanna
- Wat Phra That Doi Suthep
- Th Nimmanhaemin
- Sunday Walking Street

Chiang Rai et le nord de la Thaïlande

- Province de Chiang Rai
- Mae Hong Son
- Sukhothai
- Lampang
- Pai

Bangkok

- Ko Ratanakosin
- Le Bangkok culinaire
- Le fleuve Chao Phraya
- Le marché du week-end de Chatuchak
- La maison de Jim Thompson

Escapades hors de Bangkok

- Ayuthaya
- Ko Samet
- Monuments khmers
- Parc national de Khao Yai
- Kanchanaburi

Ko Samui et la côte du golfe

- Ko Samui
- Hua Hin
- Parc national maritime d'Ang Thong
- Phetchaburi
- Ko Pha-Ngan

Sommaire

Avant le départ

Découvrir

Sommaire

Découvrir la Thaïlande

En savoir plus

Carnet pratique

Quelques mots sur la Thaïlande

La Thaïlande a reçu tous les dons : la beauté, la grâce et de nombreux attraits qui charment le monde entier. Elle est à la fois mystérieuse et troublante, accessible et accueillante.

Bangkok distille une dose pure d'adrénaline. Le rythme de la capitale est frénétique, les espaces réduits, les sites étourdissants et les parfums ennivrants. Déroutante au premier abord, elle séduira sans tarder les amoureux des villes.

Le paisible littoral du Sud chasse les soucis du monde moderne. Les eaux sont cristallines, les sites de plongée spectaculaires et l'ambiance évoquent la douceur de vivre. À l'image du pays tout entier, les îles et plages de Thaïlande invitent à l'hédonisme, des folles soirées sur le sable aux dîners romantiques en bord de mer. Le long de la côte d'Andaman s'élèvent de majestueuses falaises calcaires.

Une culture vibrante attend le visiteur, entre ferveur religieuse et vestiges d'époques anciennes. La bouillonnante Bangkok, à la fois centre du pays et siège de la religion et de la monarchie, éblouit par ses temples flamboyants. Plus au nord, les anciennes capitales d'Ayuthaya et de Sukhothai sont émaillées de ruines et de statues du Bouddha.

Le Nord est le domaine des montagnes luxuriantes, des cités historiques et des dissensions frontalières. Chiang Mai se distingue par sa vieille ville bien conservée et son atmosphère de cité universitaire. Dans les montagnes, des ethnies préservent leur identité ancestrale.

Aux quatre coins du royaume, les Thaïlandais concoctent de vrais festins à partir d'ingrédients simples. Ainsi le voyage d'une région à l'autre se transforme-t-il en véritable expérience gastronomique, des currys au lait de coco du Sud aux bols fumants de nouilles de Bangkok, en passant par les copieux ragoûts de Chiang Mai.

“Aux quatre coins du royaume, les Thaïlandais concoctent de vrais festins”

Long-tail boat, Hat Phra Nang, Railay (p. 324)

Thaïlande

HANOI
Golfe du Tonkin
VIETNAM
LAOS
MYANMAR (BIRMANIE)
CAMBODGE
Mae Sai
Chiang Saen
Chiang Khong
Tha Ton
Chiang Rai
Fang
Mékong
Luang Prabang
Huay Kon
Mae Hong Son
Pai
Doi Inthanon (2 565 m)
Chiang Mai
Nan
Lamphun
Parc national de Doi Inthanon
Lampang
Mae Sariang
Kheuan Sirikit
Vang Vieng
VIENTIANE
Beung Kan
Chiang Khan
Nong Khai
Si Chiangmai
Den Chai
Kheuan Phumiphon
Utaradit
Loei
Parc national de Phu Kradung
Kheuan Ubon Ratana
Udon Thani
Sakhon Nakhon
Nakhon Phanom
Tha Khaek
Sukhothai
Phitsanulok
Lom Sak
Parc national de Nam Nao
Kheuan Lam Pao
Parc national de Phu Phan
Savannakhet
YANGON (RANGOON)
Tak
Myawadi
Parc national de Lang San
Mawlamyaing
Khon Kaen
Kalasin
Mukdahan
Golfe de Martaban
Kamphaeng Phet
Phichit
Phetchaburi
Kheuan Chulabhol
Roi Et
Amnat Charoen
Col des Trois Pagodes
Nakhon Sawan
Kheuan Mae Wong
Chaiyaphum
Yasothon
Nakhon Ratchasima (Khorat)
Ubon Ratchathani
Parc national de Pha Taem
Sangkhlaburi
Chainat
Mae Nam Chao Phraya
Phimai
Si Saket
Réservoir de Si Nakharin
Buriram
Warin Chamrap
Chong Mek
Pakse
Réservoir de Khaon Laem
Ang Thong
Saraburi
Parc national de Khao Yai
Surin
Suphanburi
Ayuthaya
Prasat Phanom Rung
Tavoy
Kanchanaburi
Prachinburi
Aranya Prathet
BANGKOK
Ratchaburi
Chachoengsao
Angkor Wat
Mékong
Chonburi
Tonlé Sap
Phetchaburi
Parc national de Kaeng Krachan
Cha-am
Rayong
Sattahip
Chanthaburi
Hua Hin
Ko Samet
Trat
18° N
16° N
14° N
12° N
1
2
3
6
7
12
14
15
16
17
18
21
22
23
25

25 façons de voir la Thaïlande

1. Bangkok
2. Chiang Mai
3. Ayuthaya
4. Ko Samui
5. Ko Pha-Ngan
6. Ko Samet
7. Hua Hin
8. Phuket
9. Parcs nationaux maritimes des îles Surin et des îles Similan
10. Ko Lanta
11. Parc national de Khao Sok
12. Parc historique de Sukhothai
13. Ko Kut
14. Province de Chiang Rai
15. Kanchanaburi
16. Ko Chang
17. Parc national de Khao Yai
18. Parc historique de Phanom Rung
19. Ko Phi Phi
20. Railay, province de Krabi
21. Phetchaburi
22. Parc historique de Phimai
23. Lampang
24. Parc national maritime d'Ang Thong
25. Province de Mae Hong Son

25 façons de voir la Thaïlande

Bangkok

Temples, palais, restaurants, galeries marchandes, discothèques... Bangkok (p. 51) offre tout cela en version XXL. Soyez prêt à modifier votre itinéraire si vous n'avez prévu qu'un jour ou deux dans la capitale. Moins chaotique et plus facile à explorer qu'auparavant, Bangkok possède l'un des plus grands marchés au monde (le marché du week-end de Chatuchak ; p. 92), des bars accueillants, de fabuleux restaurants et d'innombrables sites à explorer. Complétez ces plaisirs par un cours de cuisine, de langue ou de massage thaïlandais, et vous ne verrez plus la capitale comme un simple lieu de transit.

1

NIKADA/GETTY IMAGES ©

2

Chiang Mai

Capitale culturelle du Nord, Chiang Mai (p. 141) séduit les férus de culture et de temples, et les familles. La vieille ville regorge de temples de l'époque du royaume de Lanna. Des écoles enseignent l'art de la cuisine. La campagne alentour est l'occasion de treks dans la jungle, c voir des éléphants et de visiter des villages de minorités. Vous vous délecterez de spécialité du Nord, de plats végétariens, de sushis japonais et de currys birmans. Wat Chiang Man (p. 151)

Ayuthaya

Ayuthaya (p. 106), jadis dynamique capitale aux centaines de temples, a en grande partie façonné les frontières modernes de la Thaïlande. Aujourd'hui, malgré les affronts de la guerre et des années, on peut encore explorer à vélo ses vestiges de brique et de stuc, classés au patrimoine mondial de l'Unesco, et goûter le patrimoine historique et artistique d'une cité autrefois fréquentée par les marchands du monde entier. Ayuthaya offre une excursion à la journée au nord de Bangkok, ainsi qu'une parfaite alternative aux visiteurs allergiques à la ville. Ci-dessous : Wat Yai Chai Mongkhon (p. 107)

3

Les plus belles... Plages

KO PHA-NGAN
Pour maîtriser l'art de paresser dans un hamac (p. 276).

KO SAMUI
Plages de sable, yoga au bord de la mer et une foule de gens à observer... (p. 264).

KO SAMET
Délaissez le chaos de la capitale au profit des plages de l'île (p. 120).

PHUKET
Un rendez-vous balnéaire international à l'atmosphère endiablée (p. 303).

HUA HIN
Sur le continent, pour marier les plaisirs de la plage et de la restauration de marché (p. 256).

KO PHI PHI
Contemplez la plus belle (et festive !) île tropicale que vous ayez jamais vue (p. 328).

Les meilleurs...
Sites de plongée et de snorkeling

PARCS NATIONAUX MARITIMES DES ÎLES SURIN ET DES ÎLES SIMILAN
Les superbes récifs de sanctuaires marins à découvrir avec masque et tuba ou bouteilles de plongée, idéalement dans le cadre d'une excursion-croisière (p. 301 et 302).

KO TAO
Obtenez votre brevet de plongée sur cette île entourée de récifs coralliens (p. 282).

KO LANTA
Grandes espèces pélagiques et menu fretin sur les récifs coralliens de Ko Lanta (p. 333).

KO CHANG
Les reliefs sous-marins incrustés de corail attirent tortues et bancs de poissons (p. 127).

LONELY PLANET/GETTY IMAGES ©

4 Ko Samui

Soucieuse de séduire, Ko Samui (p. 264) est une superbe destination balnéaire qui attire de nombreux touristes. Chaweng, une ravissante plage de sable, est fréquentée par ceux qui aiment voir et être vus. Même si peu de vacanciers s'intéressent à la culture locale, il reste des endroits paisibles qui rappellent l'ancien surnom de Samui, "l'île des cocotiers", et quelques criques prisées des familles. Très bien équipée, l'île offre de nombreux centres de bien-être avec yoga, massage et autres menus "détox"...

PETER UNGER/GETTY IMAGES ©

5 Ko Pha-Ngan

Renommée pour ses fêtes de la pleine lune qui se prolongent tard dans la nuit, Ko Pha-Ngan (p. 276), jadis paisible et bohème, est devenue le rendez-vous des fêtards. Entre deux fêtes de la pleine lune, elle sait offrir une vie insulaire décontractée et accessible à tous, du routard pur jus à l'amateur de confort en quête d'une option moins fréquentée que Ko Samui. Sail Rock, l'un des meilleurs spots de plongée du golfe, se trouve près des côtes.

À gauche : Hat Rin (p. 277)

Ko Samet

6

Proche de Bangkok, la jolie Ko Samet (p. 120) est une destination balnéaire parfaite si votre temps est compté. La jungle cache les constructions et un chemin côtier boisé serpente entre des promontoires rocheux et des criques splendides. Les plages du nord, très fréquentées dans la journée, deviennent festives à la nuit tombée. Celles du sud, plus calmes, invitent à la sieste.

À droite : vendeuse de *roti*, Hat Sai Kaew (p. 121)

7

Hua Hin

Villégiature royale étonnamment éloignée de Bangkok, Hua Hin (p. 256) séduit tout autant par ses longues et larges plages que par son ambiance citadine ; à cela s'ajoutent de fabuleux repas servis sur les marchés et quelques sites d'intérêt. Préférez les plages au sud de la ville pour plus de tranquillité, grimpez jusqu'au sanctuaire perché sur un promontoire ou apprenez à maîtriser la mer et le vent lors d'un cours de kitesurf. Et, bien entendu, entre deux balades en bord de mer, festoyez royalement du matin jusqu'au soir.

Phuket

Destination balnéaire de renommée mondiale, Phuket (p. 303), que l'on peut rejoindre directement en avion depuis Bangkok, convient aux touristes de tout âge. Vous pourrez vous installer dans un 5-étoiles ou un hôtel de charme et profiter des longues plages de sable, des soirées festives, des équipements modernes et de distractions de qualité. Des excursions d'une journée permettent d'explorer les mangroves et de visiter des refuges animaliers. Nombre de sports nautiques, de la plongée au surf, sont proposés.

8

Les plus beaux... Paysages karstiques

RAILAY, PROVINCE DE KRABI
Défiez les lois de la gravité en escaladant une falaise calcaire dominant des flots scintillants (p. 324).

AO PHANG-NGA
Traversez un canyon de karst en pagayant, puis pénétrez dans des grottes fabuleuses (p. 314).

ANG THONG
Pour découvrir un ensemble d'îles calcaires s'égrenant sur le bleu de l'océan (p. 275).

KO PHI PHI LEH
Enfilez masque, palmes et tuba et explorez les abords des rochers et des criques des falaises de la côte d'Andaman (p. 332).

Parcs nationaux maritimes des îles Surin et des îles Similan

Ces deux sites ont fait de la Thaïlande une destination internationale de la plongée. Des circuits en bateau depuis Khao Lak permettent d'y passer quelques jours, parmi les raies manta et les requins-baleines. À la tombée du jour, alors que le soleil plonge dans la mer, vous apprécierez d'êtr loin de tout. Couvertes de jungles, frangées de plages de sat blanc et entourées de récifs coralliens, ces îles (p. 301 et p. 302) sont superbes.

9

Les plus beaux... Sites historiques

SUKHOTHAI
Offrez-vous un périple méditatif à vélo parmi les ruines de l'un des premiers royaumes thaïs (p. 217).

AYUTHAYA
Les temples en ruine d'une ancienne capitale, aujourd'hui entourés par une cité provinciale animée (p. 106).

PHIMAI
Les ruines khmères les plus proches de Bangkok, pour les passionnés d'histoire manquant de temps (p. 136).

PHANOM RUNG
Un sanctuaire d'art khmer richement décoré, donnant sur un paysage bucolique et épuré (p. 137).

PHETCHABURI
Une retraite royale haut perchée, à quelques encablures au sud de Bangkok (p. 254).

10 Ko Lanta

Bien qu'elle ait rejoint le circuit des voyages organisés, la lointaine Ko Lanta (p. 333) continue d'offrir une ambiance insulaire décontractée. Cette île peu accidentée compte une belle enfilade d'étendues sablonneuses, jolies sans être stupéfiantes. Si vous recherchez la compagnie et les fêtes, rejoignez les plages du nord. Si vous préférez la solitude, orientez-vous vers le sud jusqu'aux paillotes en bord de mer à l'ambiance villageoise. De la randonnée dans un paysage de grottes et de failles calcaires à la plongée au milieu des requins et des raies manta, les activités abondent.

11 Parc national de Khao Sok

Une jungle épaisse couvre la partie médiane du sud de la Thaïlande. De longs itinéraires de randonnée grimpent jusqu'à de spectaculaires formations calcaires dans cette ancienne forêt pluviale (p. 298) qui abrite des oiseaux, des chauves-souris et des rafflésies (*Rafflesia kerrii*), fleurs rares à l'odeur pestilentielle. Prévoyez des vêtements qui protègent des sangsues. Après une bonne marche, offrez-vous un séjour délassant dans l'un des lodges en bord de lac, avec le son de la jungle en fond sonore.

JOHN BORTHWICK/GETTY IMAGES ©

12 Parc historique de Sukhothai

Remontez le temps de quelque 800 ans dans le plus fascinant des parcs historiques du pay (p. 218). Découvrez à vélo les ruines de cette ancienne capitale, ses temples croulants, ses gracieuses statues du Bouddha et ses étangs remplis de poissons. Des musées intéressant et des hôtels plaisants ajoutent à l'attrait du site. Malgré sa renommée, le parc de Sukhotha est rarement bondé. Pour sortir des sentiers battus, rendez-vous au proche parc historique de Si Satchanalai-Chaliang, où vous serez peut-être seul à gravir un ancien escalier de pierr

NORBERT HOHN/GETTY IMAGES ©

13 Ko Kut

Les Bangkokois, les couples d'âge mûr et les familles en vacances délaissent l'agitation de Ko Chang pour Ko Kut (p. 134), dont l'isolement fait tout le charme. Ici, pas de shopping, de restaurants ou de vie nocturne, mais des plaisirs simples : réveil matinal, promenade sur la plage, dégustation de fruits tropicaux, baignade et siest sous un cocotier. Certains font le tour des plages de la côte ouest à moto, marcher jusqu'à des cascades et font du kayak dans les mangrove

Province de Chiang Rai

Thaïlande, Laos et Myanmar convergent en cette région qui abritait jadis le chaotique Triangle d'or, bastion de la culture du pavot. Chiang Rai (p. 199) offre aujourd'hui des divertissements plus inoffensifs sous la forme d'activités de plein air et de paysages champêtres. La ville de Chiang Rai est réputée pour ses circuits pédestres, tandis que des excursions au long cours desservent le village montagnard de Mae Salong, d'influence chinoise, la ville frontalière de Mae Sai ou encore la cité fluviale de Chiang Khong. Ci-dessous : Wat Rong Khun (p. 203)

14

Les plus beaux... Temples

BANGKOK
Des temples étincelants et richement décorés préservent les croyances et attirent les fidèles (p. 60).

CHIANG MAI
Un temple haut perché coiffe la montagne qui domine Chiang Mai, tandis que des édifices en teck parsèment la délicieuse vieille ville (p. 154 et p. 163).

SUKHOTHAI
Des ruines majestueuses installées dans un parc historique paisible, idéales pour une flânerie méditative (p. 219).

PHITSANULOK
Particulièrement révéré, le bouddha de bronze figure sur le chemin des sites culturels de la ville (p. 214).

Les meilleurs... Sites de shopping

BANGKOK
À Bangkok, on peut faire ses emplettes quasi n'importe où, sur les marchés comme dans les galeries marchandes, pour une somme dérisoire (p. 93).

CHIANG MAI
Réputée pour son artisanat raffiné, vendu dans de populaires foires en plein air (p. 178).

LAMPANG
Le marché du week-end transforme le commerçant quartier historique de la ville en une véritable sortie nocturne (p. 197).

CHIANG RAI
Les marchés de nuit et de fin de semaine proposent un artisanat typique des ethnies montagnardes et du nord du pays (p. 205).

15

Kanchanaburi

Les randonnées dans la nature sont la principale raison de visiter cette province (p. 114), où de hautes montagnes dominent la jungle épaisse. Au cours d'un trek, vous découvrirez des cascades et des rivières tumultueuses, vous verrez peut-être un tigre ou des gibbons et dormirez dans le village d'une minorité ethnique. Après la visite de vestiges de la Seconde Guerre mondiale, dont le célèbre pont de la rivière Kwaï (p. 114), profitez des activités : tyrolienne, kayak, promenade à dos d'éléphant et randonnée jusqu'au sommet de la cascade d'Erawan (p. 121). Ci-dessus : pont de la rivière Kwaï ; à gauche : cascade d'Erawan

Ko Chang

16

Des pics escarpés jaillissent des flots bleus, à l'extrême est de la Thaïlande. Cette île couverte de jungle (p. 127) baigne dans une atmosphère animée de complexes balnéaires où les lieux de fête abondent, malgré son relatif éloignement. C'est un endroit idéal pour pratiquer la plongée, le snorkeling, la randonnée et le kayak. Le soir, la mer se retire et les plages étroites se transforment en vastes étendues de sable et de coquillages. Si la côte ouest est très animée, la côte est reste très peu construite.

À droite : Hat Sai Khao (p. 129)

ANDERS BLOMQVIST/GETTY IMAGES ©

17

Parc national de Khao Yai

À quelques heures de Bangkok, cette vaste réserve (p. 112), inscrite au patrimoine mondial de l'Unesco, abrite des éléphants, des singes, des gibbons, des calaos des pythons, des ours, des chauves-souris et quelques tigres. Même si vous apercevez peu de grands animaux, les orchidées, les oiseaux, les cascades et le parfum d'aventure que vous ressentez en marchant dans la jungle garantissent une journée exaltante.

Parc historique de Phanom Rung

Perché au sommet d'un volcan éteint, le Phanom Rung est le plus vaste des monuments khmers de Thaïlande (p. 137). La curiosité s'aiguise en parcourant la promenade, qui gravit les escaliers et franchit les ponts flanqués de nagas (serpents mythiques), puis le temps semble suspendu quand on entre dans le temple, orné d'une profusion de sculptures hindoues. Si le Phanom Rung n'est pas aussi époustouflant qu'Angkor Wat au Cambodge, il reste suffisamment impressionnant et différent pour justifier sa visite.

18

Les plus belles... Randonnées dans la jungle

PARC NATIONAL DE KHAO YAI
Singes, éléphants, vie sauvage – à un saut de puce de Bangkok (p. 112).

PARC NATIONAL DE KHAO SOK
Une forêt tropicale humide idéale pour randonner et pagayer (p. 298).

KANCHANABURI
Balade à dos d'éléphant, rafting et chutes d'eau près de Bangkok (p. 114).

PROVINCE DE CHIANG RAI
Effort physique et immersion chez les ethnies montagnardes (p. 199).

PROVINCE DE MAE HONG SON
Un coin reculé et montagneux dominant le Myanmar (Birmanie ; p. 232).

KO CHANG
Après la randonnée, la vue sur la mer (p. 127).

Ko Phi Phi

19

Sans doute la plus ravissante des îles de Thaïlande, Ko Phi Phi (p. 328) a la forme d'un sablier frangé de plages de sable blond, de magnifiques falaises calcaires et d'eaux émeraude. Sur cette île sans voitures, l'ambiance est à l'insouciance et à la fête : la nuit, les sonos donnent la sérénade aux étoiles. Sa petite sœur, Ko Phi Phi Leh (p. 332), est une réserve inhabitée où sont organisés des circuits de découverte des récifs coralliens et des lagunes. Depuis peu, des bateaux chargés de fêtards sillonnent les environs. À droite : Ko Phi Phi Leh

GLENN VAN DER KNIJFF/GETTY IMAGES ©

La crème de la... Cuisine thaïlandaise

BANGKOK
Haut lieu culinaire couvrant l'ensemble des fondamentaux : assiettes de nouilles, cuisine gastronomique et plats roboratifs importés par les immigrés (p. 79).

CHIANG MAI
Cette ville du Nord excelle dans les spécialités végétariennes et les cours de cuisine thaïlandaise (p. 162).

HUA HIN
Très fiable, son marché de nuit sert une cuisine de la mer sensationnelle dans une atmosphère de foire de rue (p. 259).

PHUKET
Testez de simples spécialités du Sud, des fruits de mer en bord de plage ou une cuisine fusion haut de gamme (p. 309).

ALEX HARE/GETTY IMAGES ©

20 Railay, province de Krabi

Impossible de croire que l'on est encore sur le continent lorsqu'on descend de son *long-tail boat* pour patauger jusqu'au rivage de cette péninsule ponctuée de formations calcaires (p. 324). Les vertigineux pics karstiques donnent l'illusion de se trouver face à une forteresse de sable. Les amateurs d'escalade peuvent grimper pour admirer la baie. Les kayakistes et les adeptes du snorkeling explorent, quant à eux, les grottes à marée basse et vont à la rencontre des créatures marines qui peuplent ces îles géantes.

21 Phetchaburi

Cette capitale provinciale (p. 254) offre un séduisant cocktail culturel. Visitez un ancien palais royal, perché sur une colline et peuplé de singes farceurs. Rejoignez des grottes somptueusement illuminées, renfermant des sanctuaires et des sculptures pétrifiées. Flânez dans le quartier des anciennes maisons de négoce. Phetchaburi fournit une escapade facile depuis Bangkok et une étape sous-estimée sur le chemin des plages du Sud. À droite : Tham Khao Luang (p. 254)

22 Parc historique de Phimai

Jadis superpuissance de l'Asie du Sud-Est, l'empire khmer était un infatigable bâtisseur, jalonnant ses voies commerciales de temples raffinés entre sa capitale, Angkor, et sa longue frontière septentrionale, située dans l'actuelle Thaïlande. Parmi les édifices à avoir subsisté, le temple de Phimai (p. 136) est le mieux conservé du pays. Ce mini-Angkor est installé près de la ville éponyme, l'occasion d'une excursion à la journée au départ de Khorat ou d'une liaison nocturne depuis Bangkok.

Lampang

Typique cité du Nord, Lampang (p. 196) compte une vieille ville bien préservée, dominée par des temples de style birman et des demeures en teck bâties par les industriels du bois. Souvent présentée comme une mini-Chiang Mai, Lampang est surtout prisée des Thaïlandais. Ils visitent la ville en calèche, une tradition semble-t-il héritée des commerçants yunnanais, qui parcouraient à cheval les interminables voies commerciales. À l'extérieur de la ville, on trouve un centre de préservation des éléphants et une clinique vétérinaire pour pachydermes. Ci-dessous : Wat Phra Kaew Don Tao (p. 197)

23

Les plus jolies... Rencontres avec des éléphants

CHIANG MAI
Capitale du tourisme en lien avec les éléphants, entre camps et sanctuaires, randonnées dans la jungle et éveil à la protection (p. 157).

LAMPANG
Pour tout connaître de la tradition des mahouts (cornacs) dans un centre de dressage d'éléphants (p. 199).

AYUTHAYA
Visitez les ruines du temple comme les rois du temps jadis, installé sur le dos d'un éléphant royalement harnaché (p. 114).

KANCHANABURI
Approchez au plus près de la canopée lors d'une balade à dos d'éléphant (p. 115).

Parc national maritime d'Ang Thong

Accessible via un circuit en bateau depuis Ko Samui, cet ensemble d'îles montagneuses calcaires (p. 275) se dresse à l'horizon telle une cité perdue. Des sables de couleur pêche frangent les îlots et les lagons cachés resplendissent d'un bleu étincelant. Les circuits de kayak, de snorkeling et de randonnée sur les diverses îles permettent d'approcher les formations grêlées de trous, fief des bernacles et de petites créatures marines. Avec ses infrastructures sommaires, l'endroit conserve une atmosphère de nature sauvage.

24

Les plus belles... Routes panoramiques

VALLÉE DE MAE SA
Échangez la moiteur des plaines contre la fraîcheur des conifères lors de cette boucle montagnarde au départ de Chiang Mai (p. 182).

MAE HONG SON
Des routes sinueuses à donner le vertige, mais un paysage de montagne époustouflant (p. 239).

CANAUX DE BANGKOK
Découvrez en *long-tail boat* la "Venise de l'Orient" (p. 89).

MAE SALONG
Remontez la crête jusqu'à ce village de montagne réputé pour sa culture du thé et son patrimoine chinois (p. 207).

25

Province de Mae Hong Son

Nichée dans le nord-ouest du pays, cette province (p. 232) a bien plus en commun avec le Myanmar (Birmanie) voisin qu'avec Bangkok. Sa capitale éponyme, presque un pays à part entière, est réputée pour ses randonnées chez les ethnies montagnardes, conjuguant harmonieusement accessibilité et fréquentation touristique modérée. Quant au refuge haut perché de Pai, il permet de s'imprégner des paysages en journée, puis de profiter des confortables clubs de blues jusqu'à l'aube.

Les meilleurs itinéraires de Thaïlande

De Bangkok à Chiang Dao Sur les traces des jet-setters

5 JOURS

La Thaïlande procure une étape facile à quiconque traverse l'Extrême-Orient. Atterrissez à Bangkok, envolez-vous pour Chiang Mai, puis fuyez la frénésie urbaine à Chiang Dao.

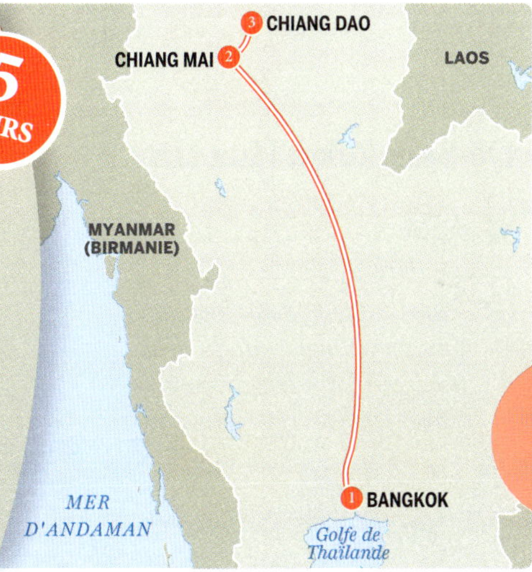

1 Bangkok (p. 51)

Débutez votre voyage par un séjour initiatique de 2 jours dans cette capitale dynamique. Laissez-vous éblouir par le Wat Phra Kaew, perdez-vous dans les paisibles jardins du Wat Pho, puis rejoignez le Wat Arun, de l'autre côté du fleuve. Imprégnez-vous du paysage fluvial à bord du *Chao Phraya Express*. Après un dîner dans un restaurant haut de gamme, profitez des étoiles dans un bar sur le toit. Offrez-vous une séance shopping au MBK Center, puis admirez les charmantes antiquités de la maison de Jim Thompson. Le soir, sirotez un verre dans un bar ou un club, puis dégustez un dernier plat de nouilles au marché de nuit de Soi 38.

BANGKOK ➔ CHIANG MAI

✈ **1 heure** Depuis les aéroports de Don Muang et Suvarnabhumi à Bangkok.

2 Chiang Mai (p. 141)

Envolez-vous pour cette paisible ville universitaire. Explorez le quartier ancien à l'architecture caractéristique des temples du Nord. Goûtez au *kôw soy*, un plat de nouilles typique, et faites des rencontres au Riverside Bar & Restaurant. Le lendemain, partez en pèlerinage dans les environs de Doi Suthep et de son temple sacré à flanc de coteau. Participez à un cours de cuisine ou à une activité de plein air (randonnée à dos d'éléphant, balade en kayak ou escapade en tyrolienne). Si vous y passez le week-end, achetez quelques souvenirs et observez les passants sur la Saturday et la Sunday Walking Street. Pour rentrer, réservez un vol direct pour Bangkok.

CHIANG MAI ➔ CHIANG DAO

🚗 **1 heure** via la Hwy 107

3 Chiang Dao (p. 184)

Après l'animation de Bangkok, le hameau de Chiang Dao est l'endroit rêvé pour une escapade champêtre. Entourées de vergers et de jardins arborés, les pensions s'alignent au pied de la montagne. Traversez les villages et les modestes fermes des ethnies montagnardes, explorez Tham Chiang Dao, ou visitez le Centre de formation des éléphants dans un cadre luxuriant. Ici, on randonne en toute décontraction et en petit groupe. Le soir, on se retrouve à l'exceptionnel restaurant du Chiang Dao Nest. Pensez à réserver votre vol retour depuis Chiang Mai.

Wat Phra Kaew (p. 60), Bangkok

5 JOURS

De Bangkok à Hua Hin
Un menu touristique à la carte

Composez votre menu – culture, nature et plages – au fil de cet itinéraire rapide et commode, à une demi-journée de voyage de Bangkok.

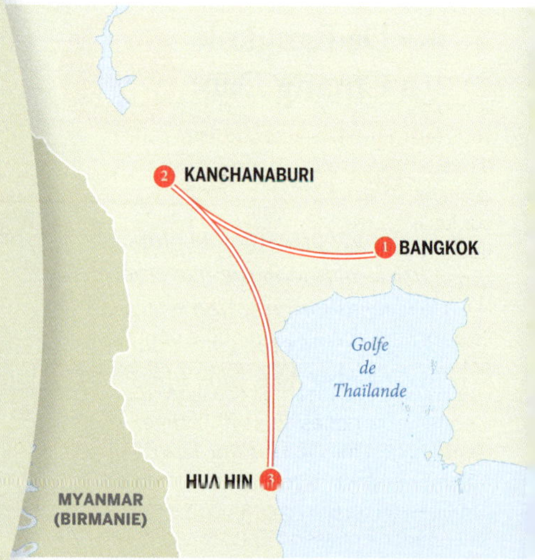

❶ Bangkok (p. 51)

Si vous avez grandi dans une petite ville, la capitale branchée de la Thaïlande vous fera peut-être le désagréable effet d'une douche froide au réveil. Pour éviter le chaos urbain, axez votre exploration sur les temples historiques le long du fleuve, avant de partir à la découverte des canaux à bord d'un *long-tail boat*. Prenez le *Chao Phraya Express* vers Ko Kret, une île au nord de Bangkok, réputée pour ses poteries et son paisible mode de vie. Si vous n'avez pas le temps de visiter tous les sites historiques du pays, admirez leur reproduction miniature à l'Ancient City, à Samut Prakan. Si cette attraction peut paraître kitsch, elle fournit un exemple saisissant de conservation architecturale, ainsi qu'une excursion originale depuis Bangkok. Au bout de 2 jours, vous aurez suffisamment slalomé entre les voitures pour mériter un rythme plus tranquille et une escapade dans les villes voisines.

BANGKOK ➔ KANCHANABURI

2 heures Depuis le Victory Monument à Bangkok

❷ Kanchanaburi (p. 114)

Cette ville de l'Ouest bénéficie d'un pittoresque cadre au bord du fleuve, avec suffisamment d'infrastructures touristiques pour s'assurer un séjour confortable mais sans ostentation. Une journée durant, découvrez le rôle surprenant joué par la ville pendant la Seconde Guerre mondiale, au Centre du chemin de fer Thaïlande-Birmanie, au pont de la rivière Kwaï et au cimetière militaire des Alliés (possibilité de visiter tous ces sites à vélo). Le lendemain, participez à une escapade nature typiquement thaïlandaise, avec trek à dos d'éléphant et rafting sur des bambous. Le paysage de Kanchanaburi est un délicieux cocktail de champs de canne à sucre et de forêts touffues. Si vous préférez voyager de manière autonome, quittez la ville pour visiter le parc national d'Erawan (arrivez de bonne heure pour éviter les touristes en voyage organisé) et le Hellfire Pass Memorial. Ne manquez pas de dîner au marché de nuit, l'un des passe-temps préférés des provinciaux.

KANCHANABURI ➔ HUA HIN

3 heures Changement à Ratchaburi

❸ Hua Hin (p. 256)

Profitez de l'océan dans cette cité balnéaire, sans quitter la civilisation pour autant. Source de revenus principale de Hua Hin, la classe moyenne thaïlandaise préfère admirer la mer plutôt que d'y batifoler. La ville se résume donc à une vaste excursion culinaire, entre marchés de fruits de mer animés, baraques de restauration aussi étouffantes que populaires et restaurants installés sur l'embarcadère. Une longue et délicieuse portion de sable permet de s'offrir une promenade digestive. Quant aux vents saisonniers, ils font de la plage une destination courue des kitesurfeurs. Juste à l'extérieur de la ville, au cœur de collines verdoyantes, le Hua Hin Hill Vineyard réinvente l'art de la vinification à l'usage des tropiques. Si vous avez le temps, offrez-vous une escapade nature dans le parc national de Khao Sam Roi Yot, qui alterne les pics de calcaire en bord de mer et les marais peuplés d'oiseaux migrateurs.

Cascade d'Erawan, parc national d'Erawan (p. 121)
ANDREW JOHN WELLS/GETTY IMAGES ©

10 JOURS

De Ko Samui à Railay
D'une côte à l'autre

Profitez des paysages tropicaux en arpentant les célèbres plages et îles des côtes thaïlandaises. L'avion écourte le trajet de Bangkok à Ko Samui, et des minibus traversant la péninsule permettent de rejoindre aisément les deux côtes.

1 **Ko Samui** (p. 264)

Filez directement vers les paisibles plages septentrionales de Choeng Mon, Bo Phut et Mae Nam. Dînez dans l'un des restaurants branchés du Fisherman's Village. Prenez le soleil en nombreuse compagnie à Chaweng, la stupéfiante portion de sable de Samui. À quelques encablures, une poignée d'îles calcaires composent le parc national maritime d'Ang Thong, à visiter lors d'une excursion à la journée : les visiteurs y pratiquent le kayak et le snorkeling entre d'étranges formations rocheuses, des tunnels à moitié immergés et des lagunes abritées.

KO SAMUI → KO PHA-NGAN

20 min à 1 heure Depuis divers embarcadères de Ko Samui

2 **Ko Pha-Ngan** (p. 276)

Île bobo par excellence, Ko Pha-Ngan se distingue par sa décontraction, encore plus remarquable sur cette côte orientale peu aménagée. Toutefois, à chaque pleine lune, l'endroit se transforme en terrain de jeu nocturne avec l'arrivée de milliers de fêtards sur la plage fluorescente de Hat Rin ; très sérieuse, cette activité ne conviendra pas aux simples spectateurs. Les familles et les amateurs de solitude privilégieront les autres phases lunaires, durant lesquelles l'île reprend son activité principale de fournisseur de hamacs.

KO PHA-NGAN → KO TAO

1 heure Depuis l'embarcadère de Thong Sala à Ko Pha-Ngan

3 **Ko Tao** (p. 282)

La réputation internationale de cette petite île ne tient pas à ses plages, mais à ses nombreux jardins coralliens et sites de plongée. Enfilez masque et tuba pour faire le tour de l'île en compagnie des poissons, ou explorez les profondeurs sous-marines afin d'en découvrir les mystérieux habitants.

KO TAO → CHUMPHON

1 heure 30 à 3 heures

4 **Chumphon** (p. 261)

Ville du Sud sans grand intérêt, Chumphon constitue le point de transit continental sur le chemin des plages. Les ferrys de Ko Tao accostent juste à temps pour permettre aux minibus d'acheminer les vacanciers bronzés vers la côte opposée.

CHUMPHON → VILLE DE KRABI

5 à 6 heures Minibus

5 **Ville de Krabi** (p. 322)

La ville de Krabi est un simple lieu de passage pour les voyageurs à destination des stupéfiants paysages karstiques de la côte d'Andaman, encore plus belle que la côte du golfe de Thaïlande. Krabi possède un aéroport qui permet un retour express à Bangkok.

VILLE DE KRABI → RAILAY

45 min Depuis l'embarcadère de Khong Kha à Krabi

6 **Railay** (p. 324)

La petite portion de sable de Railay se caractérise par de splendides formations karstiques surplombant des eaux émeraude. Si la vue du sol n'est pas suffisamment belle, enfilez un harnais et gravissez les falaises pour contempler l'horizon. Une excursion en kayak entre ces pics offrira une perspective tout aussi spectaculaire. Sinon, un cocktail au crépuscule fera parfaitement l'affaire.

Parc national maritime d'Ang Thong (p. 275)

10 JOURS

D'Ayuthaya à la province de Chiang Rai
Un circuit culturel

De l'ancienne capitale Ayuthaya à la province de Chiang Rai, en passant par le siège du royaume lanna à Chiang Mai, offrez-vous un assortiment de cultures imprégnées par une atmosphère frontalière.

1 Ayuthaya (p. 106)

Après le rythme de vie débridé de Bangkok, remontez le temps dans l'ancienne capitale Ayuthaya. À vélo, en taxi éléphant ou avec un guide expérimenté, visitez les vestiges de ce carrefour incontournable sur la route des alizés, remontant à l'âge d'or de la cité-État et inscrit au patrimoine mondial de l'Unesco. De Bangkok, Ayuthaya est facilement accessible en train, en bus ou en minibus.

AYUTHAYA → SUKHOTHAI

7 heures Depuis la gare routière longue distance d'Ayuthaya

2 Sukhothai (p. 217)

Au cœur d'un parc paisible se cachent les vestiges d'un des premiers royaumes de Thaïlande, suffisamment loin de la modernité de Sukhothai pour ressembler à un paradis perdu. Louez un vélo et passez une journée à contempler les innombrables statues du Bouddha et les temples anciens. Pour admirer des ruines dans un paysage de campagne, faites une excursion au parc historique de Si Satchanalai-Chaliang, entouré de rizières et de villages poussiéreux qui participent au charme de la balade.

SUKHOTHAI → CHIANG MAI

6 heures Depuis la gare routière de Sukhothai

3 Chiang Mai (p. 141)

Capitale culturelle du Nord, Chiang Mai mérite amplement 3 jours de visite, le temps de découvrir sa vieille ville, d'admirer ses temples et de jeter un coup d'œil dans les boutiques d'artisanat pour acheter des souvenirs. Enfin, passez la soirée en compagnie de sympathiques étudiants dans la très tendance avenue Th Nimmanhaemin.

CHIANG MAI → CHIANG RAI

3 à 4 heures Depuis l'Arcade Bus Terminal de Chiang Mai

4 Chiang Rai (p. 199)

Bordant le Myanmar et le Laos, cette province septentrionale est connue pour ses montagnes idylliques et ses cultures ethniques. Sa capitale est un endroit délicieux pour siroter un café produit localement et admirer des temples typiques du Nord, avant de se lancer dans un circuit de randonnée sous l'égide d'une ONG philanthropique. N'oubliez pas de visiter le Wat Rong Khun, à l'extérieur de la ville.

CHIANG RAI → MAE SALONG

30 min Changement à Ban Pasang, puis **1 heure** de route en *sŏrng·tăa·ou*

5 Mae Salong (p. 207)

Pour un avant-goût de Chine sans traverser de frontière, ne manquez pas cette excursion à destination d'une bourgade perchée au sommet d'une montagne. Les coteaux abritent des plantations de thé, tandis que les villages environnants sont peuplés par des ethnies montagnardes. Mae Salong se visite aisément en une journée, mais vous pourrez y passer la nuit si vous tombez amoureux de la vue.

MAE SALONG → CHIANG SAEN

30 min De Ban Pasang à Chiang Rai ;
1 heure 30 De Chiang Rai à Chiang Saen

6 Chiang Saen (p. 211)

L'un des tout premiers royaumes lanna s'installa dans cette ville paisible au bord du fleuve. Diverses ruines attestent de cette époque, tandis que la ville nouvelle accueille des barges chinoises et des circuits sur le Mékong.

Wat Si Sawai (p. 219), parc historique de Sukhothai
JEAN-PIERRE LESCOURRET/GETTY IMAGES ©

2 SEMAINES

De Phuket à la province de Mae Hong Son
Entre mer et montagne

En deux semaines, descendez la côte d'Andaman et ralliez quelques-uns des lieux phares de la région : plages festives, sites de plongée et baies pittoresques. Enfin, piquez au nord pour une petite cure d'altitude.

1 Phuket (p. 303)

Facilement accessible par les airs depuis Bangkok, Phuket et ses luxueux *resorts* tiennent le haut du pavé en matière de confort. Passez un jour ou deux sur place pour prendre le rythme de l'île. Entre deux séances de plage, goûtez le cadre inoubliable d'Ao Phang-Nga et offrez-vous un aperçu historique de l'ancienne ville portuaire de Phuket-ville. Si Phuket vous semble trop citadine, passez la nuit à Ko Yao, un couple de paisibles îles de pêcheurs thaïlando-musulmanes au paysage karstique stupéfiant.

PHUKET ➔ KO PHI PHI

2 heures Depuis l'embarcadère de Tha Rasada à Phuket

2 Ko Phi Phi (p. 328)

Île aux proportions parfaites, Ko Phi Phi est nettement moins huppée que Phuket et légèrement plus débridée (côté fête, s'entend). Néanmoins, les amateurs de calme y trouveront quelques coins isolés. Ne manquez pas les sites de plongée réputés au sud, les spots de snorkeling autour de l'île jumelle inhabitée de Ko Phi Ph Leh, ou les falaises karstiques à escalader er à-pic. Gardez des forces pour la soirée, car l'île est réputée pour ses fêtes sur la plage.

KO PHI PHI ➔ KO LANTA

1 heure 30

3 Ko Lanta (p. 333)

Si Ko Phi Phi est trop fréquentée à votre goût, optez pour l'atmosphère délicieusement paisible de Ko Lanta, quitte à trouver un paysage un peu moins sensationnel. Ko Lanta séduit par sa personnalité chaleureuse et décontractée, sans les distractions tapageuses des *resorts* habituels. Elle se couche relativement tôt, contrairement à d'autres plages. C'est la destination familiale par excellence, aux antipodes de la bouillonnante Ko Phi Phi. Ko Lanta est aussi révérée des plongeurs pour sa proximité avec les fameux sites de Hin Daeng et de Hin Muang.

KO LANTA ➔ CHIANG MAI

1 heure 30 De Ko Lanta à Krabi ;
1 heure 45 De Krabi à Chiang Mai

Ao Maya, Ko Phi Phi Leh (p. 332)

4 Chiang Mai (p. 141)

Découvrez la "rose du Nord", une charmante cité au riche patrimoine culturel, naturel et culinaire. Participez à un cours de cuisine pour comprendre les subtilités du marché et transformer une poignée d'ingrédients en un curry raffiné. Explorez les temples, découvrez l'art et l'architecture du Nord, évoquez le bouddhisme avec des moines, et devenez expert en massage des tempes. Quittez la ville pour partir à l'assaut du Doi Inthanon, l'un des points culminants du pays, et vous offrir un aperçu de ce paradis hivernal des botanistes thaïlandais amateurs.

CHIANG MAI ➜ PAI

3 heures De l'Arcade Bus Terminal de Chiang Mai ; ✈ **1 heure 30** De l'aéroport international de Chiang Mai

5 Pai (p. 232)

De Chiang Mai, gagnez la contrée montagneuse et boisée qui sépare la Thaïlande du Myanmar (Birmanie). Faites une halte à Pai, refuge pour artistes, routards et citadins thaïlandais. On peut y faire à peu près tout : la fête surtout, un peu de randonnée, et beaucoup de flânerie. Prévoyez des vêtements chauds, car les températures en montagne chutent à la nuit tombée. L'avion est le moyen le plus rapide de rallier Pai, mais l'on manquera du même coup les sinueuses routes de montagne qui mettent le visiteur dans l'état d'esprit adéquat.

PAI ➜ MAE HONG SON

4 heures

6 Mae Hong Son (p. 239)

Étape suivante sur le circuit des montagnes du Nord-Ouest, cette capitale provinciale attire les amateurs de culture rebutés par le côté tapageur de Pai. Mae Hong Son affiche son héritage birman à travers l'architecture caractéristique de ses temples et sa cuisine typique à déguster sur le marché. C'est aussi la porte d'accès à une jungle reculée et une destination de randonnée moins fréquentée que Chiang Mai. Pour accélérer votre retour vers les plaines, profitez des vols quotidiens pour Chiang Mai.

L'agenda

Les grands rendez-vous

- **Songkran** avril
- **Loi Krathong** novembre
- **Khao Phansaa à Ubon Ratchathani** juillet
- **Fête végétarienne** octobre
- **Rassemblement des éléphants à Surin** novembre

Janvier

Le temps sec et frais attire les touristes.

Nouvel An chinois

Les Thaïlandais d'origine chinoise fêtent le Nouvel An lunaire chinois (*đrùđ jin*). Au programme, pendant une semaine : grand ménage et feux d'artifice.

Février

La haute saison se poursuit et les frileux viennent en Thaïlande pour le soleil et la fête.

Makha Bucha

À la pleine lune du 3e mois lunaire, Makha Bucha (*mah·ká bou·chah*) est l'un des 3 jours fériés rappelant des moments clés de la vie du Bouddha. C'est une fête nationale.

Fête des Fleurs

Chiang Mai se pare de fleurs pendant 3 jours. Le clou du spectacle : une parade de chars fleuris dans la ville.

Mars

La saison chaude et sèche approche et les plages se vident. Les étudiants, en vacances avant le deuxième semestre de cours, sillonnent le pays.

Festival international de musique de Pattaya

Des groupes pop et rock de toute l'Asie viennent se produire à Pattaya. Ce festival gratuit attire un grand nombre d'étudiants de l'université de Bangkok.

Fêtes des Cerfs-Volants

Pendant la saison des vents, les cerfs-volants colorés s'affrontent dans le ciel du Sanam Luang, à Bangkok, et partout dans le pays.

(À gauche) avril Songkran, à Chiang Mai

PETER UNGER/GETTY IMAGES ©

Saison de la mangue jaune

De mars à juin, les mangues sont de saison. Découpées sous vos yeux, elles sont mélangées à du riz gluant et accompagnées d'une sauce sucrée.

Avril

Un temps chaud et sec balaie le pays. La saison touristique ralentit, sauf durant Songkran. Pensez à réserver bien à l'avance, car les Thaïlandais voyagent beaucoup à cette occasion.

Songkran

Le Nouvel An traditionnel thaïlandais (13-15 avril) commence sagement, puis se termine en bataille d'eau. Le matin, des cortèges sacrés de bouddhas s'avancent vers les temples et sont aspergés d'eau lors d'une cérémonie. Après cela, tout le monde descend dans la rue pour arroser et se faire arroser. Chiang Mai et Bangkok sont les épicentres des batailles d'eau.

Mai

La saison des pluies arrive. Les festivités se veulent propices aux pluies et aux récoltes généreuses. C'est une saison où les prix sont bas et les touristes peu nombreux, alors que les températures restent élevées.

Cérémonie des Labours royaux

Astrologie et anciens rites brahmaniques se mêlent pour marquer l'ouverture de la saison de plantation du riz. Un bœuf sacré est attelé à une charrue de bois pour labourer les terres du Sanam Luang, à Bangkok.

Fête des Fusées

Dans le Nord-Est, où les précipitations se font parfois attendre, les villageois fabriquent des fusées en bambou (*bâng fai*) qu'ils lancent dans le ciel afin de provoquer la pluie. Cette fête a lieu à Yasothon, Ubon Ratchathani et Nong Khai.

Visakha Bucha

La fête de Visakha Bucha (*wí·săh·kà bou·chah*) tombe le 15e jour de la lune montante du 6e mois lunaire. Elle commémore la naissance du Bouddha, son éveil et son *parinibbana* (sa mort).

Juin

Dans certaines régions, la saison des pluies se résume à une averse l'après-midi, laissant le reste de la journée à la musique et aux réjouissances. Ce mois correspond à la saison intermédiaire.

Festival de jazz de Hua Hin

Des groupes de jazz viennent dans cette retraite royale pour rendre hommage au roi – saxophoniste de jazz et compositeur accompli.

Phi Ta Khon

Ce jour saint du Bun Phra Wet bouddhique prend des airs de carnaval au village de Dan Sai, dans le Nord-Est. Vêtus de costumes évoquant des "esprits", les participants brandissent dans les rues des phallus de bois et s'imbibent d'alcool de riz. En juin ou juillet.

Juillet

La saison des pluies marque le début du carême bouddhique, une période de réflexion et de méditation. C'est l'été et les touristes arrivent en masse.

Asanha Bucha

Lors de la pleine lune du 8e mois lunaire, on célèbre le premier sermon du Bouddha et les quatre nobles vérités de la religion. C'est l'une des fêtes les plus sacrées du bouddhisme.

Khao Phansaa

Le jour suivant Asahna Bucha, cette fête marque le début du carême bouddhique (1er jour de la lune décroissante du 8e mois lunaire). Les hommes choisissent traditionnellement ce moment pour entrer dans les ordres. À Ubon Ratchathani, les bougies données en offrandes ont été remplacées par un festival de sculptures de cire.

Août

La mi-saison des pluies se caractérise par un ciel couvert et des averses quotidiennes.

Anniversaire de Sa Majesté la Reine

Le jour de l'anniversaire de la reine de Thaïlande (12 août), on célèbre la fête des mères dans tout le pays.

Octobre

Les préparatifs religieux pour la fin de la saison des pluies et du carême bouddhique commencent. La mousson se termine dans presque tout le pays.

Fête végétarienne

Durant les 9 jours que dure cette fête, la viande est bannie de l'alimentation, conformément aux croyances chinoises concernant la purification de l'esprit et du corps. À Phuket, les manifestations prennent une tournure parfois effrayante lorsque certains participants en transe se transforment en brochettes vivantes en se transperçant la peau.

Ork Phansaa

La fin du carême bouddhique (3 mois lunaires après Khao Phansaa) est marquée par la cérémonie de *gà·tĭn*, au cours de laquelle les personnes méritantes offrent de nouvelles robes aux moines.

Fête du roi Chulalongkorn

Le jour anniversaire de la mort de Rama V (le 23 octobre) est fêté auprès de sa statue dans le parc Dusit.

Novembre

Saison fraîche et sèche. Vous éviterez la foule de touristes si vous arrivez assez tôt. Les plages sont agréables et les paysages luxuriants.

Rassemblement des éléphants à Surin

Le 3e week-end de novembre, le plus grand rassemblement d'éléphants du pays rend hommage à ces célèbres animaux.

Loi Krathong

Comptant parmi les fêtes les plus populaires de Thaïlande, Loi Krathong se déroule lors de la 1re pleine lune du 12e mois lunaire. De petits bateaux en origami (appelés *kràthong* ou *grà·tong*), décorés de fleurs et de bougies, sont lâchés sur les cours d'eau. Dans le nord du pays, les Thaïlandais célèbrent cette même fête, appelée Yi Peng, en libérant des lanternes illuminées dans le ciel nocturne.

Fête des Singes de Lopburi

Les turbulents macaques de la ville sont choyés durant la dernière semaine de novembre par un banquet en leur honneur. Les organisateurs, acquérant ainsi du mérite, observent la fête joyeusement.

Décembre

Ciel bleu, hôtels bondés et ambiance de vacances : c'est l'apogée de la saison touristique.

Anniversaire de Sa Majesté le Roi

Date anniversaire du roi, le 5 décembre est un jour férié célébré par des défilés et différents hommages. Tout le monde porte des chemises roses, car cette couleur est le symbole de la monarchie.

À l'extrême gauche : octobre Fête végétarienne, à Phuket
Ci-dessous : novembre Fête de Yi Peng, à Chiang Mai

(À L'EXTRÊME GAUCHE) PAUL KENNEDY/ GETTY IMAGES ©; (CI-DESSOUS) FELIX HUG/GETTY IMAGES ©

Quoi de neuf ?

Pour cette édition, nos auteurs se sont mis en quête des nouveautés, des modes et des bons plans du moment. Les suivants font partie de nos préférés. Pour des recommandations actualisées, consultez le site www.lonelyplanet.fr.

1 RÉSEAU AÉRIEN

Des liaisons aériennes relient toutes les capitales de province à Bangkok. Il existe aussi des vols entre Phuket (ou Chiang Mai) et les principales villes chinoises. Enfin, il est désormais plus facile de se rendre aux fêtes de la pleine lune de Ko Pha-Ngan : un aéroport privé accueille depuis peu les avions à turbopropulseurs de Kan Air.

2 VOYAGEURS DE TOUTE L'ASIE

Chinois, Indiens, Coréens et bien d'autres : la classe moyenne asiatique découvre la Thaïlande, sac au dos, en voyage organisé ou le temps d'un week-end. Les Russes sont aussi de la partie, notamment sur les plages du golfe de Thaïlande.

3 ESCAPADE AU MYANMAR

Jadis difficile d'accès, le Myanmar (Birmanie) est maintenant "ouvert" aux étrangers, qui peuvent en théorie gagner et quitter le pays via 4 postes-frontières. Dans la pratique, le plus accessible est celui de Mae Sot-Myawaddy.

4 VIRÉE À ANGKOR

Un nouveau bus géré par le gouvernement circule entre Bangkok et Siem Reap, permettant d'éviter les tracas au poste-frontière d'Aranya Prathet-Poipet. Toutefois, méfiez-vous des escroqueries et attendez-vous à une file d'attente devant les services d'immigration cambodgiens.

5 AUBERGES DE JEUNESSE BRANCHÉES

À Bangkok et à Chiang Mai, les auberges de jeunesse tendance poussent comme des champignons. Une excellente façon d'économiser des bahts tout en profitant d'un cadre soigné. C'est une solution idéale pour les voyageurs en solo.

6 BLANCHIMENT DU CORAIL

Ces dernières années, l'élévation de la température de la mer a provoqué le blanchiment, voire la mort du corail. Ce sont les sites de snorkeling en eau peu profonde qui ont le plus souffert de ce phénomène.

7 PLONGÉES SUR ÉPAVE

Ko Chang et Ko Tao offrent de nouvelles possibilités de plongées sur épave grâce au naufrage volontaire de plusieurs navires de la marine thaïlandaise. À Tao, la plongée sur épave est accessible aux débutants équipés de matériel standard. À Ko Pha-Ngan, les écoles de plongée pratiquent des tarifs bon marché, tandis que des croisières partent désormais de Ranong.

8 PONTS SUR LES FRONTIÈRES

Un quatrième pont sur le Mékong relie le Laos à la Thaïlande via Huay Xai-Chiang Khong, ce qui facilite les transports de marchandises et de passagers vers le Laos et le Yunnan (Chine).

9 CAFÉS ET CULTURE À CHIANG MAI

De nouveaux (et intéressants) musées ont remplacé les locaux du gouvernement de la vieille ville de Chiang Mai. En outre, les cafés et les stands de jus de fruits sont plus nombreux que les 7-Eleven !

10 ACTUALITÉ ET PRESSE LOCALE

Plusieurs manifestations ont éclaté à Bangkok en 2014. Tenez-vous informé des points de rassemblement (et évitez-les) dans la presse locale et sur Internet.

En avant-goût

Livres

- **L'Ombre blanche : portrait de l'artiste en jeune vaurien** (1994), de Saneh Sangsuk. Tableau tragique et drôlatique de la course au bonheur d'un jeune Thaïlandais.

- **Terre de mousson** (1998), de Pira Sudham, dépeint avec brio les luttes contre la nature dans le nord-est du pays.

- **La Chute de Fak** (2003), de Chart Korbjitti. Un jeune villageois est accusé à tort d'un crime.

- **Café Lovely** (*Rattawut Lapcharoensap* ; 2005). Des nouvelles qui plongent le lecteur dans la vie quotidienne.

- **Le Crime de Martiya Van der Leun** (2010), de Mischa Berlinski. Un village d'une ethnie montagnarde et les relations complexes de quelques expatriés.

Films

- **La Plage** (2000), de Danny Boyle. Utopie hollywoodienne sur une île paradisiaque, adapté du roman d'Alex Garland.

- **Les Larmes du Tigre noir** (*Fah Talai Jone* ; 2002), de Wisit Sasanatieng. Deux jeunes gens vivent un amour contrarié. Récompensé à Cannes dans la catégorie "Un certain regard".

- **Agrarian Utopia** (*Sawan baan na*, 2009), d'Uruphong Raksasad. Le quotidien et les difficultés financières des paysans du Nord.

- **Oncle Boonmee, celui qui se souvient de ses vies antérieures** (2010), d'Apichatpong Weerasethakul. Palme d'or à Cannes en 2010.

Musique

- **That Song** (Modern Dog). Rock alternatif.

- **Best** (Pumpuang Duangjan). Le meilleur de la diva de la country thaïlandaise.

- **Boomerang** (Bird Thongchai). L'album le plus connu du roi de la pop thaïlandaise.

- **Romantic Comedy** (Apartment Khunpa). Du post alt-rock.

- **The Sound of Siam: Leftfield Luk Thung, Jazz & Molam in Thailand 1964-1975** Compilation de standards rétro.

Internet

- **Lonely Planet** (www.lonelyplanet.fr). Infos générales et forum.

- **Office national du tourisme de Thaïlande** (www.tourismethaifr.com)

- **Ambassade de France en Thaïlande** (www.ambafrance-th.org). Infos pratiques et culturelles.

Sur le départ ?

S'il fallait n'en choisir qu'un...

Livre *Bangkok 8* (2003), de John Burdett. Intrigue policière sur fond de bouddhisme thaï.

Film *Last Life in the Universe* (2003), de Pen-Ek Ratanaruang. L'histoire de deux âmes égarées.

Disque *Made in Thailand* (Carabao). Rock thaïlandais.

Site *ThailandeFr* (http://thailande-fr.com). Une mine d'informations.

Blog Richard Barrow sur Twitter. Un blogueur incontournable.

Ao Maya (p. 332), Ko Phi Phi Leh

Ce qu'il faut savoir

Monnaie
Baht thaïlandais (B)

Langue
Thaï

Argent
DAB très répandus ; 150 B facturés pour les retraits sur des comptes étrangers. Cartes Visa et MasterCard acceptées dans les établissements haut de gamme seulement

Visas
Visas de 30 jours à l'arrivée d'un vol international

Téléphones portables
Réseau GSM accessible avec une carte prépayée ; 3G disponible dans les zones urbaines

Wi-Fi
Disponible un peu partout et accès peu onéreux

Accès Internet
Cybercafés courants dans les centres touristiques

Pourboires
Établissements de catégorie supérieure ; service de 10% compris, 7% de taxes

Quand partir

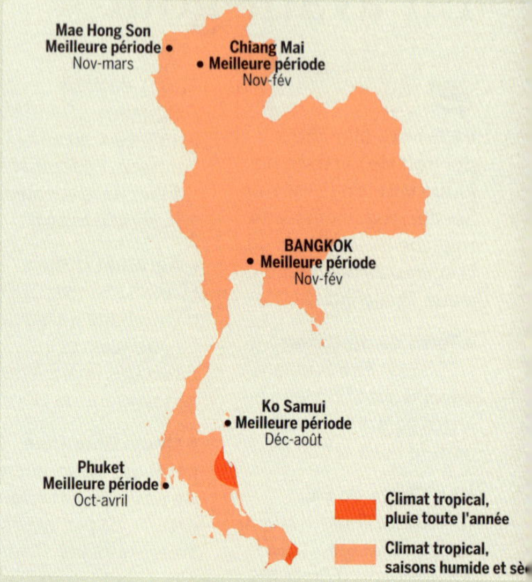

Haute saison (nov-mars)

- Après la mousson vient une saison fraîche et sèche, avec une nature verdoyante et des températures agréables.
- Avec les vacances de Noël, les touristes affluent sur les plages et les prix s'envolent.

Saison intermédiaire (avr-juin, sept et oct)

- Chaud et sec (d'avril à juin), mais moins en altitude.
- La fin de la saison des pluies (septembre et octobre) est idéale pour visiter le Nord et la côte du golfe de Thaïlande.

Basse saison (juil-oct)

- Mousson : averses l'après-midi ou pluies torrentielles des jours durant.
- Certaines îles cessent toute activité ; peu de bateaux par mauvais temps.
- Soyez prêt à modifier vos plans

À prévoir

- **Un mois avant** Regardez les tarifs des vols, planifiez votre itinéraire, réservez l'hébergement dans certaines îles comme Ko Samui et Phuket, et achetez vos billets de train de nuit entre Bangkok et Chiang Mai.
- **Une semaine avant** Réservez votre hôtel à Bangkok, vos cours de cuisine thaïlandaise et vos sorties de plongée. Informez-vous su l'actualité du pays.
- **La veille** Confirmez votre vol, choisissez un bon livre pour le traje en avion et... relaxez-vous.

Budget quotidien

Petits budgets moins de 1 000 B

- Chambre en pension modeste : 300-800 B
- Bons repas sur les marchés et les stands de rue : 40-60 B
- Un ou deux verres en soirée : 200 B
- Transports publics : 20-100 B

Catégorie moyenne 1 000-3 000 B

- Pension chic ou hôtel de catégorie moyenne : 800-1 500 B
- Repas occidentaux ou plats de poisson : 150-350 B
- Location de moto : 300-500 B
- Circuit organisé ou activité : 1 000-1 500 B

Catégorie supérieure plus de 3 000 B

- Hôtel de charme : 3 000 B
- Repas raffinés : 350-500 B
- Excursions privées : 1 500 B
- Location de voiture : 1 500 B

Taux de change

Zone euro	1 €	41 B
Canada	1 $C	29 B
Suisse	1 CHF	34 B
États-Unis	1 $US	32 B
Chine	1 ¥	5 B

Pour connaître les derniers taux de change, connectez-vous au site : www.xe.com.

À emporter

- **Bagage léger** Emportez peu de linge, car les laveries sont bon marché. Prévoyez une veste en prévision des climatisations excessives et des matinées fraîches en montagne.
- **Chaussures sans lacets** À ôter facilement à l'entrée des temples.
- **Autres objets pratiques** Pochette porte-monnaie/passeport imperméable (pour les excursions aquatiques), bouchons d'oreille et crème solaire à indice élevé (coûteuse sur place). La majorité des articles de toilettes s'achètent partout.

À l'arrivée

- **Aéroport international Suvarnabhumi (Bangkok)**

Airport Rail Link Service local (45 B, 30 min) jusqu'à la station Phaya Thai ; express (90 B, 15 min) jusqu'à Makkasan (City Air Terminal).

Taxi Avec compteur : 200-300 B, plus 50 B (péage).

- **Aéroport international de Don Muang (Bangkok)**

Navette aéroport A1 jusqu'à la station BTS de Mo Chit ; A2 jusqu'aux stations de Mo Chit et Victory Monument (ttes les heures, 9h-minuit, 30 B).

Taxi Avec compteur : 300-400 B, plus 50 B (péage).

Comment circuler

- **Avion** Nombreux vols intérieurs depuis Bangkok.
- **Bus** Les bus inter-cités sont abordables et confortables. À réserver dans les gares routières ; beaucoup de revendeurs sont peu scrupuleux.
- **Transports privés** Bangkok compte des taxis avec compteur. Ailleurs, les tarifs des *tuk-tuk* et des motos-taxis sont négociables. Motos et voitures se louent aisément.
- **Transports publics** Bangkok possède des bus publics, un train aérien (BTS, Skytrain) et un métro (MRT). Dans les villes, des *sŏrng·tăa·ou* (pick-up reconvertis) suivent des itinéraires fixes.
- **Train** Moyen de transport lent, mais agréable pour les paysages. Les trajets de nuit Bangkok-Chiang Mai ou pour les îles sont très demandés.

Se loger

- **Pensions (guesthouses)** Très courantes, elles ont souvent une salle commune et un restaurant, et offrent des informations touristiques.
- **Hôtels** Nombreux établissements modernes à Bangkok et dans les îles touristiques ; en province, hôtels sino-thaïlandais tristes et impersonnels.

Mises en garde

- **Conseil aux voyageurs** Avant de partir, consultez les conseils aux voyageurs sur Internet.
- **Santé** Méfiez-vous de la dengue.
- **Code vestimentaire** Couvrez-vous lorsque vous visitez les temples.
- **Saison des pluies** Certains *resorts* ferment sur les îles ; le service de traversée est réduit.

Bangkok

Autrefois archétype de la nébuleuse métropole asiatique, Bangkok a beaucoup changé en quelques années, après un véritable bain de jouvence. Des vestiges de son passé subsistent, mais ils sont souvent masqués par un vaste et efficace réseau de transports publics, de gigantesques centres commerciaux climatisés et des restaurants dignes des grandes capitales occidentales. Une communauté d'expatriés diversifiée, une scène artistique florissante et un nouvel aéroport complètent le nouveau visage de la ville, que les visiteurs s'étonnent parfois de trouver si changé.

Cependant, n'allez pas croire que le "vrai" Bangkok n'existe plus. Les multiples temples et palais, que l'on rejoint aisément en BTS (Skytrain), n'ont rien perdu de leur superbe, et vous pourrez découvrir des quartiers trépidants à un jet de pierre de votre hôtel.

L'ancien et le nouveau Bangkok composent un mélange des plus réussis.

Wat Phra Kaew (p. 60)

Danse traditionnelle au sanctuaire d'Erawan (p. 71)

Bangkok

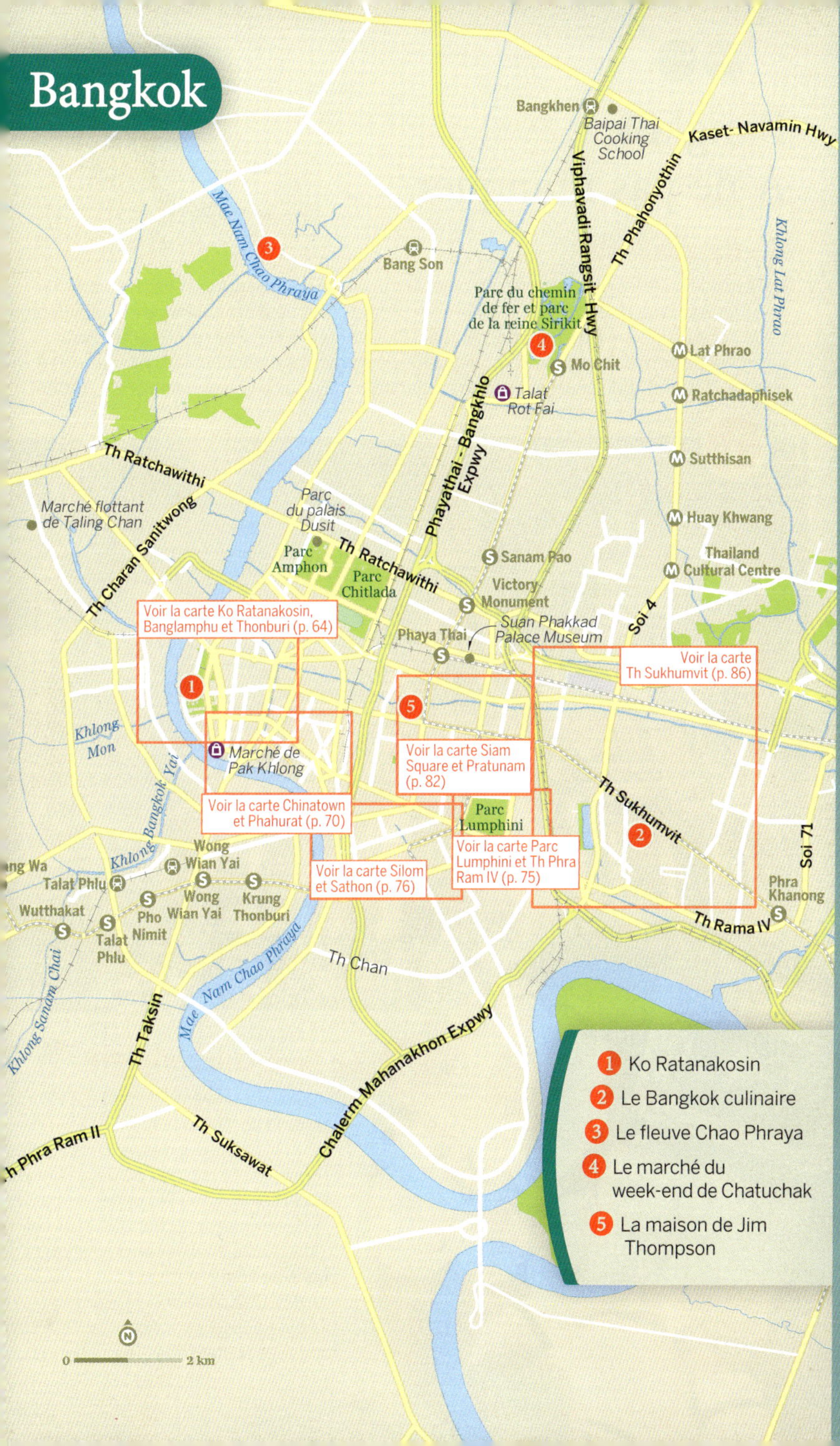

Bangkhen
Baipai Thai Cooking School
Kaset- Navamin Hwy
Viphavadi Rangsit Hwy
Th Phahonyothin
Khlong Lat Phrao
Mae Nam Chao Phraya
Bang Son
Parc du chemin de fer et parc de la reine Sirikit
Lat Phrao
Mo Chit
Talat Rot Fai
Ratchadaphisek
Phayathai - Bangkhlo Expwy
Sutthisan
Th Ratchawithi
Marché flottant de Taling Chan
Parc du palais Dusit
Huay Khwang
Th Charan Sanitwong
Parc Amphon
Th Ratchawithi
Parc Chitlada
Sanam Pao
Thailand Cultural Centre
Victory Monument
Soi 4
Voir la carte Ko Ratanakosin, Banglamphu et Thonburi (p. 64)
Phaya Thai
Suan Phakkad Palace Museum
Voir la carte Th Sukhumvit (p. 86)
Khlong Mon
Marché de Pak Khlong
Voir la carte Siam Square et Pratunam (p. 82)
Khlong Bangkok Yai
Th Sukhumvit
Voir la carte Chinatown et Phahurat (p. 70)
Parc Lumphini
Wong Wian Yai
Voir la carte Parc Lumphini et Th Phra Ram IV (p. 75)
Soi 71
Talat Phlu
Voir la carte Silom et Sathon (p. 76)
Phra Khanong
Wutthakat
Wong Wian Yai
Krung Thonburi
Pho Nimit
Talat Phlu
Th Rama IV
Th Chan
Khlong Sanam Chai
Mae Nam Chao Phraya
Th Taksin
Chalerm Mahanakhon Expwy
Th Suksawat
Th Phra Ram II
1 Ko Ratanakosin
2 Le Bangkok culinaire
3 Le fleuve Chao Phraya
4 Le marché du week-end de Chatuchak
5 La maison de Jim Thompson
0
2 km

Bangkok
À ne pas manquer

Ko Ratanakosin

Les lieux de culte les plus célèbres du pays se trouvent à Ko Ratanakosin, l'ancien quartier royal. Le Wat Phra Kaew (p. 60), temple splendide et richement orné, typique de l'architecture thaïe, abrite le vénéré Bouddha d'Émeraude. Plus discret, le Wat Pho (p. 60) accueille un gigantesque bouddha couché et l'école nationale de massage traditionnel thaïlandais. Par ailleurs, l'ensemble du quartier abonde en symboles religieux colorés. Ci-dessous : Wat Phra Kaew

1

2 Le Bangkok culinaire

Bangkok est un véritable buffet à volonté du stand de rue au restaurant haut de gamme proposant des recettes royales revisitées. La journée, allez parfaire votre expertise des nouilles et des en-cas au fil des modestes échoppes, et, le soir, offrez-vous un dîner aristocratique dans un établissement comme le Bo.la (p. 85). Cité cosmopolite, Bangkok propose aussi des spécialités indiennes, françaises ou italiennes (entre autres).

Le fleuve Chao Phraya

3

_e Chao Phraya (p. 89 ; le "fleuve des Rois"), qui relie la capitale au golfe de Thaïlande, symbolise la lignée du peuple thaï. *Long-tail boats*, barges chargées de marchandises, bateaux de passagers... l'activité y est incessante. Malgré tout, c'est un endroit paisible qui permet d'observer l'animation de la métropole et la vie traditionnelle qui règne sur ses affluents et canaux.

\ droite : le Wat Arun (p. 60)

4

Le marché du week-end de Chatuchak

.es galeries commerçantes et les marchés de Bangkok sont incomparables. \ Chatuchak (p. 92), le marché roi vend out ce que l'on peut imaginer. Avec es tonnes de marchandises entassées lans des allées exiguës, le shopping a ici les allures de sport extrême. Si vous ne upportez ni la chaleur ni la foule, gagnez une des galeries marchandes animées mais climatisées) de la ville.

5

La maison de Jim Thompson

Inspiré par ses voisins tisseurs, le célèbre expatrié Jim Thompson initia le monde occidental à la soie thaïlandaise. Pourtant, cet exportateur est surtout connu pour sa connaissance de l'art et de l'architecture thaïlandais, ce qui lui permit de sauver d'antiques maisons en bois de la destruction et d'amasser une stupéfiante collection d'art traditionnel. Cette dernière est aujourd'hui visible dans la maison de Jim Thompson (p. 72), l'ancienne résidence de l'Américain.

Bangkok : le best of

Spas et massages

- **École de médecine et de massage thaïlandais traditionnels du Wat Pho** Le centre de formation d'origine est installé dans les jardins du temple. (p. 71)
- **Spa 1930** Une oasis de bien-être en plein cœur de Bangkok. (p. 74)
- **Ruen-Nuad Massage Studio** Un cadre désuet pour un massage à l'ancienne. (p. 71)
- **Thann Sanctuary** Petit centre de remise en forme, idéal après le shopping. (p. 74)

Lieux de balade

- **Chinatown** Baladez-vous dans un dédale de commerces d'antan. (p. 61)
- **Marché aux amulettes** Partez en quête des marchands de talismans protecteurs. (p. 61)
- **Parc du palais Dusit** Flânez dans ce parc ravissant où se dressent de magnifiques palais. (p. 67)
- **Wat Pho** Ce vaste temple regorge d'étranges recoins, d'alcôves ombragées et de congénères à observer. (p. 60)

Restaurants

- **nahm** Cuisine thaïlandaise haut de gamme pour les gourmets. (p. 81)
- **MBK Food Island** Une délicieuse cuisine de style *food court*, servie dans une confortable ambiance climatisée. (p. 84)
- **Krua Apsorn** Chaleureuse adresse, prisée de la couronne thaïlandaise pour ses délices de la mer. (p. 80)
- **Bo.lan** Fine cuisine thaïlandaise, conjuguant saveurs et fioritures de haut vol. (p. 85)

Bars et discothèques

- **Moon Bar** Trinquez à la santé de la lune et de la ville scintillante depuis ce bar aérien. (p. 89)
- **Amorosa** Goûtez le coucher de soleil depuis ce perchoir photogénique en bord de fleuve. (p. 88)
- **Iron Fairies** Bar à vin conceptuel pour clients gothiques. (p. 90)
- **WTF** Pub arty et douillet servant des cocktails. (p. 90)

auche : nahm (p. 81) ; **ci-dessus :** festivités du Nouvel An chinois, Chinatown (p. 61)

AUCHE) AUSTIN BUSH/GETTY IMAGES ©; (CI-DESSUS) KRAIG LIEB / GETTY IMAGES ©

Ce qu'il faut savoir

QUELQUES CHIFFRES

- **Nombre d'habitants** 10 millions
- **Altitude** 1,50 m

À PRÉVOIR

- **Deux semaines avant** Réservez votre hébergement et votre cours de cuisine thaïlandaise.
- **La veille** Mettez vos tenues les plus branchées dans votre valise.

ADRESSES UTILES

- **Thai Food Blog** (www.austinbushphotography.com/blog). Blog culinaire d'un auteur de Lonely Planet.
- **Coconuts Bangkok** (bangkok.coconuts.co). Infos et tendances.
- **Bangkok Information Center** (www.bangkoktourist.com). Office du tourisme.

COMMENT CIRCULER

- **Bus** Nombreux et bon marché ; procurez-vous une carte du réseau pour les lignes incontournables. Liaisons fréquentes.
- **MRT** Le métro, de Sukhumvit ou Silom à la gare ferroviaire ; service fréquent.
- **Ferry fluvial** Pour se rendre sur les berges du fleuve, vers les temples et différents quartiers ; services fréquents.
- **BTS** Skytrain (aérien) depuis/vers Sukhumvit, Siam Square, Silom et Chatuchak ; service fréquent.
- **Taxi** Nombreux et confortables ; exigez le compteur.
- **Tuk-tuk** Sympa, mais gare aux arnaques.

MISES EN GARDE

- **Tenue correcte** Couvrez vos épaules et vos genoux dans les temples.
- **Tabac** Fumer est interdit dans les bars et les restaurants.
- **Stands de rue** Fermés le lundi.
- **Rabatteurs** Ne suivez pas les conseils de locaux trop entreprenants vous proposant des circuits organisés ou des achats.
- **Bijoux** N'achetez que des bijoux déjà sertis.
- **Vêtements sur mesure** Prévoyez une semaine pour vous faire confectionner des vêtements ; les tailleurs consciencieux demandent au moins 2 séances d'essayage.

Promenade dans Bangkok

L'ancien quartier royal de Ko Ratanakosin réunit des sites et monuments incontournables. Partez tôt pour éviter la foule et la chaleur, habillez-vous sobrement pour visiter les temples et ignorez les conseils des élégants rabatteurs.

PROMENADE

- **Départ** Wat Phra Kaew et Grand Palais
- **Arrivée** Sanam Luang
- **Distance** 5 km
- **Durée** 3 heures

1 Wat Phra Kaew et Grand Palais

Cette ancienne enceinte royale (p. 60) à l'architecture flamboyante, vénérée par les Thaïlandais, est aujourd'hui le site le plus célèbre de la ville. Un guide ou un audioguide permettent de profiter pleinement de la visite, en expliquant en détails le bouddhisme thaïlandais et le symbolisme religieux du temple. Ne manquez pas les superbes fresques murales du *Ramakian*.

2 Wat Pho

C'est le temple (p. 60) des superlatifs, et il abrite notamment un extraordinaire bouddha couché. Ombragé et moins fréquenté que les autres temples, il regorge de délicieux coins et recoins. Il compte également des pavillons consacrés au massage thaïlandais, car sa fonction première est de perpétuer la médecine traditionnelle.

3 Wat Arun

De Tha Tien, prenez un ferry pour rejoindre ce temple (p. 60) d'allure militaire doté d'un *chédi* (stupa) de style khmer. La construction de ce temple marqua le renouveau de Bangkok après la chute d'Ayuthaya. En y regardant de plus près, on constate que la flèche n'est pas couverte de granit, comme on pourrait le croire, mais de fines mosaïques en porcelaine.

4 Trok Tha Wang

Regagnez la rive orientale du fleuve. Prenez Th Maha Rat à gauche, puis tournez de nouveau à gauche. Découvrez cette étroite allée abritant une architecture et des équipements fluviaux typiques de Bangkok.

5 Marché aux amulettes

Retournez sur Th Maha Rat, puis tournez à gauche dans la ruelle de Trok Mahathat pour découvrir ce marché exigu (p. 61) où l'on vend, achète et inspecte avec minutie toutes sortes de talismans. Suivez la ruelle jusqu'à rejoindre le fleuve afin de vous faire une idée de l'étendue et de l'importance du négoce des amulettes. En longeant le fleuve en direction du nord, les stands d'amulettes cèdent la place aux étals de nourriture, et la foule des acheteurs est remplacée par des étudiants en uniforme.

6 Sanam Luang

En émergeant de Th Phra Chan, traversez Th Maha Rat et continuez vers l'est. On passe devant quantité d'autres échoppes de médecine thaïlandaise traditionnelle et de stands d'amulettes avant de rejoindre le "champ royal" (Royal Field). Le parc change de visage durant la cérémonie annuelle lors de laquelle le prince héritier ouvre officiellement la saison de la culture du riz. Une grande compétition de cerfs-volants se tient également ici à la saison des cerfs-volants (mi-février à avril). L'extrémité sud du parc jouit d'une vue splendide sur le Wat Phra Kaew. Taxis et bus font le tour de cette vaste étendue sans ombre. Avis aux touristes exténués...

Bangkok en...

UNE JOURNÉE

Prenez le *Chao Phraya Express* (p. 95) jusqu'à Tha Chang. Visitez les musées et les temples de Ko Ratanakosin, puis déjeunez à Banglamphu. Après une séance de shopping, place aux cocktails dans Th Khao San (p. 88).

DEUX JOURS

Prenez le BTS vers un centre commercial ou la maison de Jim Thompson (p. 72), puis offrez-vous un massage thaïlandais. Sirotez un verre dans un bar sur le toit, suivi d'un dîner de haut vol chez nahm (p. 81).

TROIS JOURS

Visitez le marché du week-end de Chatuchak (p. 92), participez à un cours de cuisine, ou prenez un *long-tail boat* pour sillonner les canaux de Thonburi. Pour dîner, direction Chinatown et ses stands de rue.

QUATRE JOURS

Visitez le parc du palais Dusit (p. 67) et allez dans l'un des restaurants de Sukhumvit (p. 85), puis suivez le Bangkok branché à l'Iron Fairies (p. 90).

Cours de cuisine thaïlandaise

Découvrir Bangkok

Les incontournables

- **Ko Ratanakosin, Banglamphu et Thonburi** (p. 60). Temples, musées et échoppes anciennes.
- **Chinatown et Phahurat** (p. 61). Quartier des commerçants chinois.
- **Silom et Sathon** (p. 66). Haute finance et hôtels.
- **Siam Square et Pratunam** (p. 67). Centres commerciaux et jeunesse.
- **Sukhumvit** (p. 90). Artère internationale.

Le Bouddha couché, Wat Pho

À voir

KO RATANAKOSIN, BANGLAMPHU ET THONBURI
เกาะรัตนโกสินทร์/บางลำพู/ธนบุรี

Bienvenue sur le lieu de naissance de Bangkok.

Wat Phra Kaew et Grand Palais Temple bouddhique, site historique

(วัดพระแก้ว, พระบรมมหาราชวัง ; carte p. 64 ; Th Na Phra Lan ; 500 B ; 8h30-16h ; Tha Chang). Également appelé temple du Bouddha d'Émeraude, le **Wat Phra Kaew** est le nom familier du vaste ensemble digne d'un conte de fées renfermant aussi l'ancienne résidence royale, le Grand Palais.

Des guides proposent leurs services près du guichet du palais. Ignorez ceux postés à l'extérieur du site. Un audioguide peut être loué pour 200 B les 2 heures. Pour un plan illustré des sites, voir p. 62

Wat Pho Temple bouddhique

(วัดโพธิ์ (วัดพระเชตุพน), Wat Phra Chetuphon ; carte p. 64 ; Wat Phra Chetuphon ; Th Sanam Chai ; 100 B ; 8h30-18h30 ; Tha Tien). Ce temple attire (un peu) moins de touristes que le Wat Phra Kaew, mais c'est notre site préféré parmi les grands classiques de Bangkok. Il détient d'ailleurs plusieurs records : il possède le plus grand bouddha couché de la ville et la plus vaste collection de bouddhas de Thaïlande. Il fut aussi le premier centre d'éducation publique (et de massage ; voir p. 71) du pays. Pour un plan illustré, voir p. 68.

Wat Arun Temple bouddhique

(วัดอรุณฯ ; carte p. 64 ; www.watarun.net ; près de Th Arun Amarin ; 50 B ; 8h-18h ; ferry Tha Tien)

Le Wat Arun fait partie de la trinité des temples les plus sacrés de Bangkok (avec le Wat Phra Kaew et le Wat Pho). Après la chute d'Ayuthaya, le roi Taksin prit cérémonieusement possession du site jusque-là occupé par un lieu saint (le Wat Jaeng) et y fit ériger un palais royal et un temple pour le Bouddha d'Émeraude. Le temple fut rebaptisé d'après le nom du dieu indien de l'Aube (Aruna) et en hommage à la fondation symbolique d'une nouvelle Ayuthaya.

Marché aux amulettes Marché

(ตลาดพระเครื่องวัดมหาธาตุ ; carte p. 64 ; Th Maha Rat ; 7h-17h ; Tha Chang). Ce marché étrange et fascinant s'étend sur les trottoirs de Th Maha Rat et de Th Phra Chan, et dans un dédale de stands couverts près de Tha Phra Chan. On y vend une grande variété de petits talismans prisés des collectionneurs, moines, chauffeurs de taxi et professionnels de métiers à risques.

Musée du Siam Musée

(สถาบันพิพิธภัณฑ์การเรียนรู้แห่งชาติ ; carte p. 64 ; www.museumsiam.com ; Th Maha Rat ; 300 B ; 10h-18h mar-dim ; Tha Tien). Cet amusant musée explore les origines du peuple thaï et sa culture de manière passionnante. Il est installé dans un édifice du XIXe siècle de style européen qui fut jadis le ministère du Commerce, et renferme des expositions présentées de manière interactive et attrayante (ce qui est assez rare en Thaïlande). L'ensemble est équilibré et divertissant, avec des galeries consacrées à diverses questions sur les origines de la nation et de sa population.

Musée national Musée

(พิพิธภัณฑสถานแห่งชาติ ; carte p. 64 ; 4 Th Na Phra That ; 200 B ; 9h-16h mer-dim ; Tha Chang). Souvent présenté comme le plus grand musée d'Asie du Sud-Est, le Musée national de Thaïlande renferme une collection impressionnante de sculptures religieuses, plus passionnante encore lors des **visites guidées** (gratuit avec entrée au musée ; 9h30 mer et jeu).

Se fondre parmi les habitants à Bangkok

Kitty Chirapongse, qui réside à Bangkok, vous donne quelques conseils pour bien vous intégrer :

MANGER

Les Thaïlandais aiment manger. Ils mangent toute la journée : il n'y a pas d'heures définies pour les repas.

UNE FAMILLE UNIVERSELLE

Jadis, les habitants d'un même village se considéraient comme membres d'une même famille, une tradition qui a toujours cours à Bangkok aujourd'hui. Nul besoin de connaître leur nom : il suffit d'évaluer leur âge et de les appeler *pêe* (grand(e) frère/sœur), *nórng* (petit(e) frère/sœur), *lung* (oncle) ou *Ъâh* (tante).

DÉTENDEZ-VOUS

Bangkok semble très affairée, mais ne vous fiez pas aux apparences. Vous verrez souvent des vendeurs, des commerçants, des serveuses et des chauffeurs de taxi faire la sieste pendant leur temps de travail. Intégrez cette habitude à vos journées de visite : trouvez un bel endroit isolé au Wat Phra Kaew et méditez...

CHINATOWN ET PHAHURAT

เยาวราช / พาหุรัด

Le quartier chinois de Bangkok (appelé Yaowarat, du nom de sa rue principale) est l'équivalent urbain du bassin de l'Amazone. Il compte non pas des temples propres ou des musées, mais un réseau complexe de passages minuscules, de marchés bondés et d'étals de rue délicieux.

Un petit quartier indien, souvent appelé Phahurat, commence à l'extrémité ouest de Chinatown.

Wat Phra Kaew et Grand Palais

EXPLOREZ LES MONUMENTS RELIGIEUX ET ROYAUX LES PLUS IMPORTANTS DE BANGKOK

Ce circuit pourra être effectué en deux ou trois heures. La plupart du temps, les visiteurs commencent par le complexe du temple bouddhique, appelé Wat Phra Kaew. Un passage couvert entoure le site, dont les murailles intérieures sont ornées des **fresques du Ramakian** 1 et 2. Peintes sous le règne de Rama Ier (1782-1809), elles retracent l'épopée hindoue du *Ramayana*, à travers 178 panneaux décrivant la lutte de Rama pour libérer son épouse kidnappée, Sita.

Une fois parvenu à la fin de l'histoire, traversez l'une des portes gardées par des **yaksha** 3 pour gagner le complexe intérieur. L'édifice le plus important est le **bòht**, **ou salle d'ordination** 4, qui abrite le **Bouddha d'Émeraude** 5.

AUSTIN BUSH ©

Kinari

Mi-cygnes, mi-femmes, ces gracieuses créatures de la mythologie hindo-bouddhique se tiennent devant le Prasat Phra Thep Bidon.

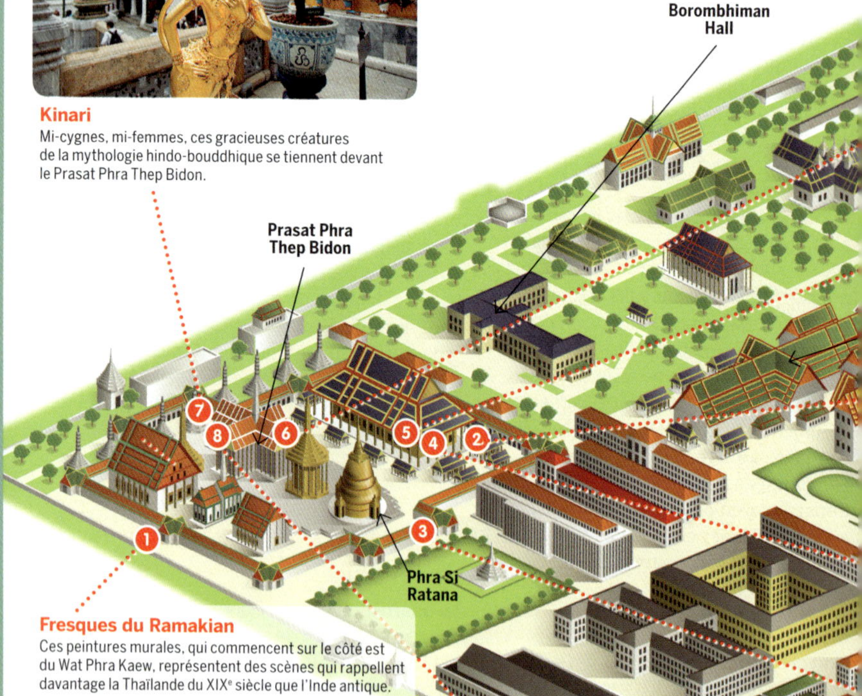

Fresques du Ramakian

Ces peintures murales, qui commencent sur le côté est du Wat Phra Kaew, représentent des scènes qui rappellent davantage la Thaïlande du XIXe siècle que l'Inde antique.

AUSTIN BUSH ©

Hanuman

Des rangées de ces singes malicieux, divinités appartenant à la mythologie hindoue, soutiennent les étages inférieurs de deux petits *chédi* près du Prasat Phra Thep Bidon.

Dirigez-vous vers l'est jusqu'à la terrasse supérieure, un espace surélevé où se dressent les **flèches des trois principaux chédi** **6**. Celui du milieu, le Phra Mondop, est utilisé pour conserver des manuscrits bouddhiques. Ce secteur abrite également de nombreux personnages mythiques du Wat Phra Kaew, notamment de superbes **kinari** **7** et plusieurs **Hanuman** **8** grimaçants.

Franchissez la porte ouest du complexe pour atteindre le Grand Palais. Ici, peu d'édifices sont ouverts au public. Le plus remarquable est le **Chakri Mahaprasat** **9**, édifié en 1882. Sa façade extérieure est un mélange unique de style occidental et d'architecture thaïlandaise traditionnelle.

Les trois flèches

Le toit très élaboré, sur 7 niveaux, du Phra Mondop, la pointe de style khmer du Prasat Phra Thep Bidon et le *chédi* doré du Phra Si Ratana sont les points culminants du complexe.

AUSTIN BUSH ©

Bouddha d'Émeraude

En dépit de son nom, cette petite statue (seulement 66 cm de hauteur) est en néphrite, une sorte de jade.

AUSTIN BUSH ©

Mort de Thotsakan

Il faut regarder les panneaux dans le sens des aiguilles d'une montre. À l'extrémité ouest du complexe, on découvre la mort de Thotsakan, le ravisseur de Sita, et son cortège funéraire très travaillé.

Chakri Mahaprasat

Cet édifice est parfois appelé *fa·ràng sài chá·dah* (Occidental coiffé d'une couronne thaïlandaise), car chacune de ses ailes est surmontée d'un *mon·dòp*, une flèche représentant une version thaïlandaise d'un sanctuaire hindou.

AUSTIN BUSH ©

Bòht (salle d'ordination)

Cet édifice est l'un des premiers exemples de l'école d'architecture Ratanakosin, qui combine des vestiges du style traditionnel d'Ayuthaya et des détails plus modernes inspirés de la Chine et de l'Occident.

Yaksha

Chaque entrée du Wat Phra Kaew est surveillée par un couple d'énormes *yaksha*, des ogres ou géants de la mythologie hindoue.

AUSTIN BUSH ©

Ko Ratanakosin, Banglamphu et Thonburi

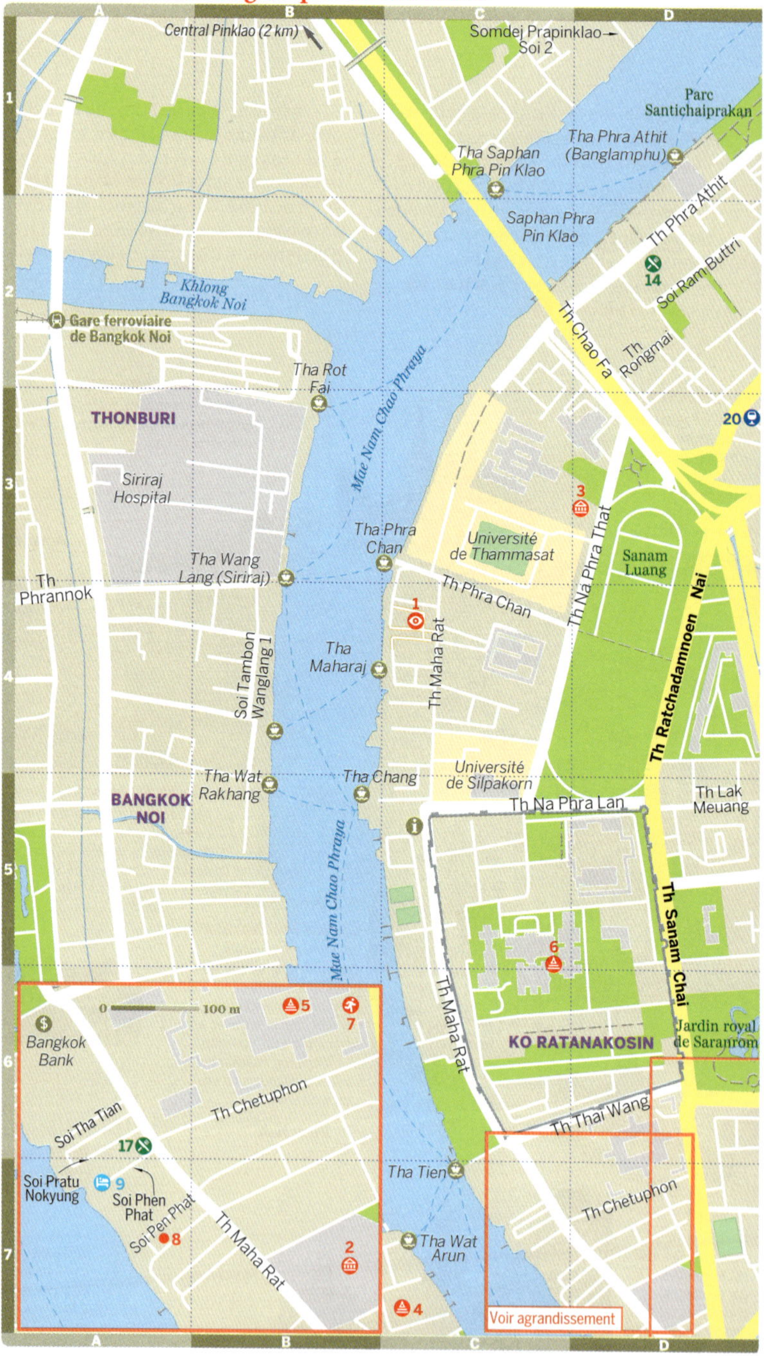

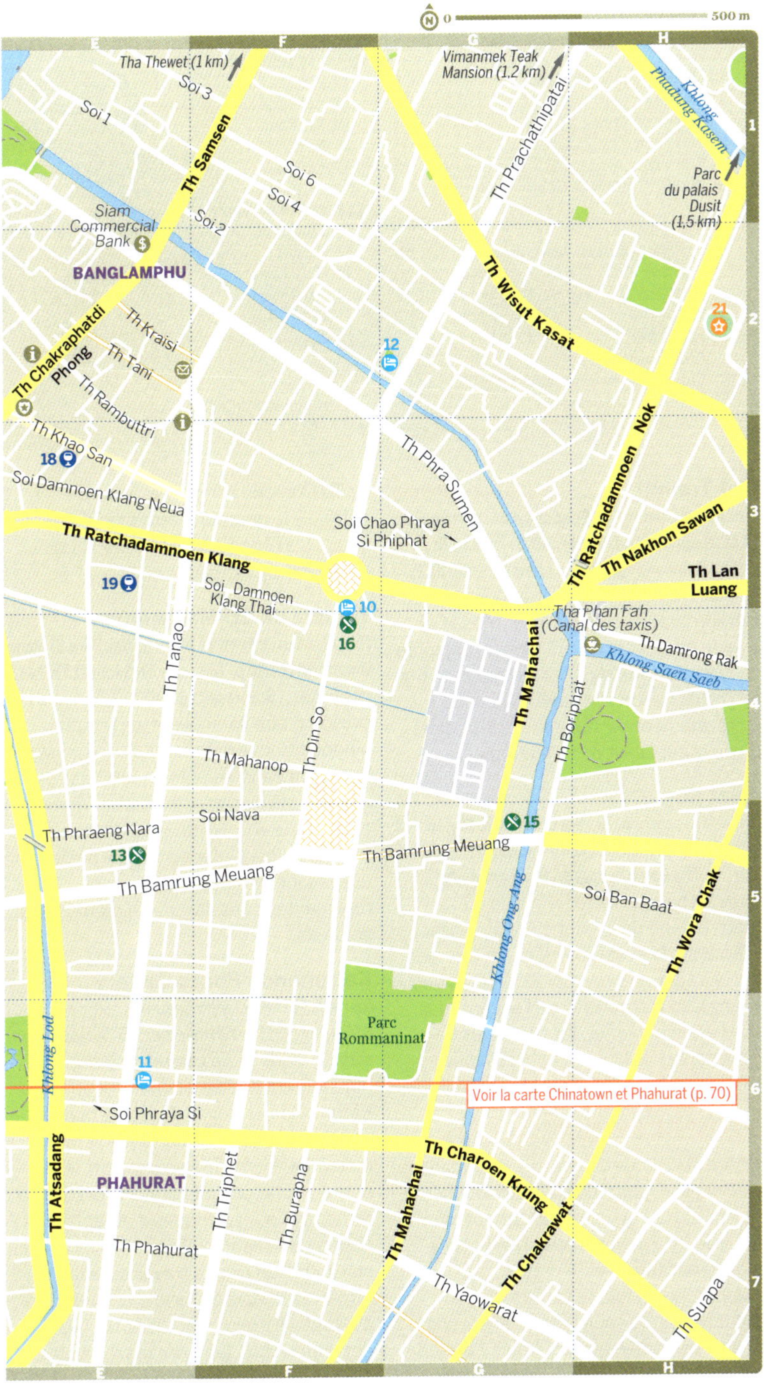
0
500 m
Tha Thewet (1 km)
Vimanmek Teak Mansion (1,2 km)
Khlong Phadung Kasem
Parc du palais Dusit (1,5 km)
Soi 3
Soi 1
Th Samsen
Soi 6
Soi 4
Soi 2
Th Prachathipatai
Siam Commercial Bank
BANGLAMPHU
Th Wisut Kasat
Th Chakraphatdi Phong
Th Kraisi
Th Tani
Th Rambuttri
Th Khao San
Soi Damnoen Klang Neua
Th Phra Sumen
Th Ratchadamnoen Nok
Th Nakhon Sawan
Th Lan Luang
Soi Chao Phraya Si Phiphat
Th Ratchadamnoen Klang
Soi Damnoen Klang Thai
Tha Phan Fah (Canal des taxis)
Th Damrong Rak
Khlong Saen Saeb
Th Tanao
Th Mahachai
Th Boriphat
Th Din So
Th Mahanop
Soi Nava
Th Phraeng Nara
Th Bamrung Meuang
Th Bamrung Meuang
Soi Ban Baat
Th Wora Chak
Khlong Ong Ang
Parc Rommaninat
Khlong Lod
Voir la carte Chinatown et Phahurat (p. 70)
Soi Phraya Si
Th Atsadang
PHAHURAT
Th Triphet
Th Burapha
Th Mahachai
Th Charoen Krung
Th Chakrawat
Th Phahurat
Th Yaowarat
Th Suapa
10
11
12
13
15
16
18
19
21
E
F
G
H
1
2
3
4
5
6
7

Ko Ratanakosin, Banglamphu et Thonburi

À voir
1 Marché aux amulettes C4
2 Musée du Siam B7
3 Musée national D3
4 Wat Arun C7
5 Wat Pho B6
6 Wat Phra Kaew et Grand Palais C5

Activités
7 Pavillons de massage B6
8 École de médecine et de massage thaï traditionnels du Wat Pho A7

Où se loger
9 Arun Residence A7
10 Baan Dinso @ Ratchadamnoen F3
11 Feung Nakorn Balcony E6
12 Lamphu Treehouse G2

Où se restaurer
13 Chote Chitr E5
14 Hemlock D2
15 Jay Fai G5
16 Krua Apsorn F4
17 Pa Aew A6

Prendre un verre et faire la fête
Amorosa .... (voir 9)
18 Center Khao Sarn E3
19 Phra Nakorn Bar & Gallery E3
Rolling Bar .... (voir 12)
20 Triple-d D3

Où sortir
21 Ratchadamnoen Stadium H2

Wat Traimit — Temple bouddhique

(วัดไตรมิตร, temple du Bouddha d'or ; carte p. 70 ; Th Mitthaphap (Th Traimit) ; 40 B ; 8h-17h ; Tha Ratchawong, M Hua Lamphong sortie 1). Le Wat Traimit est connu pour son extraordinaire bouddha en or massif de 3 m de hauteur et de 5,5 tonnes. Sculptée dans le gracieux style Sukhothai, la statue fut "redécouverte" il y a 40 ans, sous un revêtement de stuc qui se brisa alors qu'on la déplaçait dans le temple.

Talat Mai — Marché

(ตลาดใหม่ ; carte p. 70 ; Soi Charoen Krung 16 (Trok Itsaranuphap) Soi 6, Th Yaowarat ; 6h-18h ; Tha Ratchawong, M Hua Lamphong sortie 1 et taxi). La majeure partie du marché vend de la nourriture chinoise, mais dans la section nord de Th Charoen Krung (équivalente à Soi 21, Th Charoen Krung), vous trouverez de l'encens, des statues en papier et des friandises de cérémonie – les ingrédients essentiels à un enterrement chinois traditionnel.

SILOM ET SATHON สีลม / สาธร

Artère principale du quartier des finances de Bangkok, ponctuée d'hôtels d'affaires, de bureaux et de restaurants haut de gamme, Th Silom n'a pas grand-chose à offrir aux touristes. À mesure que l'on s'approche du fleuve, la rue s'emplit d'effluves et de couleurs : on entre dans le quartier indien et musulman. La zone adjacente au fleuve qui s'étend le long de Th Charoen Krung vers le nord était autrefois le quartier international des affaires, à l'époque où Bangkok dominait le marché de l'import-export.

Temple de Sri Mariamman — Temple

(วัดพระศรีมหาอุมาเทวี (วัดแขก), Wat Phra Si Maha Umathewi ; carte p. 76 ; angle Th Silom et Th Pan ; 6h-20h ; S Surasak sortie 3). GRATUIT Aussi prospère que flamboyant, ce temple hindou tranche avec les maisons voisines. Construit dans les années 1860 par des immigrants tamouls (le quartier demeure encore une enclave de la communauté tamoule), le bâtiment principal présente une façade très travaillée où sont représentées des divinités hindoues très colorées.

Kathmandu Photo Gallery — Galerie

(carte p. 76 ; www.kathmandu-bkk.com ; 87 Th Pan ; 11h-19h mar-dim ; S Surasak sortie 3). GRATUIT Seule galerie de Bangkok entièrement dédiée à la photographie, la Kathmandu est logée dans une maison de négoce sino-portugaise joliment restaurée. Manit Sriwanichpoom, le photographe-propriétaire, a voulu qu'elle ressemble aux boutiques d'antan, où les clients pouvaient fouiller parmi les clichés en vente. Son propre travail est exposé au rez-de-chaussée, tandis que l'espace à l'étage, restreint mais aéré, accueille des expositions temporaires d'artistes et de photographes internationaux.

Silom Galleria — Galerie

(carte p. 76 ; 919/1 Th Silom ; ⌚6h-22h ; S Surasak sortie 3). Il ne s'agit pas d'une galerie en tant que telle, mais les étages supérieurs de ce centre commercial qui semble abandonné abritent certains des meilleurs lieux pour acheter de l'art à Bangkok : la **Number 1 Gallery** (carte p. 76 ; www.number1gallery.com ; 4e ét., Silom Galleria ; ⌚10h-19h lun-sam) GRATUIT expose de l'art contemporain thaïlandais avant-gardiste, la **Tang Gallery** (carte p. 76 ; 5e ét., Silom Galleria ; ⌚11h-19h lun-sam) GRATUIT présente les travaux d'artistes chinois contemporains et la **Thavibu Gallery** (carte p. 76 ; www.thavibu.com ; 4e ét., Silom Galleria ; ⌚11h-19h mar-sam) GRATUIT propose des œuvres d'artistes vietnamiens et birmans.

SIAM SQUARE ET PRATUNAM
สยามสแควร์ / ประตูน้ำ

Parc du palais Dusit — Musée, site historique

(วังสวนดุสิต ; ☎0 2628 6300 ; bordé par Th Ratchawithi, Th U Thong Nai et Th Ratchasima ; billet pour tous les sites du parc du palais Dusit adulte/enfant 100/20 B, ou accès libre le même jour avec le billet du Wat Phra Kaew et du Grand Palais ; ⌚9h30-16h mar-dim ; ⛴Tha Thewet, S Phaya Thai sortie 2 et taxi). À la suite de son premier voyage en Europe en 1897, Rama V rentra au pays la tête remplie d'images de châteaux. Il entreprit d'exprimer les styles européens à la manière thaïlandaise, ce qui donna le parc Dusit.

Initialement bâtie à Ko Si Chang en 1868, puis démontée et transportée en 1910 sur le site actuel, la résidence en teck **Vimanmek Teak Mansion** (⌚9h30-16h mar-dim, dernière entrée 15h15) compte 81 pièces, salles et antichambres, qui lui confèrent le titre du plus grand bâtiment en teck doré du monde, construit, paraît-il, sans aucun clou. Premier bâtiment permanent édifié sur le site du palais Dusit, le Vimanmek

Code vestimentaire

La plupart des sites touristiques majeurs de Bangkok sont des lieux sacrés et les visiteurs sont tenus de s'habiller et de se comporter en conséquence. Au Wat Phra Kaew, au Grand Palais et au parc Dusit en particulier, on ne vous laissera pas entrer si vous n'êtes pas suffisamment couvert. Les shorts, débardeurs, minijupes et bermudas sont proscrits (seuls vos bras – pas vos épaules –, vos genoux et votre tête peuvent être découverts). Pour pouvoir entrer, les contrevenants se verront obligés de revêtir un sarong prêté pour l'occasion.

Siam Square
JEAN-PIERRE LESCOURRET/GETTY IMAGES ©

Wat Pho

PROMENADE PARMI LES GRANDS BOUDDHAS DU WAT PHO

Le point de départ le plus logique est le *wí·hăhn* (sanctuaire) principal, qui abrite le chef-d'œuvre du Wat Pho, l'immense **bouddha couché** ❶. Outre ses dimensions impressionnantes, remarquez les **incrustations de nacre** ❷ sur la plante des pieds de la statue. Les murs du *wí·hăhn* sont couverts de fresques représentant les vies antérieures du Bouddha, tandis que 108 bols à aumônes en bronze sont disposés sur le côté sud de l'édifice. Pour 20 B vous pourrez acheter 108 pièces ; en les déposant dans chacun des bols, la chance sera avec vous !

Sortez du *wí·hăhn* et passez (à l'est) devant les deux **géants en pierre** ❸ qui gardent la porte menant au reste du complexe. Au sud se dressent les quatre grands **chédi royaux** ❹.

AUSTIN BUSH ©

Phra Ubosot
Construit sous le règne de Rama Ier, l'imposant *bòht* (salle d'ordination) doit son apparence actuelle à des rénovations remontant au règne de Rama III (r. 1824-1851).

AUSTIN BUSH ©

Galeries des bouddhas
Les deux passages couverts entourant le Phra Ubosot abritent quelque 394 bouddhas dorés, dont beaucoup présentent des caractéristiques classiques des styles Ayuthaya ou Sukhothai.

AUSTIN BUSH ©

Pavillons des massages
Si vos pieds demandent une trêve, ces deux salles climatisées sont idéales pour se détendre en profitant d'un massage thaïlandais de grande qualité, pour un prix relativement bas.

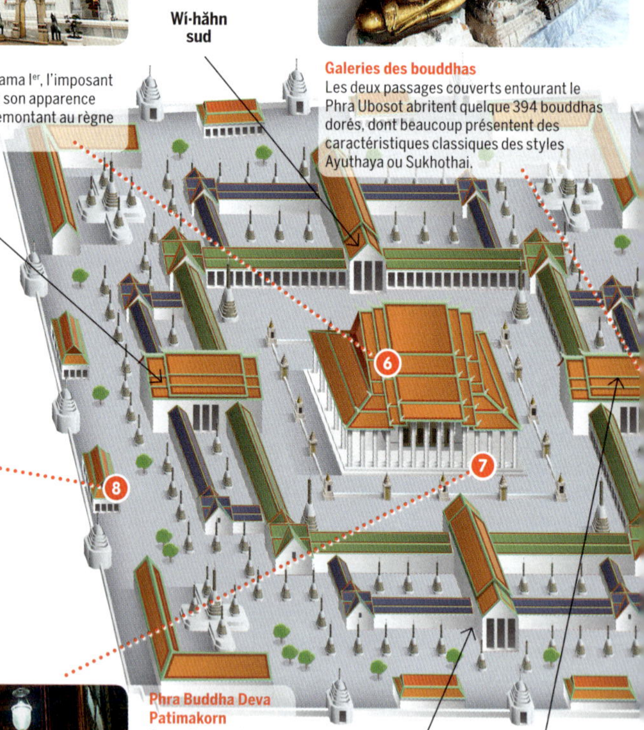

AUSTIN BUSH ©

Phra Buddha Deva Patimakorn
Sur un impressionnant piédestal à 3 niveaux, qui renferme les cendres de Rama Ier, se dresse cette statue du Bouddha datant de la période d'Ayuthaya. Elle fut apportée au temple par le roi.

Continuez à l'est, traversez deux **galeries de statues du Bouddha** ❺ reliant quatre *wí·hăhn*, dont deux conservent de remarquables bouddhas de la période de Sukhothai. Elles constituent l'extérieur du **Phra Ubosot** ❻, l'immense salle d'ordination, deuxième plus importante structure du Wat Pho. La base du bâtiment est entourée de bas-reliefs ornés d'inscriptions, et l'intérieur renferme la célèbre statue du Bouddha, **Phra Buddha Deva Patimakorn** ❼.

Le Wat Pho, souvent présenté comme la première université thaïlandaise, accueille aujourd'hui une école de médecine thaïlandaise traditionnelle et, dans l'annexe est, deux **pavillons dédiés au massage** ❽.

Enfin, la moitié orientale du complexe est ponctuée de plusieurs autres petits *chédi* et de jardins de pierre.

AUSTIN BUSH ©

Chédi royaux
Décorés de céramiques colorées, dans la plus pure tradition du style Ratanakosin, ces quatre *chédi* représentent les quatre premiers rois de la dynastie Chakri.

AUSTIN BUSH ©

Bouddha couché
La structure intérieure en brique, de 46 m de long et 15 m de haut, est habillée de plâtre et recouverte de feuilles d'or. L'énorme bouddha couché du Wat Pho évoque le passage du Bouddha au nirvana (la mort de Bouddha).

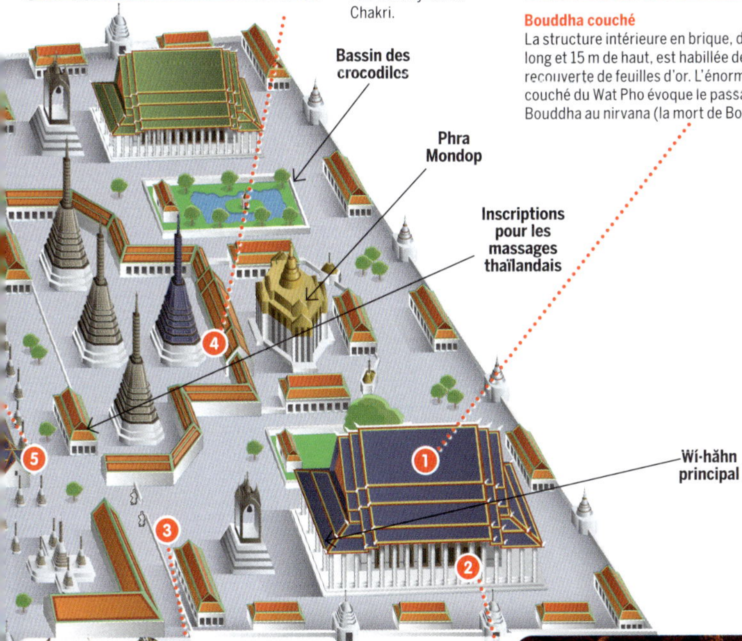

AUSTIN BUSH ©

Géants de pierre
Ces gigantesques statues en granit – certains y voient des personnages d'opéra chinois, d'autres Marco Polo – sont arrivées en Thaïlande au XIXe siècle : elles servaient de lest sur des jonques chinoises.

Incrustations de nacre
Les 108 *lák·sà·nà* (traits physiques d'un Bouddha) bienveillants sont représentés sur la plante des pieds du bouddha couché.

AUSTIN BUSH ©

Chinatown et Phahurat

Voir la carte Ko Ratanakosin, Banglamphu et Thonburi (p. 64)

Chinatown et Phahurat

À voir

Où se loger

Où se restaurer

servit de résidence à Rama V au début du XXe siècle. Visites guidées (en anglais) obligatoires de 1 heure toutes les demi-heures de 9h45 à 15h15.

Une tenue vestimentaire stricte (pantalon ou jupe longue et manches longues) est de rigueur, car vous êtes dans une propriété royale.

Sanctuaire d'Erawan Monument

(ศาลพระพรหม ; carte p. 82 ; angle Th Ratchadamri et Th Ploenchit ; 6h-23h ; S Chit Lom sortie 8). GRATUIT Le sanctuaire fut bâti en 1956 afin de contrer une série d'événements malheureux survenus tout au long de la construction de l'ancien hôtel Erawan. Une statue de Brahma fut érigée sur le conseil d'un prêtre brahmane et les accidents cessèrent.

Bangkok Art & Culture Centre Galerie

(BACC ; carte p. 82 ; www.bacc.or.th ; angle Th Phayathai et Th Phra Ram I ; 10h-21h mar-sam ; S National Stadium sortie 3). GRATUIT Ce vaste bâtiment moderne au cœur de Bangkok abrite le dernier venu de la scène artistique locale. Outre ses 3 étages et ses quelque 3 000 m² d'espace dédié aux expositions temporaires, ce centre abrite boutiques, galeries privées et cafés.

Activités

MASSAGE THAÏLANDAIS

Ruen-Nuad Massage Studio Massage

(carte p. 76 ; 0 2632 2662 ; 42 Th Convent ; massage 350 B/heure ; 10h-21h ; M Si Lom sortie 2, S Sala Daeng sortie 2). Installé dans une maison en bois rénovée, ce charmant établissement échappe au côté kitsch et new age qui caractérise la plupart des salons de massage de Bangkok. Tarifs abordables.

École de médecine et de massage thaïlandais traditionnels du Wat Pho Massage thaïlandais

(carte p. 64 ; 0 2622 3551 ; www.watpomassage.com ; 392/25-28 Soi Phen Phat ; cours à partir de 2 500 B ; cours 9h-16h ; Tha Tien). Cette école, le principal centre de formation des masseuses du pays, propose aussi des soins au public. Des **pavillons de massage** (carte p. 64 ; massage thaïlandais 420 B/h ; 8h30-18h30 ; Tha Tien) sont installés à l'intérieur du complexe.

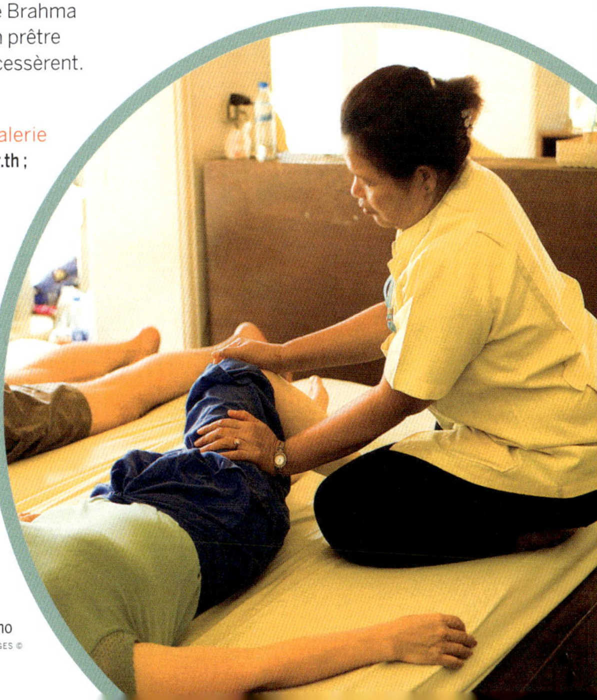

Massage thaïlandais au Wat Pho
LONELY PLANET/GETTY IMAGES ©

À ne pas manquer

Maison de Jim Thompson

Ici vivait l'Américain Jim Thompson, exportateur de soie et fin collectionneur d'art thaïlandais. Bien que transformée en résidence de style occidental, la demeure renferme, entre autres pièces, des articles d'artisanat thaïlandais traditionnel, ainsi qu'une belle collection de sculptures bouddhiques et de tissus anciens.

Carte p. 82

www.jimthompsonhouse.com

Soi Kasem San 2

adulte/enfant 100/50 B

9h-17h, visites guidées obligatoires en français et en anglais toutes les 20 min

klorng taxi (bateau-taxi) pour Tha Saphan Hua Chang, S National Stadium sortie 1

La maison

Thompson collectionnait des pans de maisons thaïlandaises en ruine qu'il fit rassembler sur ce site en 1959. Certaines proviennent de l'ancienne capitale royale d'Ayuthaya, d'autres ont été démantelées et acheminées via le canal depuis Baan Krua (comme le premier bâtiment que vous verrez en entrant). Bien qu'il eût, dans l'ensemble, scrupuleusement respecté l'agencement classique des demeures thaïlandaises, il s'autorisa une surprenante dérogation : inverser certaines façades en plaçant les murs extérieurs à l'intérieur, afin que l'on puisse en admirer les sculptures. Sa collection d'objets d'art asiatique, modeste mais d'un goût exquis, ainsi que ses objets personnels sont exposés dans le bâtiment principal.

L'homme

Le charme de ce musée tient en partie à son charismatique propriétaire. Né dans le Delaware en 1906, Thompson effectua une brève mission en Thaïlande pour le compte de l'OSS (l'ancêtre de la CIA), durant la Seconde Guerre mondiale. Démobilisé, il s'installa à Bangkok et se passionna pour la soie thaïlandaise par le biais de ses voisins, qui vivaient du tissage traditionnel. Flairant là une belle opportunité, cet entrepreneur né expédia des échantillons de soie aux maisons de couture de Milan, de Londres et de Paris, parvenant progressivement à fidéliser une clientèle internationale et à pérenniser une marque qui porte toujours son nom.

Thompson disparut dans des circonstances mystérieuses en 1967, lors d'une randonnée dans les Cameron Highlands, dans l'ouest de la Malaisie. La même année, sa sœur fut assassinée aux États-Unis, ce qui alimenta encore la théorie du complot. Le mystère n'a jamais été résolu, mais dans la biographie de Thompson (*The Ideal Man*, L'homme idéal), le journaliste Joshua Kurlantzick suggère que la posture anti-américaine qu'il adopta vers la fin de sa vie aurait pu pousser la CIA à l'éliminer (les autres théories sont moins romanesques).

Ma sélection

Maison de Jim Thompson

NATTEERA YUMONGKOL,
DIRECTRICE ADJOINTE,
MAISON DE JIM THOMPSON

1 ARCHITECTURE
Jim Thompson était à la fois architecte, mondain et collectionneur d'antiquités. Tandis que ses contemporains thaïlandais décidaient de vivre dans des maisons et bungalows modernes (de style occidental), lui concevait une résidence arborée. Si les bâtiments – 6 maisons en teck provenant de diverses régions – respectent le modèle thaïlandais traditionnel, la demeure est organisée comme une résidence occidentale, avec un vaste hall d'entrée, un escalier intérieur desservant une mezzanine et des pièces situées sur le même plan, avec vue sur la terrasse et le canal.

2 ARTS MÉCONNUS
Doté d'un penchant pour les antiquités de l'Asie du Sud-Est, Thompson se ravitaillait auprès des commerçants itinérants et dans les pays voisins. Il collectionnait des objets peu connus pour l'époque, notamment de la période Dvaravati. Ces objets, comme d'autres pièces de la collection, sont désormais bien connus des historiens d'art et des archéologues.

3 MUSÉOGRAPHIE
Son éclectique collection comprend des sculptures des périodes Ayuthaya, Lopburi et khmère, ainsi que des œuvres bouddhiques et des peintures rares, des sculptures et des tapisseries birmanes, une vaste collection de céramiques (notamment des porcelaines blanc-bleuté) et une importante série de *benjarong* (céramiques thaïlandaises "cinq couleurs"). Il possédait un goût très sûr : joliment disposée à travers la maison, la collection est mise en valeur par l'ambiance et la lumière naturelle du lieu.

4 HISTOIRE ET PATRIMOINE
Thompson est devenu une véritable légende. En novembre 1959, il décida d'ouvrir sa maison au public deux fois par semaine. Son souhait était de léguer ses biens au peuple thaïlandais, afin de préserver les arts et artisanats nationaux, qu'ils soient méconnus ou en voie de disparition.

Si vous aimez… Les maisons-musées

Si la maison de Jim Thompson (p. 72) vous a plu, vous aimerez certainement ces lieux dédiés à la vie traditionnelle locale.

1 **BAN KAMTHIENG** (บ้านคำเที่ยง ; carte p. 86 ; Siam Society, 131 Soi 21 (Asoke), Th Sukhumvit ; adulte/enfant 100 B/gratuit ; 9h-17h mar-sam ; M Sukhumvit sortie 1, S Asok sortie 3 ou 6). Une maison typique du Nord, avec une séduisante exposition illustrant précisément la vie quotidienne et les croyances populaires de la région.

2 **SUAN PAKKAD PALACE MUSEUM** (วังสวนผักกาด ; Th Si Ayuthaya ; 100 B ; 9h-16h ; S Phaya Thai sortie 4). Jadis résidence royale, ce palais composé de 8 maisons traditionnelles abrite aujourd'hui un musée des arts et de l'artisanat thaïlandais.

3 **BANGKOKIAN MUSEUM** (พิพิธภัณฑ์ชาวบางกอก ; carte p. 76 ; 273 Soi 43, Th Charoen Krung ; 10h-16h mer-dim ; Tha Si Phraya). Constitué de 3 maisons en bois, ce musée géré par une famille offre un aperçu de la vie à Bangkok dans les années 1950 et 1960.

SPAS

Thann Sanctuary Spa

(carte p. 82 ; 0 2658 0550 ; www.thann.info ; 4e ét., Gaysorn Plaza, angle Th Ploenchit et Th Ratchadamri ; massage thaïlandais à partir de 1 500 B, soins à partir de 2 800 B ; 10h-21h ; S Chit Lom sortie 9). Cette marque locale de cosmétiques à base d'herbes possède plusieurs spas installés dans des centres commerciaux – idéals pour se détendre après le shopping. Également installé à **CentralWorld** (carte p. 82 ; 0 2658 6557 ; www.thann.info/thann_sanctuary.php ; 2e ét., CentralWorld, Th Ratchadamri ; massage thaïlandais à partir de 1 500 B, soins à partir de 2 800 B ; 10h-19h30 ; S Chit Lom sortie 9 jusqu'au Sky Walk, Siam sortie 6 jusqu'au Sky Walk).

Spa 1930 Spa

(carte p. 82 ; 0 2254 8606 ; www.spa1930.com ; 42 Soi Tonson ; massage thaïlandais à partir de 1 200 B, forfait spa à partir de 3 800 B ; 9h30-21h30 ; S Chit Lom sortie 4). L'offre ici est simple (visage, soin du corps et massage complet), et tous les produits de soin et les huiles de massage sont à base de remèdes traditionnels thaïlandais.

Cours

Helping Hands Cuisine

(08 4901 8717 ; www.cookingwithpoo.com ; 1 200 B ; cours 8h30-13h). Ce cours de cuisine populaire a été créé par une habitante du bidonville de Khlong Toey et se déroule dans son quartier. Les cours, qui doivent être réservés à l'avance, couvrent 4 plats et incluent une visite du marché de Khlong Toey et le transport depuis/vers l'**Emporium** (carte p. 86 ; www.emporiumthailand.com ; angle Soi 24 et Th Sukhumvit ; 10h-22h ; S Phrom Phong sortie 2).

Amita Thai Cooking Class Cuisine

(0 2466 8966 ; www.amitathaicooking.com ; 162/17 Soi 14, Th Wutthakat, Thonburi ; 3 000 B ; cours 9h30-13h jeu-mar). Donné dans une maison au bord du canal à Thonburi, le cours comprend une balade dans un jardin d'herbes aromatiques et l'apprentissage de 4 plats. Le tarif inclut le transport (dont le transfert en bateau depuis Tha Maharaj).

Circuits organisés

Si vous cherchez quelqu'un pour vous guider dans Bangkok, adressez-vous à **Tour with Tong** (08 1835 0240 ; www.tourwithtong.com ; circuit 1 journée à partir de 1 500 B), dont l'équipe organise des circuits dans la ville et ses environs, et à **Thai Private Tour Guide** (08 9661 6706, 08 9822 1798 ; www.thaitourguide.com ; circuit 1 journée à partir de 2 000 B), où M. Pu et TJ sont très appréciés.

CROISIÈRES (FLEUVE ET CANAUX)

Pour des raisons pratiques, les bateaux à moteur ont gagné du terrain, mais Bangkok mérite toujours son surnom de "Venise orientale". Son vaste réseau de canaux et d'affluents est sillonné par des

Parc Lumphini et Th Phra Ram IV

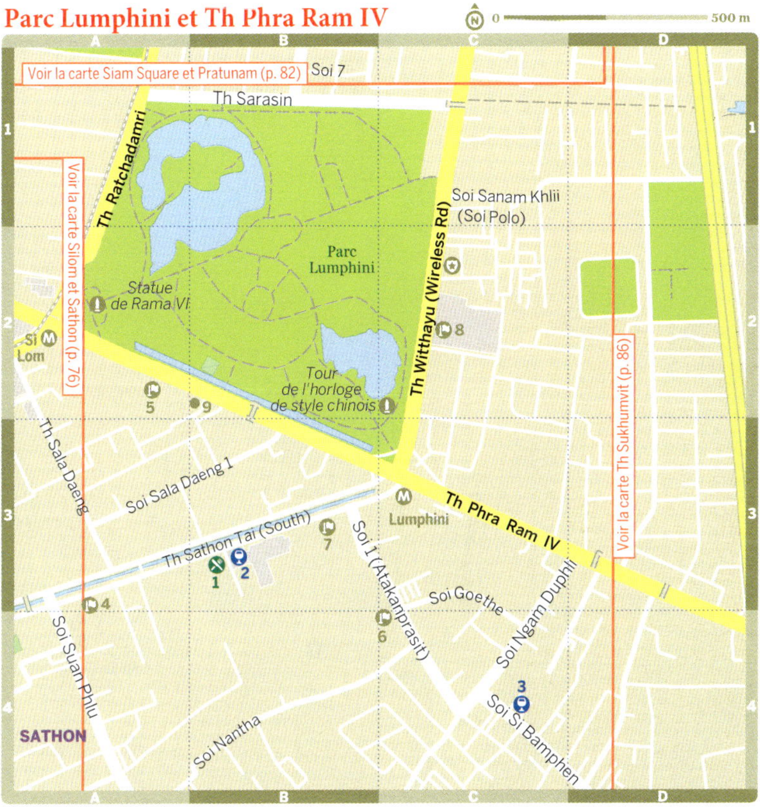

Parc Lumphini et Th Phra Ram IV

Où se restaurer
1 nahm B3

Où prendre un verre et faire la fête
2 Moon Bar B3
3 Wong's Place C4

Renseignements
4 Ambassade d'Australie A3
5 Ambassade du Canada A2
6 Ambassade du Danemark C4
7 Ambassade d'Allemagne B3
8 Ambassade du Japon C2

Transports
KLM Royal Dutch Airlines .... (voir 2)
9 Royal Brunei Airlines B2

embarcations en tout genre, des canots aux péniches. Dans ces quartiers, nombre de maisons particulières, de commerces et de temples restent tournés vers la vie fluviale, rappelant l'époque où les Thaïlandais se considéraient comme des *jâo náam* (seigneurs de l'eau).

La meilleure façon de passer d'un site à l'autre sur les rives du fleuve est de prendre les ferrys publics de Chao Phraya Express (p. 95). Le terminus de la plupart des bateaux est Tha Nonthaburi en direction du nord, et Tha Sathon en direction du sud (aussi appelé Central Pier, l'embarcadère central), près de la station BTS Saphan Taksin. Toutefois, quelques bateaux continuent plus au sud jusqu'au Wat Ratchasingkhon.

Silom et Sathon

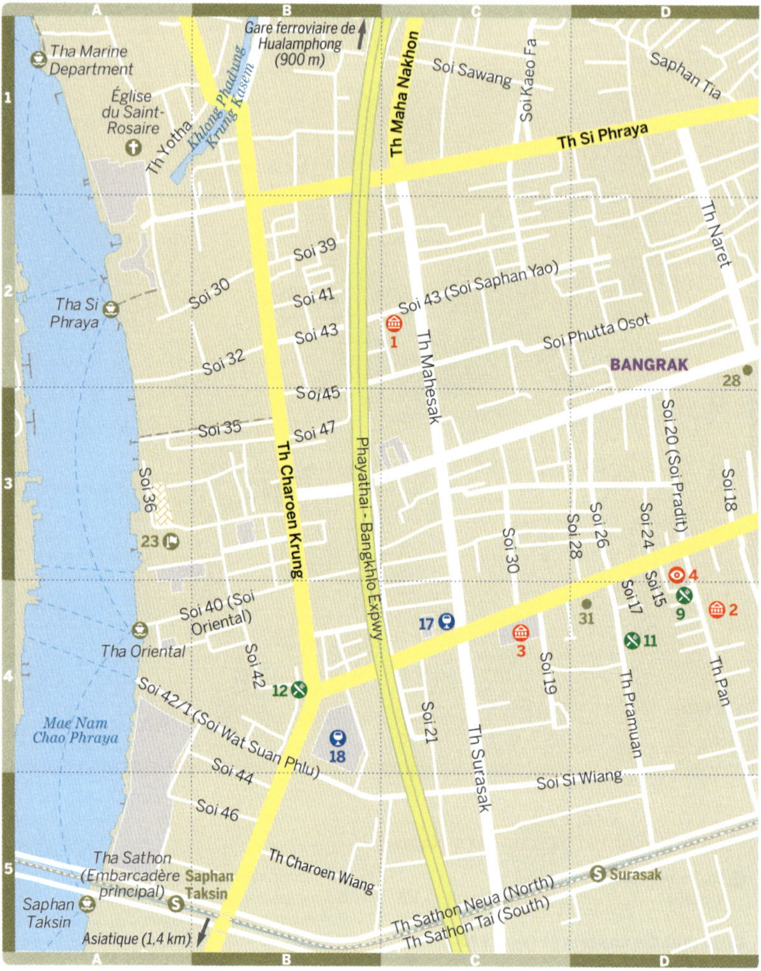

Pour une excursion plus personnalisée, vous pouvez louer un *long-tail boat* le long des canaux de la ville.

Où se loger

KO RATANAKOSIN, BANGLAMPHU ET THONBURI

Lamphu Treehouse Hôtel **$$**
(carte p. 64 ; 0 2282 0991 ; www.lamphutreehotel.com ; 155 Wanchat Bridge, près de Th Prachathipatai ; ch 1 450-2 500 B, ste 3 600-4 900 B, avec petit-déj ; ; Tha Phan Fah). Belles et accueillantes, les chambres sont habillées de boiseries et agrémentées de délicates touches thaïlandaises. Le bar sur le toit, la piscine, l'accès Internet, le restaurant et l'emplacement calme au bord du canal ne vous inciteront pas à sortir de l'hôtel.

Feung Nakorn Balcony Hôtel **$$**
(carte p. 64 ; 0 2622 1100 ; www.feungnakorn.com ; 125 Th Fuang Nakhon ; dort 600 B, ch 1 650 B, ste 2 000-3 000 B, avec petit-déj ; ; klorng-taxi jusqu'à Tha Phan Fah).

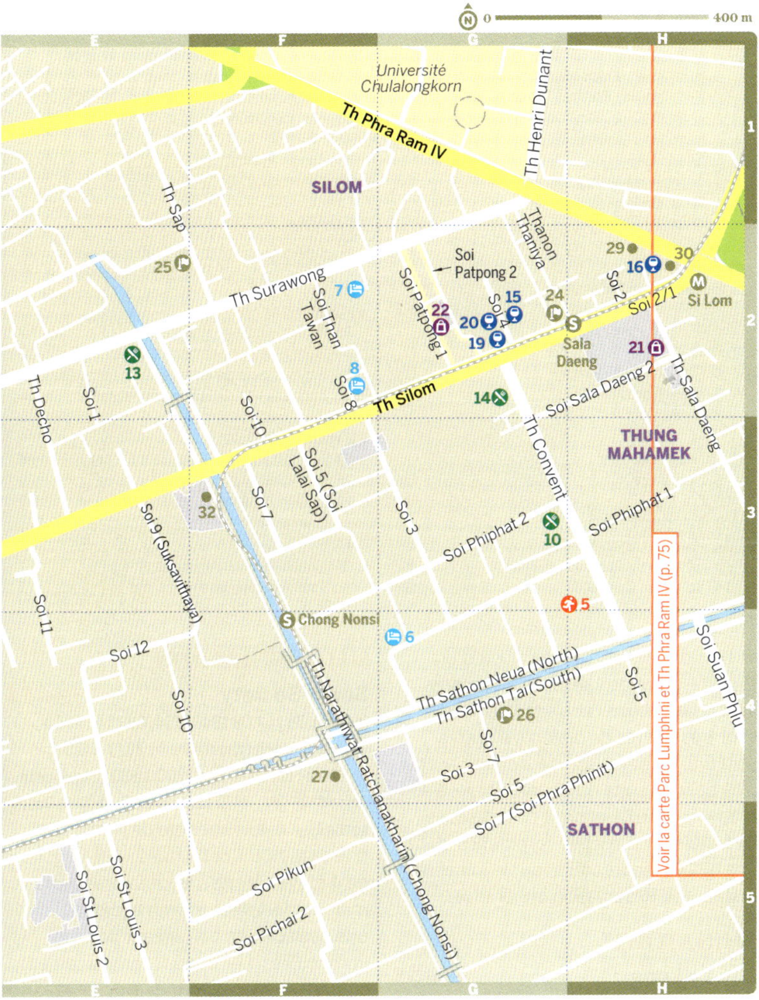

Aménagées dans une ancienne école, les 42 chambres entourant un agréable jardin côté cour sont généralement vastes, lumineuses et chaleureuses. Le rapport qualité/prix n'est pas exceptionnel, mais l'établissement est charmant et accueillant.

Baan Dinso@ Ratchadamnoen Hôtel **$$**

(carte p. 64 ; 08 6815 3300 ; www.baandinso.com ; 78/3 Th Ratchadamnoen Klang ; ch 800-3 100 B avec petit-déj ; ; klorng-taxi jusqu'à Tha Phan Fah). Cette ancienne villa en bois n'est certainement pas la meilleure affaire de la ville, mais pour qui cherche un hébergement avec une dose de nostalgie et une identité palpable, l'endroit est quasi imbattable.

Arun Residence Hôtel **$$$**

(carte p. 64 ; 0 2221 9158 ; www.arunresidence.com ; 36-38 Soi Pratu Nokyung ; ch 4 000-4 200 B, ste 5 800 B, avec petit-déj ; @ ; Tha Tien). Située au bord du fleuve, juste en face du Wat Arun, cette maison

Silom et Sathon

À voir

1 Bangkokian Museum ... C2
2 Kathmandu Photo Gallery ... D4
3 Number 1 Gallery ... C4
Silom Galleria ... (voir 3)
4 Temple de Sri Mariamman ... D3
Tang Gallery ... (voir 3)
Thavibu Gallery ... (voir 3)

Activités

5 Ruen-Nuad Massage Studio ... H3

Où se loger

6 Café Ice Residence ... G4
7 Siam Heritage ... F2
8 Smile Society ... F2

Où se restaurer

9 Chennai Kitchen ... D4
10 Eat Me ... G3
11 Kalapapruek ... D4
12 Muslim Restaurant ... B4
13 Somboon Seafood ... E2
14 Somtam Convent ... G2

Où prendre un verre et faire la fête

15 Balcony ... G2
16 DJ Station ... H2
17 Maggie Choo's ... C4
18 Sky Bar ... B4
19 Tapas Room ... G2
20 Telephone Pub ... G2

Achats

21 July ... H2
22 Marché de nuit de Patpong ... G2

Renseignements

23 Ambassade de France ... A3
24 Consulat honoraire d'Irlande ... G2
25 Ambassade de Russie ... E2
26 Ambassade de Singapour ... G4

Transports

27 Air Canada ... F4
28 Air China ... D2
29 British Airways ... H2
Qantas Airways ... (voir 29)
30 Singapore Airlines ... H2
31 South African Airways ... D4
32 Thai Airways International ... F3

en bois de plusieurs étages jouit d'un superbe point de vue. Ses 6 chambres sont chaleureuses et élégantes ; certaines sont très hautes de plafond, d'autres sont une combinaison de 2 chambres (la plus belle, la suite du dernier étage, a son propre balcon). L'endroit compte aussi de séduisantes parties communes, dont une bibliothèque, un bar sur le toit et un restaurant. Réservation impérative.

CHINATOWN

Loy La Long Hôtel **$$**

(carte p. 70 ; ☎ 0 2639 1390 ; www.loylalong.com ; 1620/2 Th Songwat ; dort avec petit-déj 1 300 B, ch avec petit-déj 2 100-4 000 B ; ❄ @ ; ⛴ Tha Ratchawong, M Hua Lamphong sortie 1 et taxi). Rustiques, charmantes, rétro... les 6 chambres de cette maison centenaire en bois ne manquent pas de cachet. Ajoutez à cela de charmants recoins aérés et un emplacement unique au-dessus du Mae Nam Chao Phraya, et vous obtenez une retraite discrète, presque confidentielle. Seul inconvénient, l'endroit est difficile à trouver : gagnez Th Songwat et coupez directement par le Wat Patumkongka Rachaworawiharn jusqu'au fleuve.

SILOM ET SATHON

Smile Society Hôtel **$$**

(carte p. 76 ; ☎ 08 1343 1754, 08 1442 5800 ; www.smilesocietyhostel.com ; 30/3-4 Soi 6, Th Silom ; dort 420 B, ch 900-1 880 B, avec petit-déj ; ❄ @ ; M Si Lom sortie 2, S Sala Daeng sortie 1). À la fois auberge de jeunesse et boutique-hôtel, cette maison de négoce de 4 étages abrite des chambres petites mais confortables et bien équipées, ainsi que des dortoirs partageant des sdb immaculées. Les bonus : l'emplacement central, le salon commun avec TV et ordinateurs gratuits et le personnel anglophone efficace.

Café Ice Residence Pension **$$**

(carte p. 76 ; ☎ 0 2636 7831 ; cafeiceresidences@gmail.com ; 44/4 Soi Phiphat 2 ; ch 1 900-3 300 B avec petit-déj ; ❄ @ ; S Chong Nonsi sortie 2). Plus semblable à une maison qu'à un hôtel, cette villa impeccable et élégante propose 9 chambres spacieuses, chaleureuses et douillettes.

Siam Heritage Hôtel **$$$**

(carte p. 76 ; ☎ 0 2353 6101 ; www.thesiamheritage.com ; 115/1 Th Surawong ; ch

2 900 B, ste 4 000-9 300 B, avec petit-déj ; ❄ @ 📶 🏊 ; M Si Lom sortie 2, S Sala Daeng sortie 1). À l'écart de la très animée Th Surawong, cet hôtel chic jouit d'un charme très thaïlandais à la fois simple et accueillant – sûrement parce que ses propriétaires vivent sur place. Les 73 chambres, habillées de soie et de bois sombres, sont conçues avec élégance et praticité.

SIAM SQUARE ET PRATUNAM

Wendy House Auberge de jeunesse $$

(carte p. 82 ; ☎ 0 2214 1149 ; www.wendyguesthouse.com ; 36/2 Soi Kasem San 1 ; ch 1 100-1 490 B avec petit-déj ; ❄ @ 📶 ; S National Stadium sortie 1). Les chambres sont petites et rudimentaires, mais parfaitement propres et assez bien équipées pour le prix (TV, réfrigérateur).

Golden House Hôtel $$

(carte p. 82 ; ☎ 0 2252 9535 ; www.goldenhouses.net ; 1025/5-9 Th Ploenchit ; ch 1 800-2 000 B avec petit-déj ; ❄ 📶 ; S Chit Lom sortie 1). Ses 27 chambres avec parquet et meubles en bois encastrés font plus penser à des appartements thaïlandais modernes qu'à des chambres d'hôtel. Les lits sont immenses mais parfois mous.

SUKHUMVIT

Fusion Suites Hôtel $$

(carte p. 86 ; ☎ 0 2665 2644 ; www.fusionbangkok.com ; 143/61-62 Soi 21 (Asoke), Th Sukhumvit ; ch 2 600-5 200 B avec petit-déj ; ❄ @ 📶 ; M Sukhumvit sortie 1, S Asok sortie 1). Un hôtel vraiment très original dans cette fourchette de prix ; les meubles inventifs confèrent du caractère aux chambres, même si les moins chères sont un peu sombres.

Seven Hôtel $$$

(carte p. 86 ; ☎ 0 2662 0951 ; www.sleepatseven.com ; 3/15 Soi 31, Th Sukhumvit ; ch 4 708-7 062 B avec petit-déj ; ❄ 📶 ; S Phrom Phong sortie 5). Ce tout petit hôtel est à la fois chic et chaleureux, branché et confortable. La couleur de chacune des 5 chambres est en lien avec l'astrologie thaïlandaise. Très bien équipé et service sympathique.

Où se restaurer

Amateurs de cuisine de rue, soyez prévenus : tous les étals sont fermés le lundi pour cause de nettoyage de rue (même si le résultat n'est pas vraiment probant le mardi matin).

Le quartier très animé de Chinatown

MARTIN PUDDY/GETTY IMAGES ©

Au cours du **Festival végétarien** annuel (**sept ou oct**), Chinatown fait la part belle à la cuisine sans viande. Le gros des festivités a lieu dans la rue principale, Th Yaowarat, et dans le quartier de Talat Noi. Dans toute la ville, des restaurants et étals font flotter des drapeaux jaunes pour indiquer leur statut végétarien.

KO RATANAKOSIN ET BANGLAMPHU

Pa Aew — Thaïlandais $

(carte p. 64 ; Th Maha Rat, enseigne en thaïlandais ; plats 20-60 B ; 10h-17h ; Tha Tien). Cette échoppe de curry en plein air, très sommaire, est notre adresse favorite dans le quartier. Elle se trouve face à la Krung Thai Bank, près de Soi Pratu Nokyung.

Krua Apsorn — Thaïlandais $$

(carte p. 64 ; www.kruaapsorn.com ; Th Din So ; plats 65-350 B ; 10h30-20h lun-sam ; klorng-taxi jusqu'à Tha Phan Fah). Incontournables : les moules sautées aux herbes, le succulent crabe frit dans de l'huile de piment jaune et l'omelette au crabe façon tortilla.

Hemlock — Thaïlandais $$

(carte p. 64 ; 56 Th Phra Athit ; plat 75-280 B ; 16h-minuit lun-sam ; ; Tha Phra Athit (Banglamphu)). Logé dans une maison de négoce, cet établissement assorti de nappes blanches offre une initiation "sans risque" à la cuisine thaïlandaise.

Jay Fai — Thaïlandais $$$

(carte p. 64 ; 327 Th Mahachai ; plats à partir de 400 B ; 15h-2h mar-dim ; klorng-taxi jusqu'à Tha Phan Fah). En dépit de sa salle à manger dépouillée, ce restaurant est très réputé pour ses *pàt kêe mow* ("nouilles d'ivrogne"), les plus chères et sans doute les meilleures de Bangkok.

CHINATOWN ET PHAHURAT

Échoppes de fruits de mer de Thanon Phadungdao — Thaïlandais $$

(carte p. 70 ; angle Th Phadungdao et Th Yaowarat ; plats 100-600 B ; 16h-minuit mar-dim ; Tha Ratchawong, M Hua Lamphong sortie 1 et taxi). Après le coucher du soleil, ces deux restaurants en plein air, installés l'un en face de l'autre, se transforment en une enfilade de barbecues, avec plateaux de fruits de mer sur de la glace et tables installées pêle-mêle sur le trottoir.

SILOM ET SATHON

Chennai Kitchen — Indien $

(carte p. 76 ; 10 Th Pan ; plats 70-150 B ; 10h-15h et 18h-21h ; ; S Surasak sortie 3). Les énormes *dosai* (pain croustillant d'Inde du Sud) sont toujours un choix judicieux, mais si vous êtes indécis, optez pour le *thali* végétarien, qui compte une infinité de mets.

Kalapapruek — Thaïlandais $

(carte p. 76 ; 27 Th Pramuan ; plats 80-150 B ; 8h-18h lun-sam, jusqu'à 15h dim ; S Surasak sortie 3). Ce restaurant thaïlandais réputé a de nombreuses annexes dans toute la ville.

Stand de nourriture de rue
DESIGN PICS/RAY LASKOWITZ/GETTY IMAGES ©

Un petit goût de Bangkok

Vous ne pourrez pas prétendre avoir goûté la cuisine thaïlandaise de Bangkok si vous n'avez pas tenté au moins quelques-uns des plats suivants :

- *Gŏo·ay đěe·o reu·a Gŏo* – Ces "nouilles des bateaux" (elles étaient jadis servies depuis des bateaux flottants, sur les canaux du centre de la Thaïlande), spécialités à base de porc ou de bœuf, sont parmi les plats de nouilles les plus savoureux du pays. Goûtez celles du **Bharani** (Sansab Boat Noodle ; carte p. 86 ; 96/14 Soi 23, Th Sukhumvit ; plats 50-200 B ; 11h-22h ; M Sukhumvit sortie 2, S Asok sortie 3).

- *Gŏo·ay đěe·o kôo·a gài* – Ces larges nouilles de riz frites avec œuf, poulet, calamar en conserve et huile d'ail composent un plat sino-thaïlandais modeste mais délicieux, vendu dans de nombreuses échoppes du Chinatown de Bangkok.

- *Kôw mòk* – Le *biryani*, connue pour être une spécialité indienne, est aussi servi à Bangkok. Nous adorons l'ancienne version servie au **Muslim Restaurant** (carte p. 76 ; 1354-6 Th Charoen Krung ; plats 40-140 B ; 6h30-17h30 ; Tha Oriental, S Saphan Taksin sortie 1), en activité depuis des décennies.

- *Mèe gròrp* – Ces nouilles croustillantes concoctées de façon traditionnelle (d'après une ancienne recette du palais royal) ont une divine saveur aigre-douce. Goûtez celles du **Chote Chitr** (carte p. 64 ; 146 Th Phraeng Phuthon ; plats 30-200 B ; 11h-22h ; klorng-taxi jusqu'à Tha Phan Fah), installé de longue date à Banglamphu.

mais notre préféré reste celui d'origine. Le menu varié annonce des spécialités régionales de tout le pays, des plats du jour et parfois des plats de saison.

Somtam Convent — Nord-Est $

(“Hai” ; carte p. 76 ; 2/4-5 Th Convent ; plats 30-100 B ; 11h-21h lun-ven, jusqu'à 17h sam ; M Si Lom sortie 2, S Sala Daeng sortie 2). Aménagé dans une maison de négoce, ce restaurant bruyant est une parfaite introduction aux délicieux *lâhp* ("salade" de viande émincée), *sôm đam* (salade de papaye verte épicée) et autres spécialités de l'Isan.

nahm — Thaïlandais $$$

(carte p. 75 ; 0 2625 3388 ; www.comohotels.com/metropolitanbangkok/dining/nahm ; rdc, Metropolitan Hotel, 27 Th Sathon Tai (sud) ; menu déj 1 100 B, menu dîner 2 000 B, plats 180-700 B ; 12h-14h lun-ven, 19h-22h30 tlj ; M Lumphini sortie 2). Le chef et auteur australien David Thompson a fondé ce restaurant thaïlandais, peut-être le meilleur de Bangkok. Il a ressuscité des plats oubliés, comme le curry de poisson fumé aux crevettes, foies de poulet, coques et poivre noir.

Eat Me — International $$$

(carte p. 76 ; 0 2238 0931 ; www.eatmerestaurant.com ; Soi Phiphat 2 ; plats 340-1 350 B ; 15h-1h ; ; M Si Lom sortie 2, S Sala Daeng sortie 2). Dans ce vénérable restaurant, vous vous régalerez de raviolis aux figues et fromage bleu accompagnés de noix, romarin et beurre brun ou de tajine de joue de bœuf au safran et aux dattes, par exemple.

Somboon Seafood — Thaïlandais $$$

(carte p. 76 ; 0 2233 3104 ; www.somboonseafood.com ; angle Th Surawong et Th Narathiwat Ratchanakharin (Chong Nonsi) ; plats 120-900 B ; 16h-23h30 ; S Chong Nonsi sortie 3). Une véritable usine de poisson et de fruits de mer : en montant les escaliers pour trouver une table, vous vous demanderez peut-être si la qualité n'est pas perdue au profit de la quantité.

Siam Square et Pratunam

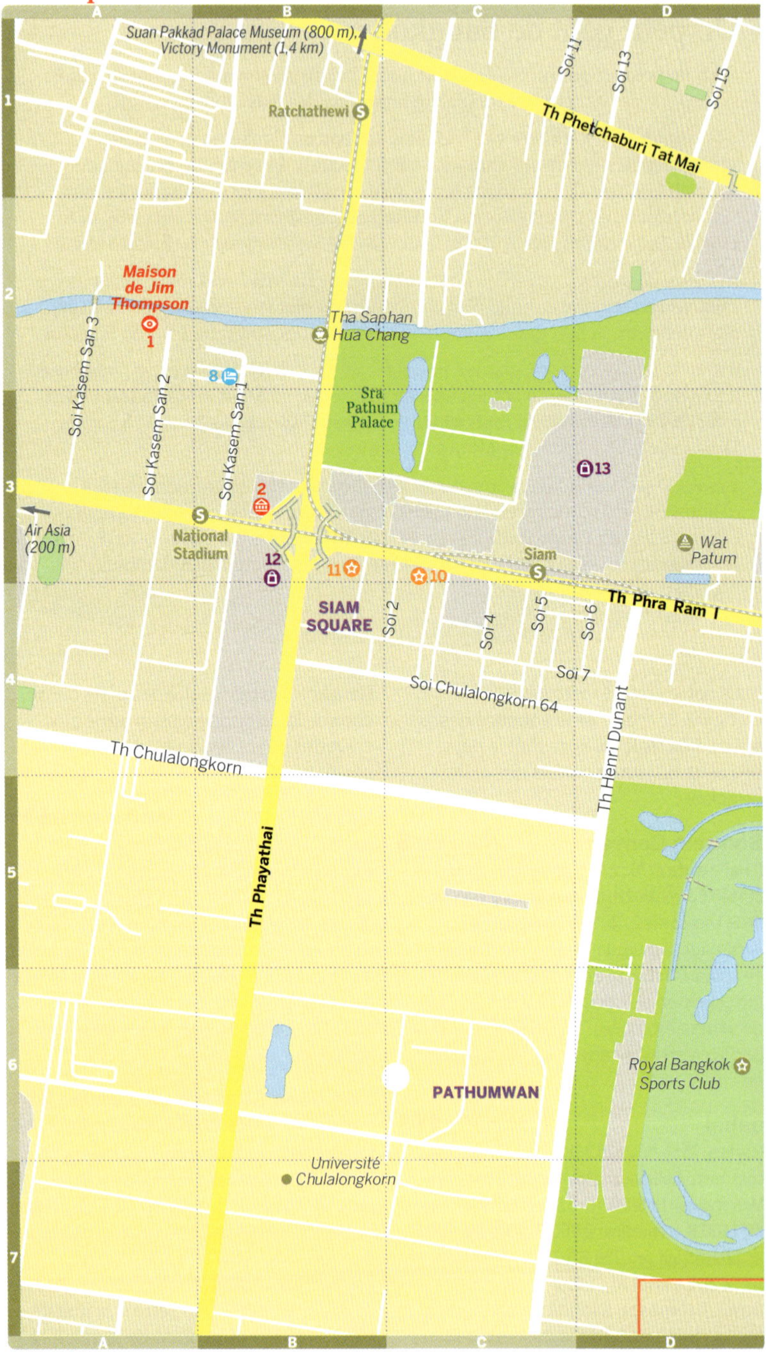

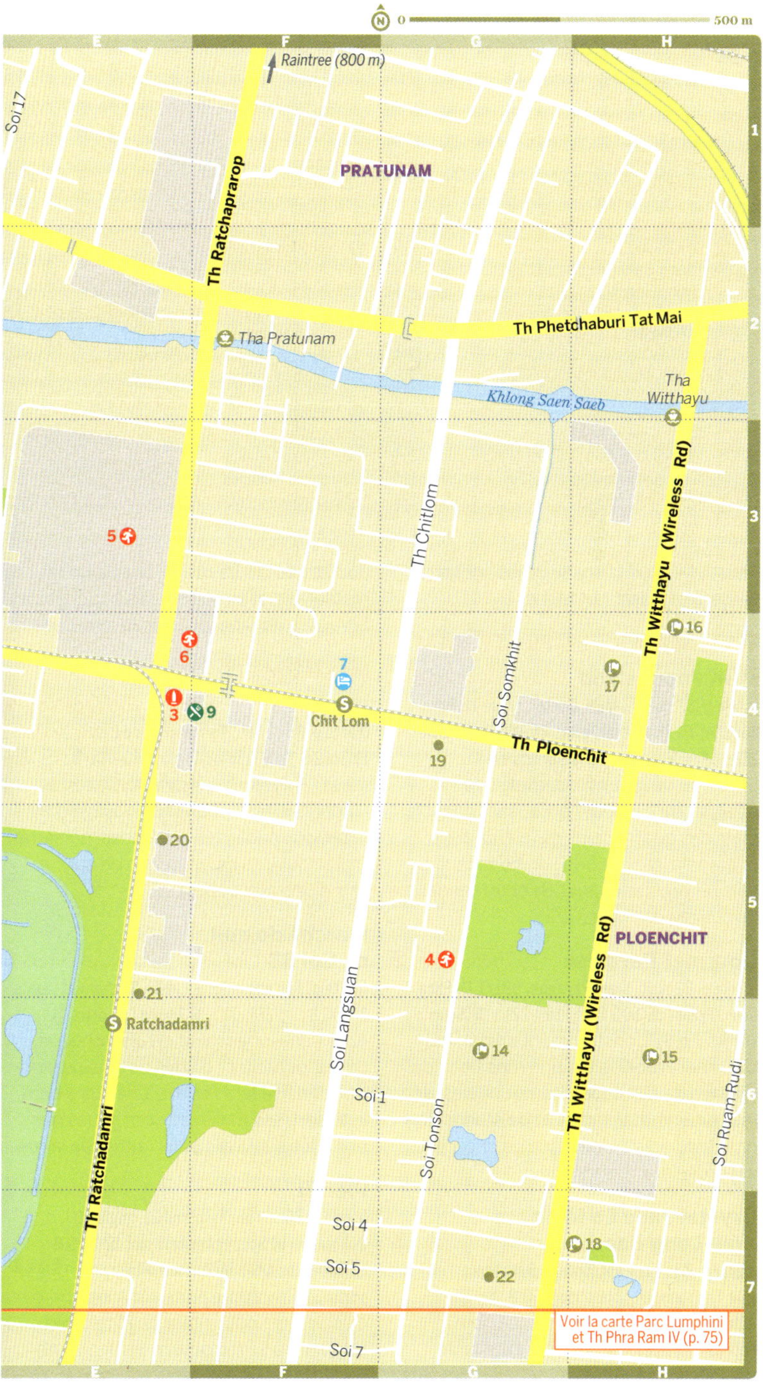

0
500 m
Raintree (800 m)
PRATUNAM
Soi 17
Th Ratchaprarop
Th Phetchaburi Tat Mai
Tha Pratunam
Khlong Saen Saeb
Tha Witthayu
Th Chitlom
Th Witthayu (Wireless Rd)
5
6
7
3
9
Chit Lom
16
17
Soi Somkhit
Th Ploenchit
19
20
PLOENCHIT
4
21
Ratchadamri
Soi Langsuan
14
15
Soi 1
Soi Tonson
Soi Ruam Rudi
Th Ratchadamri
Soi 4
18
Soi 5
22
Soi 7
Voir la carte Parc Lumphini et Th Phra Ram IV (p. 75)

Siam Square et Pratunam

Les incontournables
1 Maison de Jim Thompson A2

À voir
2 Bangkok Art & Culture Centre B3
3 Sanctuaire Erawan E4
Siam Ocean World ....(voir 13)

Activités
4 Spa 1930 .... G5
5 Thann Sanctuary E3
6 Thann Sanctuary E4

Où se loger
7 Golden House..F4
8 Wendy House B2

Où se restaurer
9 Crystal Jade La Mian
Xiao Long Bao.. F4
Gourmet Paradise ....(voir 13)
MBK Food Island............................(voir 12)

Où sortir
10 Lido...C3
Paragon Cineplex ....(voir 13)
11 Scala..B3

Achats
12 MBK Center..B3
13 Siam Paragon D3

Renseignements
14 Ambassade des Pays-Bas......................G6
15 Ambassade de Nouvelle-Zélande H6
Ambassade d'Afrique du Sud...... (voir 15)
16 Ambassade de Suisse H4
17 Ambassade du Royaume-Uni................H4
18 Ambassade des États-Unis....................H7

Transports
19 Cathay Pacific Airways G4
20 China Airlines E5
21 Japan Airlines.. E5
22 United Airlines G7

Mais le fameux curry de crabe frit vous laissera rassasié… et taché.

SIAM SQUARE ET PRATUNAM

MBK Food Island — Thaïlandais $

(carte p. 82 ; 6e ét., MBK Center, angle Th Phra Ram I et Th Phayathai ; plats 35-150 B ; ⏲10h-22h ; ✎ ; S National Stadium sortie 4). L'ancêtre du genre rassemble des dizaines de vendeurs proposant des plats des quatre coins de la Thaïlande et au-delà. Nos favoris : un bon stand de cuisine végétarienne (C8) et un vendeur de cuisine de l'Isan (C22).

Gourmet Paradise — Thaïlandais $

(carte p. 82 ; rdc, Siam Paragon, 991/1 Th Phra Ram I ; plats 35-500 B ; ⏲10h-22h ; S Siam sorties 3 et 5). Constamment animé, le Gourmet Paradise est une mosaïque de chaînes de fast-food internationales, de restaurants thaïlandais et de stands de type *food court*. Une place de choix est accordée aux mets sucrés.

Crystal Jade La Mian Xiao Long Bao — Chinois $$

(carte p. 82 ; sous-sol, Erawan Bangkok, 494 Th Ploenchit ; plats 115-450 B ; ⏲11h-22h ; ✎ ; S Chit Lom sortie 8). Le nom terriblement long de cette excellente chaîne singapourienne fait référence aux nouilles de blé (*la mian*), spécialité du restaurant, et aux fameuses bouchées à la vapeur de Singapour (*xiao long pao*).

SUKHUMVIT

Imoya — Japonais $

(carte p. 86 ; 3e ét., Terminal Shop Cabin, 2/17-19 Soi 24, Th Sukhumvit ; plats 40-400 B ; ⏲18h-minuit ; S Phrom Phong sortie 4). Ce restaurant japonais bien caché est un voyage dans le temps : publicités anciennes, boiseries, murs couverts de bouteilles de saké et prix d'une autre époque.

Marché de nuit de Soi 38 — Thaïlandais $

(carte p. 86 ; angle Soi 38 et Th Sukhumvit ; plats 30-60 B ; ⏲20h-3h ; S Thong Lo sortie 4). Après une longue nuit en discothèque, ce regroupement d'étals de cuisine sino-thaïlandaise fera l'effet d'une oasis dans le désert. Les meilleurs sont situés dans une allée sur la droite à l'entrée de la rue.

Pier 21 — Thaïlandais $

(carte p. 86 ; 5e ét., Terminal 21, angle Th Sukhumvit et Soi 21 (Asoke) ; plat 39-200 B ; ⏲10h-22h ; ✎ ; M Sukhumvit sortie 3, S Asok sortie 3). Empruntez une série interminable d'escalators pour rallier ce *food court* bruyant où se retrouvent les vendeurs de toute la ville. Le choix est varié et les plats incroyablement bon marché, même selon les critères thaïlandais.

Supanniga Eating Room Thaïlandais **$$**

(carte p. 86 ; www.supannigaeatingroom.com ; 160/11 Soi 55 (Thong Lor), Th Sukhumvit ; plats 120-350 B ; 11h30-14h30 et 17h30-23h30 ; ; S Thong Lo sortie 3 et taxi). Ces dernières années ont émergé de nombreuses adresses à l'ambiance sophistiquée, servant des spécialités régionales. La meilleure est probablement Supanniga, qui met à l'honneur les plats à base de produits de la mer et de fines herbes de Chanthaburi et de Trat (ouest du pays).

Nasir Al-Masri Moyen-oriental **$$$**

(carte p. 86 ; 4/6 Soi 3/1, Th Sukhumvit ; plats 160-370 B ; 24h/24 ; ; S Nana sortie 1). Parmi les nombreux restaurants moyen-orientaux de Soi 3/1, celui-ci est facilement reconnaissable à son impressionnant habillage métallique.

Bo.lan Thaïlandais **$$$**

(carte p. 86 ; 0 2260 2962 ; www.bolan.co.th ; 42 Soi Rongnarong Phichai Songkhram, Soi 26, Th Sukhumvit ; menu dîner 1 980 B ; 18h-minuit mar-dim ; S Phrom Phong sortie 4). Bo et Dylan ont créé "Bo.lan" (qui signifie également "ancien"), où ils adoptent une approche érudite de la cuisine thaïlandaise, qui aboutit à des plats généreux et goûteux. Réservation conseillée.

Opposite Mess Hall International **$$$**

(carte p. 86 ; www.oppositebangkok.com ; 2e ét., 27/2 Soi 51, Th Sukhumvit ; plats 220-650 B ; 18h-23h mar-dim ; ; S Thong Lo sortie 1). À l'instar des plats que l'on sert ici (pâté, gaufre salée au canard, gigot confit, peau croustillante et condiments...), Opposite est difficile à classer. Peu importe : le restaurant est douillet, le service accueillant et les cocktails excellents.

Soul Food Mahanakorn Thaïlandais **$$$**

(carte p. 86 ; 0 2714 7708 ; www.soulfoodmahanakorn.com ; 56/10 Soi 55 (Thong Lor), Th Sukhumvit ; plats 220-300 B ; 17h30-minuit ; ; S Thong Lo sortie 3). Le Soul Food doit son succès à sa double casquette : à la fois un restaurant alléchant, avec de délicieuses interprétations de plats thaïlandais rustiques, et un bar servant d'excellents cocktails aux saveurs locales. Réservation conseillée.

Stand de grillades au barbecue, Th Sukhumvit

LONELY PLANET/GETTY IMAGES ©

Th Sukhumvit

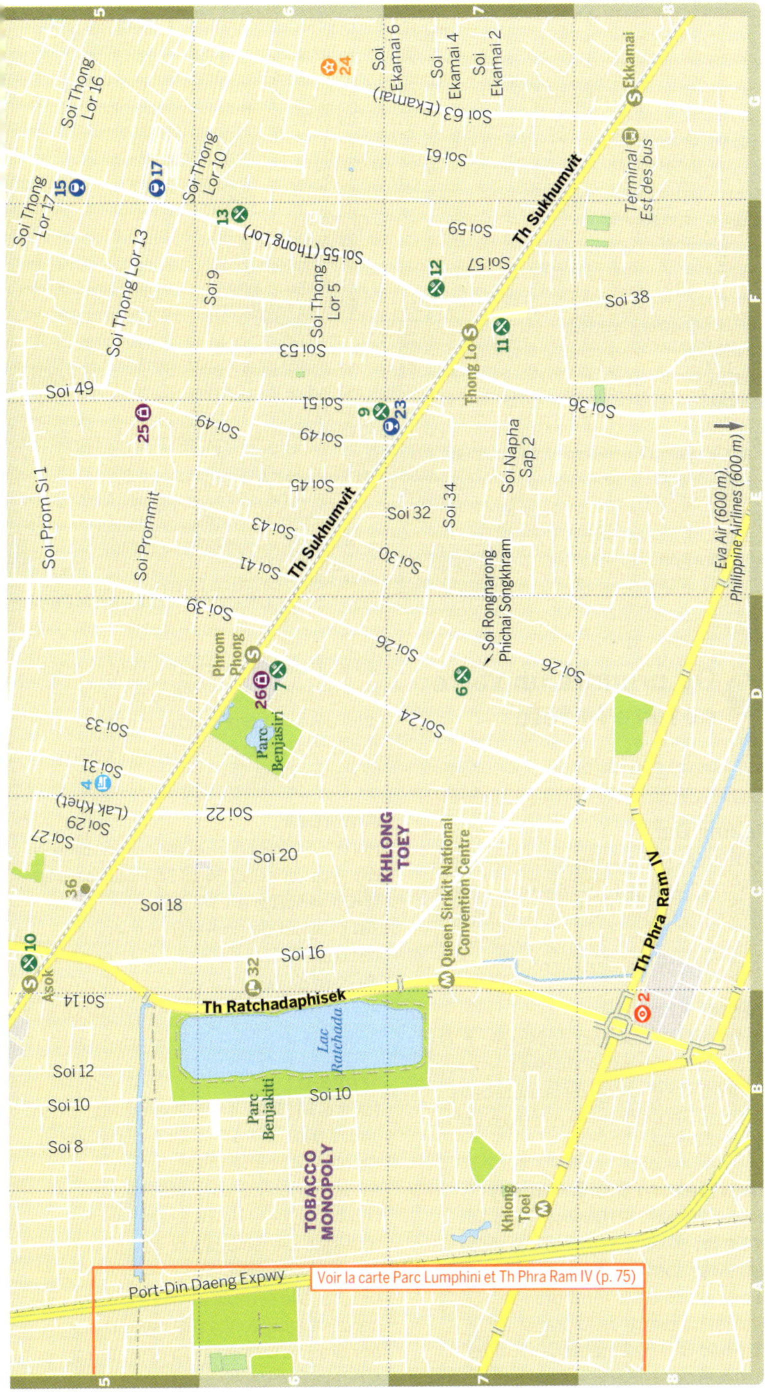
Th Sukhumvit
Th Ratchadaphisek
Th Phra Ram IV
Port-Din Daeng Expwy
Voir la carte Parc Lumphini et Th Phra Ram IV (p. 75)
KHLONG TOEY
TOBACCO MONOPOLY
Lac Ratchada
Parc Benjakiti
Parc Benjasiri
Queen Sirikit National Convention Centre
Terminal Est des bus
Eva Air (600 m), Philippine Airlines (600 m)
Asok
Phrom Phong
Thong Lo
Ekkamai
Khlong Toei
Soi Prom Si 1
Soi Prommit
Soi Thong Lor 17
Soi Thong Lor 16
Soi Thong Lor 13
Soi Thong Lor 10
Soi Thong Lor 5
Soi 55 (Thong Lor)
Soi 63 (Ekamai)
Soi Ekamai 6
Soi Ekamai 4
Soi Ekamai 2
Soi Napha Sap 2
Soi Rongnarong Phichai Songkhram
Soi 61
Soi 59
Soi 57
Soi 53
Soi 51
Soi 49
Soi 45
Soi 43
Soi 41
Soi 39
Soi 38
Soi 36
Soi 34
Soi 33
Soi 32
Soi 31
Soi 30
Soi 29 (Lak Khet)
Soi 27
Soi 26
Soi 24
Soi 22
Soi 20
Soi 18
Soi 16
Soi 14
Soi 12
Soi 10
Soi 9
Soi 8
2
4
6
7
9
10
11
12
13
15
17
23
24
25
26
32
36

Th Sukhumvit

Où prendre un verre et faire la fête

KO RATANAKOSIN, BANGLAMPHU ET THONBURI

Rolling Bar — Bar

(carte p. 64 ; Th Prachathipatai ; 17h-minuit ; klorng-taxi jusqu'à Tha Phan Fah). Si vous avez envie de fuir l'agitation de Th Khao San, ce bar calme au bord du canal est idéal. Délicieux en-cas et musique live.

Center Khao Sarn — Bar

(carte p. 64 ; Th Khao San ; 24h/24 ; Tha Phra Athit (Banglamphu). Un des nombreux points d'observation de la foule dans Th Khao San. Concerts à l'étage, tard dans la soirée.

Phra Nakorn Bar & Gallery — Bar

(carte p. 64 ; 58/2 Soi Damnoen Klang Tai ; 17h-1h ; klorng-taxi jusqu'à Tha Phan Fah). Avec son cadre éclectique et ses expositions temporaires, à un jet de pierre de la branchée Th Khao San, cet établissement est bien loin des misérables enseignes pour étudiants et artistes. Petit conseil : rejoignez directement le bar sur le toit, bien aéré, et commandez l'un des plats thaïlandais à disposition, savoureux et bon marché.

Amorosa — Bar

(carte p. 64 ; www.arunresidence.com ; bar sur le toit, Arun Residence, 36-38 Soi Pratu Nokyung ; 17h-minuit lun-jeu, 17h-1h ven-dim ; Tha Tien). Ce bar de Ko Ratanakosin est l'adresse idéale pour un coucher de soleil au bord de l'eau. La vue sur le Wat Arun est nettement plus impressionnante que la qualité des boissons.

Triple-d — Bar

(carte p. 64 ; 3e ét., 44 Th Chakraphong ; 18h jusqu'à tard ; Tha Phra Athit – Banglamphu). Ce bar d'inspiration vaguement moyen-orientale est l'alter ego chic de l'établissement de Th Khao San, avec musique live, salons à chicha et coin discothèque. Quant à sa situation haut perché, elle semble lui assurer une certaine indulgence par rapport aux horaires de fermeture, d'ordinaire très stricts à Bangkok.

SILOM ET SATHON

Tapas Room Club

(carte p. 76 ; 114/17-18 Soi 4, Th Silom ; 100 B ; 21h-2h ; M Si Lom sortie 2, S Sala Daeng sortie 1). Vous ne trouverez pas de gazpacho ici, mais le nom reflète bien l'ambiance hispano-marocaine qui règne dans cet antre aux multiples étages. La combinaison DJ/percussions, du mercredi au dimanche, fait des ravages.

Maggie Choo's Bar

(carte p. 76 ; www.facebook.com/maggiechoos ; sous-sol, Novotel Bangkok Fenix Silom, 320 Th Silom ; 18h30-1h30 ; S Surasak sortie 1). Une ancienne salle des coffres à l'ambiance de fumoir d'opium de Chinatown, des passages secrets, des femmes en robe de soie : on en oublierait presque que le nouveau Maggie Choo est bien un bar.

Moon Bar Bar

(carte p. 75 ; www.banyantree.com ; 61e ét., Banyan Tree Hotel, 21/100 Th Sathon (sud) Tai ; 17h-1h ; M Lumphini sortie 2). Cet établissement affilié au Banyan Tree Hotel a lancé la vogue des bars sur le toit. De plus, étant donné le développement ultrarapide de Bangkok, la vue du 61e étage ne cesse de s'améliorer. Arrivez bien avant le coucher du soleil (et soignez votre tenue) pour profiter d'un des sièges convoités sur la droite et bénéficier d'un panorama impressionnant.

Sky Bar Bar

(carte p. 76 ; www.lebua.com/sky-bar ; 63e ét., State Tower, 1055 Th Silom ; 18h-1h ; S Saphan Taksin sortie 3). Ce bar, prétendument l'un des plus haut perchés au monde (il jouxte un restaurant chic au 63e étage), offre une vue époustouflante sur le fleuve Chao Phraya. À noter : le code vestimentaire proscrit shorts et sandales.

DJ Station Discothèque

(carte p. 76 ; www.dj-station.com ; 8/6-8 Soi 2, Th Silom ; à partir de 100 B ; 22h30-3h ; M Si Lom sortie 2, S Sala Daeng sortie 1). Vers le bas de Th Silom (considéré officieusement comme le quartier gay de Bangkok), le

Ma sélection

La vie sur le fleuve et les canaux

PYLIN (JANE) SANGUANPIYAPAND, PROPRIÉTAIRE DU SEVEN (P. 79)

1 KHLONG BANGKOK NOI, THONBURI

Ce canal est d'une merveilleuse simplicité. Les enfants jouent dans l'eau, les grands-pères veillent, les moines nettoient les jardins du temple, des commerçants officient depuis leur bateau... Pour visiter les canaux, on peut louer un *long-tail boat* sur n'importe quel embarcadère fluvial (tels Tha Chang et Tha Phra Athit).

2 WAT ARUN

Ce temple fabuleux, qui jouit d'une belle vue sur le fleuve, occupe une place importante dans l'histoire de Bangkok. Il fut fondé après la chute d'Ayuthaya pour symboliser la renaissance du pays. Si le Wat Arun (p. 60) a fière allure depuis les eaux, il est encore plus séduisant de près. Ne manquez pas la visite du jardin, d'où vous découvrirez que l'imposante structure est recouverte de délicats fragments de porcelaine.

3 ÉTABLISSEMENTS DE CHOIX

J'habite près du fleuve et je ne manque jamais de le saluer depuis mon balcon. Les touristes peuvent profiter de la vue depuis l'Amorosa (p. 88), l'un des meilleurs endroits pour photographier le Wat Arun, de l'autre côté du fleuve. S'il existe de nombreux restaurants près du fleuve, ma préférence va au Ruan Urai (Rose Hotel, 118 Th Surawong), vers l'intérieur des terres. Les prix y sont élevés, mais la qualité et l'authenticité de la cuisine sont stupéfiantes.

4 KO KRET

Cette île sans voitures, au milieu du Mae Nam Chao Phraya, abrite l'une des plus anciennes colonies môn du pays. Ces potiers émérites perpétuent sur Ko Kret l'antique tradition de la céramique artisanale avec l'argile locale. Prenez le ferry à Pak Kret, au nord, accessible via le *Chao Phraya Express*.

Des tailleurs d'exception

Hélas, une journée à Bangkok ne suffira pas pour se faire tailler un costume, surtout chez ces professionnels réputés :

July (carte p. 76 ; 0 2233 0171 ; www.julytailor.com ; 30/6 Th Sala Daeng ; 9h-19h ; M Si Lom sortie 2, S Sala Daeng sortie 4). Le tailleur de la famille royale et de l'élite thaïlandaise. Les costumes sont chers et les coupes très classiques, mais la qualité est imbattable.

Duly (carte p. 86 ; 0 2662 6647 ; www.laladuly.co.th ; Soi 49, Th Sukhumvit ; 10h-19h ; S Phrom Phong sortie 1). Les tissus italiens de grande qualité et les tailleurs chevronnés en font l'une des meilleures adresses pour commander une chemise.

Raja's Fashions (carte p. 86 ; 0 2253 8379 ; www.rajasfashions.com ; 160/1 Th Sukhumvit ; 10h30-22h30 lun-sam ; S Nana sortie 4). Les avis sont partagés au sujet de Raja's, l'un des tailleurs les plus connus de Bangkok, mais la majorité des clients ne jurent que par son service et sa qualité.

Nickermann's (carte p. 86 ; 0 2252 6682 ; www.nickermanns.net ; sous-sol, Landmark Hotel, 138 Th Sukhumvit ; 10h-20h30 lun-sam, 12h-18h dim ; S Nana sortie 2). Les femmes d'affaires raffolent de ses tailleurs sur mesure : les pantalons et les vestes épousent parfaitement les courbes.

minuscule et emblématique Soi 2 est jalonné de clubs, dont celui-ci, l'un des établissements gays les plus mythiques de la capitale, voire d'Asie. La clientèle est composée de *guppies* ("Gay Urban Professionals") thaïlandais, d'escorts et de quelques Occidentaux.

Telephone Pub — Bar

(carte p. 76 ; www.telephonepub.com ; 114/11-13 Soi 4, Th Silom ; 18h-1h ; ; M Si Lom sortie 2, S Sala Daeng sortie 1). Soi 4 abrite une scène gay plus décontractée que son homologue de Soi 2.

Balcony — Bar

(carte p. 76 ; www.balconypub.com ; 86-88 Soi 4, Th Silom ; 17h30-1h ; ; M Si Lom sortie 2, S Sala Daeng sortie 1). Installé juste en face du Telephone, ce pub historique aux allures de café accueille parfois des spectacles de drag-queens.

SUKHUMVIT

WTF — Bar

(carte p. 86 ; www.wtfbangkok.com ; 7 Soi 51, Th Sukhumvit ; 18h-1h mar-dim ; S Thong Lo sortie 3). La Wonderful Thai Friendship (merveilleuse amitié thaïlandaise) est à la fois un bar et une galerie d'art. Ajoutez à cela certains des meilleurs cocktails de Bangkok, de délicieux en-cas aux accents espagnols et une clientèle sympathique comptant de nombreux artistes, et vous obtiendrez (selon nous) le meilleur bar de la capitale.

Badmotel — Bar

(carte p. 86 ; www.facebook.com/badmotel ; Soi 55 (Thong Lor), Th Sukhumvit ; 17h-1h30 ; S Thong Lo sortie 3 et taxi). Ce nouveau bar branché marie le moderne et le kitsch, le cosmopolite et le thaï, avec succès.

Glow — Club

(carte p. 86 ; www.glowbkk.com ; 96/415 Soi Prasanmit, Th Sukhumvit ; à partir de 400 B ; 19h-2h ; M Sukhumvit sortie 2, S Asok sortie 3). Le Glow est un petit club à la grande réputation. Beau choix de vodkas, un sound-system amélioré, du hip-hop à l'électronique et à peu près tout le reste.

Iron Fairies — Bar

(carte p. 86 ; www.theironfairies.com ; 394 Soi 55 (Thong Lor), Th Sukhumvit ; 18h-2h ; S Thong

Lo sortie 3 et taxi). Imaginez une usine abandonnée dans le Paris de 1912 et vous aurez une idée de la décoration de ce pub et bar à vins populaire. Le personnel se vante de faire les "meilleurs hamburgers", et il y a de la musique live après 21h30. Attention, peu de places assises.

Q Bar — Club

(carte p. 86 ; www.qbarbangkok.com ; 34 Soi 11, Th Sukhumvit ; à partir de 600 B ; 20h-2h ; S Nana sortie 3). Selon la durée de vie moyenne des clubs, le Q Bar approche l'âge de la retraite, mais la venue régulière de grands DJ et de récentes rénovations lui permettent de rester en haut de l'affiche. Pour plus de calme, tentez l'établissement attenant, un petit bar à absinthe à l'ambiance parisienne, **Le Derrière** (carte p. 86 ; Q Bar, 34 Soi 11, Th Sukhumvit ; 21h-3h ; S Nana sortie 3).

Above 11 — Bar

(carte p. 86 ; 08 3542 1111 ; www.aboveeleven.com ; 33e ét., Fraser Suites Sukhumvit, Soi 11, Th Sukhumvit ; 18h-2h ; S Nana sortie 3). La vue sur l'un des quartiers les plus cosmopolites de Bangkok accompagne très bien les en-cas péruviens et japonais servis dans ce bar sophistiqué.

Wong's Place — Bar

(carte p. 75 ; 27/3 Soi Si Bamphen ; 21h jusqu'à tard mar-dim ; M Lumphini sortie 1). Cette tanière poussiéreuse n'a pas changé depuis l'époque des routards du début des années 1980. Le fameux "Wong" est mort il y a plusieurs années, mais un parent a repris le bar. Cet établissement peut aussi bien servir de destination nocturne que d'ultime recours, mais ne frappez pas avant minuit. L'endroit reste ouvert tant qu'il y a des clients.

RCA — Club

(Royal City Avenue ; carte p. 86 ; Royal City Ave, près de Th Phra Ram IX ; M Phra Ram 9 sortie 3 et taxi). Autrefois le repaire des ados, cette rue qui semble sortie de Las Vegas a fini par mûrir, au point de devenir l'une des destinations les plus prisées pour sortir en boîte à Bangkok. Certains affirment toutefois que ses origines "Top 50" sont encore perceptibles. **Slim/Flix** (carte p. 86 ; www.facebook.com/slimbkk ; Royal City Ave, près de Th Phra Ram IX ; 20h-2h ; M Phra Ram 9 sortie 3 et taxi) et **Route 66** (carte p. 86 ; www.route66club.com ; 29/33-48 Royal City Ave, près de Th Phra Ram IX ; 20h-2h ; M Phra Ram 9 sortie 3 et taxi) sont les établissements les plus courus. Les étrangers débourseront 300 B les vendredi et samedi.

Où sortir

CONCERTS

Parking Toys — Musique live

(0 2907 2228 ; 17/22 Soi Mayalap, près de Kaset-Navamin Hwy ; 18h-2h ; S Mo Chit sortie 3 et taxi). L'un des meilleurs endroits

Le Sky Bar (p. 89)

VISIONS OF OUR LAND /GETTY IMAGES ©

OLIVER STREWE/GETTY IMAGES ©

À ne pas manquer
Marché du week-end de Chatuchak

C'est l'un des plus grands marchés du monde. On y trouve tout ce qui s'achète, des baskets vintage aux bébés écureuils. Prévoyez une journée entière, il y a beaucoup de choses à voir ou à acheter. Mais arrivez tôt, entre 9h et 10h, pour éviter la foule et la chaleur.

Une fois dans les entrailles de Chatuchak, vous aurez le sentiment d'être dans un labyrinthe sans issue, mais, en réalité, le marché est organisé en sections relativement cohérentes. La tour de l'horloge est un point de repère utile.

L'ESSENTIEL

ตลาดนัดจตุจักร, Talat Nat Jatujak ; www.chatuchak.org ; Th Phahonyothin ; ⌚9h-18h sam-dim ; M Chatuchak Park sortie 1, Kamphaeng Phet sorties 1 et 2, S Mo Chit sortie 1

pour écouter de la musique, Parking Toys accueille beaucoup de bons groupes, de la formation classique/acoustique au bœuf électro-funk. Prenez un taxi vers le nord à la station de BTS Mo Chit jusqu'à Th Kaset-Navamin Hwy. Une fois dépassé le second feu de cette rue, cherchez à gauche la petite enseigne Heineken.

Raintree Musique live

(116/63-64 Th Rang Nam ; ⌚20h-2h ; S Victory Monument sortie 2). Ce pub rustique est l'un des rares établissements de la ville où l'on peut écouter de la musique folk thaïlandaise héritée des soulèvements communistes des années 1960 et 1970.

Sonic Musique live

(carte p. 86 ; www.facebook.com/SonicBangkok ; 90 Soi 63 (Ekamai), Th Sukhumvit ; ⌚18h-2h ; S Ekkamai sortie 4 et taxi). Accueillant un mélange d'artistes thaïlandais, de groupes indépendants en tournée et de DJ renommés, et fréquenté par une clientèle branchée, ce nouvel établissement est devenu le fleuron de Bangkok en matière de musique live.

BOXE THAÏLANDAISE (MOU-AY TAI)

La crème de la boxe thaïlandaise s'affronte dans les deux grands stades de boxe de Bangkok : le **Ratchadamnoen Stadium** (carte p. 64 ; près de Th Ratchadamnoen Nok ; 3e/2e classe/devant le ring 1 000/1 500/2 000 B ; klorng-taxi jusqu'à Tha Phan Fah, S Phaya Thai sortie 3 et taxi) et le **Lumpinee Boxing Stadium** (www.muaythailumpinee.net/en/index.php ; Th Ramintra ; 3e/2e classe/devant le ring 1 000/2 000/3 000 B ; M Chatuchak Park sortie 2 et taxi, S Mo Chit sortie 3 et taxi).

Les combats ont lieu toute la semaine, en alternance entre les deux stades : à Ratchadamnoen les lundi, mercredi, jeudi et dimanche à 18h, et à Lumpinee les mardi et vendredi à 18h30 et le samedi à 16h et 20h30.

Pour vous mettre en appétit, les restaurants aux abords du Ratchadamnoen vendent du *gài yâhng* (poulet grillé) et d'autres spécialités du Nord.

CINÉMA

À Bangkok, le cinéma est formidablement bon marché.

Paragon Cineplex Cinéma
(carte p. 82 ; 0 2129 4635 ; www.paragoncineplex.com ; 5e ét., Siam Paragon, 991/1 Th Phra Ram I ; S Siam sorties 3 et 5). Ce cinéma conjugue quantité (une bonne douzaine de salles) et qualité (plusieurs catégories de visionnage).

Scala Cinéma
(carte p. 82 ; 0 2251 2861 ; Soi 1, Siam Sq ; S Siam sortie 2). Cinéma indépendant à l'ancienne.

Lido Cinéma
(carte p. 82 ; 0 2252 6498 ; www.apexsiam-square.com ; entre Soi 2 et Soi 3, Siam Sq ; S Siam sortie 2). Une bonne option pour le cinéphile porté sur le rétro.

Si vous aimez… Les marchés

Si vous avez aimé le marché du week-end de Chatuchak, ne manquez pas ces autres hauts lieux du shopping.

1 **PAK KHLONG TALAT**
(ปากคลองตลาด, marché aux fleurs ; carte p. 70 ; Th Chakraphet ; 24h/24 ; Tha Saphan Phut - Memorial Bridge). Le plus grand marché aux fleurs de la ville ; les livraisons arrivent à la nuit tombée.

2 **ASIATIQUE**
(www.thaiasiatique.com ; Soi 72-76, Th Charoen Krung ; 16h-23h ; bateau navette de Tha Sathon - Central Pier). Version haut de gamme du marché de Chatuchak, au bord du Mae Nam Chao Phraya.

3 **MARCHÉ DE NUIT DE PATPONG**
(carte p. 76 ; Soi Patpong 1 et 2, Th Silom ; 18h-minuit ; M Si Lom sortie 2, S Sala Daeng sortie 1). L'un des nombreux marchés de nuit, pour faire provision de souvenirs, dans l'un des plus fameux quartiers "chauds" de la ville.

4 **MARCHÉ DE KHLONG TOEY**
(ตลาดคลองเตย ; carte p. 86 ; angle Th Ratchadaphisek et Th Phra Ram IV ; 5h-10h ; M Khlong Toei sortie 1). Le plus grand marché de produits frais de la ville.

Achats

MBK Center Centre commercial
(carte p. 82 ; www.mbk-center.co.th ; angle Th Phra Ram I et Th Phayathai ; 10h-22h ; S National Stadium sortie 4). Ce centre commercial colossal est devenu une attraction touristique à part entière. On y entend le suédois et d'autres langues étrangères autant que thaïlandais et, tous les week-ends, la moitié de Bangkok s'y retrouve pour fouiller parmi les innombrables petits stands et boutiques.

Siam Paragon Centre commercial
(carte p. 82 ; www.siamparagon.co.th ; 991/1 Th Phra Ram I ; 10h-22h ; S Siam sorties 3 et 5). Le plus grand et le plus glamour des

Vaut le détour
Ancient City

Ancient City (เมืองโบราณ, Muang Boran ; www.ancientcity.com ; 296/1 Th Sukhumvit, Samut Prakan ; adulte/enfant 500/250 B ; ⌚8h-17h). Prétendument le plus grand musée à ciel ouvert du monde, avec plus de 80 ha de nature parsemés de 109 représentations miniatures des monuments les plus réputés du royaume, Ancient City est à l'extérieur de Samut Prakan. Prendre le bus climatisé 511 depuis la station BTS Bearing à l'extrémité est de Th Sukhumvit. Une fois au terminus des bus de Pak Nam, prendre le minibus 36 qui passe devant l'entrée d'Ancient City.

centres commerciaux de Bangkok, le Siam Paragon a plutôt des allures de parc urbain. Les grands noms du luxe occupent la plupart des étages, mais on y trouve aussi le **Siam Ocean World** (สยาม โอเชี่ยนเวิร์ล ; carte p. 82 ; www.siamoceanworld.com ; sous-sol, Siam Paragon, 991/1 Th Phra Ram I ; adulte/enfant 900/700 B ; ⌚10h-21h ; S Siam sorties 3 et 5), le Siam Paragon Cineplex, et un immense espace de restauration au sous-sol. Le 3e étage est le fief de **Kinokuniya**, la plus grande librairie d'ouvrages anglophones en Thaïlande.

Depuis/vers Bangkok

Avion

Bangkok a deux aéroports. L'**aéroport international Suvarnabhumi** (☎0 2132 1888 ; www.suvarnabhumiairport.com) est situé à 30 km à l'est de la ville. Il opère des vols internationaux et domestiques depuis 2006.

L'ancien aéroport international et domestique de Bangkok, l'**aéroport international de Don Muang** (DMK ; ☎0 2535 1111 ; www.donmuangairportonline.com), à 25 km au nord du centre de Bangkok, a cessé son activité en septembre 2006, mais a rapidement rouvert pour assurer la plupart des vols *low-cost* depuis/vers Bangkok.

Bus

Terminal Est (Ekamai ; carte p. 86 ; ☎0 2391 2504 ; Soi 40, Th Sukhumvit ; S Ekkamai sortie 2). Le point de départ des bus pour Pattaya, Rayong, Chanthaburi et d'autres villes à l'est.

Terminal Nord et Nord-Est (Mo Chit ; ☎pour les liaisons vers le nord-est 0 2936 2852, ext 602/605, pour les liaisons vers le nord 0 2936 2841, poste 325/614 ; Th Kamphaeng Phet ; M Kamphaeng Phet sortie 1 et taxi, S Mo Chit sortie 3 et taxi). Les bus desservent les villes du Nord et du Nord-Est.

Terminal Sud (Sai Tai Mai ; ☎0 2894 6122 ; Th Boromaratchachonanee). En plus des bus en partance vers le sud de Bangkok, c'est ici que s'effectuent les départs pour Kanchanaburi et l'ouest de la Thaïlande.

Centre des transports publics de Suvarnabhumi (☎0 2132 1888 ; aéroport Suvarnabhumi). Situé à 3 km de l'aéroport international de Suvarnabhumi. Départs fréquents pour des villes de l'Est et du Nord-Est, dont Aranya Prathet (à la frontière cambodgienne), Chanthaburi, Ko Chang, Nong Khai (à la frontière laotienne), Pattaya, Rayong, Trat et Udon Thani.

Minibus

Des minibus desservant des destinations diverses attendent à différents endroits autour du Victory Monument.

Train

Gare de Hualamphong (☎0 2220 4334, centre d'appel 1690 ; www.railway.co.th ; près de Th Phra Ram IV ; M Hua Lamphong sortie 2). Pour les principales destinations vers le sud, le nord, le nord-est et l'est.

Comment circuler

Aéroport international Suvarnabhumi

Airport Rail Link La ligne de train aérienne reliant le centre de Bangkok à l'aéroport international Suvarnabhumi assure un service local, qui marque 6 arrêts avant son terminus à la station Phaya Thai (45 B, 30 min, ttes es 15 min de 6h à minuit), reliée au BTS par un passage. Le service express circule sans s'arrêter entre les stations Phaya Thai et Makkasan et l'aéroport (90 B, 15 à 17 min, ttes les heures de 6h à minuit).

Bus et minibus Le centre des transports publics se situe à 3 km de Suvarnabhumi et comprend un terminal des bus publics, une station de taxis avec compteur et un parking longue durée.

Des minibus assez fréquents pour l'aéroport international de Don Muang attendent au 1er étage, devant la porte 8 (50 B, 40 min, 5h30-17h).

Taxi Un trajet depuis l'aéroport coûte entre 200 et 250 B jusqu'à Th Sukhumvit ; 250 à 300 B jusqu'à Th Khao San ; 500 B jusqu'à Mo Chit. Les frais de péage (payés par les passagers) varient de 25 à 45 B. Vous devrez aussi vous acquitter auprès du chauffeur de 50 B de supplément d'aéroport.

Aéroport international de Don Muang

Bus et minibus Deux lignes de bus partent de devant le hall des arrivées de l'aéroport de Don Muang : la A1 s'arrête à la station BTS Mo Chit et au terminal Nord et Nord-Est (30 B, ttes les heures 9h-minuit) ; la A2 s'arrête aux stations BTS Mo Chit et Victory Monument (30 B, ttes les heures 9h-minuit).

Taxi Le trajet jusqu'à Banglamphu vous coûtera environ 400 B, supplément pour l'aéroport et péages inclus.

Bateaux

Chao Phraya Express Boat (✆0 2623 6001 ; www.chaophrayaexpressboat.com). L'un des moyens de transport les plus spectaculaires (et pratiques) de la capitale. Le bateau navigue sur le Mae Nam Chao Phraya et dessert le sud et le nord de Bangkok.

Les tickets coûtent de 10 à 40 B et s'achètent en général à bord, mais les plus grandes stations ont des guichets.

La compagnie a des bateaux express (drapeau orange, jaune ou vert), locaux (sans drapeau) et des bateaux de tourisme (drapeau bleu).

BTS et MRT

Le **BTS** aérien (✆0 2617 7300 ; www.bts.co.th), également appelé Skytrain, comprend deux lignes desservant le "nouveau" Bangkok (Th Silom, Th Sukhumvit et Siam Sq). Les tarifs vont de 15 à 40 B, ou 120 B pour un pass journalier. La plupart des automates acceptent uniquement les pièces, mais vous pourrez obtenir de la monnaie aux guichets d'information.

Le **MRT** (www.bangkokmetro.co.th), ou métro, est utile pour les personnes séjournant dans les quartiers de Th Sukhumvit ou Th Silom et souhaitant gagner la gare ferroviaire de Hualamphong. Les billets coûtent de 15 à 40 B, ou 120 B pour un pass journalier.

Bus

Le réseau des bus publics est assuré par **Bangkok Mass Transit Authority** (✆0 2246 0973 ; www.bmta.co.th). Son site est une mine d'informations sur les itinéraires, mais le réseau de bus de Bangkok n'en reste pas moins peu clair et l'anglais s'y fait trop rare.

Taxi

Une course dans le centre vous coûtera entre 60 et 80 B. Les frais de péage (de 20 à 45 B, en fonction du point de départ) sont à votre charge.

Tuk-tuk

Un court trajet en *tuk-tuk* coûte au moins 60 B.

Escroqueries fréquentes à Bangkok

Fermé aujourd'hui Ignorez tout "gentil" Thaïlandais vous informant qu'un site est fermé pour cause de fête religieuse ou de nettoyage. C'est un moyen de vous attirer vers une vente de pierres précieuses.

Circuit en tuk-tuk pour 10 B Les "visites" feront l'impasse sur les sites et le chauffeur vous amènera voir les tailleurs et vendeurs de pierres précieuses qui voudront bien le rémunérer.

Course en taxi au forfait Refusez fermement toute course à un tarif imposé (entre 100 et 150 B dans la ville), souvent 3 fois supérieur au tarif au compteur.

Aimables inconnus Méfiez-vous des hommes bien habillés qui viennent vous demander d'où vous venez et où vous allez.

Escapades hors de Bangkok

Inutile de s'éloigner beaucoup de la capitale pour avoir accès au meilleur de la Thaïlande. Plages idylliques, temples anciens, cités historiques, balades dans la jungle : tout cela à portée de main en une journée d'excursion.

Au nord de Bangkok se trouvent l'ancienne capitale royale d'Ayuthaya et ses temples en ruine. Au nord-ouest, Kanchanaburi fut le site où l'on construisit le "Chemin de fer de la mort". Tout près de la ville, montagnes déchiquetées et nombreuses aventures de plein air vous attendent.

À l'est de Bangkok s'étend un long littoral ravissant avec, au large, un chapelet d'îles, notamment la minuscule Ko Samet, ainsi que Ko Chang, recouverte de jungle.

Dans le Nord-Est, le parc national de Khao Yai, facile d'accès, permet d'observer des éléphants et des singes. Les ruines de temples khmers construits par d'anciennes cités-États émaillent les rizières de la région.

Wat Yai Chai Mongkhon (p. 109), Ayuthaya

Ko Samet (p. 120)
SAMULI VAINIONPÄÄ/GETTY IMAGES ©

Escapades hors de Bangkok

Escapades hors de Bangkok À ne pas manquer

Ayuthaya

Au nord de Bangkok, Ayuthaya (p. 106), ancienne capitale du royaume de Siam, abrite un ensemble de temples classés au patrimoine mondial de l'Unesco. Ces ruines, entourées par une capitale provinciale animée, peuvent se visiter à pied ou à dos d'éléphant, le mode de transport favori des souverains du temps jadis. Les musées d'Ayuthaya offrent un aperçu de son histoire et de son emprise sur la région.

1

2

Ko Samet

À quelques heures à l'ouest de Bangkok, Ko Samet (p. 120) permet d'échapper à l'agitation urbaine. Au programme : baignade dans des eaux délicieusement chaudes, balade sur les sentiers qui parcourent les promontoires rocheux et rejoignent des criques, dîner à la belle étoile dans un restaurant en bord de plage et cocktails choisis pour vous accompagner jusque tard dans la nuit.

BRUNO MORANDI/GETTY IMAGES ©

Monuments khmers

Des versions plus petites d'Angkor Wat émaillent les paysages du Nord-Est. Des temples, tels ceux de Phimai (p. 136) et de Phanom Rung (p. 137), reliaient la lointaine capitale de l'empire à ses avant-postes éloignés. Hormis cette architecture ornementée, la campagne environnante offre un aperçu fascinant de la Thaïlande rurale : rizières, femmes en sarong et buffles d'eau. À droite : Phanom Rung

3

4

RAY LASKOWITZ/GETTY IMAGES ©

5

Parc national de Khao Yai

Khao Yai (p. 112), le plus ancien parc national de Thaïlande, est internationalement reconnu pour sa biodiversité en tant que forêt de mousson. Bien protégée, cette réserve sauvage n'est pas coupée du monde pour autant. Grâce à ses bonnes infrastructures, l'observation de la faune, qui compte notamment des gibbons et des éléphants, devient un vrai jeu d'enfant.

Kanchanaburi

Les contreforts au nord-ouest de Bangkok ont été le théâtre d'événements tragiques lors de la Seconde Guerre mondiale. Kanchanaburi (p. 114) abritait un camp de travail tenu par l'armée japonaise. Les prisonniers y construisirent une voie ferrée sur un terrain traître et avec des outils rudimentaires. Les dépouilles des soldats reposent dans deux cimetières et des musées sont consacrés à la conquête de la jungle en temps de guerre.
Ci-dessus : pont de la rivière Kwaï (p. 114 et 118)

Escapades hors de Bangkok : le best of

Plages

- **Hat Sai Khao** La plus grande plage de Ko Chang est parfaite pour faire la tournée des bars et observer les passants. (p. 129)
- **Ao Phutsa** La baie de Ko Samet offre un paysage tropical qui a l'avantage d'être très tranquille. (p. 122)
- **Hat Khlong Chao** Une plage de carte postale sur Ko Kut, baignée d'eaux limpides. (p. 134)
- **Hat Kaibae** Une plage idéale pour les enfants : des vagues pas trop puissantes, du sable pour faire des châteaux et des villas familiales. (p. 129)

Musées

- **Centre du chemin de fer Thaïlande-Birmanie** Découvrez le rôle joué par Kanchanaburi pendant la Seconde Guerre mondiale. (p. 115)
- **Mémorial du col du Feu de l'Enfer** Explorez le pont de la rivière Kwaï, tristement célèbre. (p. 120)
- **Centres d'études historiques d'Ayuthaya** Imaginez l'époque où les temples étaient coiffés d'or. (p. 107)

Temples anciens

- **Wat Phra Si Sanphet** Exemple de choix de l'âge d'or architectural d'Ayuthaya (p. 110)
- **Wat Chai Wattanaram** Le photogénique temple d'Ayuthaya. (p. 109)
- **Parc historique de Phimai** Temple de l'époque khmère avec accès facile à Bangkok. (p. 136)
- **Parc historique du Phanom Rung** Sublime temple de l'époque khmère. (p. 137)

Activités
le plein air

- **Ko Chang** Une île xigeante conjuguant longée, traversée de la nangrove en kayak et andonnée dans la jungle. p. 127)

- **Parc national de Khao 'ai** Pour apercevoir des iseaux, des papillons et des hauves-souris dans le tout remier parc national du ays. (p. 112)

- **Kanchanaburi** Belles ascades, rafting et balades dos d'éléphant. (p. 114)

- **Ko Wai** Snorkeling avec es poissons dans les eaux ristallines d'une île rustique, rès de Ko Chang. (p. 132)

gauche : Wat Yai Chai Mongkhon (p. 107), Ayuthaya ; **ci-dessus :** Ko Chang (p. 127)

Ce qu'il faut savoir

À PRÉVOIR

- **Un mois avant** Regardez le film ou lisez le livre *Le Pont de la rivière Kwaï*.

- **Une semaine avant** En haute saison (décembre à mars), réservez votre hébergement dans les îles.

- **La veille** Achetez vos billets de train ou de bus.

ADRESSES UTILES

- **Tourist Authority of Thailand** (TAT ; carte p. 108 ; ☎ 0 3524 6076 ; 108/22 Th Si Sanphet ; ⏲ 8h30-16h30 lun-ven). À Ayuthaya.

- **Tourist Authority of Thailand** (TAT ; carte p. 116 ; ☎ 0 3451 1200 ; Th Saengchuto ; ⏲ 8h30-16h30). À Kanchanaburi.

- **Tourist Authority of Thailand** (TAT ; ☎ 0 4421 3666 ; tatsima@tat.or.th ; Th Mittaphap ; ⏲ 8h30-16h30). À Nakhon Ratchasima/ Khorat.

COMMENT CIRCULER

- **Bateau** Voyager entre les îles et la terre ferme.

- **Bus et minibus** Le meilleur moyen de transport depuis/vers Bangkok.

- **Vélo et moto** Pour être autonome en ville.

- **Sŏrng·tăa·ou** Taxis très pratiques en ville, à louer ou à partager.

- **Train** Pour quitter la circulation dense de Bangkok et rejoindre Ayuthaya ; pour relier aussi Ayuthaya à Khao Yai.

- **Săhm·lór et tuk-tuk** Véhicules loués pour des visites guidées en ville ; négociez le tarif avant.

MISES EN GARDE

- **Évitez** le tourisme à la saison chaude (février à juin) ; tout ferme sur Ko Kut, et le rythme ralentit sur Ko Chang à la saison des pluies (juin à octobre).

- **Vêtements** Couvrez-vous jusqu'aux coudes et aux chevilles pour visiter les temples d'Ayuthaya et, si vous prenez des photos, ne posez pas devant le Bouddha.

- **Sécurité à moto** Portez un casque et des vêtements protecteurs, surtout sur Ko Chang et Ko Samet.

- **Cascades** Le niveau d'eau des cascades est au plus haut de juin à décembre.

- **Week-ends et vacances** Prix élevés et places limitées sur Ko Chang et Ko Samet.

Suggestions d'itinéraires

Tout en restant près de Bangkok, il est possible de visiter des sites historiques, de randonner dans la jungle et d'admirer des vestiges, le tout en moins d'une semaine. Il est très plaisant de profiter du rythme plus tranquille des villes provinciales, à découvrir à vélo.

3 JOURS

DE KANCHANABURI AU PARC NATIONAL D'ERAWAN

Chemins de fer et rivières

À une demi-journée de Bangkok, incursion dans la jungle et vestiges de la Seconde Guerre mondiale vous attendent à ❶ **Kanchanaburi** (p. 114), où était installé un camp japonais de prisonniers de guerre durant le conflit de 1939-1945. Aujourd'hui, des cimetières et des musées commémorent les soldats alliés disparus.

Pendant la guerre, les prisonniers furent forcés à construire une voie ferrée vers la Birmanie, causant des milliers de morts. Les trains traversent aujourd'hui les tronçons subsistant du ❷ **Chemin de fer de la mort**, la plupart surplombant la Mae Nam Khwae (rivière Kwaï), rendue célèbre par le livre et le film *Le Pont de la rivière Kwaï*. Le ❸ **mémorial du col du Feu de l'Enfer** (p. 120) marque l'une des portions les plus difficiles et doit son nom aux flambeaux qui éclairaient les forçats d'une lueur surnaturelle lors de leur travail nocturne.

Le ❹ **parc national d'Erawan** (p. 121) est connu pour ses cascades à 7 niveaux censées ressembler à Erawan, l'éléphant tricéphale de la mythologie hindoue. Les 3 premiers niveaux sont faciles, mais parcourir le 1,5 km en entier requiert plus d'efforts. Des circuits s'y arrêtent le matin, mais vous pouvez venir toute la journée pa vos propres moyens.

5 JOURS

D'AYUTHAYA À PRASAT MUANG TAM

Monuments et montagnes

Les fertiles plaines centrales ont donné naissance à la cité-État d'Ayuthaya, qui domina la Thaïlande durant 400 ans. Dans le Nord-Est, l'empire khmer érigea des temples-forteresses. Blotti entre les deux se trouve le premier parc national du pays.

1 **Ayuthaya** (p. 106) est une destination culturelle majeure, facilement accessible en train ou en bus depuis Bangkok. Même si nombre de monuments grandioses ont été détruits ou pillés, elle conserve son importance historique. Les vestiges les plus intéressants se visitent en une journée.

Le 2 **parc national de Khao Yai** (p. 112), accessible en train ou en bus, culmine à 1 351 m et abrite éléphants, singes et cascades. Consacrez-y quelques jours pour randonner et faire des rencontres.

3 **Nakhon Ratchasima** (Khorat, p. 135) est un point de transit vers des vestiges du royaume d'Angkor. Facile d'accès, le site de 4 **Phimai** (p. 136) est doté des meilleures infrastructures touristiques. Le lointain 5 **Phanom Rung** (p. 137) est considéré comme le plus bel exemple d'architecture khmère en Thaïlande, et le 6 **Prasat Muang Tam** (p. 139), son voisin usé par les ans, offre un contrepoint saisissant.

Palais Bang Pa In (p. 123)

Découvrir les escapades hors de Bangkok

Les incontournables

- **Ayuthaya** (p. 106). Une étape culturelle obligatoire.
- **Kanchanaburi** (p. 114). Jungle et souvenirs de la guerre 1939-1945.
- **Ko Samet** (p. 120). Une plage facile d'accès depuis Bangkok.
- **Ko Chang** (p. 127). Plage, plongée, randonnée dans la jungle et forfaits touristiques intéressants.
- **Parc national de Khao Yai** (p. 112). Réserve naturelle facile d'accès, pour observer la faune.
- **Parc historique de Phanom Rung** (p. 137). Magnifique temple de la période khmère.

Parc national de Khao Yai (p. 112)

CENTRE DE LA THAÏLANDE

Ayuthaya พระนครศรีอยุธย

137 600 HABITANTS

Capitale du Siam entre 1350 et 1767, Ayuthaya était un port de commerce majeur à la saison des alizés et les marchands étrangers qui la visitaient étaient éblouis par ses temples et ses palais somptueux. À une époque, le royaume gouvernait un territoire plus vaste que l'Angleterre et la France réunies. Quelque 33 rois se succédèrent à Ayuthaya et engagèrent plus de 70 guerres en l'espace de 417 années ; en outre, leur adresse diplomatique empêcha toute puissance occidentale de s'emparer du Siam.

Le dernier combat du royaume d'Ayuthaya eut lieu en 1797, quand l'armée birmane envahit la cité, la mit à sac et pilla la majeure partie de ses trésors. Les vestiges continuèrent à se détériorer jusqu'à ce que commencent de grands travaux de restauration. Les ruines d'Ayuthaya ont été classées au patrimoine mondial de l'Unesco en 1991.

À voir

La plupart des temples ouvrent de 8h à 16h, et l'entrée des plus connus est payante. En vente dans les musées et près des ruines, un forfait d'une journée (220 B) donne accès à presque tous les sites de l'île.

Les ruines symbolisent la royauté et la religion, deux des piliers de la société thaïlandaise ; veillez à faire preuve de respect.

SUR L'ÎLE

Centre touristique d'Ayutthaya — Musée

(☎0 3524 6076 ; www.tourismthailand.org/ayutthaya ; ⏲8h30-16h30). GRATUIT Ce musée devrait être votre premier arrêt : l'excellente salle d'exposition de l'étage replace dans son contexte historique l'évolution de la glorieuse cité. À l'étage également se trouve l'intéressant musée national des Beaux-Arts d'Ayuthaya. Au rez-de-chaussée, le bureau de la TAT (Tourism Authority of Thailand) offre quantité de cartes et de bons conseils.

Musée national Chao Sam Phraya — Musée

(พิพิธภัณฑสถานแห่งชาติเจ้าสามพระยา ; angle Th Rotchana et Th Si Sanphet ; adulte/enfant 150 B/gratuit ; ⏲9h-16h mer-dim ; P). Le plus grand musée de la ville présente 2 400 objets, depuis une tête en bronze du Bouddha haute de 2 m jusqu'aux trésors trouvés dans les cryptes des Wat Phra Mahathat et Wat Ratburana.

Wat Phra Mongkhon Bophit — Temple bouddhique

(วัดพระมงคลบพิตร ; ⏲8h30-16h30). GRATUIT À côté du Wat Phra Si Sanphet (p. 110), ce sanctuaire contient l'un des plus grands bouddhas en bronze du pays. Cette statue, haute de 17 m, a été restaurée à plusieurs reprises après avoir été frappée par la foudre et endommagée par le feu.

Wat Phra Mahathat — Ruines

(วัดพระมหาธาตุ ; angle Th Chee Kun et Th Naresuan ; 50 B ; ⏲8h-18h). L'effigie la plus photographiée d'Ayuthaya se trouve ici : une tête en grès du Bouddha, mystérieusement enchevêtrée dans les racines d'un arbre. Construit en 1374 durant le règne de Borom Rachathirat Ier, le Wat Phra Mahathat possède un *prang* (*chédi* de style khmer) central et des rangées de bouddhas décapités.

Wat Ratburana — Ruines

(วัดราชบูรณะ ; 50 B ; ⏲8h-18h). Son *prang* est l'un des plus beaux de la ville, avec des sculptures détaillées de lotus et de créatures mythiques. Ce temple, juste au nord du Wat Phra Mahathat, fut construit au XVe siècle par le roi Borom Rachathirat II sur le site de crémation de ses deux frères, morts en se disputant le trône.

Si vous aimez… Les temples en ruine

Si vous avez aimé le Wat Phra Mahathat, ne manquez pas ces vestiges.

1 **WAT SUWANNARAM** (วัดสุวรรณาราม ; près de Th U Thong ; ⏲8h-19h). Au sud-est de l'île, ce temple peu fréquenté affiche un style architectural de la fin de la période Ayuthaya.

2 **WAT YAI CHAI MONGKHON** (วัดใหญ่ชัยมงคล ; 20 B). On visite ce temple essentiellement pour son bouddha couché de 7 m. Le roi U Thong fit construire le monastère en 1357 pour héberger des moines du Sri Lanka. Le *chédi* en forme de cloche fut édifié plus tard, afin de célébrer la victoire du roi Naresuan sur les Birmans.

3 **PHU KHAO THONG** (เจดีย์ภูเขาทอง ; P). À l'origine, ce *chédi* fut construit par les Birmans durant leurs 15 ans d'occupation. Situé au nord-ouest de l'île, il offre une vue splendide sur la ville. La section supérieure et les monuments à Naresuan, le roi libérateur, furent ajoutés plus tard par les Thaïlandais.

Centre d'études historiques d'Ayuthaya — Musée

(ศูนย์ศึกษาประวัติศาสตร์อยุธยา ; Th Rotchana ; adulte/enfant 100/50 B ; ⏲9h-16h30 ; P). Bien conçu, ce musée dépourvu de cloisons présente un diorama des périodes de splendeur passées de la cité, des répliques de navires et une exposition sur le mode de vie traditionnel des villageois.

Ayuthaya

0
1 km
Phu Khao Thong (1,2 km)
Elephant Stay (1 km)
Terminal des bus Nord (5 km)
Bang Pa In (25 km)
Mae Nam Lopburi
Mae Nam Chao Phraya
Mae Nam Pa Sak
Th Ayuthaya – Pa Mok
Th Pamaphrao
Th U Thong
Th Dusit
Th Naresuan (Chao Phrom)
Th Bang Ian
Th Dechawat
Th Pa Thon
Th Rotchana
Th Khlong Makhamriang
Th Chee Kun
Th Si Sanphet
Th Khlong Thaw
Th Watkluay
Soi 2
Ancien Palais royal
Parc historique d'Ayuthaya
Wat Phra Si Sanphet
Beung Phra Ram
Wat Phra Ram
Taxis pour le kraal des éléphants
Bureau de la Tourism Authority of Thailand (TAT)
Wat Lokayasutharam
Pagode en l'honneur de la reine Suriyothai
Bus pour Bangkok
Minibus pour Bangkok
Gare routière principale
Embarcadère de Chao Phrom
Gare ferroviaire
Forteresse de Phom Phet
Quartier musulman
1
2
3
4
5
6
7
8
9
10
11
12
13
14
15
16
17
18
19
20

EN DEHORS DE L'ÎLE

Wat Chai Wattanaram — Temple bouddhique

(**วัดไชยวัฒนาราม ; 50 B ; 8h-18h**). Il y a tout juste 40 ans, ce temple et ancien lieu de garnison était noyé dans la jungle. Aujourd'hui, c'est l'un des sites les plus photographiés d'Ayuthaya pour son imposant *prang* central de style khmer, haut de 35 m. Édifié en 1673 par le roi Prasat Thong, à l'ouest de l'île, le temple est un endroit splendide pour contempler le coucher du soleil. Un pont proche permet de le rejoindre à vélo.

Wat Phanan Choeng — Temple bouddhique

(**วัดพนัญเชิง ; 20 B ; 8h-19h**). Cérémonies, pétards et nourrissage rituel des poissons créent une ambiance mouvementée. Élément phare du temple, le Phra Phanan Choeng, haut de 19 m, fut réalisé en 1324 et se dresse aujourd'hui dans le *wí·hăhn*, entouré de 84 000 bouddhas placés le long des murs. La forme de la statue, très large, est typique des sculptures de la période U Thong. Pour rejoindre le Wat Phanan Choeng, au sud-est de la vieille ville, prenez le ferry (5 B) de la jetée proche de la forteresse Phom Phet.

Marché flottant d'Ayuthaya — Marché

(**ตลาดน้ำอโยธยา ; www.ayutthayafloatingmarket.com ; 9h-19h ; P**). GRATUIT Un peu kitsch mais très prisé des Thaïlandais comme des visiteurs, le marché flottant propose en-cas, œuvres d'art et vêtements. Depuis les plates-formes en bois au-dessus de l'eau sur lesquelles il est installé, des *long-tail boats* (20 B) proposent des circuits sur les canaux. Des spectacles traditionnels ont lieu dans la journée. Évitez l'Ayodia Inter Market voisin, car il propose des spectacles d'animaux discutables.

Le marché se tient à l'est de la vieille ville, près de Th Dusit et du Wat Kudi Dao.

Circuits organisés

On peut faire de courtes promenades dans le parc historique à dos d'**éléphant** (**0 8066 87727 ; www.elephantstay.com ; 200-500 B**). Ces derniers sont gardés dans un *kraal* dans Th Pa Thon.

Des circuits guidés de 1 ou 2 jours vous feront découvrir la campagne alentour ; essayez **Tour With Thai** (**0 3523 1084 ; www.tourwiththai.com ; Th Naresuan**).

Audioguides

Le Wat Phra Si Sanphet, le Wat Phra Mahathat et le Wat Chai Wattanaram louent d'excellents audioguides en anglais (150 B) ; les détails historiques aident les visiteurs à se représenter les temples d'origine.

PAOLO CORDELLI/GETTY IMAGES ©

À ne pas manquer
Wat Phra Si Sanphet

Les trois magnifiques *chédi* (stupas) du Wat Phra Si Sanphet sont l'image la plus emblématique d'Ayuthaya. Construit à la fin du XVe siècle, ce temple était alors le plus grand de la cité et fut fréquenté par plusieurs rois. Il contenait un bouddha debout (Phra Si Sanphet) haut de 16 m et couvert de 250 kg d'or que les occupants birmans firent fondre.

L'ESSENTIEL

วัดพระศรีสรรเพชญ์ ; 50 B ; 8h-18h ; P

Les pensions (*guesthouses*) proposent des visites des ruines de 2 heures au coucher du soleil (180 B), qui peuvent toutefois être annulées si les participants sont trop peu nombreux.

Où se loger

Baan Lotus Guest House Pension $

(0 3525 1988 ; 20 Th Pamaphrao ; s 200 B, d 450-600 B ; P). Le jardin verdoyant qui entoure cette ancienne école en teck est un véritable atout. Le personnel est aussi charmant que le lieu.

Krungsri River Hotel Hôtel $$$

(0 3524 4333 ; www.krungsririver.com ; 27/2 Th Rotchana ; d/ste 1 800/5 738 B ; P). La meilleure adresse de la ville, ce 4-étoiles possède plus de 200 chambres élégantes, avec une vue splendide sur la rivière.

Où se restaurer

La riche mosaïque gastronomique de la ville provient des rencontres, des siècles durant, avec les commerçants étrangers. On peut ainsi déguster ici aussi bien des en-cas musulmans que des fruits de mer frais ou du café hollandais.

Sai Thong Thaïlandais $

(Th U Thong ; plats 90-150 B ; 9h30-22h ;). Le nombre de voitures qui tournent chaque soir à la recherche d'une place de parking est la preuve que les habitants apprécient beaucoup ce restaurant. Outre les préparations classiques, la carte de 180 plats comprend quelques innovations ; parcourez-la bien avant de faire votre choix.

Marché de nuit Hua Raw Marché $

(Th U Thong). Ce marché s'installe en soirée au bord de la rivière et offre un choix de plats thaïlandais et musulmans ; ces derniers sont signalés par une étoile et un croissant verts.

Stands de roti sai mai Desserts thaïlandais $

(Th U Thong ; 10h-20h). Dessert musulman, le *roh-đee săi măi* est très renommé dans cette région. Achetez-en un sac et faites votre dessert en roulant ensemble les fines lamelles de sucre de palme fondu et en les enveloppant dans un *roti*. Des stands sont installés en face de l'hôpital d'Ayuthaya.

Baan Mai Rim Nam Poisson $

(0 3521 1516 ; Th U Thong ; plats 150-250 B ; 10h-22h ;). Ce restaurant situé au bord de l'eau, l'un des plus animés de Th U Thong, a fait sa spécialité des poissons frits ou cuits à la vapeur.

Baan Watcharachai Thaïlandais $$

(près de Th Worachate ; plats 120-250 B ;). Installé sur un bateau en bois avec vue sur les temples, ce restaurant prépare un excellent *yam ƀlah dùk fòo* (salade de poisson-chat). Il se trouve à l'arrière du Wat Kasatthirat.

Depuis/vers Ayuthaya

Bus

À Ayuthaya, l'arrêt des bus provinciaux se situe dans Th Naresuan, à une courte distance du quartier des pensions. Minibus et bus climatisés partent du bas de la rue. Le terminal Nord se trouve à 5 km à l'est de la vieille ville, près de

Transports depuis/vers Ayuthaya

BUS

DESTINATION	TARIF	DURÉE	FRÉQUENCE
Bang Pa In	20 B	45 min	ttes les 20 min (*sŏrng·tăa·ou*)
Bangkok (Victory Monument)	60 B	1 heure 30	ttes les 25 min
Bangkok (terminal Nord, Mo Chit)	56-60 B	1 heure 30	ttes les 25 min (minibus)
Chiang Mai	438-876 B	8 heures	fréquents
Sukhothai	279-387 B	7 heures	fréquents
Suphanburi	80 B	1 heure 30	ttes les 20 min (minibus)

TRAIN

DESTINATION	TARIF	DURÉE	FRÉQUENCE
Bang Pa In	3-20 B	15 min	fréquents
Bangkok (gare de Bang Sue)	14-345 B	1 heure 30	fréquents
Bangkok (gare de Hua Lamphong)	15-345 B	1 heure 30	fréquents
Chiang Mai	586-1 198 B	8 heures	6 départs par jour
Pak Chong	23-173 B	4 heures	7 départs par jour

À ne pas manquer
Parc national de Khao Yai

Classé parmi les plus beaux parcs du monde, le Khao Yai est le plus ancien et le plus visité des parcs naturels de Thaïlande. Sur ses 2 168 km² s'étend l'une des plus vastes forêts de mousson intactes du continent asiatique, ce qui lui vaut d'être inscrit au patrimoine mondial de l'Unesco (comme faisant partie de l'ensemble forestier de Dong Phayayen-Khao Yai).

อุทยานแห่งชาติเขาใหญ่

☎08 6092 6529

adulte/enfant 400/200 B, voiture 50 B

Circuits organisés

Le circuit standard à la journée coûte 1 300-1 900 B/pers. La Greenleaf Guesthouse et le **Khaoyai Garden Lodge** (☎ 0 4436 5178 ; www.khaoyaigardenlodgekm7.com ; Th Thanarat, Km 7 ; ch 250-2 500 B, f 2 800 B ; P @) ont bonne presse, comme **Bobby's Apartments & Jungle Tours** (☎ 08 6262 7006 ; www.bobbysjungletourkhaoyai.com), à Pak Chong. Parmi les guides réputés pour observer les oiseaux, citons Tony, du **Khao Yai Nature Life Resort** (☎ 08 1827 8391 ; www.khaoyainaturelifetours.com) et **Nang** (☎ 08 9427 1823 ; www.thailandyourway.com).

Où se loger et se restaurer

Les hébergements abondent près de Th Thanarat (Rte 2090) et à Pak Chong. Mais le parc reste la meilleure option, avec ses **campings** (empl 30 B/pers avec tente, loc tente 3 pers 225 B) ou ses **chambres et bungalows** (☎ 0 2562 0760 ; www.dnp.go.th/parkreserve ; tentes 150-400 B, ch et bung 800-3 500 B, - 30% lun-jeu). Sinon, optez pour le **Greenleaf Guesthouse** (☎ 0 4436 5073 ; www.greenleaftour.com ; Th Thanarat, Km 7,5 ; ch 200-300 B ; P), d'un bon rapport qualité/prix (il sera sans doute "complet" si vous ne réservez pas un circuit), l'**Hotel des Artists** (☎ 0 4429 7444 ; www.hotelartists.com ; Th Thanarat, Km 22 ; ch/bung avec petit-déj 5 000/6 000 B ; P @) ou le **Balios** (☎ 0 4436 5971 ; www.balioskhaoyai.com ; Th Thanarat, Km 17 ; ch avec petit-déj 3 600-4 400 B ; P @), un lodge de luxe.

On trouvera des restaurants dans les campings et des cascades dans le parc.

Comment y aller

Des *sŏrng·tăa·ou* parcourent les 30 km entre Pak Chong (40 B, 45 min) et le parc. À Pak Chong, des boutiques louent des motos 300 B/jour, comme **Petch Motor** (☎ 08 1718 2400 ; Th Mittaphap, au niv de Th Tesabarn 13). Des bus 2e classe et des minibus desservent le parc depuis Khorat (60 B, 1 heure 30), et des minibus (180 B, 2 heures 30, ttes les heures) et des bus 1re classe depuis Bangkok (150 B, 2 heures 30) et Khorat (80 B, 1 heure). Au départ d'Ayuthaya, optez pour le train (23-363 B, 2-3 heures, 9/jour).

Ma sélection

Visiter Khao Yai

RITTICHAI (NINE) KENGSUNGNOEN, PROPRIÉTAIRE DE LA GREENLEAF GUESTHOUSE (CI-CONTRE)

1 ORNITHOLOGIE

Khao Yai abrite l'une des plus riches populations de calaos du pays – bicorne (*nók gòk ou nók gah·hang*), festonné (*nók grahm cháhng* ; littéralement, "oiseau à mâchoire d'éléphant"), de Malabar (*nók kàak*) et d'Austen *(nók ngêuak sĕe nám đahn*) notamment. Le parc compte 392 espèces ailées. Presque tous les jours, on aperçoit des calaos, qui fréquentent les figuiers à la saison des fruits. Rien ne vaut le souffle d'un calao bicorne qui vous passe au-dessus de la tête à tire-d'aile.

2 OBSERVATION DES ANIMAUX

À défaut de garantir quelles créatures vous allez croiser, nous vous souhaitons bonne chance. Il n'est pas rare de voir des serpents, des éléphants et des gibbons. Selon la saison, les animaux fréquentent des endroits différents. Par exemple, on apercevra des serpents et de nombreux insectes aux abords des cascades et des cours d'eau, tandis que les gibbons sont souvent visibles dans les figuiers à la saison des fruits. Quelque 200 éléphants peuplent le parc : on les voit parfois flâner le long de la route en soirée. Par ailleurs, la saison des pluies est idéale pour les passionnés d'insectes et de reptiles.

3 RANDONNÉE

Il n'est pas recommandé de partir en randonnée sans guide, car les sentiers ne sont pas bien balisés et pâtissent de la saison humide. Il arrive que les randonneurs se perdent, ce qui oblige les gardes forestiers à dépenser du temps et des moyens précieux pour les retrouver. Mieux vaut louer les services d'un guide, qui sait parfaitement où les animaux vont chercher leur nourriture dans la forêt.

4 NAM TOK HAEW SUWAT

La plus belle cascade du parc (voir la photo à gauche) est absolument magnifique. Mais, à cause des accidents survenus à des visiteurs qui ont sauté dans ses eaux peu profondes depuis son sommet, la baignade n'y est plus autorisée.

Prendre soin d'un vieil ami

L'**Elephant Stay** (☎08 0668 7727 ; www.elephantstay.com) d'Ayuthaya participe à la sauvegarde des éléphants grâce à un programme efficace de reproduction et de courtes promenades touristiques au milieu des ruines (200-500 B). Cette organisation à but non lucratif protège les pachydermes en achetant des animaux malades ou maltraités, y compris des mâles ayant tué des villageois.

Laithongrien Meepan a ouvert le centre en 1996 après avoir offert un éléphant à sa fille. Les Australiennes Michelle Reedy, une ancienne employée d'un zoo, et Ewa Nakiewicz organisent des séjours avec les éléphants (12 000 B pour 3 jours et 2 nuits au minimum) au cours desquels les visiteurs apprennent à les monter, à les baigner et à gagner leur confiance.

Le centre n'est pas conçu pour les touristes de passage. Ceux qui font l'expérience d'un séjour repartent avec une ferveur renouvelée pour l'animal emblématique du pays.

Th Rotchana. Un *tuk-tuk* du terminal à la vieille ville coûte 100 B. Pour Kanchanaburi, prenez une correspondance à Suphanburi. Les bus pour Mo Chit peuvent s'arrêter à l'aéroport de Don Muang.

Train

La gare ferroviaire, à l'est du centre d'Ayuthaya, est accessible par un ferry qui traverse la rivière au départ du centre-ville (4 B) ou en *sŏrng·tăa·ou* (50 B). Pak Chong est la gare la plus proche du parc national de Khao Yai. Pour rejoindre le quartier Th Khao San à Bangkok, descendez à Bang Sue.

Comment circuler

Des *săhm·lór* (ou *săamláw*, cyclo-pousse) et des *tuk-tuk* circulent en ville. Fixez toujours le prix avant de partir. Comptez de 30 à 40 B pour une course sur l'île.

La plupart des ruines étant proches les unes des autres, les moyens les plus écologiques de les visiter sont le vélo et l'éléphant. Des pensions louent des vélos (30 B) et des motos (200 B).

Kanchanaburi กาญจนบุรี

47 147 HABITANTS

Dans cette ville affairée et dynamique, les mémoriaux et les musées de la Seconde Guerre mondiale rappellent un passé tragique.

À 130 km de Bangkok, elle est prisée le week-end des habitants de la capitale, qui préfèrent généralement embarquer sur les bateaux de karaoké que profiter de la sérénité des lieux.

À voir

Pont de la rivière Kwaï Site historique

(สะพานข้ามแม่น้ำแคว, **pont de la rivière Kwaï ; Th Mae Nam Khwae).** Si l'on fait abstraction de la foule de touristes près de l'entrée, ce pont ferroviaire hautement symbolique, long de 300 m, reste impressionnant. La partie centrale de l'ouvrage fut détruite par les Alliés en 1945 et seules les travées extérieures incurvées sont d'origine. Un train passe toutes les 30 minutes – rejoignez les refuges qui jalonnent le pont à l'approche d'un convoi.

Un petit train arc-en-ciel (20 B ; 8h-10h et 12h-14h) franchit régulièrement le pont depuis la proche gare ferroviaire.

Cimetière militaire des Alliés Site historique

(สุสานทหารพันธมิตรดอนรัก ; **Th Saengchuto ; 24h/24).** GRATUIT En face du Centre du chemin de fer Thaïlande-Birmanie, ce cimetière parfaitement bien entretenu accueille les sépultures de 6 982 prisonniers de guerre, majoritairement britanniques, australiens et néerlandais.

Centre du chemin de fer Thaïlande-Birmanie — Musée

(ศูนย์รถไฟไทย-พม่า ; www.tbrconline.com ; 73 Th Jaokannun ; adulte/enfant 120/60 B ; 9h-17h). Ce musée instructif explique le rôle de Kanchanaburi dans la Seconde Guerre mondiale à l'aide de vidéos, de maquettes et de panneaux détaillés. Neuf galeries retracent l'histoire du chemin de fer, les conditions de vie des prisonniers et les événements après l'achèvement de la ligne.

Musée militaire du Jeath — Musée

(พิพิธภัณฑ์สงคราม ; Th Wisuttharangsi ; 30 B ; 8h-17h). Ce petit musée présente des coupures de journaux, des lettres et des œuvres d'art datant de la Seconde Guerre mondiale. Installé dans un *ata* en bambou similaire aux bâtiments dans lesquels étaient enfermés les prisonniers de guerre, il décrit les punitions cruelles infligées par les soldats japonais. Le musée est géré par les moines du Wat Chaichumphon (Wat Tai) voisin.

Heritage Walking Street — Rue historique

Proche de la porte de la ville, cette vieille rue magnifique offre un aperçu de ce qu'était l'ancienne Kanchanaburi. Plus de 20 panneaux jaunes racontent l'histoire et l'architecture de ce secteur intéressant. Prévoyez au moins une promenade d'une heure pour admirer la variété des styles, notamment sino-portugais, thaïlandais et chinois. Des boutiques d'art et des cafés s'y sont également installés.

Activités

Via des tour-opérateurs, il est possible de réserver des excursions à dos d'éléphant, des sorties rafting sur des radeaux en bambou, des randonnées dans la jungle et des balades à vélo.

AS Mixed Travel — Trekking, cyclotourisme

(0 3451 2017 ; www.applenoi-kanchanaburi.com ; Apple's Retreat). Une agence bien organisée, dotée d'un personnel expérimenté. Les circuits peuvent être adaptés en fonction des souhaits et du budget des participants.

Pont de la rivière Kwaï

ANDREW BAIN/GETTY IMAGES ©

Kanchanaburi

Kanchanaburi

À voir

1 Cimetière militaire des alliés ... C2
2 Pont du chemin de fer de la mort ... A1
3 Heritage Walking Street ... D3
4 Musée militaire du Jeath ... D4
5 Centre du chemin de fer Thaïlande-Birmanie ... C2

Activités

6 AS Mixed Travel ... B2
7 Good Times Travel ... B2
8 River Kwai Canoe Travel Services ... C2

Où se loger

9 Bamboo House ... B2
10 Blue Star Guest House ... B2
11 Sabai@Kan ... B1

Où se restaurer

12 Blue Rice ... B2
13 Restaurants flottants ... C3
14 Mangosteen Cafe ... C2
15 Marché ... D3
16 Marché de nuit ... C2
17 Pai Kan ... B1
18 Saisowo ... C3

Good Times Travel Trekking, cyclotourisme
(☎0 3462 4441 ; www.good-times-travel.com ; 63/1 Tha Mae Nam Khwae). Propose tous les circuits classiques d'une journée, ainsi que des périples plus aventureux dans des secteurs isolés.

River Kwai Canoe Travel Services Kayak
(☎0 3451 2346 ; riverkwaicanoe@yahoo.com ; Th Mae Nam Khwae). Cette agence organise des circuits de 1 ou 2 jours avec visite des principaux sites.

Où se loger

Blue Star Guest House Pension $

(0 3451 2161 ; bluestar_guesthouse@yahoo.com ; 241 Th Mae Nam Khwae ; ch 200-850 B ; P ❄ wifi). Sans doute la meilleure des pensions flottantes. La nature qui entoure la Blue Star Guest House crée une atmosphère tranquille et isolée. Les chambres les moins chères disposent d'une douche, mais pas d'eau chaude.

Bamboo House Pension $

(0 3462 4470 ; www.bamboohouse.host.sk ; 3-5 Soi Vietnam, Th Mae Nam Khwae ; ch 200-1100 B ; P ❄ wifi). Un nouvel ensemble de grandes chambres élégantes a apporté un souffle d'air frais à cet établissement installé sur un vaste terrain. Les chambres flottantes les moins chères ont une belle vue au coucher du soleil.

Sabai@Kan Hôtel $$

(0 3462 5544 ; www.sabaiatkan.com ; 317/4 Th Mae Nam Khwae ; ch 1 400-1 700 B ; P ❄ wifi piscine enfants). Doté de larges lits qui invitent au repos, cet agréable boutique-hôtel a tout pour plaire. Les chambres donnent sur une piscine et sont baignées de lumière naturelle. Le service est excellent.

Royal River Kwai Resort & Spa Hôtel $$$

(0 3465 3342 ; www.royalriverkwairesort.com ; 88 Kanchanaburi-Saiyok Rd ; ch 2 450-4 650 B ; P ❄ wifi piscine). Avec son immense jardin, sa grande piscine, un restaurant servant de la cuisine locale et internationale et plus de 60 chambres splendides, c'est l'un

La rivière buffle

Le film *Le Pont de la rivière Kwaï*, de David Lean, a rendu ce cours d'eau célèbre, et toute une génération a adopté une prononciation incorrecte. Il faut parler de la rivière Khwae et non Kwaï (qui signifie buffle). Mentionner la "rivière buffle" fait immanquablement rire les Thaïlandais.

Plats de fruits de mer à la mode thaïlandaise

CARLINA TETERIS/GETTY IMAGES ©

Le pont de la rivière Kwaï

Si la construction du "Chemin de fer de la mort" (*Death Railway*) fut une véritable prouesse technique, elle coûta de terribles souffrances aux prisonniers et aux travailleurs contraints d'y participer. Environ 100 000 d'entre eux périrent du fait des conditions extrêmes.

La voie ferrée fut édifiée pendant l'occupation japonaise de la Thaïlande (1942-1943) lors de la Seconde Guerre mondiale. Son objectif était de relier la Thaïlande et la Birmanie à travers 415 km de terrain accidenté, afin de créer une voie d'approvisionnement pour la conquête d'autres pays d'Asie occidentale. Ce projet, considéré irréalisable par certains, aboutit, malgré la pénurie d'équipements et des conditions de travail effroyables.

Le pont qui enjambe la rivière Kwaï près de Kanchanaburi (surnommé le "pont du Chemin de fer de la mort") fut utilisé pendant 20 mois avant que les Alliés le bombardent en 1945. Plus qu'une voie de ravitaillement, la ligne devint rapidement un itinéraire de fuite pour les troupes japonaises. Après la guerre, les Britanniques prirent le contrôle de la voie ferrée du côté birman et en arrachèrent 4 km près du col des Trois Pagodes de peur qu'elle soit utilisée par les séparatistes karen.

Du côté thaïlandais, le State Railway of Thailand (SRT ; Chemins de fer thaïlandais) entretint la ligne et fait toujours circuler des trains sur les 130 km de voies entre Nong Pladuk, au sud de Kanchanaburi, et Nam Tok.

des meilleurs hôtels de Kanchanaburi. Son spa est également réputé pour ses nombreux soins. Le complexe se situe à 4 km au nord de la ville.

Où se restaurer

Pour une cuisine plus authentique, explorez le **marché de nuit** (Th Saengchuto ; plats 30-60 B ; 18h-23h) près de la gare ferroviaire, où de nombreux stands vendent fritures et boissons. Plusieurs bons **restaurants flottants** (Th Song Khwae ; plats 80-200 B ; 18h-23h) sont appréciés des touristes coréens et thaïlandais. Le **marché** (Th Saengchuto) proche de la gare routière est renommé pour ses *hŏy tôrt* (beignets de moules).

Blue Rice Thaïlandais $

(153/4 Mu 4 Ban Tamakahm ; plats 95-150 B ;). Le superbe cadre, en bordure de rivière, l'excellent menu et les saveurs exquises lui valent un grand succès. Le

Bus depuis/vers Kanchanaburi

DESTINATION	TARIF	DURÉE	FRÉQUENCE
Bangkok (terminal Nord, Mo Chit)	105-135 B	2 heures	ttes les 90 min de 6h à 18h
Bangkok (terminal Sud, Sai Tai Mai)	95-110 B	2 heures	fréquents de 4h à 20h
Bangkok (Victory Monument)	120 B	2 heures	ttes les heures jusqu'à 20h
Suphanburi	50 B	2 heures	fréquents

chef Apple propose une version moderne des classiques thaïlandais, comme le riz bleu, le *yam sôm oh* (salade au pamplemousse) et une soupe de poulet aux feuilles de bananier.

Mangosteen Cafe Café $

(**08 1793 5814 ; www.mangosteencafe.net ; 13 Th Mae Nam Khwae ; plats 70-150 B ; 9h30-22h ;**). Feuilletez l'un des mille et quelques livres mis à disposition pendant que vous dégusterez les savoureuses préparations de la maison et un véritable café.

Pai Kan Thaïlandais $

(**Th Mae Nam Khwae ; plats 30-50 B ; 16h-22h**). Inscrivez votre commande sur un bout de papier et regardez les cuisiniers la préparer dans la cuisine ouverte. Les plats thaïlandais sont sans prétention, mais goûteux et authentiques. Plats occidentaux corrects.

Saisowo Nouilles $

(**Th Chaokunen ; plats 20-30 B ; 8h-16h**). Établi de longue date et prisé des Thaïlandais, ce restaurant de nouilles réserve quelques surprises. Ne ratez pas l'excellent *gŏoay đĕeo đôm yam kài kem* (soupe de nouilles aux œufs salés).

Depuis/vers Kanchanaburi

Bus

La gare routière (bus et minibus) de Kanchanaburi se situe au sud de la ville, dans Th Saengchuto. Si vous allez vers le sud, faites un changement à Ratchaburi. Si vous voulez rejoindre Ayuthaya, gagnez d'abord Suphanburi. Des minibus rallient le Victory Monument et Mo Chit (terminal des bus Nord), tous deux à Bangkok.

Train

La gare ferroviaire se tient à 2 km au nord-ouest de la gare routière, près du quartier des pensions. Kanchanaburi se trouve sur la ligne ferroviaire Bangkok Noi-Nam Tok, qui comprend une partie du Chemin de fer de la mort. Le SRT la promeut comme un itinéraire historique et facture 100 B l'aller aux touristes quelle que soit la distance – un prix raisonnable si vous venez de la gare de Bangkok Noi (à Thonburi), mais exagéré pour de courts trajets.

Parmi les destinations desservies :

Nam Tok (100 B, 2 heures, 6h07, 10h35, 16h26)

Gare de Bangkok Noi à Thonburi (100 B, 3 heures, 7h19, 14h48, 17h41)

Comment circuler

De la gare routière au quartier des pensions, comptez 50 B en *săhm·lór* et 30 B à moto-taxi. Des *sŏrng·tăa·ou* collectifs sillonnent Th Saengchuto (10 B/passager) ; descendez au cimetière pour rejoindre le quartier des pensions.

Statues du Prince et de la Sirène (p. 122), Ko Samet

Vaut le détour
Mémorial du col du Feu de l'Enfer

Poignant, le **mémorial du col du Feu de l'Enfer** (ช่องเขาขาด ; Hwy 323 ; entrée du musée sur don ; domaine 9h-16h30, musée 9h-16h) GRATUIT est un hommage superbement entretenu aux personnes qui ont perdu la vie pendant la construction du chemin de fer Birmanie-Thaïlande, durant la Seconde Guerre mondiale.

Débutez votre visite du mémorial au **musée**, au dernier étage, et procurez-vous un audioguide gratuit, qui propose une description détaillée du secteur et des anecdotes fascinantes rapportées par les survivants. Contemplez la vue de la terrasse, puis marchez le long de la piste qui suit le tracé des voies d'origine.

Le musée, situé à 80 km au nord-ouest de Kanchanaburi, sur la Hwy 323, est desservi par le bus Sangkhlaburi-Kanchanaburi (80 B, 1 heure 30, départs fréquents). Le dernier bus à destination de Kanchanaburi passe à 16h45.

KO CHANG ET LA CÔTE EST

Rayong et Ban Phe ระยอง / บ้านเพ

106 737/16 717 HABITANTS

Il y a de grandes chances que vous passiez par ces villes si vous vous dirigez vers Ko Samet. Les bus partent régulièrement de Rayong pour toutes les destinations, et le petit port de Ban Phe assure un service de ferrys pour Ko Samet. Des *sŏrng·tăa·ou* bleus relient les deux villes (25 B, 45 min, ttes les 15 min).

Droit d'entrée

Ko Samet fait partie du parc national maritime de Mu Ko Samet et il est demandé à chaque visiteur un droit d'entrée (adulte/enfant 200/100 B) à son arrivée.

On s'en acquitte au **bureau des parcs nationaux** (entre Na Dan et Hat Sai Kaew ; aube-crépuscule) de Hat Sai Kaew (p. 121). Prenez un *sŏrng·tăa·ou* depuis le débarcadère et faites-vous déposer à l'entrée pour régler. Conservez bien votre ticket en cas de contrôle ultérieur.

Depuis/vers Rayong et Ban Phe

Les minibus au départ du terminal des bus de Rayong desservent les terminaux des bus Est (Ekamai) et Nord (Mo Chit) de Bangkok, ainsi que l'aéroport Suvarnabhumi (160 B, 3 heures 30, départs fréquents de 5h à 20h).

Les bus au départ du terminal des bus de Ban Phe (à côté de Th Thetsaban) circulent vers/depuis le terminal Est (Ekamai) de Bangkok (173 B, 4 heures, ttes les heures de 6h à 18h).

Des minibus sont disponibles au départ de Ban Phe vers Laem Ngop (d'où partent les bateaux vers Ko Chang ; 300 B, 4 heures, 3 départs quotidiens), Pattaya (230 B, 2 heures, 3 départs quotidiens) et le Victory Monument à Bangkok (250 B, 4 heures, ttes les heures de 7h à 18h).

Ko Samet เกาะเสม็ด

Avec ses baies de sable blanc baignées par des eaux turquoise, Ko Samet a tout de l'île paradisiaque. Vous ne serez pas les seuls à en apprécier les charmes, car c'est un lieu de villégiature prisé du Tout-Bangkok qui vient y passer ses week-ends. C'est aussi une destination de choix recommandée par les agences de voyages.

KIMBERLEY COOLE/GETTY IMAGES ©

À ne pas manquer
Parc national d'Erawan

Très apprécié pour sa majestueuse cascade à 7 niveaux, le parc national d'Erawan fait le bonheur des Thaïlandais le week-end. La cascade d'Erawan doit son nom au niveau supérieur qui ressemblerait à Erawan, l'éléphant à 3 têtes de la mythologie hindoue. Si la montée des 3 premiers niveaux est facile, vous aurez besoin d'endurance et de bonnes chaussures pour achever la grimpée de 1,5 km. Emportez avec vous un maillot de bain, car vous apprécierez de vous tremper dans l'eau fraîche après avoir atteint le sommet. Les niveaux 2 et 4 sont impressionnants. Méfiez-vous des singes qui risquent de s'emparer de vos affaires pendant que vous vous baignez.

Les bus en provenance de Kanchanaburi s'arrêtent à l'entrée de la cascade d'Erawan (50 B, 1 heure 30, ttes les 90 min 8h-17h20). Le dernier bus pour Kanchanaburi part à 16h. Dans le parc, vous pouvez louer des vélos pour 20 à 40 B par jour.

L'ESSENTIEL

อุทยานแห่งชาติเอราวัณ ; 200 B ; 8h-16h

À voir et à faire

Hat Sai Kaew Plage

(หาดทรายแก้ว). Prenant son envol dans le coin nord-est de l'île, Hat Sai Kaew, le "sable de diamant", est la plage la plus large et la plus claire de Ko Samet. Mais c'est aussi la plus animée. Amateurs de bronzage, vendeurs de sarongs, hors-bord, Jet-Ski, *resorts* et restaurants à profusion : le spectacle local fait aussi partie de l'intérêt du site. Le soir, l'agitation ne diminue pas d'intensité, avec notamment au programme des fêtes nocturnes et des concours de karaoké.

Au sud de Hat Sai Kaew sont édifiées les **statues du Prince et de la Sirène** qui immortalisent *Phra Aphaimani*, une célèbre épopée thaïlandaise du poète Sunthorn Phu (1786-1855).

Ao Hin Khok et Ao Phai Plages

(**อ่าวหินโคก/อ่าวไผ่**). Moins connues que leurs voisines du nord, Ao Hin Khok et Ao Phai sont deux magnifiques baies séparées par un cap rocheux. La population y est plus jeune et plus branchée qu'à Hat Sai Kaew (qui attire plutôt les groupes en voyage organisé). Traditionnellement, c'est en effet sur ces plages que les routards aiment se retrouver pour faire la fête.

Ao Phutsa (Ao Tub Tim) Plage

(**อ่าวพุทรา (อ่าวทับทิม)**). Un peu plus loin se trouve Ao Phutsa (Ao Tub Tim), une belle plage de sable qu'affectionnent les solitaires, les familles et les couples qui souhaitent être à portée de "civilisation", mais sans agitation excessive.

Ao Wong Deuan Plage

(**อ่าววงเดือน**). Petite sœur de Hat Sai Kaew, Ao Wong Deuan est une jolie baie en forme de croissant. Bondée le week-end, elle est bien plus tranquille en semaine.

Ao Thian Plage

(**อ่าวเทียน ; Candlelight Beach**). Ao Thian est ponctuée çà et là de gros rochers qui servent d'abris sur le sable, et donnent au lieu une ambiance d'île de naufragés. Moins sauvage qu'autrefois, elle reste néanmoins l'une des plages les plus agréables de Samet, et elle est délicieusement déserte en semaine. Le week-end, les étudiants de Bangkok passent la nuit à chanter des sérénades aux étoiles au son de leur guitare.

Ao Wai Plage

(**อ่าวหวาย**). Ao Wai est la plus éloignée des baies, offrant une ravissante plage loin de tout (mais, en réalité, à 1 km d'Ao Thian).

La marée noire d'Ao Prao

Fin juillet 2013, la côte est de Ko Samet fut sévèrement touchée par la 4e plus grosse marée noire de l'histoire de la Thaïlande. Dans le golfe de Thaïlande, non loin de Samet, près de 50 000 litres de pétrole brut se déversèrent d'un oléoduc géré par PTT Global Chemical®, une filiale de la plus grande société du secteur énergétique du pays.

L'endroit le plus durement touché fut la plage d'Ao Prao, où l'on estime que parvint 20% du pétrole. Après une vaste opération de nettoyage, la plage retrouva son aspect sablonneux habituel. Plus incertain est l'état de la mer : les médias nationaux affirment que le nombre de poissons pêchés dans la zone s'est effondré depuis la marée noire.

Où se loger

Les tarifs en semaine restent d'un bon rapport qualité/prix (chambres avec ventil à partir de 600 B). Les tarifs augmentent les week-ends et jours fériés – il est alors recommandé de réserver.

HAT SAI KAEW

Laem Yai Hut Resort Pension $$

(**☎ 0 3864 4282 ; Hat Sai Kaew ; ch 1 000-2 000 B ; ❄ 📶**). Un assortiment coloré de 25 bungalows plus ou moins grands et récents, posés dans un jardin ombragé au nord de la plage. L'atmosphère décontractée de ce lieu prisé des routards détonne avec celle de la plage, où règne en maître le tourisme organisé.

Chilli Hotel Hôtel $$

(**☎ 0 3864 4039 ; www.chilli-hotel.com ; Hat Sai Kaew ; ch 1 000-1 800 B ; ❄ 📶**). Avec ses chambres élégantes bien décorées à 200 m de la plage, près de la billetterie du parc national, ce nouvel hôtel design est une illustration de l'évolution de Ko Samet.

Vaut le détour
Palais Bang Pa In

Construits au XVIIe siècle et restaurés pendant le règne de Rama V (le roi Chulalongkorn ; 1868-1910), les édifices européens, chinois et thaïlandais du **Bang Pa In Palace** (บางปะอิน ; 100 B ; 8h-15h15) reflètent les nombreuses influences qui ont marqué ce roi.

Parmi les pièces maîtresses figurent une réplique du pont du Tibre à Rome, l'époustouflant Wehut Chamrun de style chinois, l'observatoire Withun Thatsana victorien et un pavillon thaïlandais avec une statue de Rama V au milieu d'un bassin.

Des trains partent d'Ayuthaya pour Bang Pa In (3 B, 15 min) ; la gare ferroviaire est moins loin du palais que la gare routière, mais vous devrez néanmoins prendre une moto-taxi (20 B). Une autre possibilité consiste à louer un *tuk-tuk* pour environ 400 B l'aller-retour.

AO HIN KHOK ET AO PHAI

Tok's Pension $$

(0 3864 4073 ; www.tok-littlehut.com ; Ao Hin Khok ; ch 1 500-2 000 B ;). C'est l'une des meilleures adresses de cette partie de l'île : de charmants petits pavillons, accrochés au versant de la colline, à l'ombre des arbres et au milieu des fleurs. Le bar attenant est très fréquenté.

Jep's Bungalows Pension $$

(0 3864 4112 ; www.jepbungalow.com ; Ao Hin Khok ; ch 300-1 800 B ; @). Par une nuit calme et étoilée, vous pourrez vous contenter d'une cabane avec ventilation tout à fait sommaire pour 300 B seulement, mais celles à 600 B sont une valeur bien plus sûre.

Le Blanc Pension $$

(0 3861 1646 ; www.leblancsamed.com ; Ao Hin Khok ; ch 1 500-2 500 B ;). Connue autrefois sous le nom d'Ao Pai, cette adresse est devenue haut de gamme et a changé son image avec d'élégants bungalows tout blancs. Surélevés au milieu des arbres, ils sont assez espacés pour garantir l'intimité.

Ko Chang (p. 127)

WOODS WHEATCROFT/GETTY IMAGES ©

AO PHUTSA ET AO NUAN

Tubtim Resort Hôtel $$

(☎0 3864 4025 ; www.tubtimresort.com ; Ao Phutsa ; ch 600-3 600 B ; ❄@📶). Avec ses excellents barbecues nocturnes et ses spacieux bungalows en dur de qualité variable, tous proches de la même plage de rêve, cet établissement bien organisé est prisé des Thaïlandais huppés.

AO WONG DEUAN ET AO THIAN (CANDLELIGHT BEACH)

Apache Pension $

(☎08 1452 9472 ; www.apachesamed.com ; Ao Thian ; ch 800-1 300 B ; ❄). Ses bungalows ont connu des jours meilleurs, mais ils sont convenables, et l'Apache reste l'une des adresses les plus décontractées de Ko Samet. Le bar-restaurant est fréquenté par les routards.

Nice & Easy Hôtel $$

(☎0 3864 4370 ; nice.easy_samed.island@hotmail.com ; Ao Wong Deuan ; ch 1 200-2 000 B ; ❄📶). Le Nice & Easy est une agréable adresse avec de grands bungalows modernes et confortables, disposés autour d'un jardin derrière la plage. Une bonne affaire pour ce secteur de l'île.

AO WAI

Ao Wai se trouve à environ 1 km d'Ao Thian. On peut y accéder en empruntant une vedette depuis Ban Phe.

Samet Ville Resort Hôtel $$$

(☎0 3865 1682 ; www.sametvilleresort.com ; Ao Wai ; ch 1 080-4 500 B ; ❄📶). Caché sous la canopée, cet établissement sans prétention est le seul sur cette plage isolée. Il propose une gamme de chambres et de cottages adaptés à la plupart des budgets. Très belle plage.

Où se restaurer

Les restaurants de la plupart des hôtels et pensions se transforment en bar dès le coucher du soleil. Vous ne serez pas ébloui par la nourriture et le service, mais

À gauche : Ko Samet (p. 120) ;
ci-dessous : un complexe hôtelier à Ko Chang (p. 127)
(À GAUCHE) SANTI SUKARNJANAPRAI/GETTY IMAGES ©; (CI-DESSOUS) JOAKIM LEROY/GETTY IMAGES ©

vous n'aurez pas vraiment le choix. Les barbecues de nuit sur la plage sont un grand classique local. Choisissez-en un qui ait l'air géré professionnellement et fréquenté.

Red Ginger Thaïlandais, international **$$**
(Na Dan ; plats 125-285 B ; 11h-22h). Cette charmante table entre la jetée et Hat Saw Kaew présente une carte, succincte mais sélecte, des spécialités de son chef franco-canadien. Bonnes salades et délicieux travers de porc. Cuisine thaïlandaise également.

Sea Breeze Fruits de mer **$$**
(Ao Phai ; plats 80-500 B ; 11h-23h). Avec un large éventail de produits de la mer et en plein sur la jolie plage d'Ao Phai, la "brise marine" porte bien son nom. Sa carte affiche aussi des plats occidentaux.

Ploy Fruits de mer **$$**
(Hat Sai Kaew ; plats 50-400 B ; 11h-23h). La plupart des soirs, cette institution est pleine à craquer de Thaïlandais décortiquant crabes et homards. Elle propose aussi un vaste choix de plats. Bar très animé.

Où prendre un verre et faire la fête

Le week-end, l'agitation nocturne bat son plein à Ko Samet. Des touristes provinciaux en voyage organisé s'égosillent dans les spectacles de karaoké, et les plus jeunes s'abreuvent de bière au son des rythmes techno. L'ambiance dépend des participants, mais se concentre généralement du côté de Hat Sai Kaew, Ao Hin Khok, Ao Phai ou encore Ao Wong Deuan.

Ao Prao Resort Bar
(Ao Prao ; boissons à partir de 90 B ;). Un très joli restaurant donnant sur la mer, parfait pour un verre en admirant le

coucher du soleil. Prévoir son propre moyen de transport.

Depuis/vers Ko Samet

On se rend à Ko Samet depuis les embarcadères de Ban Phe sur le continent. Nombreux, ils sont utilisés chacun par différentes compagnies de ferrys. Les tarifs sont identiques (aller simple/aller-retour 70/100 B, 40 min, ttes les heures de 8h à 17h). Les bateaux accostent à Na Dan, le principal embarcadère de Ko Samet, d'où le dernier ferry pour le continent repart à 18h.

Si vous êtes logé à Ao Wong Deuan ou plus au sud, prenez un ferry au départ du continent, direct pour votre plage (aller simple/aller-retour 90/140 B, 1 heure, 3 départs par jour).

Pour 200 B l'aller simple, des vedettes vous déposeront sur la plage de votre choix, mais elles ne partent qu'avec suffisamment de passagers.

Comment circuler

Petite, Ko Samet est une île propice à la marche. De mauvaises routes relient le littoral ouest.

Les *sŏrng·tăa·ou* verts attendent au débarcadère et vous déposent aux différentes plages (100-400 B, selon l'emplacement).

Trat ตราด

21 590 HABITANTS

Considérée comme un lieu de transit majeur pour Ko Chang et la côte cambodgienne, Trat gagne pourtant à être connue pour ses charmes provinciaux.

Où se loger

Ban Jaidee Guest House Pension $
(☎08 3589 0839 ; banjaideehouse@yahoo.com ; 6 Th Chaimongkol ; ch 200 B ; wi-fi). Une maison

Trat

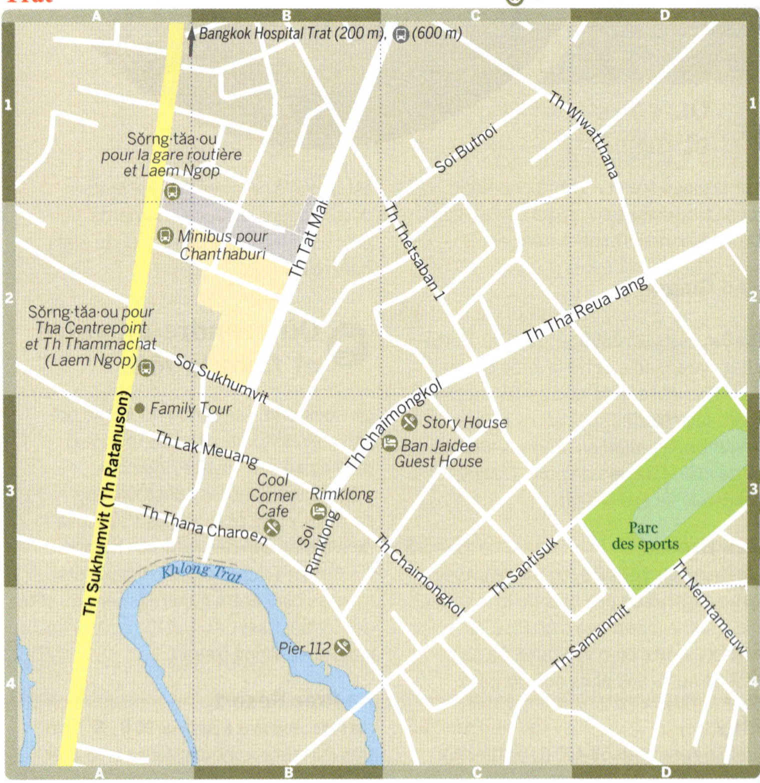

Transports depuis/vers Trat

DESTINATION	BUS	AVION
Aéroport international Suvarnabhumi (Bangkok)	272 B ; 5-6 heures ; 5/jour	à partir de 2 550 B ; 1 heure ; 3/jour
Terminal Est des bus (Ekamai) de Bangkok	265 B ; 5 heures ; 17/jour	
Terminal Nord des bus (Mo Chit) de Bangkok	272 B ; 5-6 heures ; 5/jour	

traditionnelle en bois accueillante, dans un quartier charmant. Chambres simples, avec salles d'eau (douches avec eau chaude) communes. Réservez bien à l'avance, car cette adresse est très demandée.

Rimklong Hôtel **$$**

(☎0 3952 3388 ; soirimklong@hotmail.co.th ; 194 Th Lak Meuang ; ch 800-900 B ; ❄ 📶). L'unique boutique-hôtel de Trat occupe les deux extrémités du *soi*. Chambres lumineuses et accueillantes, quoiqu'un peu petites. Sympathique café attenant.

Où se restaurer et prendre un verre

À Trat, rien de mieux que les marchés pour se sustenter : le marché de jour dans Th Tat Mai pour un *gah·faa bohrahn* (café à l'ancienne), le marché couvert pour un déjeuner de nouilles et le marché de nuit pour le plat sauté de votre choix. À la tombée de la nuit, les étals de nourriture longent Th Sukhumvit.

Cool Corner Cafe International, thaïlandais **$**

(☎08 4159 2030 ; 49-51 Th Thana Charoen ; plats 60-160 B ; ⏲8h-22h). Tenu par Khun Morn, femme moderne aux talents multiples (écrivain, artiste et voyageuse) originaire de Bangkok, le Cool Corner est bien connu des expatriés.

Story House Thaïlandais, international **$**

(61-65 Th Chaimongkol ; plats 50-150 B ; ⏲9h30-21h30). Ce restaurant lumineux et chaleureux sert des classiques thaïlandais et occidentaux, et des sandwichs. Il constitue également une bonne halte pour un café ou un *smoothie*.

Pier 112 Thaïlandais **$$**

(132/1 Th Thana Charoen ; plats 80-250 B ; ⏲10h30-22h30 ; 🌿). Large éventail de plats végétariens, ainsi que de bons currys. Possibilité de manger à l'extérieur, dans le jardin.

Comment s'y rendre et circuler

Le terminal des bus de Trat se trouve à 2 km à l'extérieur de la ville.

Des minibus partent de différents points le long de Th Sukhumvit. Des minibus de Family Tour (☎08 1940 7380 ; angle Th Sukhumvit et Th Lak Meuang) partent pour le Victory Monument et le terminal des bus Nord (Mo Chit) de Bangkok.

Les 3 jetées assurant les liaisons en bateau vers Ko Chang, Ko Kut, Ko Mak et Ko Wai se situent à Laem Ngop, à environ 30 km au sud-ouest de Trat.

Des *sŏrng·tăa·ou* (50 B/pers pour 6 passagers, 200 B pour tout le véhicule ; 35-50 min) vers Laem Ngop et les jetées partent de Th Sukhumvit, juste après le marché.

Bangkok Airways (aéroport de Trat ☎0 3955 1654/5, à Bangkok ☎0 2265 5555 ; www.bangkokair.com) assure des vols depuis l'aéroport, situé à 40 km de la ville. Un taxi vers Trat coûte la somme faramineuse de 600 B.

Comptez 20-30 B pour une course dans le secteur à moto-taxi.

Ko Chang เกาะช้าง

7 033 HABITANTS

Avec ses sommets escarpés recouverts de jungle, la pittoresque Ko Chang (l'île éléphant) conserve son caractère isolé et sauvage, même si les agences de voyages

DAVID GREEDY/GETTY IMAGES ©

À ne pas manquer
Plongée et snorkeling

Riches en coraux et en poissons, les sites de Ko Chang, aux eaux peu profondes, comme souvent dans le golfe de Thaïlande, sont idéals pour s'initier à la plongée.

Les clubs suivants sont recommandés :

BB Divers (☎0 3955 8040 ; www.bbdivers.com). Basé à Bang Bao avec des antennes sur Lonely Beach, Khlong Prao et Hat Sai Khao, et également sur Ko Kut et Ko Wai (haute saison uniquement).

Lonely Beach Divers (☎08 0619 0704 ; www.lonelybeachdivers.com). Ce club avec instructeurs polyglottes opère à Lonely Beach.

tentent d'en faire une nouvelle Phuket en l'incluant dans des séjours clés en main. Ses étendues de sable sont jolies, mais sans plus. Son atout tient dans une alliance inattendue : une nature sauvage à portée de main et un site formidable pour faire la fête.

À voir

CÔTE OUEST

Cette côte de l'île offre les plages les plus larges, les plus sableuses et les mieux aménagées. Le réseau public de *sŏrng·tăa·ou* rend les déplacements d'une plage à l'autre relativement aisés et abordables. Un conseil : emportez avec vous une paire de chaussures pour aller dans l'eau, surtout pour les enfants, car beaucoup de plages sont rocailleuses. Ces eaux peu profondes et calmes sont parfaites pour les petits nageurs en herbe, mais prenez garde aux courants qui se forment lors des tempêtes et pendant la saison des pluies qui s'étend de mai à septembre.

Hat Sai Khao Plage

(หาดทรายขาว, White Sand Beach). "Plage de sable blanc", la plus longue et la plus belle bande de sable est couverte d'hôtels accueillant des groupes et des vacanciers avides de bronzage. Le long de l'artère principale, le village est animé et très bruyant, mais il est pourvu de tous les équipements nécessaires.

Ao Khlong Prao Plage

(อ่าวคลองพร้าว). La tranquille Khlong Prao est une superbe bande de sable posée au pied d'imposantes falaises et délimitée par deux estuaires. En surplomb, les vastes complexes hôteliers de luxe gagnent du terrain. Bronzer autour des piscines y devient le passe-temps favori, la plage disparaissant en grande partie à marée haute.

Hat Kaibae Plage

(หาดไก่แบ้). Jumelle de Khlong Prao, Hat Kaibae est la plage préférée des familles et des couples de trentenaires.

Lonely Beach Plage

L'enclave des routards de Ko Chang est même l'endroit le plus fréquenté de l'île à la tombée du jour, quand une foule jeune, remise des excès de la veille, relance les festivités avec musique tonitruante et alcools forts. La plage en elle-même n'est pas vraiment belle mais elle reste acceptable.

Ban Bang Bao Village

(บ้านบางเบ้า). Bang Bao est un ancien village de pêcheurs construit sur le mode traditionnel des jetées interconnectées. Les villageois ont abandonné leurs filets pour louer des parties de leurs maisons à des boutiques de souvenirs et à des restaurants.

Hat Khlong Kloi Plage

À la pointe est d'Ao Bang Bao, Khlong Kloi est une plage de sable qu'on pourrait croire secrète, bien qu'elle soit fréquentée et équipée de toutes les commodités nécessaires (fruits, nourriture, bière, massages). Quelques pensions vous permettront d'investir les lieux. Transport à prévoir.

INTÉRIEUR NORD

Ban Kwan Chang Camp d'éléphants

(บ้านควาช้าง ; ☎08 1919 3995 ; changtone@yahoo.com ; 8h-17h). Dans un joli cadre boisé, ce camp d'éléphants est le meilleur des trois que compte l'île : sur des circuits d'une demi-heure à 3 heures (500/900 B), vous vous enfoncerez davantage dans la jungle et aurez plus de temps pour nourrir, baigner et monter les pachydermes. Le prix comprend le transport. Pensez à vous munir de lotion antimoustique.

Activités

KAYAK

KayakChang Kayak

(☎0 3955 2000 ; www.kayakchang.com ; Amari Emerald Cove Resort, Khlong Prao). Pour les

Ko Chang est (en partie) un parc national

Certaines zones de Ko Chang font partie du parc national maritime de Mu Ko Chang, et sont donc protégées et entretenues. Même si ces tentatives de préservation peuvent sembler insuffisantes, il vous sera demandé un droit d'entrée au parc de 200 B pour visiter certaines chutes d'eau (les droits d'entrée sont spécifiés dans notre description du site et payables sur place). Le **bureau du parc national** (☎0 3955 5080 ; Ban Than Mayom ; 8h-17h) se trouve sur la côte est de l'île près de Nam Tok Than Mayom.

Nous vous rappelons que la nudité et le monokini sont prohibés dans le parc national maritime de Mu Ko Chang, y compris sur les plages de Ko Chang, de Ko Kut, de Ko Mak et de Ko Wai.

Ci-dessous : Ko Chang (p. 127) ; **à droite :** vue aérienne de Ko Chang

pagayeurs plus avancés, KayakChang met à disposition des kayaks fermés et à la proue relevée (à partir de 1 000 B/jour), plus maniables et rapides. Sont également proposées des excursions encadrées, d'un ou plusieurs jours (à partir de 2 200 B), vers les autres îles de l'archipel.

Salak Kok Kayak Station Kayak

(☎ **08 1919 3995 ; location de kayak 100 B/heure).** Explorez en kayak les mangroves d'Ao Salak Kok sur la côte est de l'île en soutenant un programme écotour primé. La station de kayak de Salak Kok est un projet de village destiné à promouvoir le tourisme tout en préservant le mode de vie traditionnel.

RANDONNÉE

L'originalité de Ko Chang, par rapport aux autres îles thaïlandaises, est de posséder un environnement adapté à la randonnée.

M. Tan d'**Evolution Tour** (☎ **0 3955 7078 ; www.evolutiontour.com)** ou M. Lek de **Jungle Way** (☎ **08 9247 3161 ; www.jungleway.com)** encadrent des treks d'une journée (de 700 à 1 400 B) à travers Khlong Son Valley.

Où se loger

Sur la côte ouest, Lonely Beach reste l'endroit le plus compétitif, Hat Kai Bae possède le meilleur rapport qualité/prix, et Hat Sai Khao se révèle le plus cher par rapport à l'offre qui est proposée. Vous pourrez également loger sur la côte est, à Ao Salak Kok et à Ao Dan Kao.

HAT SAI KHAO

Independent Bo's Pension $

(☎ **08 5283 5581 ; Hat Sai Khao ; ch 400-850 B ; ❄ 📶).** Malgré l'excentricité de son propriétaire écossais (les réservations n'y sont pas acceptées), cette adresse

à flanc de colline dans la jungle dégage une atmosphère créative et un peu hippie qui fit autrefois la célébrité de Ko Chang. Chaque bungalow est différent et plein de fantaisie.

Koh Chang Hut Hotel Hôtel **$$**
(☎08 9831 4851 ; www.kohchanghut.com ; ch 450-1 800 B ; ❄📶). À l'extrémité sud de la plage, cet hôtel au bord d'une falaise était en cours de remise à neuf lors de notre passage. Emplacement agréable et exposé à la brise, à une courte distance à pied de la plage pour le prix. Les chambres les moins chères donnent sur la rue et sont plutôt bruyantes.

AO KHLONG PRAO

Lin Bungalow Pension **$$**
(☎08 4120 1483 ; lin.bungalow@gmail.com ; ch 1 300 B ; ❄📶). Dix bungalows en dur plutôt spacieux, sur la plage. Une bonne adresse milieu de gamme.

Baan Rim Nam Pension **$$**
(☎08 7005 8575 ; www.iamkohchang.com ; ch à partir de 1 200-1 600 B ; ❄📶). Une maison de pêcheur transformée en pension, en bordure d'une petite rivière ourlée de palétuviers. Kayaks et renseignements utiles sans supplément.

Keereeta Resort Pension **$$$**
(☎0 3955 1304 ; www.keereeta.com ; Khlong Prao ; ch 3 500 B ; ❄📶). Tout à fait particulières, ces 5 chambres, chacune décorée dans des tons différents, sont immenses, à l'écart et vraiment très chics. Kayaks gratuits pour pagayer vers la plage ou les restaurants en face. Réservez bien à l'avance.

HAT KAIBAE

Porn's Bungalows Pension **$**
(☎08 0613 9266 ; www.pornsbungalows-kohchang.com ; Hat Kaibae ; ch 550-1 500 B). Un endroit particulièrement tranquille à l'extrême ouest de la plage. Les bungalows en bord de plage (900 B) sont

Vaut le détour

Ko Wai เกาะหวาย

Cette île minuscule, sauvage et magnifique, est baignée d'eaux cristallines qui abritent de superbes récifs coralliens, parfaits pour le snorkeling. Elle offre en plus une très belle vue sur Ko Chang. Si, dans l'après-midi, vous risquez de croiser des visiteurs, vous aurez une paix royale le reste du temps.

La plupart des bungalows sont fermés en basse saison, de mai à septembre, quand la mer est agitée et les inondations fréquentes.

une très bonne affaire. Chambres avec ventilation uniquement.

KB Resort Hôtel **$$**
(0 3955 7125 ; www.kbresort.com ; ch 1 250-5 000 B ;). Bungalows jaune citron posés à même la plage. Sdb accueillantes. Laissez-vous bercer par le son du ressac pendant que les enfants transforment la plage en cité médiévale. Les bungalows avec ventilation sont trop chers. Personnel un peu nonchalant.

GajaPuri Resort & Spa Hôtel **$$$**
(0 3969 6918 ; www.gajapuri.com ; ch 4 350-19 000 B ;). Cottages en bois verni au style d'inspiration thaïlandaise, spacieux et douillet. Immenses lits aux draps frais, terrasses ensoleillées où il fait bon lire, et plage charmante. Essayez de profiter en plus d'une promo en ligne !

LONELY BEACH

Paradise Cottages Hôtel **$**
(08 1773 9337 ; www.paradisecottagekochang.com ; Lonely Beach ; ch 400-1 000 B ;). Des chambres à l'élégant style minimaliste et une atmosphère décontractée comme en témoigne le balancement des hamacs. Bien que le Paradise soit sur le front de mer, la plage est trop rocailleuse pour la baignade.

Warapura Resort Hôtel **$$**
(0 3955 8123 ; www.warapuraresort.com ; ch 1 400-3 300 B ;). Cet ensemble de petits cottages nichés entre le village et la mangrove est chic et relativement bon marché. La piscine en bord de mer est parfaite pour ceux qui préfèrent admirer l'océan plutôt que s'y ébattre.

BAN BANG BAO

Bang Bao Paradise Pension **$**
(08 8838 0040 ; ch 500-700 B ;). Six mini-huttes juchées au-dessus de la mer, toutes de couleurs vives et fraîches, et avec sdb communes.

Koh Chang Sea Hut Hôtel **$$**
(08 1285 0570 ; www.kohchang-seahut.com ; Ban Bang Bao ; ch 2 500 B ;). Au bord de la jetée de Bang Bao et jouissant d'une vue panoramique sur la baie, cette adresse est l'une des plus atypiques de Ko Chang. Chacun de ses 7 luxueux bungalows est bordé d'un ponton privé où est servi le petit-déjeuner. L'hôtel dispose également de 5 chambres.

Où se restaurer et prendre un verre

À quelques exceptions près, tous les hébergements de l'île disposent d'un restaurant proposant des prix corrects. Les fêtes sur la plage sont monnaie courante, et il y en a pour tous les goûts. Celles de Hat Sai Khao attirent un public plus âgé que celui, jeune et désinhibé, qui enflamme Lonely Beach.

CÔTE OUEST

Porn's Bungalows Restaurant Thaïlandais **$**
(Hat Kaibae ; plats 80-180 B ; 11h-23h). Cet établissement décontracté en bois sombre est l'exemple parfait du

restaurant lounge de bord de plage : on n'hésite pas à commander plus de verres que de plats, et on ne se préoccupe pas de sa tenue vestimentaire. Très bon barbecue.

Norng Bua Thaïlandais **$$**
(Hat Sai Khao ; plats 40-300 B ; ⏲8h-23h). Fraîcheur des aliments, rapidité de service, piments et divine sauce poisson : ce qui était jadis une paillotte à nouilles et riz sautés est aujourd'hui un restaurant à part entière, toujours bondé de Thaïlandais de passage – un bon signe !

Phu-Talay Poisson, fruits de mer **$$**
(Khlong Prao ; 100-320 B ; ⏲10h-22h). Juché au-dessus du lagon, cet établissement parqueté à la déco bleu et blanc distille une ambiance douillette et sympathique, avec une judicieuse carte des classiques de Ko Chang (poissons à foison) et des prix bien plus raisonnables que dans nombre d'autres restaurants de produits de la mer.

Ton Sai Thaïlandais **$$**
(Khlong Prao ; plats 80-350 B ; ⏲11h-22h). Prisée des habitants, des Thaïlandais de passage et des étrangers, cette hutte ornée de tableaux sert de restaurant. On y mange un mélange créatif de plats thaïlandais et occidentaux. Fermé en basse saison.

Chowlay Poisson, fruits de mer **$$**
(Ban Bang Bao ; plats 100-450 B ; ⏲10h-22h). Restaurant en bord de jetée avec une jolie vue sur la baie. Le poisson y est particulièrement frais et varié.

ℹ Depuis/vers Ko Chang

Depuis le continent, les ferrys de **Koh Chang Ferry** (**☎0 3955 5188**) partent de Tha Thammachat, et ceux de **Centrepoint Ferry** (**☎0 3953 8196**) de Tha Centrepoint (Laem Ngop). Les bateaux en provenance de Tha Thammachat accostent à Tha Sapparot et les ferrys de Centrepoint, sur un débarcadère en bas de la rue.

En haute saison, le ferry inter-îles **Bang Bao Boat** (**www.bangbaoboat.com**) relie Ko Chang à Ko Mak, à Ko Kut et à Ko Wai. Le bateau part de Bang Bao, au sud-ouest de l'île.

Des vedettes circulent entre les îles en haute saison.

Il existe une liaison directe avec Ko Chang depuis/vers le terminal des bus Est (Ekamai) et l'aéroport international Suvarnabhumi de Bangkok, via Chanthaburi et Trat.

Il est déconseillé de conduire entre le sud de Ban Khlong Son et Hat Sai Khao, car la route est escarpée et certains virages en épingle à cheveux la rendent très dangereuse. C'est encore pire pendant les tempêtes, qui provoquent parfois des coulées de boue.

ℹ Comment circuler

Les *sŏrng·tăa·ou* viennent à la rencontre des bateaux pour emmener les passagers aux différentes plages (Hat Sai Khao 100 B, Khlong Prao 150 B et Lonely Beach 200 B). Comptez 50-200 B pour un saut de puce entre 2 plages, mais les prix flambent à la nuit tombée : une course de Bang Bao à Hat Sai Khao coûte parfois 500 B.

Les magasins sur la côte ouest font payer environ 200 B pour une location de moto à la journée. Les routes vallonnées et sinueuses de Ko Chang sont assez dangereuses. Assurez-vous que la moto est en bon état de marche.

Transports depuis/vers Ko Chang

DÉPART	DESTINATION	BATEAU	BUS
Terminal Est des bus (Ekamai) de Bangkok	Tha Thammachat	–	275 B ; 7 heures ; 3/jour
Ko Chang	Ko Kut	900 B ; 5 heures ; 1/jour	–
Ko Chang	Aéroport de Bangkok	–	550 B ; 6-7 heures ; 3/jour

Ko Kut

เกาะกูด

Ko Kut a tout de l'île paradisiaque : de délicates anses sablonneuses, des eaux d'une extrême limpidité, des cocoteraies dissimulant de rares constructions, et une ambiance de retraite tranquille qui vous étreint à peine débarqué. Bien moins animée que Ko Chang, l'île ne compte ni discothèque ni restaurant, et c'est ce qui plaît à ses visiteurs.

À voir et à faire

La côte ouest de l'île est truffée de plages de sable blond baignées par des eaux turquoise. **Hat Khlong Chao** est l'une des plus belles et pourrait rivaliser avec Hat Chaweng (Ko Samui) dans un concours de beauté. **Ao Noi**, avec ses roches éparpillées et ses belles vagues, attend les bons nageurs. **Ao Prao** est aussi une belle courbe de sable.

Sur Ko Kut, aucun transport public. Vous pouvez louer une moto pour explorer la côte ouest. La circulation est quasi inexistante et la route est bitumée depuis Khlong Hin dans le sud-ouest jusqu'à Ao Noi au nord-est.

Où se loger et se restaurer

En basse saison (mai à septembre), la plupart des bateaux ne circulent plus et les bungalows sont fermés. Pendant les périodes chargées, appelez à l'avance, pour que la vedette prévoie de vous déposer au débarcadère de votre choix.

Cozy House Pension $

(☎ 08 5101 4838 ; www.kohkoodcozy.com ; Khlong Yai ; ch 250-600 B ; ❄ 📶). Une valeur sûre pour les routards, à seulement 10 minutes à pied de la charmante Hat Khlong Yai.

Koh Kood Ngamkho Resort Pension $

(☎ 08 1825 7076 ; www.kohkood-ngamkho.com ; Ao Ngam Kho ; ch 750 B ; @ 📶). Juchées sur un flanc de colline boisé, les huttes agréablement rustiques – certaines plus grandes que les autres –, du Koh Kood Ngamkho surplombent une plage correcte. L'une des meilleures adresses alentour pour petits budgets.

Ko Kut (ci-dessus)

Pàt mèe koh·râht

Lors de votre séjour, goûtez au moins une fois au *pàt mèe koh·râht*. Il s'agit d'une spécialité similaire au *pát tai*, mais plus parfumée et préparée avec des pâtes de riz locales (*mèe koh·râht*).

Koh Kood Boutique House Hôtel $$
(08 4524 4321 ; www.kohkoodboutiquehouse.com ; Ao Prao ; ch 1 200-2 800 B ;). Presque au point le plus méridional de l'île, ces deux maisons traditionnelles sur pilotis ont été converties en paisible hôtel isolé. Réservation impérative.

Bann Makok Hôtel $$$
(08 1643 9488 ; www.bannmakok.com ; Khlong Yai Ki ; ch 2 800-4 000 B ;). Vous ferez des jaloux sur la vedette qui vous déposera à cet hôtel de charme niché dans la mangrove. Construit avec du bois recyclé peint à l'ancienne pour ressembler à s'y méprendre à un village traditionnel de pêcheurs, cet entrelacs de pontons abrite 8 chambres.

Renseignements

L'île ne compte ni banque ni DAB, mais les principaux hôtels changent de l'argent.

Comment s'y rendre et circuler

On se rend à Ko Kut depuis l'embarcadère de Laem Sok, sur le continent, à 22 km au sud-est de Trat, le point de correspondance des bus le plus proche.

Koh Kood Princess (08 6126 7860 ; www.kohkoodprincess.com ; 350 B) offre les services d'un bateau climatisé (aller simple 350 B, 1 heure 40, 1 départ par jour) amarré à Ao Salad, dans la partie nord-est de l'île ; transfert gratuit à l'arrivée.

Des vedettes effectuent aussi la traversée depuis/vers Laem Sok (aller simple 600 B, 1 heure 30) et vous déposeront à l'embarcadère de votre hôtel.

La compagnie Bang Bao Boat (www.bangbaoboat.com) assure les liaisons par ferry depuis Ko Chang chaque jour à 9h pour Ko Kut (aller simple 900 B, 5-6 heures).

On peut louer des motos (250 B/jour).

NORD-EST DE LA THAÏLANDE

Nakhon Ratchasima (Khorat) นครราชสีมา (โคราช)

209 881 HABITANTS

Khorat demande que l'on prenne le temps de la découvrir. Dotée d'une forte identité régionale (ses habitants préfèrent le nom de *kon koh·râht* à celui de *kon i·săhn*), cette cité animée cache ses trésors dans ses quartiers plus tranquilles comme, à l'est, dans le quartier historique à l'intérieur des douves, où la vie traditionnelle continue de suivre son cours.

Ce carrefour urbain permet de rallier les vestiges de Phimai, datant du royaume d'Angkor.

Où se loger

Sansabai House Hôtel $
(0 4425 5144 ; www.sansabai-korat.com ; Th Suranaree ; ch 300-550 B ; P). Si les tarifs affichés à la réception paraissent suspects à première vue, tant ils sont modiques, ne craignez rien. Les chambres sont claires et gaies, et disposent de bons matelas, de mini-réfrigérateurs et de petits balcons.

Thai Inter Hotel Hôtel $$
(0 4424 7700 ; www.thaiinterhotel.com ; Th Yommarat ; ch avec petit-déj 750-850 B ; P @). Ce petit hôtel essaie d'être tendance en mariant différents styles et c'est plutôt réussi. La réception est accueillante et les chambres sont confortables.

Bus au départ du terminal 2 de Khorat

DESTINATION	DURÉE	PRIX	DÉPARTS
Ayuthaya (minibus)	4 heures	132 B	6h-19h (fréquents)
Chiang Mai	12-13 heures	473-710 B	3h-20h30 (11/jour)
Nang Rong	2 heures	75-95 B	tte la journée (fréquents)
Nang Rong (minibus)	1 heure 30	75 B	5h-20h (ttes les 30 min)
Trat	8 heures	324 B	1h, 11h15, 21h

Où se restaurer

Gai Yang Saang Thai Thaïlandais du Nord-Est $

(Th Rajadamnern ; poulet élevé en plein air 150 B ; 7h30-20h). Sert l'un des meilleurs *gài yâhng* (poulets grillés) de Khorat, depuis un demi-siècle.

Rabieng Kaew Thaïlandais $$

(Th Yommarat ; plats 80-300 B ; 11h-17h ; P). Cette charmante adresse possède non seulement une salle remplie d'antiquités et un jardin arboré à l'arrière, mais, en plus, la cuisine, servie dans des grands plats à partager, est tout simplement excellente.

Depuis/vers Khorat

Bus

Khorat possède 2 terminaux de bus. Le **terminal 1** (0 4424 2899 ; Th Burin), dans le centre-ville, dessert Bangkok (1re classe uniquement) et la plupart des villes de la province de Khorat, notamment Pak Chong (60 B, 1 heure 30, ttes les 20 min). Du **terminal 2** (*bor kŏr sŏr sŏrng* ; 0 4429 5271 ; Hwy 2), au nord du centre-ville, partent des bus pour d'autres destinations, ainsi que des bus et minibus supplémentaires pour Bangkok.

Train

De nombreux trains passent par la **gare ferroviaire de Khorat** (0 4424 2044), mais les bus sont bien plus rapides.

Comment circuler

La plupart des courses en *tuk-tuk* en ville coûtent entre 40 et 70 B.

L'agence de location de voitures locale **Korat Car Rental** (08 1877 3198 ; www.koratcarrental.com) a une excellente réputation. Le **Sima Thani Hotel** (0 4421 3100 ; Th Mittaphap) peut vous fournir une voiture avec chauffeur – certains d'entre eux parlent anglais.

Phimai พิมาย

Préfigurant peut-être Angkor Vat, le Prasat Phimai s'élevait autrefois sur une grande route marchande entre la capitale, Angkor, et les confins septentrionaux du royaume khmer. Phimai peut faire l'objet d'une excursion facile d'une journée au départ de Khorat, mais si vous appréciez la quiétude, vous pouvez très bien envisager le contraire.

À voir

Parc historique de Phimai Site historique

(อุทยานประวัติศาสตร์พิมาย ; 0 4447 1568 ; Th Anantajinda ; 100 B ; 7h30-18h). Commencé par le roi khmer Jayavarman V (968-1001) à la fin du Xe siècle et achevé par son successeur Suriyavarman Ier (1002-1049), Phimai est l'un des plus beaux et des plus impressionnants sites de ruines khmères de Thaïlande. Bien qu'édifié pour être un temple bouddhique mahayana, il comporte des sculptures avec de nombreuses divinités hindoues. Par ailleurs, selon les explications du **centre d'information des visiteurs** (8h30-16h30), des éléments décoratifs du Prasat Phimai auraient été repris à Angkor Vat.

Pour entrer, il faut passer le **pont du Naga** (serpent), en forme de croix, symbolisant le passage de la terre au paradis céleste, puis la **porte sud** (alors que la plupart des temples khmers sont orientés à l'est) du mur d'enceinte rectangulaire de 565 m sur 1 030 m. Un passage surélevé, autrefois couvert de tuiles, mène au sanctuaire intérieur où s'élève le **sanctuaire principal**, haut de 28 m, au grès blanc orné de superbes sculptures. Au centre du **Prang Brahmathat**, face au sanctuaire principal, le roi d'Angkor, Jayavarman VII, est assis dans une posture du Bouddha.

Où se loger

Khru Pom Pension $

(08 6648 9383 ; Th Anantajinda ; s sans sdb 150 B, ch 350-450 B ; P). Tranquille et d'une propreté irréprochable, cette petite pension au centre d'un pâté de maisons s'avère correcte, sans plus. Les sympathiques propriétaires parlent anglais.

Moon River Homestay Pension $

(08 5633 7097 ; www.moon-river-phimai.com ; Ban Sai Ngam Patana Soi 2 ; ch 400-600 B, f 1 200 B ; P). Cette pension germano-thaïlandaise est située dans une zone presque rurale, sur la berge nord de la rivière (on peut s'y baigner). Des bungalows en bois, simples mais très corrects, avec clim ou ventilateurs, sont reliés les uns aux autres par une agréable allée de planches.

Depuis/vers Phimai

Au départ de Khorat, les bus et minibus à destination de Phimai partent du terminal 2 (50 B, 1 heure 30, ttes les 20 min) toute la journée.

Parc historique du Phanom Rung

อุทยานประวัติศาสตร์เขาพนมรุ้ง

Le **Phanom Rung** (0 4466 6251 ; 100 B, billet combiné avec le Prasat Muang Tam 150 B ; 6h-18h), le plus vaste et le mieux restauré des monuments khmers de Thaïlande, occupe un emplacement à couper le souffle. Couronnant le sommet d'un volcan éteint, dont le nom en khmer signifie "grande montagne", ce sanctuaire domine à une altitude de 200 m la plaine alentour quadrillée de rizières.

Prasat Phimai, parc historique de Phimai (ci-contre)

IGOR PRAHIN/GETTY IMAGES ©

Vishnu et le roi de la pop

La sculpture la plus connue du Phanom Rung est celle ornant le **linteau de Narai Bandhomsindhu**. Elle représente un Vishnu ("Phra Narai" en thaï) couché selon le mythe hindou de la création, avec un lotus sortant de son nombril et garni de plusieurs fleurs. Brahma, le dieu créateur, est assis sur l'une d'elles. Vishnu dort sur la mer de lait de l'Éternité, symbolisée par un naga bordé de têtes de Kala, le dieu du Temps et de la Mort. Ce linteau surmonte la porte orientale (l'entrée principale), sous l'impressionnant bas-relief de Shiva dansant.

Sa renommée lui vient non pas de sa beauté mais d'un mystère suivi d'une lutte à la David contre Goliath, qui dura un quart de siècle. Tout commença en 1965 quand on découvrit le vol du linteau. En 1972, il réapparut exposé à l'Art Institute of Chicago, et la Thaïlande insista alors pour obtenir son retour. Le célèbre groupe rock thaïlandais Carabao appuya sa demande avec la chanson "*Thaplang*" (*Le Linteau*), où l'on entendait : "*Reprenez Michael Jackson et rendez-nous le Phra Narai*". Le Phra Narai revint finalement au bercail en 1988, l'année où se termina la restauration du Phanom Rung.

L'ensemble de temples fut construit en l'honneur du dieu hindou Shiva, entre le Xe et le XIIIe siècle, mais la plus grande part des travaux date du règne de Suriyavarman II (1113-1150), qui marque l'apogée de l'architecture d'Angkor. Le site est orienté vers l'est, et, quatre fois par an, les rayons du soleil franchissent les 15 portes du sanctuaire. Cet alignement se produit au lever du soleil du 3 au 5 avril et du 8 au 10 septembre, et à son coucher du 5 au 7 mars et du 5 au 7 octobre. Certaines années, il commence un jour plus tôt.

À voir

L'un des aspects les plus remarquables du Phanom Rung est la **promenade** qui conduit à la porte principale. Elle commence sur une pente, à 400 m à l'est de la tour principale, par une succession de 3 **terrasses** en terre. Vient ensuite un soubassement cruciforme sur lequel devait probablement s'élever un pavillon en bois. À droite se trouve le **pavillon de l'Habillement** (Phlab Phla), où les membres de la famille royale faisaient leurs ablutions et changeaient de vêtements avant d'entrer dans le temple. Une fois descendu de la zone du pavillon, on arrive devant une **chaussée de procession** de 160 m de long bordée de piliers en grès surmontés de boutons de lotus dans le style primitif d'Angkor (1100-1180). Cette chaussée se termine devant le premier et le plus grand des 3 **ponts décorés de nagas**, flanqués de 16 nagas (serpents mythiques) à 5 têtes de style classique d'Angkor. Comme dans tous les autres temples khmers, ils représentent le passage du monde terrestre au royaume céleste.

Après avoir traversé ce pont et gravi l'escalier, on rejoint la magnifique **galerie orientale** qui mène au sanctuaire principal. La **tour principale** est entourée de quatre galeries dont chaque entrée est une version réduite de la tour.

Depuis/vers le parc historique du Phanom Rung

Le circuit standard d'une journée proposé par le P California Inter Hostel (2 736 B pour 4 personnes), à Nang Rong, est une bonne option.

Nang Rong นางรอง

23 778 HABITANTS

Cette ville ordinaire, située à 45 km au nord de Buriram, ne présente guère d'intérêt, mais elle constitue, grâce à ses nombreuses infrastructures et à son grand choix d'hôtels, un point de départ idéal pour visiter le Phanom Rung.

Où se loger et se restaurer

P California Inter Hostel Pension $

(08 1808 3347 ; www.pcalifornianangrong.webs.com ; Th Sangkakrit ; s 250-500 B, d 300-600 B ; P). Cette fantastique pension dans la partie est de la ville offre un bon rapport qualité/prix pour toute la gamme de ses chambres, lumineuses et joliment décorées, même les moins chères qui n'ont qu'un ventilateur et une douche avec eau froide. Le propriétaire, Khun Wicha, qui parle anglais, connaît la région comme sa poche et organise des excursions, incluant notamment le parc historique du Phanom Rung (voir ci-contre).

Cabbages & Condoms Hôtel $$

(0 4465 7145 ; Hwy 24 ; ch 240-1 500 B ; P @). Géré par la Population & Community Development Association, cet établissement situé à 6,5 km de la ville est niché dans un jardin. Les chambres les moins chères (avec sdb commune) sont défraîchies, mais dans la gamme au-dessus, on apprécie l'espace et le sol en pierre.

Phob Suk Thaïlandais $$

(Hwy 24 ; plats 40-360 B ; 9h-21h30 ;). La carte illustrée de ce restaurant réputé près du terminal des bus décline la gamme habituelle de plats thaïlandais, isan et chinois, mais nous recommandons la fameuse spécialité de la ville, le *kăh mŏo* (rôti de porc).

Si vous aimez... Les vestiges khmers

Les amoureux des temples en ruine ne manqueront pas ces vestiges près du Phanom Rung.

1 **PRASAT MUANG TAM** (100 B ; 6h-18h). Ce temple restauré, à 8 km du Phanom Rung, offre un complément de visite idéal. Financé par le roi Jayavarman V, cet ancien sanctuaire dédié à Shiva (fin du Xe/début du XIe siècle) est entouré d'un rempart de latérite, à l'intérieur duquel 4 bassins couverts de lotus sont gardés par un naga à 5 têtes.

2 **PRASAT TA MEUAN** (aube-crépuscule). Ce complexe composé de 3 sites khmers est situé à 55 km du Phanom Run, à la frontière cambodgienne. Ces vestiges comprennent un pavillon de repos du XIIe siècle, utilisé jadis par les pèlerins, un "poste de guérison" et un sanctuaire de Shiva.

Comment s'y rendre et circuler

Le **terminal des bus** (0 4463 1517) de Nang Rong se trouve dans la partie ouest de la ville. La plupart des bus reliant le parc historique du Phanom Rung s'arrêtent à Nang Rong.

Le P California loue des motos (à partir de 250 B/jour) et des VTT (100 B/jour).

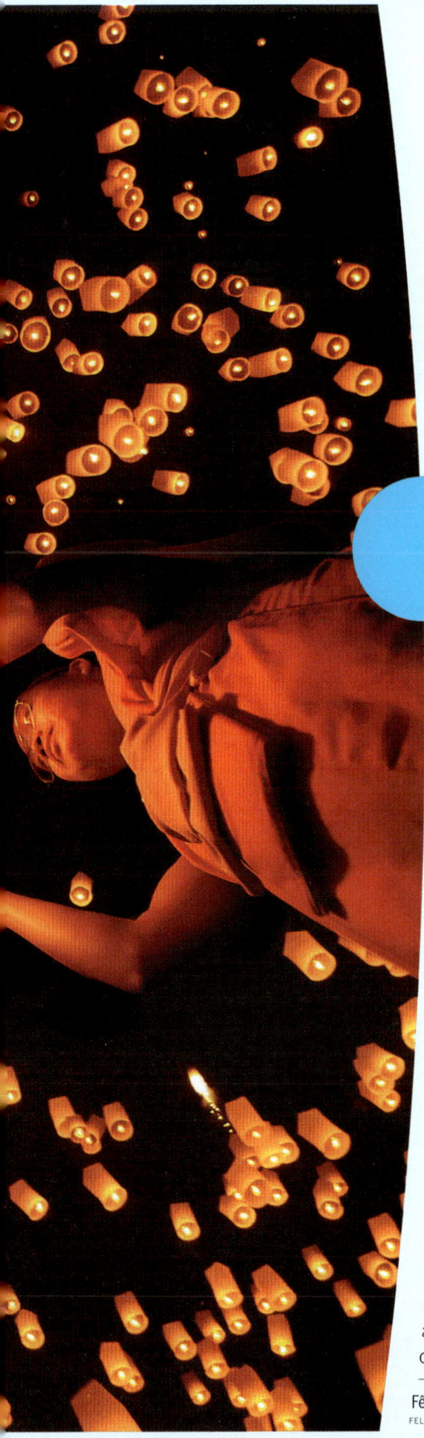

Chiang Mai

Blottie sur les contreforts de la Thaïlande du Nord, Chiang Mai présente des allures de sanctuaire où atmosphères urbaine et provinciale se marient à la perfection. C'est une ville où se mêlent artisans, professeurs d'université et étudiants. Ce brassage crée une ambiance décontractée et originale.

La ville est très appréciée pour ses vestiges du royaume lanna, la multitude de temples de son quartier fortifié et les montagnes alentour, empreintes de mystère.

Les sites à l'extérieur de la capitale sont faciles d'accès. Vous y verrez, outre de beaux paysages champêtres, deux des plus hauts sommets de Thaïlande : les Doi Inthanon (2 565 m) et Doi Chiang Dao (2 195 m). Recelant plus de forêts que toutes les autres provinces du Nord, Chiang Mai offre toutes sortes de possibilités en matière de loisirs sportifs : randonnées pédestres, à vélo ou à dos d'éléphant, observation des oiseaux ou encore rafting.

Fête de Yi Peng, Chiang Mai

Chiang Mai

Musée national de Chiang Mai
3 (20 km)
Université de Chiang Mai
Th Huay Kaew
Th Khlong Chonprathan
(Khlong Road)
Voir la carte Ouest de Chiang Mai (p. 161)
Th Nimmanhaemin
Soi 9
Th Sirimungklajarn
Th Santitham
Th Hutsadisawee
Chiang Mai Ram Hospital
Th Bunreuangrit
Th Arak
Th Suthep
Wat Suan Dok
Wat Phuak Hong
Parc Buak Hat
Parc Kanchanaphisek
Th Mahidon
Th Hai Ya
Aéroport international de Chiang Mai
Th Wualai
1 Wat Phra Singh
2 Musée folklorique lanna
3 Wat Phra That Doi Suthep
4 Thanon Nimmanhaemin
5 Sunday Walking Street

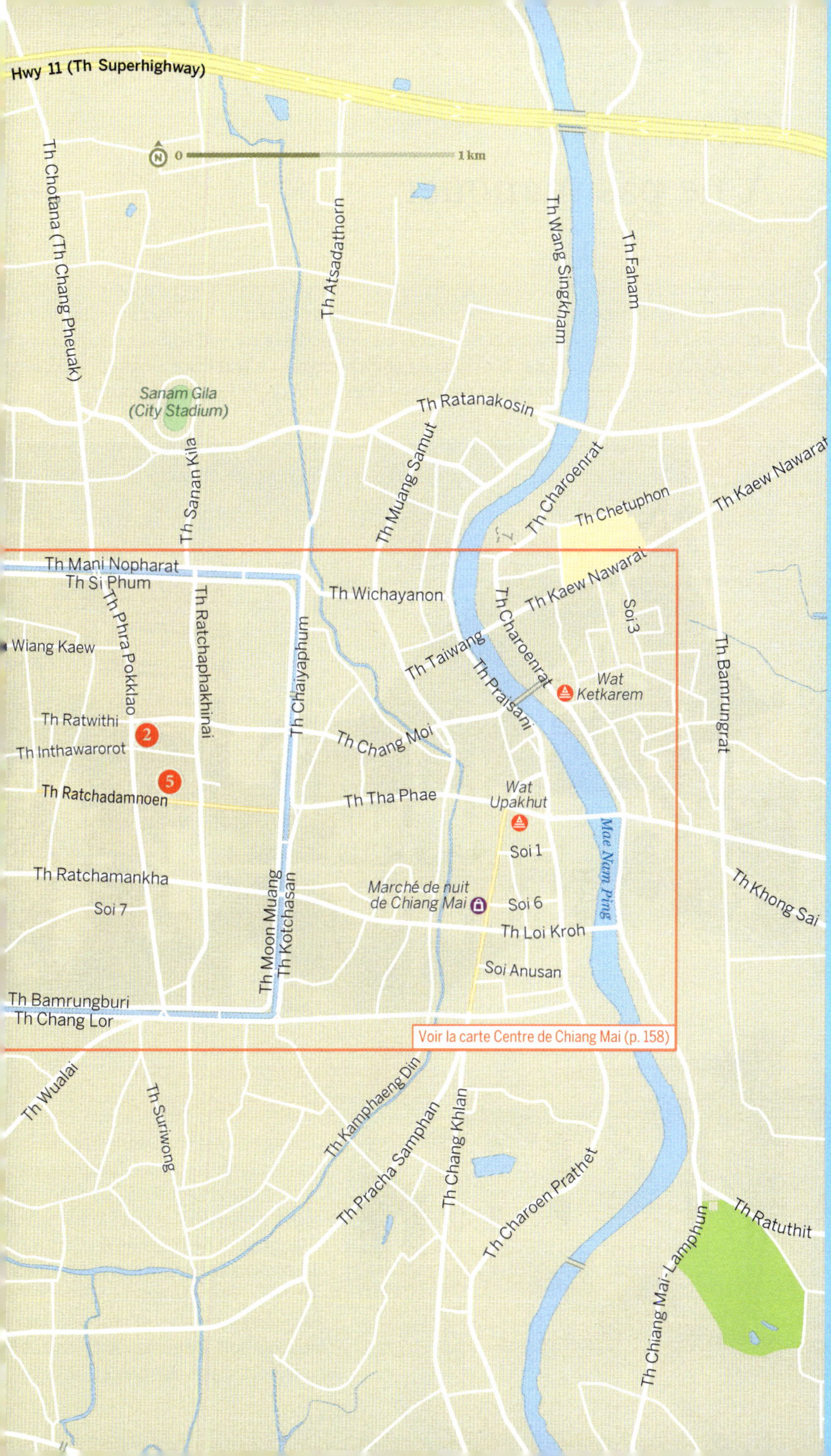

Hwy 11 (Th Superhighway)
0
1 km
Th Chotana (Th Chang Pheuak)
Th Atsadathorn
Th Wang Singkham
Th Faham
Sanam Gila (City Stadium)
Th Sanan Kila
Th Ratanakosin
Th Muang Samut
Th Charoenrat
Th Chetuphon
Th Kaew Nawarat
Th Mani Nopharat
Th Si Phum
Th Phra Pokklao
Th Ratchaphakhinai
Th Chaiyaphum
Th Wichayanon
Th Kaew Nawarat
Soi 3
Wiang Kaew
Th Taiwang
Th Charoenrat
Th Praisani
Wat Ketkarem
Th Bamrungrat
Th Ratwithi
2
Th Inthawarorot
5
Th Chang Moi
Th Ratchadamnoen
Th Tha Phae
Wat Upakhut
Mae Nam Ping
Soi 1
Th Ratchamankha
Marché de nuit de Chiang Mai
Soi 6
Th Khong Sai
Soi 7
Th Moon Muang
Th Kotchasan
Th Loi Kroh
Soi Anusan
Th Bamrungburi
Th Chang Lor
Voir la carte Centre de Chiang Mai (p. 158)
Th Wualai
Th Suriwong
Th Kamphaeng Din
Th Pracha Samphan
Th Chang Khlan
Th Charoen Prathet
Th Chiang Mai-Lamphun
Th Ratuthit

Chiang Mai
À ne pas manquer

Wat Phra Singh

Les temples de Chiang Mai offrent divers exemples d'art et d'architecture lanna traditionn
On y retrouve un teck provenant des zones frontalières, autrefois luxuriantes, et les traces
traditions héritées de Birmanie et de Chine. La vieille ville regorge d'édifices sacrés, dont l
temples royaux construits par la dynastie Lanna Mengrai. Le Wat Phra Singh (p. 163), le pl
révéré d'entre eux, trône majestueusement à l'extrémité de Th Ratchadamnoen.

1

2 Musée des Arts populaires lanna

Chiang Mai est l'ancienne capitale du royaume de Lanna. Cette région spécifique du point de vue ethnocult s'est construite loin de l'influence de Bangkok et des plaines du Centre. Le musée des Arts populaires lanna (p. 166) présente les coutumes religieuses du Nord et propose une muséographie ingénieuse et instructi et une bonne signalétique en anglais.

AUSTIN BUSH ©

FELIX HUG/GETTY IMAGES ©

Wat Phra That Doi Suthep

3

La montagne gardienne de Chiang Mai s'élève depuis les plaines pour atteindre une fraîche couronne de nuages, où s'épanouissent mousses et fougères. Niché sur la crête de la montagne, le Wat Phra That Doi Suthep (p. 154) est un important lieu de pèlerinage bouddhique. Le temple, splendide, impressionne par son atmosphère mystique. La montagne boisée est sillonnée de chemins de randonnée et de VTT.

4

Th Nimmanhaemin

Épicentre de la "nouvelle" ville de Chiang Mai, Th Nimmanhaemin (p. 175) est *le* lieu à ne pas manquer pour prendre un verre, dîner et danser jusqu'à l'aube. La rue principale et les *soi* environnants vibrent d'une énergie débordante, alimentée par les derniers restaurants et bars tendance. Vous y trouverez aussi des boutiques originales, fréquentées par des étudiants branchés et des expatriés travaillant pour les ONG.

JOHN ELK/GETTY IMAGES ©

5

Sunday Walking Street

Capitale de l'artisanat thaïlandais, Chiang Mai produit des articles uniques et inventifs, imprégnés de l'esprit des traditions ancestrales. Le Sunday Walking Street (p. 169) transforme l'artère principale de la vieille ville en un immense marché fourmillant d'acheteurs éclairés. Les étals des vendeurs croulent sous les souvenirs et les en-cas, tandis que les musiciens de rue et les centres de massage accompagnent le cortège et font oublier la fatigue.

Chiang Mai : le best of

Pour se cultiver

- **Centre culturel et artistique de Chiang Mai** (p. 151). Découvrez l'histoire de la ville.
- **Wat Suan Dok** (p. 155). Retirez-vous pour 2 jours de méditation, ou venez discuter du bouddhisme avec les moines.
- **Cours de cuisine** (p. 162). Apprenez à manier le mortier et le pilon dans un cours de cuisine thaïlandaise.
- **Cafés** Imitez les habitants et fréquentez un café de quartier, idéal pour se réveiller le matin et se rafraîchir l'après-midi. (p. 174)

Activités de plein air

- **Trekking** (p. 156). Belles excursions en montagne, balades à dos d'éléphant et visites des villages des ethnies montagnardes.
- **Réserves d'éléphants** (p. 157). Devenez incollable sur les pachydermes dans les réserves et les camps d'entraînement des cornacs.
- **VTT** (p. 161). Pour explorer la ville ou se lancer sur les sentiers de VTT du parc national de Doi Suthep-Pui.
- **Rafting** (p. 161). Bravez les rapides de la Mae Taeng de juillet à mars.

Achats

- **Sunday Walking Street** (p. 169). Balade, en-cas et shopping sur un autre marché du week-end.
- **Saturday Walking Street** (p. 153). Marché du week-end donnant l'occasion de visiter en même temps l'ancien village des orfèvres.
- **Marché de nuit de Chiang Mai** (p. 179). Un immense marché pour faire le plein de souvenirs.
- **Adorn with Studio Naenna** (p. 178). Coopérative villageoise de tissage pour un commerce équitable.

:ieux de détente

- **Centre de massage**
le la prison des femmes
le Chiang Mai Massages
›rofessionnels prodigués par
les détenues. (p. 162)

- **Pun Pun** Cuisine
'égétarienne saine et
:réative, dans l'enceinte d'un
emple zen. (p. 174)

- **Scorpion Tailed River**
:ruise Cadre champêtre
›our une croisière sur
a rivière, à bord d'une
embarcation traditionnelle.
p. 179)

- **Riverside Bar &**
Restaurant Bières, bons
›lats, airs enjoués et points
le vue sur la rivière. (p. 178)

À gauche : Elephant Nature Park (p. 157) ;
i-dessus : randonnée à Mae Taeng (p. 156)

Ce qu'il faut savoir

À PRÉVOIR

- **Un mois avant** Réservez hébergement et train-couchette depuis Bangkok.
- **Une semaine avant** Réservez vos billets d'avion depuis Bangkok.
- **La veille** Réservez les cours de cuisine et vos activités de plein air.

ADRESSES UTILES

- **1 Stop Chiang Mai** (www.1stopchiangmai.com). Guide de Chiang Mai en ligne.
- **Citylife** (www.chiangmainews.com). Actualités et tendances, et choix de restaurants.
- **Chiangmai Mail** (www.chiangmai-mail.com). Hebdomadaire d'information en anglais.
- **Guidelines Living** (www.guidelineschiangmai.com). Magazine de société, publié mensuellement en version anglo-thaïlandaise.
- **Tourism Authority of Thailand** (TAT ; carte p. 158 ; ☎0 5327 6140 ; www.tourismthailand.org ; Th Chiang Mai-Lamphun ; ⌚8h30-16h30). Le centre d'information touristique de Chiang Mai.

COMMENT CIRCULER

- **Vélo** Moyen facile et écologique de se déplacer dans le centre de Chiang Mai.
- **Moto** Bonne option pour visiter seul les environs du centre-ville.
- **Sŏrng·tăa·ou** Des taxis collectifs qui vont partout (20-40 B).
- **Tuk-tuk** Véhicule typique, mais pensez à marchander (60-80 B) !

MISES EN GARDE

- **Dans les temples**, habillez-vous convenablement et agissez avec respect. Asseyez-vous sur vos talons face aux statues du Bouddha.
- **Les voyageuses** ne doivent absolument pas toucher les moines et doivent s'écarter en cas de rencontre.
- **Guides** Via la TAT, faites-vous accompagner d'un guide pour découvrir les temples du nord de la Thaïlande.

Promenade dans Chiang Mai

Les temples les plus célèbres se trouvent dans l'enceinte de la vieille ville. Partez tôt pour profiter de la fraîcheur matinale, couvrez vos épaules et vos genoux et, à l'intérieur, ôtez vos chaussures et asseyez-vous sur vos talons.

PROMENADE

- **Départ** Wat Phra Singh
- **Arrivée** Centre de massage de la prison des femmes de Chiang Mai
- **Distance** 2,5 km
- **Durée** 2-3 heures

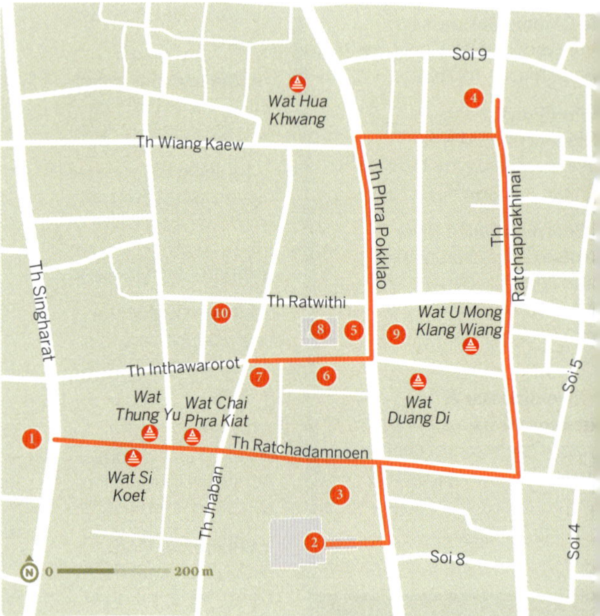

1 Wat Phra Singh

Le bouddha le plus vénéré de la ville réside dans ce temple (p. 163) magnifique, bel exemple d'architecture lanna. Pour Songkran, on promène le Phra Singh dans la ville à l'occasion des festivités religieuses.

2 Wat Chedi Luang

Jadis, ce *chédi* (p. 150) aujourd'hui en ruine était le plus haut édifice de la ville. Le temple a abrité le Bouddha d'Émeraude (Phra Kaew), aujourd'hui à Bangkok.

3 Wat Phan Tao

À côté, ce minuscule temple en teck est plus photogénique (p. 150) que vénéré par les habitants. Il existe depuis longtemps à Chiang Mai une tradition de sculpture sur bois, héritée des artisans birmans, et les forêts alentour fournissaient le teck qui servait à la construction des maisons et des temples. Lorsque vous aurez admiré les ornementations délicates de ce temple, vous comprendrez ce que l'on entend par "style classique de Lanna".

4 Wat Chiang Man

S'il ne fait pas trop chaud, visitez encore un temple. Le Wat Chiang Man (p. 151), le plus ancien temple de la ville, est orné de tous les éléments architecturaux caractéristiques de Lanna. Il fut rénové dans les années 1920 par un moine du

Nord, qui a consacré sa vie à réhabiliter les temples en ruine.

5 Anusawari Sam Kasat

Inclinez-vous respectueusement devant le monument des Trois Rois (p. 166), l'un des hauts lieux spirituels de la ville. Il représente les souverains du Nord, qui formèrent une alliance durant la période lanna.

6 Wat Inthakhin Saduemuang

Ce charmant et minuscule temple, récemment rénové, est très prisé des photographes amateurs.

7 Kow Soy Siri Soy

Installé au bout d'une rue jalonnée de restaurants, cet humble établissement de nouilles (p. 168) sert l'emblématique plat du Nord, le *kôw soy*, un remontant savoureux et épicé.

8 Centre culturel et artistique de Chiang Mai

Cette matinée placée sous le signe de l'art, de l'architecture et de l'histoire trouvera toute sa cohérence grâce aux explications que propose ce musée (p. 151) délicieusement climatisé. L'édifice se distingue par une architecture de toute beauté.

9 Musée des Arts populaires lanna

Installé dans un bâtiment historique bien restauré, de l'autre côté de la rue, ce nouveau musée (p. 166) parfaitement géré propose une somptueuse balade au fil d'une collection instructive.

10 Centre de massage de la prison de femmes de Chiang Mai

Passé l'entrée de la prison des femmes, continuez vers le bâtiment côté sud de la rue et portant l'enseigne "Prison Shop". C'est là que se déroulent les séances de massage (p. 162). Ce programme d'aide à la réinsertion s'adresse à des femmes susceptibles d'être libérées prochainement.

Chiang Mai en…

DEUX JOURS

Visitez les temples cités dans la promenade, puis explorez le Wat Phra That Doi Suthep (p. 154). Terminez la journée dans un restaurant au bord de la rivière. Le lendemain, offrez-vous un cours de cuisine thaïlandaise (p. 162), puis découvrez le Saturday Walking Street (p. 153) et le Sunday Walking Street (p. 169).

QUATRE JOURS

Le troisième jour, place aux activités de plein air : randonnée, tyrolienne, escalade ou rafting. Le jour suivant, faites le tour des boutiques et des restaurants de Th Nimmanhaemin (p. 175). Revenez pour profiter de la vie nocturne du quartier.

SEPT JOURS

Partez à la découverte de la campagne et des paysages de montagne à l'extérieur de la ville. Louez une moto et suivez les crêtes montagneuses à travers la vallée de Mae Sa (p. 182), ou bien faites une escapade à Chiang Dao (p. 184) pour observer les oiseaux et faire de la spéléologie.

Balade en tyrolienne, Flight of the Gibbon (p. 157)

KYLIE MCLAUGHLIN/GETTY IMAGES ©

Découvrir Chiang Mai

Les incontournables

- **Vieille ville** (ci-contre). Temples et cafés jalonnent ce quartier historique.
- **Est de la vieille ville** (p. 151). Shopping et nonchalante rivière Ping.
- **Sud de la vieille ville** (p. 153). Zone des orfèvres et Saturday Walking Street.
- **Ouest de la vieille ville** (p. 155). Établissements branchés et animés et Wat Phra That Doi Suthep se côtoient dans la "nouvelle" ville.

Moines priant au Wat Chedi Luang

STUART DEE/GETTY IMAGES ©

À voir

VIEILLE VILLE เมืองเก่า

Le cœur historique de Chiang Mai est entouré de remparts en brique et de douves, défenses anciennes qui le mettent aujourd'hui à l'abri de la circulation et du chaos urbain de la vie thaïlandaise moderne.

Wat Chedi Luang Temple bouddhique

(วัดเจดีย์หลวง ; carte p. 158 ; Th Phra Pokklao ; don apprécié ; 6h-18h). Vénérable temple historique, le Wat Chedi Luang est construit autour d'un *chédi* de style lanna de 1441, partiellement en ruine, qui fut l'un des édifices les plus élevés de la vieille ville. Le fameux Phra Kaew (Bouddha d'Émeraude), conservé aujourd'hui dans le Wat Phra Kaew à Bangkok, se tenait dans la niche est en 1475. À sa place se trouve une réplique en jade, offerte par le roi de Thaïlande en 1995 pour célébrer les 600 ans du *chédi* et les 700 ans de la ville.

Wat Phan Tao Temple bouddhique

(วัดพันเถา ; carte p. 158 ; Th Phra Pokklao ; don apprécié ; 6h-18h). Ce ravissant petit temple évoque les forêts nimbées de brume et les richesses du commerce du teck. Le *wí·hăhn* principal est entièrement construit avec des panneaux en teck assemblés et soutenus par 28 énormes piliers, en teck également. Les bardeaux en forme de *naga* sont incrustés de mosaïques en miroirs colorés. L'ornement principal de la façade représente un paon perché sur un chien, symbole de l'année astrologique de la naissance de l'ancien résident royal.

Centre culturel et artistique de Chiang Mai Musée

หอศิลปวัฒนธรรมเชียงใหม่ ; carte p. 158 ; ✆0 5321 7793 ; Th Phra Pokklao ; adulte/enfant 90/40 B ; ⏲8h30-17h mar-dim). Ce musée offre une introduction de choix à l'histoire de la ville. Le 1er étage présente une bonne exposition sur l'histoire et la culture. Au 2e étage, les salles exposent des reconstitutions historiques, dont un très ancien village lanna.

À proximité se trouvent deux musées jumelés à celui-ci : le Centre d'histoire de Chiang Mai et le musée des Arts populaires lanna (p. 166). Le billet combiné pour les 3 musées coûte 180 B.

Le Centre culturel et artistique occupe un ravissant édifice des années 1920, où siégeait autrefois la préfecture de la province de Chiang Mai.

Wat Chiang Man Temple bouddhique

วัดเชียงมั่น ; carte p. 158 ; Th Ratchaphakhinai ; don apprécié ; ⏲6h-18h). Le plus ancien temple de Chiang Mai, le Wat Chiang Man fut édifié par le fondateur de la cité, Phaya Mengrai, aux alentours de 1296. Deux célèbres représentations du Bouddha sont conservées dans le petit sanctuaire à droite de la chapelle principale. Le **Phra Sila**, bas-relief en marbre d'environ 30 cm de haut, proviendrait d'Inde ou du Sri Lanka. Le **Phra Sae Tang Khamani**, bouddha en cristal haut de 10 cm, aurait été apporté de Lavo (Lopburi).

Devant le *bòht* (salle d'ordination), une stèle gravée en 1581 porte la plus ancienne référence à la fondation de la ville.

EST DE LA VIEILLE VILLE

Passer par Pratu Tha Phae conduit à un quartier commerçant standard de magasins en béton à 2 étages et d'avenues encombrées. Au milieu, on remarque çà et là des maisons historiques construites par les Britanniques et les marchands de teck

Ma sélection

Temples de Chiang Mai

DR RATANAPORN SETHAKUL, PROFESSEUR D'HISTOIRE À L'UNIVERSITÉ PAYAP

1 WAT PHRA SINGH
Le Wat Phra Singh (p. 163) abrite une représentation du Bouddha (Phra Singh), régulièrement vénérée. Lors des fêtes importantes, cette effigie est présentée au public pour permettre aux fidèles d'amasser du mérite. À l'intérieur, des peintures murales dépeignent la vie des gens ordinaires. Ce temple royal accueille aussi de nombreuses cérémonies d'État.

2 WAT CHEDI LUANG
Le Wat Chedi Luang (p. 150) est réputé pour son "pilier de la ville" (*làk meu·ang* ou *sŏw in·t á·kĭn*), qui accueille une fête du mérite chaque année, juste avant les semailles. Ce pilier symbolise le lien historique entre les Môn-Khmers, la population indigène de l'ancien royaume de Lanna, et les Thaïlandais venus conquérir cette région au XIIIe siècle. Ce temple a abrité un centre d'enseignement du bouddhisme du XVe au XVIe siècle.

3 WAT BUAK KHROK LUANG
Ce temple est situé hors de la ville (Th Charoen Muang), sur la route du district de San Kampheng. Ses peintures murales sont typiques de l'art populaire lanna. Elles dépeignent une société multiraciale et fournissent un merveilleux témoignage des influences artistiques et architecturales birmanes.

4 WAT KETKARAM
Le Wat Ketkaram (ou Wat Ket ; Th Charoenrat) est au bord de la Mae Ping, dans un ancien quartier de négociants chinois. La salle d'ordination abrite des œuvres d'art chinois, signe que les commerçants de l'empire du Milieu étaient de généreux donateurs. Le musée du temple mérite également la visite.

Chiang Mai et ses environs

birmans. Le shopping et les sorties au restaurant sont les principaux passe-temps dans cette partie de la ville. Plus à l'est, la Mae Ping suit son cours sinueux, dont la rive orientale était jadis peuplée de missionnaires étrangers.

Talat Warorot Marché

(ตลาดวโรรส ; carte p. 158 ; angle Th Chang Moi et Th Praisani ; ⏲6h-17h). Talat Warorot, le marché le plus ancien et le plus connu de Chiang Mai, excelle dans tous les domaines : achats d'aliments et de

L'histoire de Chiang Mai

Sur le plan historique, Chiang Mai et les autres provinces du Nord partagent plus de choses avec l'État shan de l'actuel Myanmar (Birmanie), avec les régions voisines du Laos, voire avec les montagnes du sud de la Chine, qu'avec Bangkok et les plaines du centre de la Thaïlande.

La création du royaume de Lanna à Chiang Saen, puis son extension à la vallée de la Mae Ping, est attribuée au roi Phaya Mengrai (ou Mangrai). Vers 1296, le souverain transféra la capitale dans un cadre plus pittoresque entre le Doi Suthep et la Mae Ping, baptisant la ville Nopburi Si Nakhon Ping Chiang Mai (ensuite abrégée en Chiang Mai, la "nouvelle cité fortifiée").

Le royaume de Lanna ne tarda pas à se voir contester par Ayuthaya. Puis ce furent les Birmans qui prirent le contrôle de la ville et du royaume en 1556, une occupation qui dura 200 ans.

Chao Kavila, un chef de la principauté voisine de Lampang, contribua à "libérer" le nord de la Thaïlande de l'emprise birmane. Sous son égide, Chiang Mai devint un important carrefour commercial à l'échelle régionale. En 1800, Kavila construisit la monumentale muraille en brique autour du centre de Chiang Mai, développa la ville vers le sud et l'est, et fonda un port fluvial à l'extrémité de l'actuelle Th Tha Phae. Plus tard, de nombreux temples de style shan et birman furent bâtis par de riches marchands de teck venus de Birmanie.

Plusieurs facteurs politiques et techniques conduisirent finalement à la chute de l'État lanna indépendant. En 1933, Chiang Mai devint officiellement une province du royaume de Siam.

souvenirs, observation des gens qui vont et viennent, et dégustation d'en-cas. On l'appelle localement *"gàht lŏo·ang"* ou "grand marché" en thaïlandais du Nord. Version plus modeste et moins frénétique du marché du week-end de Chatuchak à Bangkok, il comporte deux édifices à plusieurs niveaux, une multitude d'étals en extérieur et des ruelles, qui peuvent désorienter, comprenant encore d'autres commerces.

Talat Tonlamyai Marché

(carte p. 158 ; Th Praisani ; 24h/24 ;). Face à la rivière, le principal **marché aux fleurs** (*gàht dòrk mái*) de la ville mêle fleurs tropicales et de climat tempéré, transportées la nuit pour éviter qu'elles souffrent de la chaleur. Ces dernières, notamment les marguerites et les roses, sont cultivées sur les hauts plateaux alentour. Tâchez de visiter le marché lors des grandes fêtes comme Loi Krathong et la fête des Fleurs.

SUD DE LA VIEILLE VILLE

Th Wualai est renommée pour ses **boutiques d'argenterie** et résonne souvent du martèlement des artisans gravant des motifs sur des plats en argent (ou en aluminium).

Saturday Walking Street Marché

(ถนนเดินวันเสาร์ ; Th Wualai ; 16h-minuit sam). Le samedi, Th Wualai est interdite aux voitures et investie par les promeneurs, les étals de nourriture et les marchands de souvenirs. Arrivez tôt, car l'endroit est rapidement bondé. D'autres stands de nourriture sont installés de l'autre côté de la rue, près de Talat Pratu Chiang Mai.

Wat Sisuphan Temple bouddhique

(วัดศรีสุพรรณ ; Soi 2, Th Wualai ; don apprécié ; 6h-18h). Le travail des orfèvres bénéficie ici d'un cadre spectaculaire. La principale curiosité est l'*ubosot* (salle d'ordination) en "argent", en fait intégralement

À ne pas manquer
Wat Phra That Doi Suthep

Trônant majestueusement au sommet de la montagne, le Wat Suthep est l'un des temples les plus sacrés du Nord.

Une histoire fabuleuse présida à sa construction en 1383, sous le roi Keu Naone. Un moine venu de Sukhothai ordonna au roi lanna de fonder un temple avec la "jumelle" d'une relique miraculeuse du Bouddha (conservée au Wat Suan Dok). La relique fut placée sur le dos d'un éléphant blanc, qu'on laissa vagabonder dans la montagne jusqu'à ce qu'il meure à cet endroit, dès lors considéré comme le lieu "élu".

Il faut gravir un épuisant escalier de 306 marches pour rejoindre le temple, ascension interprétée comme un acte de méditation. (Un tram transporte les moins sportifs pour 20 B.)

La terrasse du premier étage relate cette légende grâce à un sanctuaire dédié à Sudeva, l'ermite qui vécut sur la montagne, et à une statue de l'éléphant blanc qui transporta la relique du Bouddha. C'est sur la terrasse du 2e niveau que se trouve le *chédi* doré renfermant la relique. Il est surmonté d'une ombrelle à 5 niveaux, érigée en l'honneur de la fin de l'occupation birmane et du rattachement de Chiang Mai à la Thaïlande.

Dans l'enceinte du monastère, le Centre international du bouddhisme propose divers programmes d'enseignement religieux aux visiteurs.

L'ESSENTIEL

วัดพระธาตุดอยสุเทพ ; Th Huay Kaew, Doi Suthep ; entrée 30 B ; 🕒6h-18h

couverte de panneaux d'argent, de nickel et d'aluminium repoussé. Le temple, où l'on peut s'entretenir avec des moines, accueille également des artisans orfèvres des cours de méditation et la fête de Poy Luang (ordination shan, en mars).

OUEST DE LA VIEILLE VILLE

Wat Suan Dok Temple bouddhique

(วัดสวนดอก ; Th Suthep ; don apprécié ; 6h-18h). Construit en 1373 sur le site d'un ancien jardin d'ornement, ce temple à l'architecture quelconque séduit toutefois les photographes par ses *chédi* blanchis à la chaux qui se détachent sur les cimes bleues du Doi Suthep et du Doi Pui.

Selon la légende, une relique aurait été apportée au Wat Suan Dok, puis elle se serait miraculeusement dupliquée et aurait ensuite servi de "guide" pour fonder le Wat Doi Suthep. Cette relique est enchâssée dans le *chédi* central.

Wat U Mong Temple bouddhique

(วัดอุโมงค์ ; Soi Wat U Mong, Th Khlong Chonprathan ; don apprécié ; 6h-18h). Ce **wat de forêt** est surtout connu pour être niché dans la verdure et pour son réseau de **tunnels** en brique construits vers 1380 pour le moine et voyant Thera Jan. Une statue superbement austère du Bouddha jeûnant se tient au sommet de la colline, à côté d'un grand *chédi* vénéré.

Le Wat U Mong se trouve à côté de Th Suthep, près de l'université de Chiang Mai. Sachez qu'il existe un autre Wat U Mong en ville, alors précisez bien à votre chauffeur "Wat U Mong Thera Jan".

Parc national de Doi Suthep-Pui Parc national

(อุทยานแห่งชาติดอยสุเทพ – ปุย ; 0 5321 0244 ; Th Huay Kaew ; adulte/enfant 100/50 B, voiture 30 B ; 8h-crépuscule). Souvent couronnés de nuages, le **Doi Suthep** (1 676 m) et le **Doi Pui** (1 685 m) sont les sommets sacrés de Chiang Mai. Ces montagnes s'élèvent des plaines humides dans la fraîche (et parfois froide) ceinture de nuages, où la mousse et les fougères prospèrent. Couvrant en partie les montagnes, le **parc national**, d'une superficie de 265 km^2, comprend le célèbre Wat Doi Suthep et d'autres sites touristiques.

Le parc est situé à 16 km au nord-ouest du centre de Chiang Mai. Des *rót daang* (taxis collectifs) au départ de l'université de Chiang Mai (entrée côté Th Huay Kaew) desservent plusieurs destinations dans le parc lui-même. Comptez un minimum de 40 B l'aller simple jusqu'au Wat Doi Suthep, et 70 B l'aller simple pour les Phra Tamnak Bhu Bhing. Vous pouvez aussi louer un *sŏrng·tăa·ou* (pick-up avec banquettes) moyennant 600 B environ.

Phra Tamnak Bhu Bhing Jardins

(พระตำหนักภูพิงค์ ; palais Bhu Bhing ; Th Huay Kaew, Doi Suthep ; 50 B ; 8h30-11h30 et 13h-15h30). Les jardins du palais d'hiver de la famille royale sont ouverts au public (sauf lorsque les membres de la famille sont présents). Grâce au climat tempéré du Doi Suthep, on y fait surtout pousser des plantes comme les rosiers, exotiques pour les Thaïlandais. Le **bassin** animé de fontaines qui jaillissent au rythme de compositions musicales du roi est

Discussions avec les moines

Nombre de temples de Chiang Mai proposent des discussions avec les moines, au cours desquelles un moine ou un novice répond aux questions des étrangers sur leur religion, leurs rituels et leur vie quotidienne au monastère. En signe de respect, adoptez une tenue correcte, épaules et genoux couverts. Les femmes doivent éviter tout contact avec les moines ou leurs effets personnels et ne jamais leur tendre un objet directement.

Le Wat Suan Dok (ci-contre) possède une salle spécialement consacrée à ces discussions (qui ont lieu de 17h30 à 19h, les lundi, mercredi et vendredi), située juste après le sanctuaire principal. Au Wat Sisuphan (p. 153), les discussions ont lieu de 17h30 à 19h, juste avant le cours de méditation. Au Wat Chedi Luang (p. 150), une table est installée à l'ombre d'un arbre, où les moines reçoivent chaque jour de 9h à 18h.

plus intéressant. Si l'ensemble n'a rien d'extraordinaire, les amoureux de la nature apprécieront sans doute les allées pavées qui le sillonnent.

Villages hmong Villages

(Doi Suthep ; musée 10 B). Deux villages hmong se trouvent près du sommet du Doi Pui. **Ban Doi Pui**, près de la route principale, se résume en gros à une attraction touristique d'altitude. Étape plus intéressante, **Ban Kun Chang Kian** est à 500 m au bout d'une piste en terre, juste après le camping du Doi Pui. Mieux vaut se garer au centre d'information des visiteurs du camping et venir à pied. Le café tenu par les villageois se niche parmi des caféiers. La récolte a lieu en janvier.

Activités

ACTIVITÉS DE PLEIN AIR

Les échappées belles au grand air sont d'une simplicité enfantine à Chiang Mai : beaux paysages de campagne et forêts luxuriantes sont à une heure de route, voire moins, de la ville, et divers prestataires proposent des sorties sur les petits chemins, les cours d'eau et les pistes de jungle. Pour ne pas avoir à payer des commissions aux intermédiaires, réservez directement auprès des tour-opérateurs, soit dans leurs bureaux (répertoriés ici), soit en ligne.

Chiang Mai n'est pas le seul point de départ pour des treks à la rencontre des ethnies montagnardes, mais c'est le plus facile d'accès et le moins cher. La plupart des tour-opérateurs de Chiang Mai proposent des circuits identiques : 1 heure de minibus jusqu'à Mae Taeng ou Mae Wang (selon la durée du circuit), une courte marche jusqu'à un camp d'éléphants, 1 heure à dos d'éléphant jusqu'à une cascade, 1 heure de rafting et, pour les circuits de plusieurs jours, une nuit dans le village d'une ethnie montagnarde ou à proximité. La journée passe très vite, et le circuit est parfaitement adapté aux voyageurs qui veulent un peu de

À gauche : randonnée à dos d'éléphant ; **ci-dessous :** Flight of the Gibbon
(À GAUCHE) BUENA VISTA IMAGES/GETTY IMAGES ©; (CI-DESSOUS) MATTHEW MICAH WRIGHT/GETTY IMAGES ©

tout à un prix abordable. Généralement, les circuits d'une journée coûtent un minimum de 1 000 B, un tarif très modique qui n'est applicable qu'à condition de vendre une grande quantité de circuits, et de beaucoup rogner sur les dépenses. La plupart des pensions de Chiang Mai se chargent des réservations en échange d'une commission (qui compense le faible coût des chambres).

Flight of the Gibbon Tyrolienne

(carte p. 158 ; ☎0 5301 0660 ; www.treetopasia.com ; 29/4-5 Th Kotchasan ; circuit 3 heures 3 400 B). Ce tour-opérateur de Chiang Mai a lancé l'engouement pour la tyrolienne il y a quelques années. Près de 5 km de câbles jalonnés de 33 plates-formes traversent la canopée à quelque 1 300 m d'altitude. Les circuits de plusieurs jours avec activités multiples comprennent entre autres une nuit chez l'habitant à Mae Kampong, un village d'altitude à 1 heure de route à l'est de Chiang Mai.

Elephant Nature Park Parc d'éléphants

(carte p. 158 ; ☎0 5381 8754 ; www.elephantnaturepark.org ; 1 Th Ratchamankha ; circuit 1/2 jours 2 500/5 800 B). Pionnier en matière de tourisme lié aux éléphants – une nouveauté –, Khun Lek (Sangduen Chailert) gère cette réserve qui recueille des éléphants blessés et sauvés de mauvais traitements. Les visiteurs peuvent aider à les laver et à surveiller le troupeau, mais il n'y a ni spectacle ni promenade sur leur dos.

Patara Elephant Farm Parc d'éléphants

(☎08 1992 2551 ; www.pataraelephantfarm.com ; circuit d'une journée 5 800 B). Khun Pat travaille de manière aussi enthousiaste que réfléchie à la protection des éléphants. Il s'emploie avant tout à encourager et à maintenir le lien entre éléphante et éléphanteau, et à enrayer le déclin du nombre d'éléphants

Centre de Chiang Mai

Centre de Chiang Mai

Les incontournables
1 Musée des Arts populaires lanna C2
2 Sunday Walking Street D3
3 Wat Phra Singh B2

À voir
4 Anusawari Sam Kasat C2
5 Centre culturel et artistique de Chiang Mai C2
6 Centre historique de Chiang Mai C2
7 Musée des insectes et des merveilles naturelles du monde C3
8 Talat Tonlamyai F2
9 Talat Warorot F2
10 Wat Chedi Luang C3
11 Wat Chiang Man D1
12 Wat Phan Tao C3

Activités
13 Asia Scenic Thai Cooking D2
14 Baan Chang Elephant Park C2
15 Chiang Mai Mountain Biking & Kayaking F3
16 Chiang Mai Mountain Biking & Kayaking B3
17 Chiang Mai Rock Climbing Adventures D4
18 Chiang Mai Thai Cookery School D3
19 Elephant Nature Park D3
20 Flight of the Gibbon E3
Gap's Thai Culinary Art School .... (voir 33)
21 Lila Thai Massage C2
22 Oasis Spa B3
23 Peak Adventure Tour F3
24 Scorpion Tailed River Cruise F1
25 Siam River Adventures D2
26 Thai Massage Conservation Club C3
27 Centre de massage de la prison des femmes de Chiang Mai C2

Où se loger
28 3 Sis C3
29 Awanahouse D2
30 Baan Hanibah Bed & Breakfast D1
31 Baan Orapin F1
32 Banjai Garden D4
33 Gap's House D3
34 Koko Palm Inn C2
35 River View Lodge G3
36 Sri Pat Guest House D1
37 Tamarind Village D2
38 Thong Ran's House C3
39 TJR Boutique House D2
40 Villa Duang Champa C2

Où se restaurer
41 Angel's Secrets D2
42 Antique House G3
43 Anusan Food Centre F4
44 AUM Vegetarian Food D3
45 Blue Diamond D1
46 Chedi G4
47 Chez Marco Restaurant & Bar E3
48 Dada Kafe D3
49 Dom Rong F2
50 Fern Forest Cafe B1
51 Girasole D3
52 Good Morning Chiang Mai B4
53 Heuan Phen B3
54 Juicy 4U D3
55 Just Khao Soy G4
56 Kow Soy Siri Soy C2
57 New Delhi D2
58 Swan E2
59 Talat Pratu Chiang Mai C4
60 Talat Somphet D2
61 Whole Earth Restaurant F4

Où prendre un verre et faire la fête
62 Seconde enseigne du Akha Ama Cafe . B2
63 Libernard Cafe E2
Raming Tea House .... (voir 78)
64 UN Irish Pub D2
65 Writer's Club & Wine Bar C3
66 Zoe In Yellow D2

Où sortir
67 Le Brasserie E1
68 Riverside Bar & Restaurant G2

Achats
69 Chiang Mai Cotton C3
70 Marché de nuit de Chiang Mai F3
71 Chilli Antiques & Arts F4
72 Dee Dee Pan Pan E2
73 Elements E2
Kesorn .... (voir 78)
74 KukWan Gallery E3
75 Mengrai Kilns A4
76 Nova E3
77 Praewphun Thai Silk F3
78 Siam Celadon F2
79 Sop Moei Arts F1
80 Vila Cini G2

Renseignements
81 Tourism Authority of Thailand (TAT) ... G3

Transports
82 Air Asia E3
83 Cacti Bike B1
84 Mr Mechanic D2
85 North Wheels E2
86 Thai Airways International C1
87 Tony's Big Bikes D3

Circuler dans Chiang Mai comme un(e) pro

Le plan de Chiang Mai de Nancy Chandler, en vente dans les librairies, est très pratique. Il présente les principaux centres d'intérêt de la ville, les lieux de shopping et d'autres curiosités. L'idéal pour se repérer et pour se promener en toute confiance.

domestiques en Thaïlande grâce au tourisme. Sa ferme, installée dans une superbe forêt, permet d'approcher les animaux et de se documenter sur eux.

Baan Chang Elephant Park Parc d'éléphants

(carte p. 158 ; ☎0 5381 4174 ; www.baanchangelephantpark.com ; 147/1 Th Ratchadamnoen ; circuits 2 400-4 200 B). Autre bonne adresse, ce parc s'attache à informer les visiteurs sur les éléphants et leur protection. Les circuits comprennent une journée d'entraînement au travail de *mahout* (cornac), avec explications, promenade et bain. Des circuits moins chers sont proposés (2 personnes pour un éléphant). Le parc est à Mae Taeng, à 50 minutes au nord de Chiang Mai.

Chiang Mai Rock Climbing Adventures Varappe

(CMRCA ; carte p. 158 ; ☎08 6911 1470 ; www.thailandclimbing.com ; 55/3 Th Ratchaphakhinai ; parcours escalade 3 000-4 000 B). Ce tour-opérateur entretient une grande partie des voies d'escalade à Crazy Horse Buttress (aussi appelé "The Crack"). Les circuits comprennent des cours (pour débutants et expérimentés) de varappe, d'escalade de gros rochers et de spéléologie.

Peak Adventure Tour Sports d'aventure

(carte p. 158 ; ☎0 5380 0567 ; www.thepeakadventure.com ; circuits 1 800-2 500 B). Choix de circuits d'aventure : quad, descente en rappel, trekking, rafting et escalade, entre autres.

Compresses d'herbes utilisées dans les massages thaïlandais traditionnels

PETER STUCKINGS/GETTY IMAGES ©

Ouest de Chiang Mai

Ouest de Chiang Mai

Où se restaurer

1 Barfry A3
2 Green Table Restaurant A3
3 Khun Churn A3
Lemontree .... (voir 5)
4 NinjaRamen & Japanese Food C2
5 Salsa Kitchen D2
6 Smoothie Blues A2
7 Sumo Sushi B2
8 Why Not? Mediterranean Restaurant A2

Où prendre un verre et faire la fête

9 Beer Republic B2
10 Ristr8to A2
11 Small House Kafe D2
12 Soho Bar D2
13 That's Wine B2
14 Warm-Up A3

Où sortir

15 Sudsanan C2

Achats

16 Adorn with Studio Naenna B1
17 Srisanpanmai A1

Siam River Adventures Rafting
(carte p. 158 ; ☎08 9515 1917 ; www.siamrivers.com ; 17 Th Ratwithi ; circuits à partir de 1 800 B). Fort d'une expérience de plus de dix ans, ce tour-opérateur de rafting jouit d'une excellente réputation en matière de sécurité. Les guides sont formés au sauvetage en eaux vives et une partie de l'équipe est postée aux passages dangereux avec des cordes de sauvetage. Les circuits peuvent se combiner avec un trek à dos d'éléphant et des nuits dans des villages. Il organise également des circuits en kayak.

Chiang Mai Mountain Biking & Kayaking VTT
(carte p. 158 ; ☎0 5381 4207, 08 1024 7046 ; www.chiangmaikayaking.com ; 1 Th Samlan ; circuits 1 550-2 000 B). Choix de circuits guidés à VTT dans la jungle et en kayak sur les rivières, avec à la clé un bon bol d'air pur, du sport et des paysages de montagne. Circuits adaptés à tous

Si vous aimez… Les activités pour les enfants

Chiang Mai est prisée des familles et notamment des enfants pour ses activités de plein air et ses rencontres avec les animaux.

1 **CHIANG MAI NIGHT SAFARI**
(เชียงใหม่ไนท์ซาฟารี ; ✆ 0 5399 9000 ; www.chiangmainightsafari.com ; Rte 121/Th Klorng Chonprathan ; visite adulte/enfant 800/400 B ; ⏲11h-22h). Ces circuits nocturnes en tram, dans un zoo à ciel ouvert, permettent une interaction intime avec les animaux de la savane et une observation à bonne distance des prédateurs.

2 **CHIANG MAI ZOO**
(สวนสัตว์เชียงใหม่ ; ✆ 0 5322 1179 ; www.chiangmaizoo.com ; 100 Th Huay Kaew ; adulte/enfant 100/50 B ; ⏲8h-17h). Ce médiocre zoo municipal doté d'un charmant cadre boisé offre la possibilité aux enfants de se dégourdir les jambes dans un espace sans voitures.

3 **MUSÉE DES INSECTES ET MERVEILLES NATURELLES DU MONDE**
(carte p. 158 ; Th Ratchadamnoen ; 100 B ; ⏲9h-17h). Insectes et papillons de toutes sortes sont exposés dans cet étonnant musée.

les niveaux et conçus en fonction des saisons. Vous trouverez une **seconde enseigne (carte p. 158 ; 28 Th Kamphaeng Din)** près du marché de nuit.

MASSAGES

Centre de massage de la prison de femmes de Chiang Mai Massages
(carte p. 158 ; 100 Th Ratwithi ; massage des pieds/traditionnel 150/180 B ; ⏲8h-16h30 lun-ven, 9h-16h30 sam-dim). De fabuleux massages prodigués par les détenues participant au programme de réhabilitation de la prison. Après leur remise en liberté, ces femmes se voient proposer un emploi au **Lila Thai Massage (carte p. 158 ; Th Phra Pokklao ; massage 200-600 B ; ⏲10h-22h)**, fondé par le directeur de l'institut pénitentiaire.

Ban Hom Samunphrai Massages
(✆ 0 5381 7362 ; www.homprang.com ; Saraphi ; bain de vapeur 200 B, massage 600-1 300 B). Ce sanctuaire exceptionnel, gardien des traditions, est situé à 9 km de Chiang Mai, près de l'institut McKean. Maw Hom ("docteur herboriste"), une phytothérapeute et masseuse diplômée, dispose d'un bain de vapeur aux herbes, jadis commun dans les villages.

Thai Massage Conservation Club Massages
(carte p. 158 ; 99 Th Ratchamankha ; massages 150-250 B). Ce centre emploie uniquement des masseuses aveugles, considérées comme expertes en raison de leur sens du toucher plus développé.

Oasis Spa Massages
(carte p. 158 ; ✆ 0 5392 0111 ; www.oasisspa.net ; 4 Th Samlan ; soins à partir de 1 700 B). Les passerelles aériennes de ces paisibles jardins mènent à des villas privées qui accueillent des massages pour les personnes seules ou pour les couples.

Cours

Des dizaines d'écoles proposent des cours de cuisine, généralement entre 900 et 1 100 B la journée, soit en ville, par exemple dans une vieille demeure pleine de cachet, ou à la campagne, dans un jardin ou une ferme. Au moment de réserver, renseignez-vous sur le nombre d'élèves par professeur, car cela a évidemment un impact sur la qualité des ateliers.

Asia Scenic Thai Cooking Cuisine
(carte p. 158 ; ✆ 0 5341 8657 ; www.asiascenic.com ; 31 Soi 5, Th Ratchadamnoen ; cours 900-1 000 B). L'école de cuisine de Khun Gayray s'est agrandie et dispose désormais d'une ferme à la campagne,

GILLIAN TSO/GETTY IMAGES ©

À ne pas manquer
Wat Phra Singh

Temple le plus révéré de Chiang Mai, le Wat Phra Singh attire pèlerins et touristes en raison de son bouddha, ainsi que de son architecture et de son art classique lanna. Pensez à adopter une tenue correcte (épaules et genoux couverts).

Le Phra Singh, statue qui fait la notoriété du temple, est conservé dans le Wihan Lai Kham, une petite chapelle au fond du jardin, à côté du *chédi* (stupa). Son toit à 3 niveaux et ses pignons sculptés sont caractéristiques du style lanna. À l'intérieur, on peut admirer de somptueuses *lai·krahm* (décalques à l'or) et fresques murales.

L'ESSENTIEL

วัดพระสิงห์ ; carte p. 158 ; Th Singharat ; 20 B ; ⏲6h-18h

en plus de son enseigne d'origine située en ville (pratique pour les voyageurs plus pressés). La salle de cours en ville possède un jardin potager. La provenance des aliments est donc garantie.

Chiang Mai Thai Cookery School Cuisine

(carte p. 158 ; ☎0 5320 6388 ; www.thaicookeryschool.com ; 47/2 Th Moon Muang ; cours 1 450 B). L'une des premières écoles de cuisine de Chiang Mai. Elle dispense ses cours dans un cadre rural en dehors de la ville. Gérée par le chef Sompon Nabnian, animateur d'une émission de TV, elle propose aussi une master-class sur la préparation d'un menu thaïlandais du Nord.

Gap's Thai Culinary Art School Cuisine

(carte p. 158 ; ☎0 5327 8140 ; www.gaps-house.com ; 3 Soi 4, Th Ratchadamnoen ; cours 900 B ; ⏲lun-sam). Associée à la pension Gap's House, cette école propose des cours de cuisine à la campagne, dans la maison du propriétaire. Il y a généralement 6 élèves pour un professeur.

Circuits organisés

Click and Travel Vélo

(☎0 5328 1553 ; www.clickandtravelonline.com ; circuits 1 050-1 200 B ; 👪). Propose des circuits culturels à vélo d'une journée ou d'une demi-journée, avec visite des temples et curiosités situés en dehors du centre-ville. Des itinéraires et des vélos adaptés aux enfants sont également à disposition.

Chiang Mai Street Food Tours Gastronomie

(☎08 5033 8161 ; www.chiangmaistreetfoodtours.com ; visites 700 B). Les cours de cuisine font fureur à Chiang Mai, mais si vous préférez vous cantonner à la dégustation, ces circuits sont faits pour vous. En matinée et en soirée, ils conduisent les palais curieux dans la vieille ville pour goûter aux grandes spécialités du coin. Le circuit des marchés de nuit constitue également une bonne introduction à la gastronomie thaïlandaise classique.

Où se loger

VIEILLE VILLE

Awanahouse Pension $

(carte p. 158 ; ☎0 5341 9005 ; www.awanahouse.com ; 7 Soi 1, Th Ratchadamnoen ; ch 375-1 000 B ; ❄📶🏊👪). Apprécié par une clientèle familiale, cet édifice à plusieurs étages abrite des chambres lumineuses et bien décorées, allant de la chambre basique à la chambre très convenable. La piscine du rez-de-chaussée et l'espace détente du toit-terrasse sont des atouts suppplémentaires.

Gap's House Pension $

(carte p. 158 ; ☎0 5327 8140 ; www.gaps-house.com ; 3 Soi 4, Th Ratchadamnoen ; ch 550-850 B ; ❄📶). Sorte de doyenne des pensions de Chiang Mai, celle-ci a conservé son jardin aux allures de jungle et ses chambres bon marché aménagées dans des maisons en bois à l'ancienne. N'oubliez pas votre antimoustique et sachez que l'on n'accepte pas les réservations. La Gap's

À gauche : étudiants prenant part à un cours de cuisine thaïlandaise ; **ci-dessous :** séance de dégustation pendant un cours de cuisine thaïlandaise
(À GAUCHE) JOHN AND TINA REID/GETTY IMAGES ©; (CI-DESSOUS) MATTHEW MICAH WRIGHT/GETTY IMAGES ©

est réputée pour ses cours de cuisine thaïlandaise et son buffet végétarien du soir.

Thong Ran's House Pension $
(carte p. 158 ; ☎0 532 77307 ; www.thongranhouse.com ; 105 Th Ratchamankha ; ch 600 B ; ❄📶). Nouvelle pension abritant des chambres douillettes et élégantes, dans un *soi* (petite rue) tranquille proche de l'artère principale. Emplacement un peu en retrait du tohu-bohu touristique, mais néanmoins central.

Banjai Garden Pension $
(carte p. 158 ; ☎08 5716 1635 ; 43 Soi 3, Th Phra Pokklao ; ch 350-450 B ; 📶). Jolie maison en bois au charme familial, dotée d'un jardin où il fait bon paresser. Les chambres, simples, sont dotées de sdb communes et de lits d'une qualité au-dessus de la moyenne. À disposition également, une minicuisine commune.

Sri Pat Guest House Pension $$
(carte p. 158 ; ☎0 5321 8716 ; 16 Soi 7, Th Moon Muang ; ch 1 000-1 400 B ; ❄📶🏊). Se distinguant du lot des adresses économiques, celle-ci a juste ce qu'il faut de caractère. Chambres ensoleillées, carrelage bleu céladon, cotonnades à motifs folkloriques et balcons.

Villa Duang Champa Hôtel $$
(carte p. 158 ; ☎0 5332 7199 ; http://duangchampa.com ; 82 Th Ratchadamnoen ; ch à partir de 1 500 B ; ❄📶). Ce petit hôtel très plaisant occupe un bâtiment de style colonial. Chambres joliment meublées dans un style moderne et minimaliste. Préférez l'hôtel, car les chambres sombres et exiguës de la pension ne sont pas d'un bon rapport qualité/prix.

TJR Boutique House Hôtel $$
(carte p. 158 ; ☎0 5332 6525 ; Soi 1, Th Moon Muang ; ch 1 000-1 200 B ; ❄@📶). Nouvel établissement de style appart-hôtel, aux chambres immenses dotées de lits gigantesques et de sdb avec baignoire.

AUSTIN BUSH ©

À ne pas manquer
Musée des Arts populaires lanna

Ce nouveau musée est jumelé aux autres sites culturels proches de l'Anusawari Sam Kasat (monument des Trois Rois). Des dioramas grandeur nature expliquent les croyances et les coutumes religieuses du nord du pays, les objets et le symbolisme des temples, l'artisanat traditionnel et d'autres éléments de la vie quotidienne. On peut s'y procurer les billets combinés permettant d'accéder aux musées voisins, dont le Centre culturel et artistique de Chiang Mai (p. 151).

L'ESSENTIEL

พิพิธภัณฑ์พื้นถิ่นล้านนา ; carte p. 158 ; Th Phra Pokklao ; adulte/enfant 90/40 B ; 8h30-17h mar-dim

Celles qui donnent sur la rue ont vue sur la montagne. Il affiche souvent complet car le réceptionniste parle à la fois chinois et anglais.

3 Sis Hôtel $$

(carte p. 158 ; 0 5327 3243 ; www.the3sis.com ; 1 Soi 8, Th Phra Pokklao ; d 1 500-1 800 B ;). Ce mini-empire hôtelier aux chambres bien proportionnées plaît aux *flashpackers* ("routards aisés"). Le bâtiment "vacation lodge", plus élégant que le "front building" (à l'avant), a de beaux parquets et plus de confort. La spacieuse réception tient lieu de parties communes. Petit-déjeuner compris.

Koko Palm Inn Hôtel $$

(carte p. 158 ; 08 6428 0495 ; www.kokopalminn.com ; Soi 6, Th Ratchadamnoen ; ch 1 200-1 400 B ;). Nouveau boutique-hôtel de 8 chambres seulement donnant sur un jardin avec bassins et palmiers. Les chambres sont compactes mais ravissantes, et les sdb assez spacieuses.

Vaut le détour
Escapades à la campagne

Il n'est pas rare que l'on s'habitue au rythme décontracté de Chiang Mai, et qu'on le trouve ensuite encore trop frénétique. Aussi, pour plus de calme, rien de mieux que de prendre ses quartiers dans l'un des complexes hôteliers installés derrière les autoroutes et les banlieues écrasées par le soleil. Vous pourrez y admirer les montagnes brumeuses, les champs verdoyants et les forêts tropicales. Les adresses suivantes sont situées à moins de 2 heures de route de Chiang Mai :

Kaomai Lanna Resort (☎ 0 5383 4470 ; www.kaomailanna.com ; Th Chiang Mai-Hot/ Rte 108, Km 29, San Pa Thong ; ch à partir de 3 500 B ; ❄ 🏊). L'hôtel a transformé d'anciens séchoirs à tabac en logements confortables répartis dans un jardin luxuriant. Le *resort*, qui peut servir de base pour explorer le Doi Inthanon, se trouve au sud de Chiang Mai, à la périphérie de San Pa Thong.

Rabeang Pasak Tree House (☎ 08 7660 1243 ; ChiangmaiTreehouse@gmail.com ; Rd 4031, Baan Pasak Ngam, Doi Saket ; ch à partir de 2 000 B). Cet établissement est un vrai rêve d'enfant : ses cabanes en bois sont construites dans les arbres. L'hébergement est simple – sdb extérieures et lits basiques –, mais loin d'être ordinaire. À 75 km au nord de Chiang Mai, dans le secteur du Doi Saket.

Chai Lai Orchid (☎ 08 6923 0867 ; www.chailaiorchid.com ; 202 Moo 9, Tambon Mae Win, Mae Wang ; ch 1 200-2 250 B ; ❄ 🏊). Un hôtel installé en pleine forêt, de l'autre côté de la Mae Wang, où il partage l'espace avec un parc d'éléphants. On l'atteint en franchissant une passerelle suspendue au-dessus de la rivière. L'hébergement va de la hutte rustique à celle plus sophistiquée. Quantité d'activités sont proposées (bain des éléphants, rafting sur des radeaux en bambou, cuisine thaïlandaise). Situé à 45 km au sud-ouest de Chiang Mai.

Stonefree House (☎ 08 5031 7332 ; 7/4 Moo 7, Yuwa, San Pa Thong ; ch à partir de 400 B). Apprécié des routards, cet établissement est un modèle de décontraction. Prix modique et ambiance rasta. À 21 km au sud de Chiang Mai.

Tharnthong Lodge (☎ 08 6420 5354 ; www.tharnthonglodges.com ; ch 1 200-4 000 B). Voici la version thaïlandaise d'un chalet alpin (mais dans la jungle). Un cours d'eau jonché de galets divise en deux la propriété, sorte de grand jardin adossé à une jungle épaisse. À 50 km à l'est de Chiang Mai dans le secteur de Mae Kampong.

Baan Hanibah Bed & Breakfast Hôtel $$
(carte p. 158 ; ☎ 0 5328 7524 ; www.baanhanibah.com ; 6 Soi 8, Th Moon Muang ; ch 900-1 400 B ; ❄ 📶). À l'abri d'un jardin exhalant le parfum des frangipaniers, ce boutique-hôtel décontracté est une véritable oasis en plein cœur de la vieille ville. L'ancienne maison en teck conserve son style traditionnel tout en proposant de petites chambres élégantes.

Tamarind Village Hôtel $$$
(carte p. 158 ; ☎ 0 5341 8896-9 ; www.tamarindvillage.com ; 50/1 Th Ratchadamnoen ; ch à partir de 7 000 B ; ❄ 📶 🏊 👪). L'un des premiers hôtels à avoir fait revivre le style lanna, le Tamarind a recréé les paisibles espaces d'un temple dans un ancien verger de tamariniers. L'allée bordée de bambous et le mur d'enceinte chaulé l'isolent du monde moderne, tandis que les cours du jardin forment un espace des plus intimes.

EST DE LA VIEILLE VILLE

Baan Kaew Guest House Pension $
(☎0 5327 1606 ; www.baankaew-guesthouse.com ; 142 Th Charoen Prathet ; ch 680-800 B ; ❄📶👪). Ce bâtiment sur 2 niveaux, semblable à un immeuble, est une adresse honnête dans un quartier calme de la ville. Les chambres disposent de tous les équipements standard, ainsi que de petits balcons pour profiter d'un spacieux jardin. L'emplacement, en retrait de la rue et un peu éloigné du marché de nuit touristique, participe à se sentir davantage intégré à la vie locale.

Baan Orapin Bed & breakfast $$
(carte p. 158 ; ☎0 5324 3677 ; www.baanorapin.com ; 150 Th Charoenrat ; ch 2 400-3 600 B ; ❄@🏊). Affaire familiale, le Baan Orapin comprend une majestueuse maison en teck entourée d'un joli jardin, qui appartient à la famille depuis 1914. Les 15 luxueuses chambres d'hôtes sont installées dans des bâtiments modernes, répartis dans la propriété.

River View Lodge Hôtel $$
(carte p. 158 ; ☎0 5327 1109 ; www.riverviewlodgch.com ; 25 Soi 4, Th Charoen Prathet ; ch 1 800-2 200 B ; ❄@🏊). Cet hôtel spacieux est le parfait antidote au tohu-bohu du marché de nuit. Dans un cadre paisible, en bordure de rivière, il bénéficie d'un jardin luxuriant et d'une piscine. Les chambres sont un brin défraîchies, mais les hôtes apprécient le gazouillis des bulbuls rouges le matin, pour un réveil tout en douceur.

Où se restaurer

VIEILLE VILLE

Les marchés de nuit s'installent devant le Talat Pratu Chiang Mai et dans Th Mani Nopharat, près de Pratu Chang Pheuak.

Kow Soy Siri Soy Thaïlandais $
(carte p. 158 ; Th Inthawarorot ; plat 40-50 B ; ⏲7h-15h lun-ven). Bien connue des habitants, cette adresse est l'occasion d'une étape-déjeuner commode et savoureuse, avec notamment le *kôw soy*, une spécialité du Nord ; ce plat de nouilles est servi avec des légumes marinés et un épais curry rouge relevé. Pour les enfants et les allergiques au piment, commandez un *kôw man gài* (poulet servi avec du riz).

Angel's Secrets International $
(carte p. 158 ; Soi 1, Th Ratchadamnoen ; plats 90-150 B ; ⏲mar-dim 7h-16h ; 📶🌶). À l'abri d'une haie verdoyante, ce ravissant petit restaurant propose des petits-déjeuners occidentaux bons pour la santé, avec entre autres du pain maison croustillant,

Le porc à toutes les sauces

Chiang Mai révèle son héritage chinois en mettant à l'honneur la cuisine à base de porc. Ainsi, quand elles sont bien préparées, les *sâi òo a* (saucisses de porc), une spécialité du nord de la Thaïlande, sont piquantes et épicées à souhait, et exhalent des saveurs de citronnelle, de gingembre et de curcuma. Nous avons sélectionné quelques fournisseurs parmi les meilleurs.

L'enseigne est en thaï, mais vous reconnaîtrez **Dom Rong** (carte p. 158 ; Talat Warorot ; plats à partir de 80 B ; ⏲8h-20h) par la foule qui entoure le stand, dans la section des produits secs du Talat Warorot. Plus éloigné du centre-ville, vous trouverez **Mengrai Sai Ua** (Th Chiang Mai-Lamphun), près du Holiday Inn sur la rive est de la rivière, et notre adresse favorite, **Sai Ua Gao Makham** (Rte 121), un petit stand dans Talat Mae Huay (marché de Mae Huay), à quelques kilomètres au sud du zoo Chiang Mai Night Safari en direction de Hang Dong.

OLIVER STREWE/GETTY IMAGES ©

À ne pas manquer
Sunday Walking Street

L'avenue centrale de la vieille ville est fermée tous les dimanches à la circulation pour laisser place au Sunday Walking Street, haut lieu de la culture provinciale et du négoce, idéal pour observer les passants. Il rappelle aussi la tradition des marchands itinérants de l'époque des caravanes.

Les vendeurs s'installent le long de Th Ratchadamnoen. Les temples de ce quartier abritent des étals qui proposent des spécialités thaïlandaises du Nord et d'autres délices. Arrivez tôt, car le marché est rapidement bondé. Il existe aussi un Saturday Walking Street (p. 153).

L'ESSENTIEL

ถนนเดินวันอาทิตย์ ; carte p. 158 ; Th Ratchadamnoen ; 16h-minuit dim

des crêpes et des omelettes, ainsi que des plats végétariens cuisinés à la demande.

Dada Kafe Végétarien $

(carte p. 158 ; Th Ratchamankha ; plats 60-100 B ; 8h-22h ;). Des recettes saines et savoureuses passent des cuisines à la salle de ce restaurant très couru. Jus de fruits aux vertus curatives, copieux petits-déjeuners, légumes sautés au tofu et au riz brun : on y prend goût très rapidement, au point de revenir presque tous les jours.

AUM Vegetarian Food Végétarien $

(carte p. 158 ; 66 Th Moon Muang ; plats 75-150 B ; 8h-17h ; @). AUM (prononcez "om"), l'un des premiers restaurants à servir des plats bio et végétariens, dispose d'une salle à l'ambiance zen, où l'on déguste des spécialités originales d'une grande fraîcheur.

Au menu entre autres : café bio du Laos, jus rafraîchissants menthe/citron, *tempeh* frits et rouleaux végétariens de style sushi.

Fern Forest Cafe Desserts $

(carte p. 158 ; 2/2 Soi 4, Th Singharat ; plats 70-100 B ; 8h30-20h30 ;). Agrémenté de fougères et de fontaines, cet établissement sert de divins desserts, cafés et jus de fruits. Le jardin luxuriant permet d'échapper agréablement à la chaleur.

Blue Diamond Végétarien $

(carte p. 158 ; 35/1 Soi 9, Th Moon Muang ; plats 70-150 B ; 7h-21h lun-sam ;). Produits frais et viennoiseries à foison, dans cette petite adresse bon marché. Il y en a pour tous les goûts : copieuses salades avec des légumes sautés, ou recettes "hybrides" comme les spaghettis à la sauce de poisson.

Good Morning Chiang Mai International $

(carte p. 158 ; 29/5 Soi 6, Th Ratchamankha ; plats 75-95B ; 8h-16h ;). Adresse très prisée des expatriés, ce café tendance proche du Wat Phra Jao Mengrai prépare des petits-déjeuners, des currys, des plats sautés thaïlandais et des sandwichs.

Le jardin ombragé, agrémenté d'un bric-à-brac négligé chic, offre un cadre élégant où il fait bon s'attarder.

Juicy 4U Végétarien $

(carte p. 158 ; 5 Th Ratchamankha ; plats 90-120 B ; 8h30-17h30 ;). Un café original qui sert des plats végétariens et végétaliens, des jus de fruits et des sandwichs à concocter soi-même, le tout sur fond de musique techno.

Swan Birman $

(carte p. 158 ; Th Chaiyaphum ; plats 70-150 B ; 11h-22h ;). Ce restaurant peu engageant, à l'est de la vieille ville, propose une carte de spécialités du Myanmar. L'arrière-cour permet d'échapper à la circulation des douves.

Girasole Italien $

(carte p. 158 ; 0 5327 6388 ; Kad Klang Wiang, Th Ratchadamnoen ; plats 90-150 B ; 11h-21h ;). Kad Klang Wiang, galerie

À gauche : un restaurant au bord de la Mae Ping ;
ci-dessous : colis de nourriture en vente dans le train Bangkok-Chiang Mai
(À GAUCHE) JOHN ELK/GETTY IMAGES ©; (CI-DESSOUS) OLIVER STREWE/GETTY IMAGES ©

marchande arborée à l'angle de Th Ratchadamanoen et de Th Ratchaphakhinai, est parfaite pour se restaurer et observer les passants. Ce petit restaurant italien ajoute au charme du lieu, d'autant qu'il sert des pizzas sensationnelles : pâte croustillante, sauce épicée à souhait et fromages d'importation.

New Delhi Indien **$$**
carte p. 158 ; Th Ratwithi ; plats 150-280 B ; 11h-22h ;). Cette gargote toute simple sert l'une des meilleures cuisines indiennes de Chiang Mai (saveurs raffinées et pas trop riches). Les plats "Handi", entre autres spécialités d'Inde du Nord, sont sa spécialité.

Heuan Phen Thaïlandais du Nord **$$**
carte p. 158 ; 0 5327 7103 ; 112 Th Ratchamankha ; plats 80-200 B ; 11h-22h ;). Difficile de goûter à une authentique cuisine du Nord dans un restaurant, mais cette adresse touristique fait de son mieux pour faire découvrir à ses clients les spécialités de la région. En journée, les plats préparés sont servis dans une grande cantine, devant l'établissement. Le soir, on savoure une gastronomie plus raffinée dans une salle emplie d'objets anciens.

EST DE LA VIEILLE VILLE

Le petit Chinatown de Chiang Mai, dans Th Chang Moi, est un bon endroit à explorer tôt le matin pour ses stands de *nám đow·hôo* (lait de soja) et de beignets chinois.

Au-delà de Saphan Nakhon Ping, Th Faham est le haut lieu du *kôw soy*. Le **Khao Soi Lam Duan** (Th Faham ; plats 50-70 B), qui sert également des *kà·nŏm rang pêung* (littéralement "pâtisserie-ruche", une gaufre parfumée à la noix de coco), le **Khao Soi Samoe Jai** (Th Faham ; plats 50-70 B) et le **Khao Soi Ban Faham** (Th Faham ; plats 45-55 B) bordent cette rue.

Se restaurer sur les marchés

Les marchés couverts de Chiang Mai offrent des possibilités de restauration tout au long de la journée, des nouilles du matin aux en-cas et aux dîners. Pour impressionner un ami thaïlandais, achetez un sachet de *man gâa·ou,* des fruits secs grillés semblables aux glands, récoltés à la fin de la saison des pluies.

Talat Warorot (p. 152), l'ancêtre des marchés de Chiang Mai, abonde en étals de spécialités du Nord. Faufilez-vous et laissez-vous guider par l'inspiration du moment.

Au nord du croisement de Th Ratwithi, le **Talat Somphet** (marché de Somphet ; carte p. 158 ; Soi 6, Th Moon Muang ; 6h-18h) vend tous les ingrédients d'un festin à emporter : poulet frit, jus de fruits frais, douceurs et fruits. Les écoles de cuisine y font leurs courses.

Tôt le matin, au **Talat Pratu Chiang Mai** (carte p. 158 ; Th Bamrungburi ; 4h-12h et 18h-minuit), on peut acheter des produits frais et des plats préparés. L'effervescence retombe vers midi et reprend le soir quand un grand marché de nuit s'installe de l'autre côté de la rue.

Le **Talat Na Mor** (Malin Plaza, Th Huay Kaew ; plats à partir de 60 B ; 17h-22h) est un marché de nuit aux nombreux stands de nourriture et d'articles de mode qui s'adressent surtout aux adolescentes. Jetez un coup d'œil aux étals et aux restaurants pour connaître les goûts de la jeunesse d'aujourd'hui (sushis, musique pop coréenne, crêpes et lunettes à grosse monture).

Anusan Food Centre — Marché

(carte p. 158 ; Th Chang Khlan, marché de nuit d'Anusan ; plat 80-350 B ; 17h-22h). Cet animé marché alimentaire est surtout connu pour sa cuisine de la mer thaïlando-chinoise. On y trouve un secteur avec des étals, des tables communes et des restaurants indépendants.

Just Khao Soy — Thaïlandais $

(carte p. 158 ; 108/2 Th Charoen Prathet ; plats 100-150 B ; 11h-21h ;). Voici un restaurant idéal pour se familiariser avec le *kôw soy*, grand classique de Thaïlande du Nord.

On commande d'abord la viande (ou les légumes), puis le degré de piquant, le type de nouilles et de sauce, et le copieux et délicieux bouillon est prêt. Le tout est présenté avec art, mais c'est un peu trop cher. Néanmoins, vous saurez tout du *kôw soy* et pourrez désormais en déguster partout.

Chez Marco Restaurant & Bar — Français $$

(carte p. 158 ; 0 5320 7032 ; 15/7 Th Loi Kroh ; plats 150-350 B ; 17h30-minuit lun-sam). Il est étonnant de trouver un aussi bon restaurant au milieu des bars à prostituées de Loi Kroh. Cependant, Chez Marco se distingue des restaurants touristiques sans intérêt par sa cuisine française haut de gamme et ses prix raisonnables. Au menu, entre autres : pain maison, plats au canard et carpaccio de thon. Menu enfant également.

Antique House — Thaïlandais $$

(carte p. 158 ; 71 Th Charoen Prathet ; plats 100-250 B ; 11h-22h). Dans une maison pittoresque en teck agrémentée d'un jardin rempli d'objets anciens, ce restaurant touristique s'en sort bien mieux côté ambiance que côté cuisine. Il n'en demeure pas moins une adresse prisée, et les plats de poisson grillé ne déçoivent pas.

Whole Earth Restaurant
Thaïlandais, indien **$$**

(carte p. 158 ; 88 Th Si Donchai ; plats 150-350 B ; ⏲11h-22h). Des lianes, des bassins à carpes et des arbres parsemés d'orchidées composent le jardin de cette maison en teck coloré. Le personnel attentionné et les plats délicatement exotiques (indo-thaïlandais et végétariens) en font un endroit tout indiqué pour une grande occasion.

Chedi
International **$$$**

(carte p. 158 ; ☎0 5325 3385 ; 123 Th Charoen Prathet ; plats 500-1 000 B ; ⏲7h-22h). La décoration et le design sont les principaux ingrédients du restaurant de cet hôtel de luxe. L'ancien consulat britannique a été transformé en faisant la part belle au minimalisme, aux motifs géométriques et à l'épure dans les parties communes. Au menu : une vue sublime sur la rivière et des plats vietnamiens, indiens, thaïlandais et internationaux aux prix légèrement excessifs.

Si vous aimez… L'histoire

Pour en savoir plus sur l'histoire de Chiang Mai ou devenir un spécialiste du royaume de Lanna, consultez les sites suivants.

1 **CHIANG MAI HISTORICAL CENTRE (หอประวัติศาสตร์เมืองเชียงใหม่ ; carte p. 158 ; Th Ratwithi ; 8h30-17h mar-dim ; ⏲adulte/enfant 90/40 B).** Ce nouveau musée s'intéresse à la fondation de la capitale lanna, à l'occupation birmane, ainsi qu'à la période moderne consacrée aux échanges et à l'unification avec Bangkok.

2 **WIANG KUM KAM (เวียงกุมกาม ; ⏲8h-17h).** Les ruines de cette ancienne capitale lanna, avant Chiang Mai, sont situées dans un cadre bucolique à 5 km au sud-est de la ville.

NORD DE LA VIEILLE VILLE

Huan Soontaree
Thaïlandais **$**

(☎0 5387 2707 ; 208 Th Paton ; plats 160-200 B ; ⏲16h-minuit). Des habitants de Bangkok

Un plat vendu sur un stand de rue

OLIVER STREWE/GETTY IMAGES ©

Le café à l'honneur

Partir en quête de café fait partie des passe-temps favoris à Chiang Mai. Voici quelques points de chute pour commencer :

Libernard Cafe (carte p. 158 ; 36 Th Chaiyaphum ; plats 50-110 B ; 8h-17h mar-dim). Un café modeste tenu par Pong, qui torréfie elle-même ses grains de café tous les matins, en s'adaptant au climat du jour. Elle confectionne un *latte* onctueux, qui peut tout à fait se passer de sucre, et de divins pancakes à la banane.

Ristr8to (carte p. 161 ; Th Nimmanhaemin ; café 60-120 B ; 7h-20h). Une excellente adresse. On choisit son café, plus ou moins corsé, l'origine des grains, puis le type de boisson (plus ou moins de crème). Le tout s'additionne d'une touche de fruits. C'est de loin le meilleur café de la ville.

Akha Ama Cafe (9/1 Soi 3, Th Hutsadisawee, Mata Apartment ; boissons au café à partir de 50 B ; 9h-21h). Le café bio issu du commerce équitable tient le haut du pavé dans cet établissement, fruit de l'imagination d'un entrepreneur akha qui fut le premier de son village à obtenir un diplôme universitaire. Une histoire personnelle qui ajoute au charme du lieu et de la dégustation. Vous trouverez une seconde **enseigne** (carte p. 158 ; www.akhaama.com ; 175/1 Th Ratchadamnoen ; 8h-20h ;) dans la vieille ville.

Raming Tea House (carte p. 158 ; Th Tha Phae ; consommations 50-100 B ; 9h30-18h). Les montagnes du Nord produisent aussi du thé assam (thé noir), servi dans ce café de l'époque victorienne aménagé dans la boutique Siam Celadon.

viennent dans ce restaurant rustique en partie pour sa cuisine, mais surtout pour sa propriétaire, Soontaree Vechanont, une chanteuse populaire des années 1970 ; elle se produit de 20h30 à 22h, du lundi au samedi. La carte offre un alléchant mélange de spécialités du Nord, du Nord-Est et du Centre. Le Huan Soontaree est situé à 8 km au nord de la ville, au-delà de l'autoroute, sur la rive occidentale de la rivière.

Spirit House International $$

(Soi Viangbua, Th Chang Pheuak ; plats 150-230 B ; 17h-23h, lun-sam). Au nord de la vieille ville, cette salle remplie d'antiquités est la propriété d'un Américain original. Autrefois chef à La Nouvelle-Orléans, il se décrit lui-même comme un "fou de cuisine" et concocte le menu du jour avec ce qui l'inspire sur le marché. Le restaurant accueille aussi des concerts et d'autres manifestations culturelles.

OUEST DE LA VIEILLE VILLE

Pun Pun Végétarien $

(Th Suthep, Wat Suan Dok ; plats 50-65 B ; 9h-17h ;). En matière d'alimentation saine, cette adresse modeste satisfait à toutes les tendances sans succomber aux sirènes du marketing. Les repas sans viande et végétaliens sont préparés avec des herbes et des légumes peu connus, des céréales complètes, et les sucres raffinés sont proscrits.

La plupart des ingrédients proviennent de la ferme du restaurant, projet d'agriculture durable et de protection des semences. Le restaurant se trouve derrière le bureau des "discussions avec les moines". Il existe une autre enseigne appelée **Imm Aim Vegetarian Restaurant** (10 Th Santhitham ; 10h-21h).

Khun Churn Végétarien $

(carte p. 161 ; Soi 17, Th Nimmanhaemin ; buffet 129 B ; 8h-22h ;). Ce restaurant est réputé pour ses buffets végétariens à volonté (11h-14h) qui regorgent de plats, de salades, de tisanes et de desserts de style thaïlandais. Adresse aussi prisée des Thaïlandais que des expatriés.

NinjaRamen & Japanese Food Japonais **$**

(carte p. 161 ; Th Sirimungklajarn ; plats 80-160 B ; ⏲11h-15h et 16h-22h). Ce restaurant de nouilles japonaises exigu sert des *ramen*, *soba* et *udon* de toutes sortes, ainsi que des sashimis et des sushis. La portion moyenne est assez copieuse pour deux. Les Japonais fréquentent les lieux, ce qui est un bon signe.

Barfry International **$**

(carte p. 161 ; Soi 15, Th Nimmanhaemin ; plats à partir de 60 B ; ⏲17h-23h lun-sam). Cette cabane à frites "haut de gamme" les sert accompagnées de garnitures, allant de la simple mayonnaise à la sauce à composer soi-même. Un bar à vins et un restaurant de sushis sont installés à côté.

Lemontree Thaïlandais **$**

(carte p. 161 ; Th Huay Kaew ; plats 70-110 B ; ⏲11h-22h). La salle défraîchie témoigne de la longue existence de l'établissement, qui continue toutefois de s'attirer des louanges pour ses portions généreuses de grands classiques thaïlandais, bon marché et servies rapidement.

Why Not? Mediterranean Restaurant Méditerranéen **$$**

(carte p. 161 ; 14 Soi 11, Th Nimmanhaemin ; plats 180-300 B ; ⏲17h-23h). Coup de cœur pour ce restaurant en plein air servant des pizzas, des pâtes, du poisson et des fruits de mer d'importation. Ne manquez pas les "buffets de vin" du week-end.

Salsa Kitchen Mexicain **$$**

(carte p. 161 ; Th Huay Kaew ; plats 150-220 B ; ⏲11h-23h). Restaurant mexicain évoquant la Basse-Californie, très prisé pour ses plats frais et pleins de saveurs, aux portions énormes. Apprécié des expatriés, il séduit aussi les Thaïlandais et fait souvent le plein en soirée.

Ma sélection

Th Nimmanhaemin

PIM KEMASINGKI, RÉDACTRICE EN CHEF, CITYLIFE CHIANG MAI

1 RESTAURANTS

Du restaurant de nouilles et de salades en version gastronomique jusqu'au bistrot décalé, cette rue est incontournable pour sa variété étourdissante de cuisines, généralement bon marché. Les steaks du Green Table Restaurant (p. 176) sont à se damner et l'adorable **Café Mini** (12/2 Soi 9, Th Nimmanhaemin) sert de merveilleuses créations gustatives. Testez le Mediterranean Restaurant (ci-contre), un italien au rapport qualité/prix imbattable, ou le **Mix Restaurant & Bar** (Soi 1, Th Nimmanhaeming), aux plats originaux et inventifs.

2 SORTIES NOCTURNES

À Th Nimmanhaemin, épicentre de la vie nocturne de Chiang Mai, il y en a pour tous les goûts. On y croise un mélange d'étudiants, de touristes, de Thaïlandais en pleine ascension sociale et d'expatriés. Avec ses soirées micro ouvert et ses expos d'art, la **Sangdee Gallery** (Soi 5, Th Sirimungklajarn) est l'endroit idéal pour faire des rencontres. À la **House of Wine** (Soi 15, Th Nimmanhaemin), les amateurs de vin se mêlent à la jeunesse tendance, avant d'aller danser ou voir un concert au Warm-Up (p. 178).

3 SHOPPING

Dans les ruelles partant de Nimmanhaemin, on trouve toutes sortes de magasins. Les femmes ne manqueront pas le **Ginger** (6/21 Th Nimmanhaemin), qui offre vêtements ou accessoires. Adorn with Studio Naenna (p. 178) crée des écharpes teintes à la main et des vêtements en recourant à des techniques ancestrales. Le **Gallery See Scape** (Soi 17, Th Nimmanhaemin) expose des artistes branchés et regorge d'articles à rapporter chez soi. Enfin, le **Maya** (Th Huay Kaew) est une galerie commerçante flambant neuve.

Sumo Sushi Japonais **$$**
(carte p. 161 ; 28/7 Soi 11, Th Nimmanhaemin ; plats 120-250 B ; ⌚11h-21h). Chiang Mai est pour ainsi dire accro aux sushis, et tout le monde prétend connaître la meilleure adresse de la ville. Disons qu'il faut apprendre à aimer ce que l'on a, et si vous êtes dans le quartier, celui-ci vous conviendra parfaitement. Il propose des sushis à l'américaine, ainsi que des sashimis et des formules.

Smoothie Blues Occidental **$$**
(carte p. 161 ; 32 Th Nimmanhaemin ; plats 100-180 B ; ⌚7h30-21h). Rendez-vous d'expatriés, cette adresse est réputée pour ses petits-déjeuners, ses sandwichs, ses baguettes et son cocktail "smoothie blues".

Palaad Tawanron Thaïlandais **$$**
(☎0 5321 6039 ; Th Suthep ; plats 160-320 B ; ⌚déj, dîner). Dans un ravin rocheux proche du Doi Suthep, ce restaurant bénéficie d'un emplacement magique, en surplomb de la ville. Tout le monde adore le cadre et l'ambiance, mais la nourriture (essentiellement des produits de la mer thaïlandais) ne suscite guère l'enthousiasme. Suivez les panneaux au bout de Th Suthep.

Green Table Restaurant International **$$**
(carte p. 161 ; 44/12 Th Nimmanhaemin, 2e niv., Kantary Terrace ; plats 160-400 B ; ⌚11h-minuit) Haut de gamme et très professionnel, ce restaurant méditerranéen s'attire les faveurs des habitants aisés de Chiang Mai pour ses déjeuners légers de salades de poisson grillé, et ses dîners plus copieux de viande rouge de premier choix.

Où prendre un verre et faire la fête

VIEILLE VILLE

Zoe In Yellow Bar
(carte p. 158 ; 40/12 Th Rathwithi ; ⌚17h-2h). Haut lieu de la fête, le Zoe In Yellow est à la fois un *beer garden*, une discothèque

À gauche : stand de nourriture sur le marché de nuit de Chiang Mai ; **ci-dessous :** lanternes illuminant le ciel de Chiang Mai

(À GAUCHE) BEN PIPE/GETTY IMAGES ©; (CI-DESSOUS) SPACES IMAGES/GETTY IMAGES ©

et une salle de concerts. Commencez par prendre un verre dans le jardin, puis allez profiter de la piste de danse.

Writer's Club & Wine Bar — Bar

(carte p. 158 ; 141/3 Th Ratchadamnoen ; ⌚10h-minuit). Tenu par un ancien correspondant étranger, ce bar-restaurant est prisé des expatriés, et plus globalement, de tout le monde. On y sert également des plats de pub anglais.

UN Irish Pub — Pub

(carte p. 158 ; 24/1 Th Ratwithi ; ⌚10h-minuit). Pub phare parmi tous ceux de Chiang Mai, celui-ci est l'adresse incontournable pour les retransmissions de matchs internationaux et les soirées quiz du jeudi. Au programme : Guinness à la pression, jardin dans l'arrière-cour et boulangerie.

OUEST DE LA VIEILLE VILLE

Beer Republic — Bar

(carte p. 161 ; Soi 11, Th Nimmanhaemin ; ⌚17h-minuit mar-dim). Quinze variétés de bière artisanale sont proposées dans ce bar à bières haut de gamme du quartier branché de Nimman.

Soho Bar — Bar

(carte p. 161 ; www.sohochiangmai.com ; 20/3 Th Huay Kaew ; ⌚17h-minuit). Ce bar douillet possède une devanture qui a du cachet. Accueillant la clientèle gay et hétéro, les sympathiques propriétaires voient affluer habitués et nouveaux venus.

Small House Kafe — Bar

(carte p. 161 ; 18/1 Th Sermsuk ; ⌚17h-minuit mar-sam). Établissement plein d'animation où se retrouvent Thaïlandais et expatriés. Au programme : hip-hop le vendredi soir, bourse aux livres de temps en temps et une ambiance chaleureuse propice à lier connaissance.

That's Wine — Bar

(carte p. 161 ; Soi 9, Th Nimmanhaemin ; ⌚17h-1h). Du vin, du vin et encore du vin (et

Des achats pour une bonne cause

Chiang Mai représente la bonne conscience de la Thaïlande, en partie parce qu'elle accueille des réfugiés de Birmanie et des villageois d'ethnies montagnardes. Privés de la citoyenneté, ceux-ci peinent à obtenir une instruction, des soins médicaux et des emplois décemment payés. L'**Adorn with Studio Naenna** (carte p. 161 ; 22 Soi 1, Th Nimmanhaemin ; 10h-18h) est la boutique d'un projet de tissage qui fournit un revenu viable à de jeunes villageoises du district de Chom Thong, leur évitant ainsi de quitter leur famille pour aller travailler en ville. Le projet préserve aussi les techniques de tissage traditionnelles tout en limitant l'impact sur l'environnement par l'utilisation de fibres et de teintures naturelles. KukWan Gallery (p. 180), **Sop Moei Arts** (carte p. 158 ; 0 5330 6123 ; www.sopmoeiarts.com ; 150/10 Th Charoenrat ; 10h-18h), **Thai Tribal Crafts** (0 5324 1043 ; www.ttcrafts.co.th ; 208 Th Bamrungrat ; 10h-18h) et **Hill-Tribe Products Promotion Centre** (21/17 Th Suthep ; 10h-18h) vendent également les tissages de ces projets villageois.

de l'eau, si vraiment il le faut), voilà la spécialité de ce bar contemporain de Nimman, tenu par une ex-star du porno.

Warm-Up Discothèque
(carte p. 161 ; 0 5340 0676 ; 40 Th Nimmanhaemin ; 21h-2h). Succès non démenti pour cette discothèque attirant la jeunesse dorée. On passe du hip-hop dans la salle principale et de l'électro-house dans le lounge. Le jardin est quant à lui le fief des groupes de rock indé.

Où sortir

Sudsanan Musique live
(carte p. 161 ; Th Huay Kaew ; 17h-2h). Au bout d'une allée sombre près de Kad Suan Kaew, cette vieille maison en bois attire une clientèle mélangée, d'allure originale. Le répertoire des groupes acoustiques (pour l'essentiel) varie de la samba aux *pleng pêu·a chi·wít* ("chansons pour la vie"), lors desquelles le public s'incline avec respect.

Riverside Bar & Restaurant Musique live
(carte p. 158 ; 9-11 Th Charoenrat ; 12h-minuit). Établi de longue date au bord de la Mae Ping, le Riverside propose de se restaurer, de prendre un verre et d'écouter de la musique. Les groupes jouent du rock, du jazz et de la pop. Grâce au récent agrandissement de l'établissement, de l'autre côté de la rue, il y a désormais plus de place.

Le Brasserie Musique live
(carte p. 158 ; Th Chaiyaphum ; 17h-2h). Ce haut lieu de la nuit a récemment quitté son ancienne adresse, au bord de la rivière, pour un nouvel emplacement pratique, près de Pratu Tha Phae. Les fans viennent écouter le guitariste local Took qui reprend les classiques des légendes du rock et du blues.

Achats

Chiang Mai est le grand centre d'artisanat de la Thaïlande, ou plutôt elle l'a longtemps été. On trouve encore de petites manufactures et des ateliers à la périphérie de la ville, mais la modernisation gagne du terrain.

VIEILLE VILLE

Mengrai Kilns poterie
(carte p. 158 ; 0 5327 2063 ; www.mengraikilns.com ; 79/2 Th Arak ; 10h-18h). Dans l'angle sud-ouest de la vieille ville, Mengrai Kilns perpétue la tradition du céladon (poterie en grès vernie) thaïlandais.

Son espace d'exposition est rempli de services de table, d'objets décoratifs et même de crèches (de style occidental et thaïlandais).

Chiang Mai Cotton Vêtements

(carte p. 158 ; Th Ratchadamnoen ; 10h-18h). Plusieurs boutiques ravissantes ont vu le jour dans la vieille ville, dont celle-ci, qui vend des vêtements en coton naturel de grande qualité, très confortables pour la vie moderne sous les tropiques.

EST DE LA VIEILLE VILLE

Les *soi* situés entre Th Tha Phae et Talat Warorot recèlent une foule de boutiques de tissus vendant de l'artisanat de Thaïlande et d'ailleurs.

Marché de nuit de Chiang Mai Marché

(carte p. 158 ; Th Chang Khlan ; 19h-minuit). Le marché de nuit de Chiang Mai constitue l'une des principales distractions nocturnes de la ville, surtout pour les familles. Sa tradition remonte à l'époque où les caravanes du Yunnan faisaient étape à Chiang Mai, sur l'ancienne route marchande entre Simao (Chine) et Mawlamyaing (Myanmar). Les vendeurs s'installent le long de Th Chang Khlan, entre Th Tha Phae et Th Loi Kroh, et proposent les souvenirs habituels. Le marché de nuit couvert abrite essentiellement des magasins d'antiquités et d'artisanat. Si la qualité et les prix n'ont rien d'extraordinaire, la diversité des marchandises, la foule et l'animation rendent ces marchés très divertissants.

Elements Bijoux

(Red Ruby ; carte p. 158 ; 400-402 Th Tha Phae ; 10h-21h). Collection éclectique et amusante de bijoux en argent massif et en pierres, et autres babioles, dans cette boutique sans enseigne proche de Pratu Tha Phae. Le magasin d'à côté vend des soieries et des objets décoratifs.

Nova Bijoux

(carte p. 158 ; www.nova-collection.com ; 201 Th Tha Phae ; 10h-20h lun-sam, 12h30-20h30 dim). Cet atelier fabrique d'élégants bijoux modernes en argent, or et pierres précieuses – bagues, pendentifs et boucles d'oreille – et peut réaliser des pièces sur commande.

Dee Dee Pan Pan Bijoux

(carte p. 158 ; 33 Th Tha Phae ; 10h-18h). Agréable boutique proposant des colliers en perles de verre de Murano et autres bijoux de fabrication artisanale.

Kesorn Artisanat

(carte p. 158 ; 154-156 Th Tha Phae). Bonne adresse pour les collectionneurs, ce magasin encombré vend des objets anciens depuis des années. Il est spécialisé principalement dans les tissus, les perles et l'artisanat des ethnies montagnardes.

Vaut le détour

La Mae Ping, super autoroute d'autrefois

La Mae Ping, grande rivière de Chiang Mai, relient les hautes terres boisées et les fertiles vallées agricoles aux centres marchands qui jalonnent ses 569 km, avant qu'elle rejoigne la Chao Phraya. Elle alimente un vaste réseau agraire de rizières, de plantations de café, de vergers de *lam yai*, de champs de fraises et de cultures de fleurs. Elle fut aussi la principale voie de transport utilisée pour le commerce du teck au XIXe siècle.

Pour vous plonger dans l'histoire de la rivière, montez dans une embarcation traditionnelle de **Scorpion Tailed River Cruise (carte p. 158 ; 08 1960 9398 ; www.scorpiontailedrivercruise.com ; Th Charoenrat ; billet 500 B).** Les croisières partent de la jetée du Wat Srikhong, près du Rim Ping Condo.

Siam Celadon Céramiques

(carte p. 158 ; www.siamceladon.com ; 158 Th Tha Phae ; 8h-18h). Cette entreprise bien établie vend une belle collection de céladons dans un ravissant bâtiment en teck datant de l'époque victorienne. Vous pourrez également déguster un thé anglais dans la Raming Tea House (p. 174) attenante.

Praewphun Thai Silk Tissus

(carte p. 158 ; 83-85 Th Tha Phae ; 10h-18h). Ouverte depuis une cinquantaine d'années, cette boutique vend des soieries en tout genre. La propriétaire, une adorable octogénaire, est aussi alerte que prévenante.

KukWan Gallery Textiles

(carte p. 158 ; 37 Th Loi Kroh ; 9h-18h). Dans ce joli bâtiment en teck, installé légèrement en retrait de la rue, on vend du coton et de la soie au mètre. C'est l'adresse idéale pour dénicher des écharpes en soie de meilleure qualité qu'au marché et des dessus-de-lit aux teintes subtiles.

Chilli Antiques & Arts Objets anciens

(carte p. 158 ; Th Si Donchai ; 10h-18h). Cette adresse fiable vend des antiquités et des reproductions, à la fois dans cet atelier en ville et dans un espace d'exposition plus grand à Hang Dong.

Vila Cini Textiles

(carte p. 158 ; 0 5324 6246 ; www.vilacini.com ; 30-34 Th Charoenrat ; 10h-18h). Vila Cini vend de superbes soies et des cotons tissés main, qui rappellent la marque Jim Thompson. Le cadre ajoute à la beauté des textiles : une splendide maison en teck avec des sols en marbre et un escalier étroit qui mène à une cour. Elle se situe du côté est de la rue, à environ 400 m au nord de Saphan Nawarat.

OUEST DE LA VIEILLE VILLE

Srisanpanmai Textiles

(carte p. 161 ; 6 Soi 1, Th Nimmanhaemin ; 10h-18h). Spécialisée dans les soieries fabriquées selon les traditions anciennes, cette boutique offre un aperçu complet des textiles lanna, des motifs birmans multicolores aux panneaux à larges bordures de Chiang Mai.

Depuis/vers Chiang Mai

Avion

Des vols réguliers desservent l'**aéroport international de Chiang Mai** (www.chiangmaiairportonline.com), situé à 3 km au sud de la vieille ville. Les lignes internationales et intérieures ainsi que la fréquence des vols, varient en fonction des saisons et de la demande touristique. Les vols directs entre Chiang Mai et les grandes villes chinoises sont de plus en plus nombreux.

Elephant Training Centre of Chiang Dao (p. 185)

Air Asia (carte p. 158 ; ☎0 5323 4645 ; www.airasia.com ; 416 Th Phae ; ⏲10h-20h). Vols pour Bangkok (aéroport de Don Muang), Kuala Lumpur, Phuket et Macao.

Air China (☎0 2134 2452 ; www.airchina.com). Vols quotidiens pour Beijing (Pékin).

Bangkok Airways (☎0 5328 9338 ; www.bangkokair.com ; Room A & B, Kantary Terrace, 44/1 Soi 12, Th Nimmanhaemin ; ⏲8h30-12h et 13h-18h lun-sam). Vols quotidiens pour Bangkok (aéroport Suvarnabhumi) et Samui.

Dragon Air (☎0 2263 0606 ; www.dragonair.com). Quatre vols par semaine pour Hong Kong.

Jin Air (☎0 2168 7495 ; www.jinair.com). Trois vols par semaine pour Séoul.

Nok Air (☎0 5392 2183 ; www.nokair.com ; 2e ét., aéroport international de Chiang Mai ; ⏲8h-17h). Vols pour Bangkok (aéroport de Don Muang), Mae Hong Son, Mae Sot et Udon Thani ; notez que Nok Air est une filiale de Thai Airways.

Thai Airways International (THAI ; carte p. 158 ; ☎0 2356 1111, 0 5321 1044 ; www.thaiair.com ; 240 Th Phra Pok Klao ; ⏲8h30-16h30 lun-ven). Vols pour Bangkok (aéroport Suvarnabhumi).

Tiger Air (www.tigerair.com ; à partir de 2 000 B). Quatre vols par semaine pour Singapour.

Bus

Chiang Mai compte deux gares routières (l'une pour les bus longue distance, l'autre pour ceux qui desservent la province), ainsi que plusieurs arrêts de *sŏrng·tăa·ou* (minibus), véhicules desservant des destinations proches.

L'**Arcade Bus Station** (Th Kaew Nawarat), gare routière des bus longue distance, est à 3 km de la vieille ville. Depuis le centre, la course en *tuk-tuk* coûte dans les 80-100 B, la course en *rót daang* (taxi collectif) environ 60 B.

Notez bien qu'au départ de Bangkok, les compagnies les plus fiables partent des terminaux Nord et Nord-Est des bus (Mo Chit). Évitez celles qui desservent le Nord à partir des quartiers touristiques comme Th Khao San, qui ne tiennent généralement pas leurs engagements.

La **gare routière de Chang Pheuak** (Th Chang Pheuak), immédiatement au nord de la ville, dessert des localités de la province de Chiang Mai, dont Chiang Dao, Fang, Tha Ton, Chom Thong et Hot. Les minibus pour Chiang Dao partent du Soi Sanam Gila, situé derrière la gare routière.

Vaut le détour
Dokmai Garden

Les passionnés de fleurs et de plantes apprécieront le **Dokmai Garden** (☎08 7187 5787 ; Hang Dong ; 300 B, visite guidée 1 200-1 900 B ; ⏲jan-juin), jardin botanique privé au sud de Chiang Mai où sont conservées et cultivées les espèces endémiques. Le jardin est géré par la famille Seehamongkol, par une équipe de jardiniers thaïlandais et par Eric Danell, chercheur en botanique. Prenez rendez-vous par téléphone. Le jardin est à une trentaine de minutes au sud de l'aéroport de Chiang Mai. On peut s'y rendre en empruntant un moyen de transport collectif (environ 300 B) ; vous devrez peut-être prendre contact en amont pour pouvoir indiquer précisément le chemin au chauffeur.

Train

La **gare ferroviaire** (Th Charoen Muang) de Chiang Mai se situe à 2,5 km à l'est de la vieille ville. Pour des informations sur les tarifs et les horaires, contactez le **State Railway of Thailand** (☎ligne gratuite 1690 ; www.railway.co.th) ou prenez un horaire à la gare. Pour aller à la gare depuis la vieille ville par les transports locaux, comptez 40-60 B.

Tous les trains à destination de Chiang Mai partent de la gare Hua Lamphong à Bangkok. Il devient de plus en plus difficile de réserver une couchette sans s'y prendre longtemps à l'avance.

En 2013, quelque 13 déraillements se sont produits sur le tronçon de voie ferrée entre Uttaradit et Chiang Mai. Le 13 septembre 2013, le SRT a fermé ce tronçon pour travaux de réparation. Les travaux ayant pris du retard, on ne connaît toujours pas la date exacte de remise en activité de la ligne. Dans l'intervalle, le SRT assure le transport en bus sur le tronçon fermé.

Comment circuler

Depuis/vers l'aéroport

Un seul service de taxis agréés dessert l'aéroport pour un forfait de 120 B. De nombreux hôtels et pensions proposent le transfert de l'aéroport.

Moto

Louer une moto est l'une des solutions les plus courantes pour se déplacer librement.

Si vous louez une moto pour explorer la campagne autour de Chiang Mai, consultez les conseils et les itinéraires de **Golden Triangle Rider** (www.gt-rider.com).

Mr Mechanic (carte p. 158 ; ☎ 0 5321 4708 ; www.mr-mechanic1994.com ; 4 Soi 5, Th Moon Muang). Possède aussi deux succursales dans la vieille ville ; véhicules neufs et bien entretenus, assurance exhaustive.

Tony's Big Bikes (carte p. 158 ; ☎ 0 5320 7124 ; 17 Th Ratchamankha). Location de motos 125 cm^3 à 400 cm^3 bien entretenues et dotées de plaques d'immatriculation, cours de conduite, suggestions d'itinéraires et réparations.

Taxi

Les taxis dotés d'un compteur l'utilisent très rarement. Appelez **Taxi Meter** (☎ 0 5326 2878 ; www.taxichiangmai.com) pour commander un taxi ; la plupart des courses dans l'agglomération de Chiang Mai ne dépassent pas 150 B.

Transports publics et collectifs

Les habitants de Chiang Mai qui n'ont pas de véhicule empruntent les omniprésents *rót daang* (littéralement "camion rouge"), les *sŏrng·tăa·ou* ou les *tuk-tuk*.

Les *rót daang* sont des taxis collectifs : vous leur faites signe, vous indiquez votre destination au chauffeur et, s'il va dans cette direction, il acquiesce (d'un très léger signe de tête). Un court trajet, par exemple dans la vieille ville, coûte dans les 20 B/personne. Les trajets plus longs, comme de la vieille ville à Th Nimmanhaemin, reviennent à 40 B/personne, voire plus en fonction de la distance et de vos talents de négociateur.

Les *tuk-tuk* se louent comme un taxi uniquement et sont plus chers que les *rót daang*. La plupart des trajets coûtent au minimum 60-80 B, et s'élèvent allègrement jusqu'à 100 B le soir quand les touristes rentrent chez eux à la sortie des bars.

Vélo

Le vélo constitue un bon moyen de se déplacer dans Chiang Mai. Chiang Mai Mountain Biking (p. 161) loue des VTT et des vélos de ville (80-150 B) à la journée. **Cacti Bike** (carte p. 158 ; ☎ 0 5321 2979 ; 94/1 Th Singharat ; location de vélos 80-350 B) propose également un service de location fiable, du simple vélo pour la balade au VTT équipé de tous les accessoires.

Voiture et camion

L'une des agences les plus réputées, **North Wheels** (carte p. 158 ; ☎ 0 5387 4478 ; www.northwheels.com ; 70/4-8 Th Chaiyaphum) livre et vient chercher la voiture à votre hôtel, offre un service d'assistance 24h/24 et une assurance tous risques. Autre bonne agence, **Thai Rent a Car** (Petchburee Car Rent ; ☎ 0 5390 4188 ; www.thairentacar.com ; aéroport international de Chiang Mai) se trouve à l'aéroport. En ville, l'agence **Budget Car Rental** (☎ 0 5320 2871 ; 201/2 Th Mahidol) est installée en face du Central Airport Plaza.

ENVIRONS DE CHIANG MAI

Vallée de Mae Sa et Samoeng แม่สา / สะเมิง

La boucle Mae Sa-Samoeng, l'une des escapades en montagne les plus accessibles, conduit de la plaine bétonnée aux hauts plateaux boisés proches de la frontière. Longue de 100 km, elle constitue une bonne excursion d'une journée avec un véhicule privé, ou une échappée dans la campagne en passant une nuit à Samoeng.

Sortez de Chiang Mai vers le nord par la Rte 107 (Th Chang Pheuak) en direction de Mae Rim, puis prenez à gauche la Rte 1096. L'itinéraire devient plus champêtre, mais jalonné d'attractions touristiques : plantations d'orchidées, parcs de papillons et fermes de serpents.

À 6 km de l'embranchement vers Mae Rim, la **Nam Tok Mae Sa** (adulte/enfant 100/50 B, voiture 30 B) fait partie du parc

Vaut le détour

Parc national de Doi Inthanon

อุทยานแห่งชาติดอยอินทนนท์

Le Doi Inthanon (ou Doi In), haut de 2 565 m, est le point culminant du pays. Il constitue une excursion prisée des touristes et des habitants de Chiang Mai, en particulier pendant les vacances du Nouvel An, quand le gel, phénomène rare, fait son apparition.

Huit cascades jaillissent de la montagne. La Nam Tok Mae Klang (au Km 8) est la plus imposante et la plus facile d'accès.

À 3 km avant le sommet du Doi Inthanon, les *chédi* **Phra Mahathat Naphamethanidon** et **Nophamethanidon** (Km 41-42 ; entrée pour les deux 40 B) ont été érigés par la Royal Thai Air Force pour célébrer le 60e anniversaire du roi et de la reine, respectivement en 1989 et 1992.

L'intérêt du parc est de monter le plus haut possible pour découvrir la faune et la flore d'un climat plus frais, qui change agréablement de la chaleur accablante des plaines. Les Thaïlandais en profitent pour s'emmitoufler et poser pour une photo parmi les conifères et les rhododendrons. Près du sommet, un *chédi* est dédié à Inthawichayanon, l'un des derniers rois lanna. De là, une jolie promenade en planches traverse l'épaisse forêt jusqu'à un café, l'inévitable boutique de souvenirs et le début du chemin Ang Ka, une passerelle de 360 m au-dessus d'un marais frangé de mousse.

Le parc fait partie des sites favoris des naturalistes et ornithologues en Asie du Sud-Est. Les pentes supérieures, noyées dans la brume, sont couvertes d'orchidées, de lichens, de mousses et d'épiphytes, et abritent près de 400 espèces d'oiseaux, plus que tout autre habitat en Thaïlande.

national de Doi Suthep-Pui. L'ensemble tient davantage d'une série de bassins que d'une vraie cascade, mais offre un cadre agréable pour pique-niquer ou se promener dans les bois. Le week-end, arrivez tôt pour dénicher votre petit coin d'eau, car l'endroit est très apprécié des habitants.

La route commence à grimper et à serpenter après la cascade. L'étonnant **Mae Sa Elephant Camp** (☎0 5320 6247 ; www.maesaelephantcamp.com ; Rte 1096 ; spectacles adulte/enfant 200/100 B, promenade pour 2 pers 800 B ; ⏲spectacles 8h, 9h40 et 13h30) est l'un des plus grands du Nord.

À 2 km du camp d'éléphants, les **Queen Sirikit Botanic Gardens** (☎0 5384 1333 ; www.qsbg.org ; Rte 1096 ; adulte/enfant 100/50 B ; ⏲8h30-16h30), jardins botaniques installés sur 227 ha à flanc de montagne, abritent diverses plantes locales et exotiques à des fins de conservation et de recherche.

Après le jardin botanique, la route grimpe dans la fertile vallée de Mae Sa, un bassin d'altitude jadis planté de pavots à opium. Les agriculteurs des ethnies montagnardes ont aujourd'hui planté leurs champs en terrasses de poivriers, de choux, de fleurs et d'arbres fruitiers, dont les produits sont vendus aux projets d'agriculture royaux sous le label Doi Kham. Le projet royal du village hmong de **Nong Hoi**, à 1 200 m d'altitude, est accessible par un embranchement dans le village de Pong Yeang. Continuez sur cette route jusqu'à **Mon Cham** (Nong Hoi Mai ; plats à partir de 60-150 B ; ⏲9h-19h), ensemble de huttes en bambou érigées sur la crête. Le restaurant sert une savoureuse cuisine thaïlandaise concoctée avec les produits issus du projet royal. Mais il faut avouer que la splendide vue panoramique l'emporte sur le contenu de l'assiette. Les 100 derniers mètres menant au restaurant, une montée gravillonnée en pente raide, sont difficilement praticables à moto.

À la lisière ouest de la vallée, le **Proud Phu Fah** (☎ 0 5387 9389 ; www.proudphufah.com ; Rte 1096, Km 17 ; ch 2 500-4 000 B ; ❄ @ 📶 🏊) est un petit boutique-hôtel louant des villas confortables, chacune conçue pour donner l'illusion de dormir en pleine nature. Le restaurant en plein air sert une bonne cuisine thaïlandaise (plats 150-250 B) et profite d'une vue sur la vallée.

Après le Proud Phu Fah, la route serpente autour de la crête, grimpe puis redescend jusqu'à hauteur des conifères. Au-delà, le paysage dévoile une succession de montagnes, puis la route plonge vers le joli village de Samoeng. Pour rentrer à Chiang Mai, restez sur la Rte 1269 tout du long jusqu'à Th Khlong Chonprathan (route du canal).

Chiang Dao เชียงดาว

Dans une jungle luxuriante à l'ombre d'une majestueuse montagne calcaire, Chiang Dao constitue une escapade très prisée depuis Chiang Mai, quand la chaleur écrase les plaines. Familles et voyageurs trentenaires en quête de calme viennent se promener et profiter de l'ambiance champêtre du coin.

À voir et à faire

Tham Chiang Dao Grotte

(ถ้ำเชียงดาว ; grotte de Chiang Dao ; 40 B). Dans la chaleur de la journée, l'endroit le plus frais de la ville est la grotte Chiang Dao, un réseau souterrain qui s'étendrait sur 10 à 14 km dans le Doi Chiang Dao. Quatre grottes communicantes sont ouvertes au public. Tham Phra Non (360 m), la première, est éclairée et peut se visiter sans guide.

Doi Chiang Dao Montagne

(ดอยเชียงดาว ; Doi Luang). Le Doi Chiang Dao, qui culmine à 2 195 m, fait partie du parc national de Doi Chiang Dao. Le sommet,

Les *chédi* Phra Mahathat Naphamethanidon et Nophamethanidon, dans le parc national de Doi Inthanon

FELIX HUG/GETTY IMAGES ©

accessible en 2 jours de marche, offre une vue spectaculaire. Le versant sud de la montagne est réputé être l'un des endroits les plus accessibles du monde pour voir la sittelle géante et le faisan de Hume. Les pensions locales peuvent organiser des **treks de 2 jours** et des sorties d'**observation des oiseaux**.

Elephant Training Center of Chiang Dao Parc d'éléphants

(☎0 5329 8553 ; www.chiangdaoelephantcamp.com ; spectacle 100 B ; ⌚spectacles 9h et 10h). Dans un ravissant écrin boisé proche de l'autoroute, ce parc d'éléphants jouit d'une bonne réputation. Il propose des démonstrations de dressage qui permettent aux visiteurs (chose rare) de voir comment on apprend aux éléphanteaux à obéir aux ordres des *mahout*, à travailler avec leurs congénères et à accepter d'être montés par les *mahout*.

Où se loger

Chiang Dao Nest Pension **$$**

(☎08 6017 1985 ; http://nest.chiangdao.com ; ch 895-1 500 B ; @ wifi piscine). La pension qui a attiré les voyageurs à Chiang Dao constitue une accueillante retraite champêtre. Les modestes bungalows procurent l'essentiel – des lits confortables, l'intimité et un intérieur impeccable. Les plus proches du restaurant bénéficient d'une vue splendide depuis les vérandas délabrées à l'arrière.

Mais le principal atout du Nest reste son restaurant sensationnel, adresse très prisée des expatriés vivant à Chiang Mai.

Nature Guest House Pension **$$**

(☎08 9955 9074 ; ch 650-900 B ; @ wifi). Endroit paisible niché dans un verger avec vue sur les montagnes. Les huttes en bois avec ventilateur sont bien entretenues et disposent de vérandas spacieuses. Les bungalows modernes et climatisés sont plus récents et plus sophistiqués. Des poules se promènent dans le jardin, des longaniers bordent les allées, et le bon air pur aide à plonger délicieusement dans le sommeil.

Malee's Nature Lovers Bungalows Pension **$$**

(☎08 1961 8387 ; www.maleenature.com ; ch 350-1 500 B ; @ piscine). Ensemble de bungalows de dimensions et de prix variables à l'ambiance globe-trotteur plus rustique. Les bungalows les moins chers ont des sdb communes, tandis que les "bungalows lune de miel" profitent d'une agréable intimité et sont entourés d'une terrasse. L'un d'eux est surélevé afin que les passionnés d'ornithologie puissent observer de plus près la canopée. Il y a également un bungalow familial doté d'une chambre supplémentaire.

Comment s'y rendre et circuler

Chiang Dao se situe à 72 km au nord de Chiang Mai par la Rte 107. Les bus à destination de Chiang Dao (40 B, 1 heure 30, 6/jour) partent de la gare routière de Chang Pheuak à Chiang Mai. Les bus arrivent à la gare routière de Chiang Dao et en partent ; de là, prenez un *sŏrng·tăa·ou* (100 B) jusqu'à votre pension.

Chiang Rai et le nord de la Thaïlande

Des fertiles plaines centrales, le nord de la Thaïlande s'élève vers une chaîne accidentée qui longe la frontière entre l'Asie du Sud-Est et la Chine. Ces montagnes rejoignent la zone des conifères et établissent une unité culturelle entre la Thaïlande et le Laos, le Myanmar et la Chine. Un séjour dans le Nord permet de savourer un paysage spectaculaire, une cuisine unique et un avant-goût de la vie par-delà les frontières du royaume.

On accède idéalement à cette région via le sentier culturel qui part de Sukhothai, l'ancienne capitale, pour rejoindre le "mur de Diamant" de Kamphaeng Phet et les demeures en teck de Lampang. Les provinces de Chiang Rai et Mae Hong Son, réputées pour leur beauté naturelle, se visitent souvent lors de randonnées vers les villages des ethnies montagnardes. Les amateurs de frontières seront invités à suivre les méandres du Mékong dans le sulfureux Triangle d'or, ou à flâner au fil de petites localités et de marchés matinaux.

Temples anciens, Sukhothai (p. 217)

JEAN-PIERRE LESCOURRET/GETTY IMAGES ©

Jeune fille d'une ethnie montagnarde, Chiang Rai

Chiang Rai et le nord de la Thaïlande

Chiang Rai et le nord de la Thaïlande À ne pas manquer

Province de Chiang Rai

La province (p. 199) la plus septentrionale du pays offre un éventail de paysages et de cultures champs et forêts, montagnes et plaines, autant d'icônes abondamment photographiées d'une Thaïlande du Nord idyllique. La frontière avec le Laos et le Myanmar (Birmanie) donne l'illusion de voyager dans plusieurs pays, et les randonnées écotouristiques permettent de découvrir d ethnies montagnardes qui s'efforcent de préserver leur culture et leur tradition.

1

2 Mae Hong Son

Nichée dans les montagnes dominant le Myanmar (Birmanie), la capitale provinciale de Mae Hong Son (p. 239) es si éloignée des plaines qu'on s'imagine avoir franchi la frontière. Flânez sur les marchés, promenez-vous au milieu de temples sertis dans un écrin haut perché, ou randonnez entre sommets boisés et vallées, là où vivent diverses ethnies montagnardes. À gauche : villageoise d montagnes en plein tissage, province de Mae Hong Son

PETE ATKINSON/GETTY IMAGES ©

SHUTTERWORX/GETTY IMAGES ©

3

ukhothai

ous jugez peut-être avoir eu votre ompte de monuments en ruine Ayuthaya, mais l'ancienne apitale de Sukhothai (p. 217) nérite vraiment l'effort. La vieille ité est installée dans un parc aisible invitant à la méditation - l'ambiance parfaite pour ontempler ces monuments olennels et superbes. Parcourez es vestiges à vélo pour apprécier un oyaume auquel on doit l'éveil créatif le la Thaïlande.

KYLIE MCLAUGHLIN/GETTY IMAGES ©

4

ampang

ampang (p. 196), une version plus nodeste de Chiang Mai, attire nombre de ouristes thaïlandais (moins d'étrangers) vec ses balades en calèche. Sa vieille ille recèle de belles demeures en teck, andis que les coutumes du Nord, encore alpables, y côtoient les commodités nodernes. Aux portes de la ville, on rouve un centre national de préservation les éléphants et un hôpital dédié aux achydermes. Ci-dessus : temple à Lampang

5

Pai

La paisible Pai (p. 232), nichée dans un paysage de vallée montagneuse au nord-ouest de Chiang Mai, est un lieu de repos et de détente (et même de fête). C'est une escapade prisée des habitants de Chiang Mai et de Bangkok, des expatriés mais aussi des jeunes globe-trotteurs en quête d'une fête en altitude. Il vaut mieux planifier son séjour pour profiter des curiosités de la localité, dans leur versant spirituel aussi bien que social. Ci-dessus : vue du sommet de la gorge de Pai (p. 233)

Chiang Rai et le nord de la Thaïlande le best of

Escapades avec vue

- **Mae Salong** Longez la crête sinueuse qui divise ce village habité par une communauté chinoise et cerné de plantations de thé. (p. 207)
- **Mae Hong Son** Gravissez une route de montagne tout en lacets pour rejoindre cette capitale provinciale. (p. 239)
- **Doi Tung** Côtoyez le Myanmar (Birmanie) en visitant cet ancien bastion de la production d'opium. (p. 212)

Spécialités culinaires

- **Larp Khom Huay Poo** Propose des plats de viande à Pai, le pays du tofu. (p. 236)
- **Lung Eed** Une cuisine du Nord qui fait saliver Chiang Rai. (p. 205)
- **Paa Suk** Fameux restaurant de nouilles de Chiang Rai. (p. 205)
- **Bamee Chakangrao** Des nouilles maison à Kamphaeng Phet. (p. 231)

Temples

- **Wat Phra Si Ratana Mahathat**. Abrite le fameux bouddha en bronze de Phitsanulok. (p. 214)
- **Wat Rong Khun** Temple ultramoderne proche de Chiang Rai. (p. 203)
- **Wat Jong Kham et Wat Jong Klang** Temples à plusieurs niveaux très ornementés au bord d'un beau lac à Mae Hong Son. (p. 239)
- **Wat Mahathat** Renferme le célèbre bouddha de Sukhothai. (p. 219)

Marchés

- **Rue piétonnière de Lampang** Une rue pleine de cachet dans un quartier commerçant. (p. 197)
- **Rue piétonnière de Chiang Rai** Circulation automobile interdite : place au shopping et aux étals de nourriture. (p. 205)
- **Marché de pierres précieuses de Mae Sai** Vente et achat de pierres étincelantes dans les ruelles de cette ville frontalière. (p. 211)
- **Marchés de nuit de Phitsanulok** La vie provinciale dans toute sa splendeur sur les marchés et bazars de nuit. (p. 215)

uche : récolte du riz, province de Mae Hong (p. 232) ; **ci-dessus :** au Lung Eed (p. 205)

Ce qu'il faut savoir

À PRÉVOIR

- **Une semaine avant** Réservez votre hôtel à Pai en haute saison (déc-jan).
- **La veille** Achetez vos tickets de bus et/ou train directement à la station.

ADRESSES UTILES

- **Chiang Rai Tourism Authority of Thailand** (TAT ; carte p. 200 ; ☎0 5374 4674, nationwide 1672 ; tatchrai@tat.or.th ; Th Singhaclai ; ⏲8h30-16h30)
- **Lampang Tourism Authority of Thailand** (☎0 5423 7229 ; Th Thakhrao Noi ; ⏲8h30-17h lun-ven)
- **Mae Hong Son Tourism Authority of Thailand** (☎0 5361 2982 ; www.travelmaehongson.org ; Th Niwet Pi-sarn ; ⏲8h30-16h30)
- **Phitsanulok Tourism Authority of Thailand** (☎0 5525 2742 ; tatphlok@tat.or.th ; 209/7-8 Th Baromtrilokanart ; ⏲8h30-16h30)
- **Sukhothai Tourism Authority of Thailand** (carte p. 221 ; ☎0 5561 6228, Th Jarot Withithong ; ⏲8h30-16h30)

COMMENT CIRCULER

- **Avion** Vols pour Mae Hong Son de Chiang Mai ; ou pour Bangkok de Chiang Rai.
- **Bus** Nombreuses possibilités vers toutes les régions depuis Chiang Mai.
- **Bicyclette et moto** Bon moyen de voir les villes.
- **Sŏrng·tăa·ou** Camionnettes (pick-up) servant de taxis collectifs et de bus publics.
- **Train** Trains de nuit de Bangkok à Chiang Mai avec connexions à Phitsanulok et Lampang.
- **Tuk-tuk** Pour se déplacer en ville ; négociez.

MISES EN GARDE

- **Postes de contrôle** Ayez votre passeport sous la main, car il y a des postes de contrôle militaires près de la frontière.
- **Tenue vestimentaire** De novembre à janvier, prévoyez blouson et chaussettes.
- **Sûreté à moto** Portez un casque et des vêtements protecteurs.
- **Randonnée** Évitez la saison chaude (mars à mai) et la saison des pluies (juin à octobre).
- **Cascades** Bouillonnantes de juin à décembre.

Suggestions d'itinéraires

Visitez les anciennes capitales et parcs historiques de la Thaïlande, ou bien mettez le cap sur la région frontalière du Triangle d'or, ancien bastion de la production d'opium.

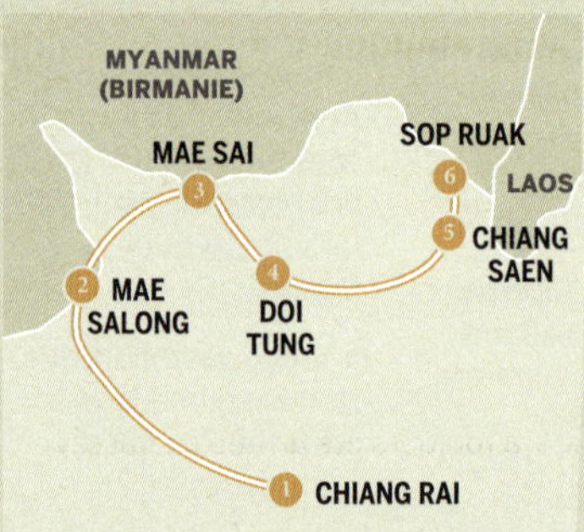

5 JOURS

DE PHITSANULOK À LAMPANG

Le sentier culturel

À ❶ **Phitsanulok**, ville provinciale, prenez le bus pour Sukhothai, une ancienne capitale réputée pour ses statues du Bouddha. Les touristes thaïlandais s'y arrêtent pour "amasser du mérite" au Wat Phra Si Ratana Mahathat (p. 214), et manger des *gŏoay·đĕe·o hôy kăh* (littéralement, des nouilles "aux jambes pendantes").

Poursuivez vers ❷ **Sukhothai** (p. 217), dont la dynastie bicentenaire compta notamment le roi Ramkhamhaeng (1275-1317), à qui l'on attribue la naissance de l'écriture thaïe. Si la ville est banale, les ruines sont spectaculaires. En s'enfonçant dans la campagne, découvrez le ❸ **parc historique de Si Satchanalai-Chaliang** (p. 225), une ancienne ville satellite du royaume de Sukhothai dont les vestiges parsèment un paysage bucolique.

Faites un détour par ❹ **Kamphaeng Phet** (p. 229), une agréable bourgade provinciale dotée de ruines de l'époque de Sukhothai. Mettez le cap sur ❺ **Lampang**, au nord, avec ses temples en teck, ses calèches et le premier centre de préservation des éléphants du pays.

En haut à gauche : Wat Phra Kaeo, Kamphaeng Phet ; **en haut à droite :** vue sur les montagnes, Chiang Rai

7 JOURS

E CHIANG RAI À SOP RUAK

En route vers le nord de Chiang Rai

hiang Rai, province la plus septentrionale de Thaïlande, a toujours été un lieu de passage, mprunté par les immigrés thaïs provenant du sud de la Chine, les caravanes de la Route e la soie et les mules portant l'opium en provenance du Triangle d'or.

Partez de ❶ **Chiang Rai** (p. 199), une capitale provinciale où l'on pourra profiter de la ulture locale du café, ainsi que du marché de nuit. Puis quittez la ville pour une randonnée e plusieurs jours dont les recettes contribueront à subventionner des infrastructures et es projets éducatifs dans les communautés montagnardes.

Passez une journée à ❷ **Mae Salong** (p. 207), un village chinois perché sur la crête de a montagne entouré de plantations de thé. Ou installez-vous un jour ou deux à ❸ **Mae Sai** p. 210), porte d'entrée de l'ancienne région du Triangle d'or de la province de Chiang Rai. 'isitez en voiture ❹ **Doi Tung** (p. 212), où la culture du café a remplacé celle du pavot.

Poursuivez jusqu'à la ville-frontière de ❺ **Chiang Saen** (p. 211), au bord du Mékong, our voir ses nombreux temples et les barges qui apportent par voie fluviale des denrées enues de l'intérieur de la Chine. Faites une excursion d'une journée à ❻ **Sop Ruak** p. 212), "centre" officiel du Triangle d'or dont les musées retracent l'histoire de la roduction illicite d'opium dans la région.

Découvrir Chiang Rai et le nord de la Thaïlande

Les incontournables

- **Lampang** (ci-contre), typique du Nord. De belles demeures en teck.
- **Chiang Rai** (p. 199). Province frontalière réputée pour son café, ses randonnées et le Triangle d'or.
- **Phitsanulok** (p. 214). Fameux temple bouddhique et accès ferroviaire à Sukhothai.
- **Sukhothai** (p. 217). Vestiges de l'un des premiers royaumes thaïs.
- **Kamphaeng Phet** (p. 229). Étape incontournable pour ses temples.
- **Province de Mae Hong Son** (p. 232). Paysages accidentés, influences birmanes et accents festifs de la ville de Pai.

Rizières, Chiang Saen (p. 211)

JEAN-CLAUDE SOBOUL/GETTY IMAGES ©

LAMPANG ลำปาง

59 000 HABITANTS

Éléphants travaillant dans la forêt, élégantes demeures d'anciens barons du bois et temples imposants (souvent en bois) de la période de Lanna, Lampang semble réunir, de manière plaisante, tous les clichés du nord de la Thaïlande. Relativement peu visitée, la ville procure plus une impression de "découverte" que bien d'autres destinations de la région.

Histoire

Si la province était déjà habitée au VIIe siècle durant la période Dvaravati, la légende veut que la cité de Lampang ait été fondée par le fils de la reine Chama Thewi de Hariphunchai et qu'elle ait joué un rôle important dans l'histoire du royaume de Hariphunchai.

Comme Chiang Mai, Phrae et d'autres anciennes villes du Nord, Lampang fut d'abord une cité fortifiée rectangulaire au bord d'une rivière, la Mae Wang. Au tournant du XXe siècle, Lampang et la proche Phrae devinrent un centre important de négoce du teck. Une grande compagnie britannique fit venir des contremaîtres birmans spécialisés pour former des bûcherons birmans et thaïlandais. Ces contremaîtres bien payés, ainsi que des marchands de teck birmans qui commerçaient à Lampang, financèrent la construction de plus d'une dizaine de temples ; un héritage dont subsistent quelques-uns des plus beaux *wat* de la ville et de magnifiques maisons anciennes le long de Th Talad Gao.

À voir et à faire

/at Phra Kaew
on Tao Temple bouddhique

วัดพระแก้วดอนเต้า ; **près de Th Phra Kaew ; 20 B ; aube-crépuscule)**. De 1436 à 1468, le Wat hra Kaew Don Tao fut l'un des quatre *'at* du nord de la Thaïlande à abriter le ouddha d'Émeraude (aujourd'hui au /at Phra Kaew de Bangkok).

'h Talad Gao Quartier

ถนนตลาดเก่า ; **Th Talad Gao)**. Le passé nulticulturel de Lampang transparaît ans cette rue parallèle à la rivière euplée de maisons, de maisons de égoce et de temples anciens, témoins es styles architecturaux thaï, anglais, hinois et birman. C'est dans cette rue our l'occasion fermée à la circulation ue se tient le **marché (Th Talad Gao ; 16h-22h sam-dim)** hebdomadaire.

Baan Sao Nak Musée

บ้านเสานัก ; **85 Th Radwattana ; 50 B ; 10h-7h)**. Baan Sao Nak fut construit en 1895 ans le style lanna traditionnel. Immense naison en teck soutenue par 116 piliers arrés, elle appartenait jadis à une *kun·yǐng* noble) locale. C'est aujourd'hui un musée.

Calèches Visites guidées

Th Suandawg ; circuits 30/60 min 200/300 B ; 5h-21h). Lampang est la seule ville du ays où l'on trouve encore des calèches irées par des chevaux. Le circuit de 0 minutes conduit le long de la Mae Vang. Celui de 1 heure fait halte au Wat 'hra Kaew Don Tao et au Wat Si Rong Aeuang.

Les calèches stationnent près des rands hôtels et à l'est du marché dans 'h Boonyawat.

Où se loger

Akhamsiri Home Hôtel $

0 5422 8791 ; www.akhamsirihome.com ; 4/1 Th Pahmaikhet ; ch 450 B ;). Avec les prestations de catégorie moyenne des prix petits budgets, cet hôtel offre le grandes chambres fraîches dans ne résidence soignée, toutes avec TV, éfrigérateur et balcon.

Riverside Guest House Pension $$

(**0 5422 7005 ; www.theriverside-lampang.com ; 286 Th Talad Gao ; ch 350-900 B, ste 1 800-2 000 B ;**). Encore accessible aux petits budgets, ce complexe verdoyant aux maisons en bois rénovées est l'une des adresses les plus agréables de Lampang, voire de tout le nord de la Thaïlande. Au bord de la rivière, il compte de nombreuses tables ombragées pour bavarder ou se restaurer, loue des motos et offre plusieurs autres services.

Essayez d'obtenir l'une des 2 chambres à l'étage du bâtiment principal, avec de grands balcons donnant sur la Mae Wang, ou l'immense suite de 2 pièces.

Où se restaurer et prendre un verre

Aroy One Baht Thaïlandais $

(angle Th Suandawg et Th Thipchang ; plats 15-80 B ; 16h-24h). Certains soirs, on dirait que tout Lampang s'est donné rendez-vous ici, ce qui n'est pas étonnant : la cuisine est savoureuse et bon marché, alors que le cadre, une maison de bois, est vraiment agréable.

Niyom Sen Thaïlandais du Nord $

(125 Th Talad Gao ; plats 30-40 B ; 9h-19h mar-dim). La spécialité maison, le *kà·nŏm jin nám ngée·o*, est un bouillon au porc et à la tomate du Nord.

Khun Manee

Lampang est réputée pour ses délicieux *kôw đăan*, des gâteaux de riz frits assaisonnés de jus de pastèque et saupoudrés de sucre de palme. On peut en acheter et même assister à leur confection dans cette accueillante **fabrique (35 Th Ratsada ; aube-crépuscule)** tout près de Th Ratsada – repérez la flèche jaune.

Mae Hae Thaïlandais du Nord $

(1 017 Th Upparaj, enseigne en thaï ; plats 20-50 B ; ⌚11h-19h). Montrez que vous êtes dans le coup en allant dans cet établissement modeste établi de longue date. Il n'y a pas de carte : désignez simplement la soupe, le curry, la sauce ou la salade qui vous tente.

Phat Thai Yay Fong Thaïlandais $

(Th Boonyawat, enseigne en thaï ; plats 35-60 B ; ⌚17h-22h). Comment les Thaïlandais du Nord aiment-ils le *pàt tai* ? Avec du porc émincé et des couennes de porc, bien sûr. Ce stand très couru est installé juste à l'est du Wat Suan Dok.

Vegetarian Food Végétarien thaïlandais $

(Th Talad Gao ; plats 25-35 B ; ⌚8h-18h lun-sam ; 🌶). Ce restaurant propose une vaste sélection de plats végétariens thaïlandais.

Riverside International, thaïlandais $$

(328 Th Thipchang ; plats 80-210 B ; ⌚10h-22h). Très prisée des étrangers, de passage ou résidents, cette cabane en bois semble sur le point de s'écrouler dans la Mae Wang. Musique live, bar bien fourni et longue carte de plats locaux et occidentaux attirent les foules.

Depuis/vers Lampang

L'aéroport de Lampang se situe à 1,5 km au sud du centre-ville, à l'extrémité est de Th Phahonyothin (Asia 1 Hwy). À l'époque de nos recherches, **Bangkok Airways (☎0 5482 1522, 1771 ; www.bangkokair.com ; aéroport de Lampang ; ⌚7h30-11h30 et 12h30-18h30)**, avec des vols depuis/vers Bangkok, était la seule compagnie aérienne à desservir Lampang. Un *sŏrng·tăa·ou* entre l'aéroport et le centre coûte 50 B ; un taxi demande 200 B.

La gare routière des bus et des minibus de Lampang est à près de 2 km au sud du centre-ville, à l'angle de Th Phahonyothin (Asia 1 Hwy) et de Th Chantarasurin ; des *sŏrng·tăa·ou* fréquents circulent entre cette gare et la ville de 3h à 21h (20 B, 15 min).

Transports depuis/vers Lampang

DESTINATION	AVION	BUS	MINIBUS	TRAIN
Bangkok	2 340 B ; 1 heure 30 ; 2/jour (pour l'aéroport international Suvarnabhumi)	378-756 B ; 9 heures ; départs fréquents 7h30-11h30 et 18h30-21h	–	256-1 872 B ; 12 heures ; 6/jour
Chiang Mai	–	53-140 B ; 2 heures ; ttes les 30 min 2h-20h30	70 B ; 1 heure 30 ; ttes les heures 6h30-17h30	23-413 B ; 3 heures ; 6/jour
Chiang Rai	–	111-153 B ; 4 heures ; départs fréquents 6h30-15h	–	–
Mae Sai	–	138 B ; 6 heures ; 10h30 et 12h30	–	–
Mae Sot	–	199-265 B ; 4 heures ; 13h et 14h30	–	–
Phitsanulok	–	171-256 B ; 4 heures ; ttes les heures 5h-22h30	–	48-1 542 B ; 5 heures ; 6/jour
Sukhothai	–	178 B ; 3 heures ; ttes les heures 5h-19h	–	–

Vaut le détour
Écotourisme autour des éléphants

On peut accéder à ces deux structures sanitaires pour les éléphants en prenant un minibus ou un *sŏrng·tăa·ou* (de 30 à 70 B, 40 min) à destination de Chiang Mai, à la gare routière de Lampang. Indiquez au chauffeur où vous allez et descendez au repère du Km 37. Le TECC est à 1,5 km de la route et des navettes conduisent à l'intérieur. On peut aussi louer un *sŏrng·tăa·ou* bleu (600 B) à la gare routière de Lampang ou un taxi (environ 1 000 B).

Thai Elephant Conservation Center (TECC ; ☎0 5482 9333 ; www.thailandelephant.org ; Rte 11 ; adulte/enfant 170/110 B ; ⏲bain des éléphants 9h45 et 13h15, spectacles 10h, 11h et 13h30). Ce centre met en avant le rôle de l'éléphant d'Asie dans l'écotourisme. Outre les spectacles avec ces animaux, il propose une exposition sur l'histoire et la culture liée à l'éléphant, une galerie d'art éléphantesque, un cimetière d'éléphants et des **promenades à dos d'éléphant** (10/30/60 min 200/500/1 000 B ; ⏲8h-15h30) dans la forêt environnante.

Pour ceux qui souhaitent approfondir leur connaissance des pachydermes, la **Mahout Training School** (☎0 5424 7875 ; www.thailandelephant.org ; formations 1-30 jours 3 500-100 000 B) du TECC offre un éventail de formations d'un jour à un mois.

Tous les bénéfices des droits d'entrée et des boutiques de souvenirs financent l'hôpital des éléphants, qui s'occupe de pachydermes âgés, abandonnés ou malades, de tout pays, et travaille à la préservation des animaux grâce à divers programmes de recherche et d'élevage.

FAE's Elephant Hospital (Friends of the Asian Elephant – les Amis des éléphants d'Asie ; ☎08 1914 6113 ; www.elephant-soraida.com ; près de la Rte 11 ; don à l'entrée ; ⏲8h-17h). Situé juste à côté du TECC (mais sans lien avec ce centre), cet hôpital prétend être le premier du genre au monde. Si les visiteurs sont les bienvenus, souvenez-vous qu'il s'agit d'un établissement médical en activité, sans visite guidée ni spectacle. Les dons sont grandement appréciés.

La **gare ferroviaire** (☎0 5421 7024, 1690 ; www.railway.co.th ; Th Phahonyothin) historique de Lampang, construite en 1916, est assez éloignée de la plupart des hébergements ; un *tuk-tuk* entre cette gare et le centre-ville coûte environ 80 B.

Comment circuler

Il est possible de circuler à pied dans le centre-ville. Le bureau de la TAT (Tourism Authority of Thailand) loue gratuitement des vélos de 10h à 16h ; pensez à apporter votre passeport. On peut louer des vélos (60 B/jour) et des motos (200 B/jour) chez **Ozone** (395 Th Thipchang ; ⏲9h-20h). Pour vous rendre hors de la ville, vous trouverez une **station de taxis** (☎0 5421 7233 ; Th Suandawg ; ⏲6h30-17h) près du Pin Hotel.

PROVINCE DE CHIANG RAI

Chiang Rai เชียงราย

68 000 HABITANTS

Fondée par Phaya Mengrai en 1262, Chiang Rai faisait alors partie du royaume lanna lao-thaï. Elle ne devint territoire siamois qu'en 1786, puis une province en 1910. Si vous prenez le temps de l'explorer, vous découvrirez une petite ville charmante à l'ambiance détendue, avec des hébergements d'un bon rapport qualité/prix et une excellente cuisine locale. De plus, elle constitue une base pratique pour des excursions dans des coins très reculés de la province.

Chiang Rai

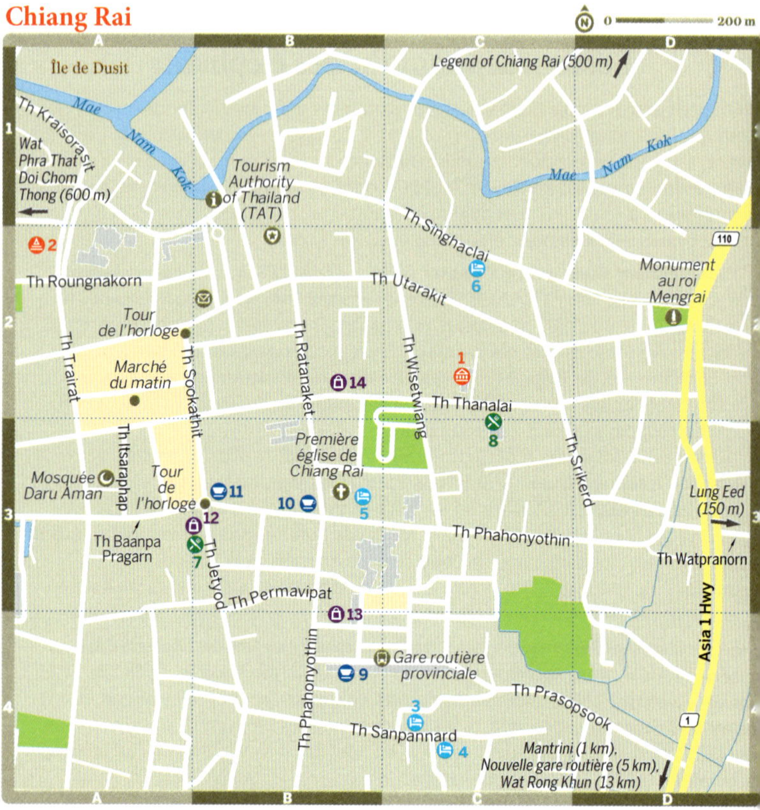

Chiang Rai

À voir
1 Musée et centre de formation des ethnies montagnardes C2
2 Wat Phra Kaew A2

Activités
PDA Tours & Travel .... (voir 1)

Où se loger
3 Baan Warabordee C4
4 Diamond Park Inn C4
5 Golden Triangle Inn B3
6 Moon & Sun Hotel C2

Où se restaurer
7 Khao Soi Phor Jai B3
8 Phu-Lae C3

Où prendre un verre et faire la fête
9 BaanChivitMai Bakery B4
10 Doi Chaang B3
11 Pangkhon Coffee B3

Achats
12 Fair Trade Shop B3
13 Marché de nuit B4
14 Walking Street B2

À voir

Musée Oub Kham Musée

(พิพิธภัณฑ์อูบคำ ; www.oubkhammuseum.com ; Th Nakhai ; adulte/enfant 300/200 B ; 8h-17h). Ce musée possède une impressionnante collection d'objets provenant de tous les coins de l'ancien royaume lanna. Les pièces, dont il n'existe parfois qu'un seul exemplaire, vont d'une spatule en os de singe utilisée par la famille royale pour goûter les aliments à un imposant trône sculpté de Chiang Tung (Myanmar).

Le musée Oub Kham, à 2 km à l'ouest u centre-ville, peut être difficile à trouver ; n *tuk-tuk*, comptez environ 50 B.

'arc culturel et artistique e Mae Fah Luang
Musée

ร่แม่ฟ้าหลวง ; www.maefahluang.org/rmfl ; 13 Mu 7, Ban Pa Ngiw ; 200 B ; ⌚8h30-16h30 ar-dim). Outre un musée renfermant une des plus importantes collections 'objets lanna du pays, cet ensemble ménagé avec soin comprend des emples bouddhiques anciens et nodernes, des sculptures et d'autres âtiments.

Le parc culturel et artistique de Mae ah Luang est à environ 4 km à l'ouest u centre de Chiang Rai ; la course en *ık-tuk* ou en taxi coûte environ 100 B.

1usée et centre le formation des ethnies nontagnardes
Musée

พิพิธภัณฑ์และศูนย์การศึกษาชาวเขา ; www. dacr.org ; 3e ét., 620/25 Th Thanalai ; 50 B ; ⌚9h-18h lun-ven, 10h-18h sam-dim). Ce nusée et centre culturel est intéressant visiter avant de partir à la rencontre es ethnies montagnardes. Gérée par la opulation & Community Development ssociation (PDA), une association à ut non lucratif, l'exposition, un peu écevante côté présentation, est ne mine d'informations sur les thnies de Thaïlande et les roblèmes auxquels elles ont confrontées.

Vat Phra Kaew
Temple bouddhique

ัดพระแก้ว ; Th Trairat ; ⌚temple 7h-19h, musée h-17h). GRATUIT Appelé l'origine Wat Pa ia (monastère de la orêt de bambous) n dialecte local, ce emple est le plus énéré de la ville. Derrière la principale alle de prière, un bâtiment en bois de taille moyenne, on trouve un *chédi* octogonal de style lanna datant de la fin du XIVe siècle. À côté, dans un bâtiment en bois à 2 niveaux, un **musée** présente divers objets anciens lanna.

Selon la légende, la foudre frappa le *chédi* en 1434, qui s'effondra et laissa apparaître le Phra Kaew Morakot ou Bouddha d'Émeraude (en jade, en réalité). Après de longues pérégrinations, dont une étape prolongée à Vientiane au Laos, cet emblème national est désormais installé dans le temple du même nom à Bangkok.

Activités

Presque tous les hôtels et pensions de Chiang Rai proposent des treks dans le secteur des ethnies montagnardes.

Le prix d'un trek dépend du nombre de jours, de participants et du type d'activités. Comptez de 2 500 à 6 500 B par personne pour un trek de 2 nuits pour 2 personnes.

Le musée du Wat Phra Kaew
KYLIE MCLAUGHLIN/GETTY IMAGES ©

Mirror Foundation Trekking
(**0 5373 7616 ; www.thailandecotour.org**). Si les prix sont un peu plus élevés, un trek avec cette ONG à but non lucratif contribue à la formation de guides locaux. Les treks de 1 à 3 jours traversent les villages akha, karen et lahu du district de Mae Yao, au nord de Chiang Rai.

PDA Tours & Travel Trekking
(**0 5374 0088 ; www.pda.or.th/chiangrai/package_tour.htm ; 3e ét., Centre de formation et musée des ethnies montagnardes, 620/25 Th Thanalai ; 9h-18h lun-ven, 10h-18h sam-dim**). Cette ONG propose des treks de 1 à 3 jours. Les bénéfices sont investis dans des projets communautaires : information sur le sida, dispensaires mobiles, bourses scolaires et installation de banques gérées par les villages.

Rai Pian Karuna Trekking
(**08 7186 7858, 08 2195 5645 ; www.facebook.com/raipiankaruna**). Cette nouvelle entreprise sociale et communautaire propose des treks d'un ou plusieurs jours et des séjours dans les villages akha, lahu et lua de Mae Chan, au nord de Chiang Rai.

Où se loger

EN VILLE

Baan Warabordee Hôtel $
(**0 5375 4488 ; baanwarabordee@hotmail.com ; 59/1 Th Sanpannard ; ch 500-600 B ;**). Ce petit hôtel charmant occupe une villa moderne de 3 étages, avec des chambres ornées de boiseries sombres et de tissus lumineux, avec climatisation, réfrigérateur et eau chaude.

Moon & Sun Hotel Hôtel $
(**0 5371 9279 ; www.moonandsun-hotel.com ; 632 Th Singhaclai ; ch avec petit-déj 500-600 B, ste avec petit-déj 800 B ;**). Lumineux et d'une propreté irréprochable, ce petit hôtel dispose de grandes chambres modernes, certaines équipées d'un lit à baldaquin, mais toutes avec bureau, TV câblée et réfrigérateur. Les suites ont un grand salon séparé.

Diamond Park Inn Hôtel $
(**0 5375 4960 ; www.diamondparkinn.com ; 74/6 Th Sanpannard ; ch 1 100 B, ste 1 400-1 500 B, avec petit-déj ; @**). Excellent choix de catégorie moyenne, ce vaste hôtel comprend des chambres attrayantes avec meubles modernes et lits sur des plate-formes surélevées. Les plus chères, immenses, ont une baignoire et un large balcon.

Golden Triangle Inn Hôtel $
(**0 5371 1339 ; www.goldentriangleinn.com ; 590 Th Phahonyothin ; s/d avec petit-déj 700/800 B ;**). Avec ses airs de grande maison familiale thaïlandaise, cet établissement dispose de 31 chambres aux sols carrelés ou parquetés, avec mobilier en bois et lits jumeaux. Il comprend

Đôm yam, une soupe chaude et amèr
RACHEL LEWIS/GETTY IMAGES ©

Vaut le détour
Le ciel et l'enfer

Tout près de Chiang Rai se trouvent deux des sites les plus étonnants de la province.

Alors que la plupart des temples bouddhiques de Thaïlande sont vieux de plusieurs siècles, la construction du **Wat Rong Khun** (วัดร่องขุ่น ; temple blanc ; près d'Asia 1 Hwy ; 8h-17h lun-ven, 8h-17h30 sam-dim) GRATUIT, une œuvre de Chalermchai Kositpipat, peintre thaïlandais devenu architecte, a commencé en 1997. De loin, il semble fait de porcelaine étincelante ; de plus près, on comprend que cette apparence est due à un mélange de chaux et d'éclats de miroir.

Le Wat Rong Khun se trouve à environ 13 km au sud de Chiang Rai. Pour le rejoindre, empruntez l'un des bus reliant Chiang Rai à Chiang Mai ou à Phayao (20 B). À noter que le temple a été sévèrement endommagé par un tremblement de terre en mai 2014.

Œuvre étrange due à Thawan Duchanee, artiste national, mais aussi contrepoint plutôt sinistre au Wat Rong Khun, **Baan Dum** (บ้านดำ ; maison noire ; près d'Asia 1 Hwy ; 9h-12h et 13h-17h) GRATUIT réunit plusieurs bâtiments quasi traditionnels pour la plupart peints en noir et ornés de peaux de bêtes et d'ossements.

Baan Dum se trouve à Nang Lae à 13 km au nord de Chiang Rai ; tous les bus pour Mae Sai peuvent vous y déposer (20 B environ).

un restaurant, un bureau de location de véhicules Budget et une agence de voyages efficace.

EN DEHORS DE LA VILLE

Bamboo Nest de Chiang Rai Pension $$
(08 9953 2330, 08 1531 6897 ; www.bamboonest-chiangrai.com ; bung avec petit-déj 650-1 300 B). Bien qu'on ait l'impression d'être au bout du monde, le village lahu où se trouve cet hébergement unique n'est qu'à 23 km de Chiang Rai. L'établissement est composé de cabanes en bambou simples mais spacieuses, juchées sur une colline surplombant des rizières en terrasses. L'électricité étant fournie par des panneaux solaires, laissez vos ordinateurs portables en ville et participez plutôt aux activités de plein air, qui vont de l'observation des oiseaux à la randonnée.

Un séjour de 2 nuits ou plus donne droit au transfert gratuit depuis/vers Chiang Rai.

Ben Guesthouse Pension $$
(0 5371 6775 ; www.benguesthousechiangrai.com ; 351/10 Soi 4, Th Sankhongnoi ; ch 350-850 B, ste 1 500-3 000 B ;). Ben est certainement l'une des meilleures adresses petits budgets du Nord. Cet établissement impeccable propose des chambres allant de la petite chambre avec ventilateur à l'immense suite, et comprend une piscine. À 1,2 km du centre, l'hôtel est au bout du Soi 4 dans Th Sankhongnoi (qui devient Th Sathanpayabarn au croisement avec Th Phahonyothin). Comptez 60 B en *tuk-tuk*.

Legend of Chiang Rai Hôtel $$$
(0 5391 0400 ; www.thelegend-chiangrai.com ; 124/15 Th Kohloy ; ch avec petit-déj 3 900-5 900 B, bung avec petit-déj 8 100-12 900 B ; @). L'un des rares hôtels à profiter d'un emplacement au bord de la rivière, ce complexe haut de gamme, à 500 m au nord de Th Singhaclai, ressemble à un village lanna traditionnel. Les chambres aux douces tonalités

KEVIN LANDWER-JOHAN/GETTY IMAGES ©

À ne pas manquer
La culture du café à Chiang Rai

Malgré sa taille relativement modeste, Chiang Rai dispose d'une quantité enviable de cafés de qualité de type occidental. Cela est dû en grande partie au fait que la plupart des meilleurs grains de café du pays proviennent des coins les plus reculés de la province.

BaanChivitMai Bakery (www.baanchivitmai.com ; Th Prasopsook ; 8h-21h lun-sam ; @). En plus d'un bon café de production locale, cette boulangerie très appréciée vend d'authentiques pâtisseries suédoises, ainsi que des plats et des sandwichs occidentaux. Les bénéfices sont versés à BaanChivitMai, une organisation qui gère des logements et des projets d'éducation pour les enfants vulnérables, orphelins ou atteints du sida.

Doi Chaang (542/2 Th Ratanaket ; 7h-22h ;). Doi Chaang est la marque phare des cafés de Chiang Rai, et se vend aujourd'hui jusqu'au Canada et en Europe.

Pangkhon Coffee (Th Sookathit ; 7h-22h ;). Café issu de production locale et vue sur le clocher doré de Chiang Rai.

crème, romantiques et d'un luxe discret, sont agrémentées de meubles en rotin. Piscine à débordement et somptueux spa.

Le Meridien Chiang Rai Resort Hôtel **$$$**
(0 5360 3333 ; www.lemeridien.com ; 221/2 Th Kwaewai ; ch 3 800-4 300 B, ste 5 300- 16 000 B, avec petit-déj ; @). Nouveau venu dans la catégorie haut de gamme, l'hôtel se tient à 2 km du centre-ville, le long d'un superbe tronçon de la Mae Nam Kok. Les vastes chambres sont décorées dans les tons gris, blancs et noirs. Également, deux restaurants et une splendide piscine à débordement.

Où se restaurer

Pour vous restaurer, on vous indiquera certainement le marché de nuit de Chiang Rai, même si la cuisine y est redoutable – on vous aura prévenus ! Le week-end, préférez les marchands des marchés en plein air de Thanon Khon Muan et de la rue piétonne, où vous trouverez un choix de spécialités locales.

Lung Eed Thaïlandais du Nord **$**

(Th Watpranorn ; plats 40-100 B ; ⌚11h30-21h lun-sam). On sert dans cette cabane rustique mais gourmande d'excellents plats de Chiang Rai. Une carte en anglais est affichée, mais ne manquez pas le sublime *lâhp gài*, émincé de poulet aux herbes recouvert de peau de poulet, d'échalotes et d'ail frits. Ce restaurant se trouve dans Th Watpranorn à environ 100 m du croisement avec la Superhighway.

Paa Suk Thaïlandais du Nord **$**

(enseigne en thaï ; Th Sankhongnoi ; plats 10-25 B ; ⌚8h-15h). On y sert de copieux bols de *kà·nŏm jin nám ngée·o*, soupe au porc ou au bœuf, à la tomate et aux nouilles de riz fraîches. Entre les Soi 4 et Soi 5 dans Th Sankhongnoi (nommée Th Sathanpayabarn à l'intersection avec l'extrémité sud de Th Phahonyothin) ; repérez l'enseigne jaune.

Phu-Lae
Thaïlandais du Nord **$$**

(673/1 Th Thanalai ; plats 80-320 B ; ⌚11h30-15h et 17h30-23h). De nombreux touristes thaïlandais fréquentent ce restaurant climatisé qui sert une savoureuse cuisine du Nord, assez sophistiquée. Parmi les plats locaux figurent le *gaang hang·lair*, de la poitrine de porc en curry à la birmane, servi ici avec de l'ail saumuré, et les *sâi òo·a*, des saucisses aux herbes.

Achats

Walking Street Marché

(rue piétonne ; Th Thanalai ; ⌚16h-22h sam). Si vous êtes sur place un samedi soir, ne manquez pas le Walking Street, un vaste marché de rue qui propose tout ce qui se vend à Chiang Rai, de l'artisanat aux plats locaux. Il s'étend le long de Th Thanalai, du musée des ethnies montagnardes au marché du matin.

Thanon Khon Muan Marché

(Th Sankhongnoi ; ⌚18h-21h dim). Le dimanche soir, la rue Th Sankhongnoi est fermée à la circulation à partir du Soi 2 en direction de l'ouest, et des marchands de vêtements, d'artisanat et de plats locaux s'y installent. Th Sankhongnoi prend le nom de Th Sathanpayabarn à l'intersection avec la partie sud de Th Phahonyothin.

Producteur de café, Chiang Rai
DAVID HANNAH/GETTY IMAGES ©

Fair Trade Shop Artisanat
(www.ttcrafts.co.th ; Th Jetyod ; 9h-17h lun-sam). Vous dénicherez ici des vêtements ethniques aux couleurs vives et toutes sortes d'objets. Les bénéfices servent à financer divers projets de développement.

Marché de nuit Marché
(près de Th Phahonyothin ; 18h-23h). Le marché de nuit s'installe à côté de la gare routière, près de Th Phahonyothin. Beaucoup moins vaste que celui de Chiang Mai, vous y trouverez néanmoins de l'artisanat et des souvenirs variés.

Transports depuis/vers Chiang Rai

DESTINATION	AVION	BUS	MINIBUS
Ban Pasang (pour Doi Mae Salong)	–	25 B ; 30 min ; départs fréquents 6h-20h (gare routière interprovinciale)	–
Bangkok	2 135-3 590 B ; 1 heure 15 ; 2/jour (pour l'aéroport de Don Muang) ; 2 600 B ; 1 heure 15 ; 3/jour (pour l'aéroport international Suvarnabhumi)	487-980 B ; 11-12 heures ; ttes les heures 7h-9h40 et 17h-19h30 (nouvelle gare routière)	–
Chiang Mai	–	144-288 B ; 3-7 heures ; ttes les heures 6h30-19h30 (nouvelle gare routière) ; 144-288 B ; 7 heures ; départs fréquents 6h30-12h (gare routière interprovinciale)	–
Chiang Saen	–	39 B ; 1 heure 30 ; départs fréquents 6h20-19h (gare routière interprovinciale)	45 B ; 1 heure 30 ; ttes les heures 6h20-17h40 (gare routière interprovinciale)
Lampang	–	112-157 B ; 4-5 heures ; ttes les heures 9h30-16h30 (nouvelle gare routière) ; 102-157 B ; 5 heures ; départs fréquents 6h30-12h (gare routière interprovinciale)	–
Mae Sai	–	39 B ; 1 heure 30 ; départs fréquents 6h-20h (gare routière interprovinciale)	46 B ; 1 heure 30 ; départs fréquents 6h30-18h (gare routière interprovinciale)
Phitsanulok	–	273-410 B ; 6-7 heures ; ttes les heures 6h30-22h30 (nouvelle gare routière)	–
Sob Ruak (Triangle d'or)	–	–	50 B ; 2 heures ; ttes les heures 6h20-17h40 (gare routière interprovinciale)
Sukhothai	–	300 B ; 8 heures ; ttes les heures 7h30-14h30 (nouvelle gare routière)	–

Depuis/vers Chiang Rai

L'aéroport international de Chiang Rai, également appelé Mae Fah Luang, se trouve à environ 8 km au nord de la ville. **Air Asia** (☎0 5379 3543, centre d'appel national 0 2515 9999 ; www.airasia.com ; ⏲ 8h-21h) et **Nok Air** (☎0 5379 3000, centre d'appel national 1318 ; www.nokair.co.th ; ⏲ 8h-19h) dessert l'aéroport de Don Muang à Bangkok, et **THAI** (☎0 5379 8202, centre d'appel national 0 2356 1111 ; www.thaiair.com ; ⏲8h-20h) dessert Suvarnabhumi. Des taxis rejoignent la ville depuis l'aéroport (200 B).

Des bus desservant des villes de la province de Chiang Rai, ainsi que des minibus et des bus (lents pour la plupart) équipés de ventilateur desservant quelques destinations du nord du pays partent de la **gare routière interprovinciale** (Th Prasopsook) au centre-ville. Pour aller au-delà de Rai (ou si vous êtes pressé), rendez-vous à la **nouvelle gare routière** (☎0 5377 3989), à 5 km au sud de la ville via l'Asia 1 Hwy ; de fréquents *sŏrng·tăa·ou* la reliant à la gare routière interprovinciale circulent de 6h à 18h30 (15 B, 15 min).

Comment circuler

Chiang Rai Taxi (☎0 5377 3477). Taxis peu chers avec compteur, en ville et dans les alentours.

Une course en *tuk-tuk* dans le centre de Chiang Rai coûte environ 60 B.

Mae Salong (Santikhiri)

แม่สลอง (สันติคีรี)

20 000 HABITANTS

Pour un avant-goût de Chine sans traverser de frontières, rendez-vous dans cette bourgade pittoresque, perchée dans les collines derrière Chiang Rai.

Mae Salong fut fondée par le 93e régiment du Guomindang (GMD) qui avait fui la Chine pour gagner le Myanmar après l'installation du pouvoir communiste en 1949. Il fut forcé de quitter la Birmanie en 1961 quand le gouvernement de Yangon (Rangoun) décida de ne plus tolérer la présence du GMD dans le nord du pays. Rejoignant le nord de la Thaïlande avec des caravanes de chevaux, les anciens soldats et leurs familles s'installèrent dans des villages de montagne et recréèrent une société semblable à celle qu'ils avaient abandonnée au Yunnan.

Une génération plus tard, cette communauté unique en son genre existe toujours et le patois chinois du Yunnan reste la langue véhiculaire. Les habitants regardent la télévision chinoise plutôt que la thaïlandaise et la cuisine chinoise est majoritaire.

Activités

La Shin Sane Guest House et la Little Home Guesthouse disposent de cartes gratuites indiquant les itinéraires approximatifs vers des villages akha, mien, lisu, lahu et chan de la région.

Route de montagne, Mae Salong
JOHN ELK/GETTY IMAGES ©

Les villages akha et lisu les plus proches se trouvent à moins d'une demi-journée de marche.

La Shin Sane Guest House organise des **balades à cheval** de 3 à 4 heures jusqu'à 4 villages voisins (500 B).

Où se loger

EN VILLE

Shin Sane Guest House Pension $
(☎0 5376 5026 ; www.maesalong-shinsane.blogspot.com ; ch 100 B, bung 300 B ; @ wifi). Les chambres du plus vieil hôtel de Mae Salong sont spartiates, avec salles de bains communes. Bien plus confortables, les bungalows disposent d'une salle de bains et de la TV. Près du carrefour où se tient le marché du matin.

Little Home Guesthouse Pension $$
(☎0 5376 5389 ; www.maesalonglittlehome.com ; bung 800 B ; @ wifi). Derrière une maison en bois près du carrefour du marché, ces quelques beaux bungalows offrent un bon rapport qualité/prix. Leurs chambres sont propres et ensoleillées ; les propriétaires, très sympathiques, ont établi l'une des cartes de la région les plus précises.

EN DEHORS DE LA VILLE

Maesalong Mountain Home Hôtel $$
(☎08 4611 9508 ; www.maesalongmountainhome.com ; bung 1 000-2 500 B ; wifi). Desservi par une piste à 1 km à l'est du centre de Mae Salong (repérez les panneaux orange), cet hôtel de charme est une bonne adresse si vous êtes motorisé ou ne rechignez pas à marcher. Situés sur une ferme, ses 10 bungalows lumineux et aérés possèdent de grands balcons et d'immenses salles de bains.

Phu Chaisai Resort & Spa Resort $$$
(☎0 5391 0500 ; www.phu-chaisai.com ; bung avec petit-déj 4 708-25 894 B ; clim wifi piscine). À 7 km de Ban Pasang (embranchement pour Doi Mae Salong), sur une colline

À gauche : plantation de thé, Mae Salong ;
ci-dessous : étal de marché, Mae Sai
(À GAUCHE) PETER STUCKINGS/GETTY IMAGES ©; (CI-DESSOUS) JEAN-PIERRE LESCOURRET/GETTY IMAGES ©

isolée couverte de bambous, ce complexe hôtelier est l'hébergement le plus original de la région. Les bungalows rustiques en pisé ou en bambou, dépourvus de TV (heureusement), offrent une vue superbe sur les montagnes environnantes et donnent droit à diverses activités (spa, massage, yoga, randonnées d'une journée et natation, entre autres).

On peut venir vous chercher à Chiang Rai (900 B).

Où se restaurer

Un petit-déjeuner chinois classique au marché du matin – des *ɓah·tôrng·gǒh* (beignets chinois) accompagnés de lait de soja chaud – est excellent pour bien commencer la journée.

Nombre de touristes thaïlandais viennent à Mae Salong pour savourer des plats yunnanais comme les *màn·tǒh* (petits pains cuits à la vapeur), servis avec du jambonneau braisé et des légumes marinés, ou du poulet noir mijoté avec des herbes chinoises. Les nouilles de blé aux œufs maison sont une autre spécialité de Mae Salong ; elles s'accompagnent d'un bouillon de porc avec une pâte de piments et plusieurs restaurants en proposent.

D'innombrables maisons de thé vendent des thés locaux (essentiellement oolong et jasmin) et offrent des dégustations gratuites.

Sweet Maesalong Café $

(plats 45-145 B ; 8h30-17h ;). Si le thé local ne répond pas à vos envies, rendez-vous dans ce café moderne proposant une vaste carte de boissons à base de cafés locaux.

Sue Hai Chinois $

(plats 40-250 B ; 7h-21h). Centrale, cette boutique de thé et gargote yunnanaise tenue par une famille dispose d'une carte (en anglais) de spécialités locales, tels les champignons sautés dans une sauce soja, ou le délicieux porc frit avec du piment frais.

Salema Restaurant Sino-musulman **$$**
(plats 30-250 B ; 7h-20h). Le généreux curry de bœuf à la mode du Yunnan et la salade de thon délicieusement aigre aux feuilles de thé et aux épices comptent parmi les savoureuses spécialités sino-musulmanes de cet établissement. Les plats de nouilles sont bons également, notamment le *kôw soy* au bœuf.

Depuis/vers Mae Salong (Santikhiri)

Deux itinéraires permettent de rallier Mae Salong. La route d'origine, la Rte 1130, serpente vers l'ouest depuis Ban Pasang. Moins spectaculaire et plus récente, la Rte 1234 vient du sud, facilitant l'accès depuis Chiang Mai.

Pour rejoindre Mae Salong, prenez un *sŏrng·tăa·ou*, ou un bus, pour Mae Sai à Chiang Rai jusqu'à Ban Pasang (20-25 B, 30 min, ttes les 20 min de 6h à 20h). À Ban Pasang, des *sŏrng·tăa·ou* bleus grimpent jusqu'à Mae Salong dès qu'ils sont pleins (60 B, 1 heure, de 6h à 17h). À Mae Salong, les *sŏrng·tăa·ou* à destination de Ban Pasang stationnent près du 7-Eleven ; ils cessent de circuler vers 17h, mais vous pouvez en louer un dans l'un ou l'autre sens pour 500 B.

Mae Sai แม่สาย

22 000 HABITANTS

À première vue, la ville la plus septentrionale du pays semble se limiter à un grand marché en plein air. Mae Sai constitue toutefois une base pratique pour explorer le Triangle d'or, le Doi Tung et Mae Salong. Son emplacement en face du Myanmar permet aussi d'explorer des endroits reculés de l'État shan.

Où se loger

S-House Hotel Hôtel **$**
(0 5373 3811 ; www.s-house-hotel-maesai.com ; 384 Th Sailomjoy ; ch avec ventil/clim 500/600 B ;). Au bout de la partie couverte de Th Sailomjoy, à distance du poste-frontière, cet hôtel loue des chambres spacieuses avec balcon donnant sur les collines.

Afterglow Hôtel **$$**
(0 5373 4188 ; www.afterglowhostel.com ; 139/5 Th Phahonyothin ; ch 600-800 B avec petit-déj, bung 600 B avec petit-déj ;). Avec son café au rez-de-chaussée et ses chambres au décor minimaliste, cet hôtel est probablement le plus branché de Mae Sai. Quelques bungalows tout aussi élégants ont été ajoutés à l'arrière. Il est néanmoins mal situé à environ 4 km de la frontière.

Transports depuis/vers Mae Sai

DESTINATION	BUS	MINIBUS	SŎRNG·TĂA·OU
Bangkok	673-943 B ; 12 heures ; départs fréquents 16h-17h45	–	–
Chiang Mai	182-364 B ; 5 heures ; 9 départs 6h15-16h30	–	–
Chiang Rai	39-69 B ; 1 heure 30 ; départs fréquents 5h45-18h	46 B ; 1 heure ; départs fréquents 6h-17h30	–
Chiang Saen	–	–	50 B ; 1 heure ; départs fréquents 8h-13h
Phitsanulok	398-464 B ; 8 heures ; 6 départs 5h15-18h	–	–
Sop Ruak (Triangle d'or)	–	–	40 B ; 45 min ; départs fréquents 8h-13h

Où se restaurer

Un immense **marché de nuit** (**Th Phahonyothin ; plats 30-60 B ; 17h-23h**) s'installe chaque soir dans Th Phahonyothin. En journée, plusieurs **stands d'en-cas et de boissons** (**Th Phahonyothin ; 8h-17h**) sont présents devant le poste de police.

Bismillah Halal Food Thaïlandais-musulman $

(**Soi 4, Th Phahonyothin ; plats 30-60 B ; 5h-17h**). Ce restaurant minuscule propose un très bon *biryani* et presque toutes les autres spécialités halal, des *roti* aux samosas.

Achats

Si le commerce est omniprésent à Mae Sai, la plupart des marchandises n'ont guère d'intérêt pour les voyageurs occidentaux. Les pierres précieuses sont particulièrement prisées ; dans Soi 4, plusieurs négociants du **marché aux pierres précieuses** (Soi 4, Th Phahonyothin), installés en plein air, comptent méticuleusement des centaines de petites gemmes dans la rue.

Depuis/vers Mae Sai

La gare routière (**0 5371 1224 ; Rte 110**) de Mae Sai est à 1,5 km de la frontière ; des *sŏrng·tăa·ou* collectifs parcourent la route entre cette gare et l'arrêt de Soi 2, à l'angle de Th Phahonyothin (15 B, 5 min, de 6h à 21h). Des motos-taxis (50 B) partent depuis/vers l'arrêt situé à l'angle de Th Phahonyothin et Soi 4.

Dans Th Phahonyothin, près de Soi 8, un panneau "bus stop" indique l'arrêt des *sŏrng·tăa·ou* pour Sop Ruak et Chiang Saen.

Comment circuler

En ville, les *sŏrng·tăa·ou* coûtent 15 B et les motos-taxis, de 20 à 40 B.

On peut louer des motos chez Pornchai (**0 5373 1136 ; 4/7 Th Phahonyothin, enseigne en thaï ; 250 B/jour ; 8h-17h**), près du Soi 9, dans Th Phahonyothin.

Chiang Saen

11 000 HABITANTS

Parfait exemple de la ville fluviale endormie, Chiang Saen fut autrefois un royaume thaï qui remonterait au VIIe siècle. Les ruines de cet empire – dont plusieurs *chédi*, bouddhas, colonnes de *wí·hăhn* et remparts en terre – émaillent la ville moderne.

Empruntant l'ancienne route marchande sino-siamoise, d'énormes barges venues de Chine accostent aujourd'hui à Chiang Saen, apportant toutes sortes de produits, des fruits aux pièces détachées de moteurs. Malgré ce commerce, la ville n'a guère changé

Statues du Bouddha, Chiang Saen

JOHN ELK/GETTY IMAGES ©

Vaut le détour
Culture frontalière

Les frontières de la Thaïlande, du Laos et du Myanmar (Birmanie) se rejoignent dans le nord de la province de Chiang Rai. Cette anomalie géopolitique était jadis surnommée le Triangle d'or, du temps où la région était le premier producteur mondial de pavot. Tout cela appartient aujourd'hui au passé, le récit de ce commerce illicite et de la reconquête de la zone frontalière constituant désormais son principal atout.

Sur le Doi Tung ("pic du Drapeau") se dressait autrefois le **palais d'été royal du Doi Tung** (0 5376 7011 ; www.doitung.org ; 90 B ; 7h-11h40 et 12h30-17h30), une résidence royale transformée depuis en musée. L'**arboretum de Mae Fah Luang** (90 B ; 7h-17h30), résultat d'une initiative royale, visait à initier les ethnies montagnardes à de nouvelles techniques agricoles. L'objectif était de stopper la culture sur brûlis et de remplacer la production d'opium par des cultures de rente (café, noix de macadamia, fruits, etc.). Toutefois, la première qualité du **Doi Tung** reste le joli périple qu'il offre au visiteur via la Rte 1149.

Sop Ruak était jadis connu pour son rôle dans la production du pavot. L'ancien "centre" du Triangle d'or abrite aujourd'hui plusieurs musées historiques intéressants, dont la **maison de l'Opium** (บ้านฝิ่น ; www.houseofopium.com ; Rte 1290 ; 50 B ; 7h-19h) et la **salle de l'Opium** (หอฝิ่น ; Rte 1290 ; 200 B ; 8h30-16h mar-dim). Des *sŏrng·tăa·ou* desservent régulièrement Chiang Saen (20 B, de 7h à 12h) et Mae Sai (45 B, ttes les 40 min de 8h à 13h).

depuis une décennie et constitue par là-même une base plus agréable que la ville voisine de Sop Ruak.

À voir et à faire

Wat Phra That Pha Ngao — Temple bouddhique

(วัดพระธาตุผาเงา ; près de la Rte 1129 ; aube-crépuscule). GRATUIT À 3 km au sud de la ville dans le village de Sop Kham, ce *wat* possède un superbe *hŏr đrai* (bibliothèque) en teck doré, ainsi qu'une grande salle de prière construite pour protéger un bouddha partiellement exhumé de l'époque de Chiang Saen. Un chemin escarpé conduit au sommet de la colline jusqu'à une pagode et un temple avec vue sur les environs et le Mékong.

Wat Chedi Luang — Temple bouddhique

(วัดเจดีย์หลวง ; Th Phahon-yothin ; aube-crépuscule). GRATUIT Les ruines du Wat Chedi Luang comprennent un *chédi* octogonal de 18 m dans le style classique de Chiang Saen ou lanna. Les archéologues divergent sur sa date de construction, située approximativement entre le XIIe et le XIVe siècle.

Wat Pa Sak — Site historique

(วัดป่าสัก ; près de la Rte 1290 ; parc historique 50 B ; 8h30-16h30 mer-dim). GRATUIT À 200 m de la **Pratu Chiang Saen** (l'ancienne porte principale sur le côté ouest de la ville), un **parc historique** contient les vestiges du Wat Pa Sak, dont 7 monuments identifiables. Le principal *chédi* du milieu du XIVe siècle combine des éléments de styles Hariphunchai et Sukhothai avec une possible influence de Bagan ; il conserve de superbes reliefs en stuc.

Musée national de Chiang Saen — Musée

(พิพิธภัณฑสถานแห่งชาติเชียงแสน ; 702 Th Phahonyothin ; 100 B ; 8h30-16h30 mer-dim). Malgré sa taille relativement modeste, ce musée est une bonne source d'information locale.

Croisières sur le Mékong Croisières fluviales

(Th Rimkhong ; 8h-15h). Depuis la jetée, des vedettes pour 5 passagers rejoignent Sop Ruak (par bateau aller simple/aller-retour 500/600 B, 1 heure) ou poussent jusqu'à Chiang Khong (par bateau aller simple/aller-retour 2 500/3 000 B, 1 heure 30).

Où se loger

Gin's Maekhong View Resort & Spa Hôtel $$

(08 4485 1376 ; Th Rimkhong ; ch et bung avec petit-déj 1 500 B ;). On peut choisir entre les bungalows un peu exigus au bord de la rivière ou les grandes chambres du bâtiment à 2 niveaux. L'hôtel comprend une piscine et un vaste espace pour bains de soleil. Un spa devrait avoir ouvert quand vous lirez ces pages. Les mêmes personnes gèrent le **Gin's Guest House** (0 5365 0847 ; 71 Th Rimkhong ; ch 300-800 B, bung 500 B ;), un établissement petits budgets de l'autre côté de la rue. Le Gin's est à environ 1 km au nord du centre de Chiang Saen, près des remparts reconstitués.

Où se restaurer

Le samedi soir, une partie de Th Rimkhong est fermée à la circulation pour devenir le très animé **Walking Street** (marché ; Th Rimkhong ; plats 20-60 B ; 16h-21h sam), offrant de nombreuses possibilités de restauration.

Marchands ambulants sur les berges Thaïlandais $

(Th Rimkhong ; plats 30-60 B ; 16h-23h). Pendant les mois secs, des marchands installent des nattes sur les berges et vendent des plats rustiques de type poisson ou poulet grillé sous des cabanes en bambou, ainsi que du riz gluant et du *sôm·đam* (salade de papaye verte).

Kiaw Siang Hai Chinois $$

(44 Th Rimkhong ; enseigne en thaï ; plats 50-200 B ; 8h-20h). Fréquenté par les marins des bateaux chinois qui font escale à Chiang Saen, ce restaurant offre une longue carte de plats chinois authentiques, ainsi que des nouilles. Goûtez le tofu frit relevé à la mode du Sichuan, ou l'une des soupes aux herbes.

Le Wat Ratburana (p. 215)

AUSTIN BUSH/GETTY IMAGES ©

GLENN BEANLAND/GETTY IMAGES ©

À ne pas manquer
Wat Phra Si Ratana Mahathat

Le *wí·hăhn* (sanctuaire) principal de ce temple, appelé Wat Yai par les habitants, semble petit de l'extérieur mais abrite le Phra Phuttha Chinnarat, l'une des représentations thaïlandaises les plus révérées et copiées du Bouddha. Ce bouddha en bronze serait le plus important après le Bouddha d'Émeraude du Wat Phra Kaew à Bangkok.

L'ESSENTIEL

วัดพระศรีรัตนมหาธาตุ ; Th Phutta Bucha, Phitsanulok ; 6h-21h, musée 9h-17h30, mer-dim

Le restaurant se reconnaît aux immenses jarres en céramique devant l'entrée.

Depuis/vers Chiang Saen

Des *sŏrng·tăa·ou* bleus pour Sop Ruak (20 B) et Mae Sai (50 B) attendent à un **stand** (Th Phahonyothin) situé à l'extrémité est de Th Phahonyothin (de 7h20 à 12h).

Chiang Saen ne possède pas vraiment de gare routière mais un **abri couvert** (Th Phahonyothin) à l'extrémité est de Th Phahonyothin, où les bus prennent et déposent les passagers. De cet arrêt, des bus fréquents rallient Chiang Rai (37 B, 1 heure 30, de 5h30 à 17h30) et un bus quotidien dessert Chiang Mai (232 B, 5 heures, 9h).

PHITSANULOK พิษณุโลก

83 000 HABITANTS

Relativement peu visitée par les voyageurs indépendants, mais fréquentée par les touristes en circuit organisé, Phitsanulok constitue une base pratique pour explorer les sites historiques de Sukhothai, de Si Satchanalai et de Kamphaeng Phet. Cette cité dynamique et accueillante compte des musées et des sites intéressants, dont le Wat Phra Si Ratana Mahathat, qui renferme l'une des effigies du Bouddha les plus vénérées du pays.

Vaut le détour

Musée folklorique, fonderie de bouddhas et jardin d'oiseaux

Spécialiste reconnu du folklore thaïlandais, ancien cartographe militaire et fondeur de statues du Bouddha, le sergent-major Thawi Buranakhet, passionné d'oiseaux, a mis à profit ses intérêts et ses expériences pour créer trois sites qui méritent la visite à Phitsanulok.

Le **musée foklorique du Sergent-Major Thawi** (พิพิธภัณฑ์พื้นบ้านจ่าทวี ; 26/43 Th Wisut Kasat ; adulte/enfant 50/25 B ; 8h30-16h30) présente une remarquable collection d'outils, de textiles et de photos de la province de Phitsanulok.

De l'autre côté de la rue et appartenant aussi au Dr Thawi, une petite **fonderie de bouddhas** (โรงหล่อพระบูรณะไทย ; Th Wisut Kasat ; 8h-17h) GRATUIT confectionne des bouddhas en bronze de toutes tailles.

Outre la fonderie de bouddhas, vous pourrez voir des coqs de combat élevés dans le "Centre of Conservative Folk Cock", puis vendus dans tout le pays.

Musée, fonderie et jardin se situent au sud de Phitsanulok dans Th Wisut Kasat, à environ 1 km de la gare ferroviaire ; comptez 80 B en *tuk-tuk*.

À voir

Wat Ratburana Temple bouddhique

(วัดราชบูรณะ ; Th Phutta Bucha ; aube-crépuscule). GRATUIT En face du Wat Phra Si Ratana Mahathat (p. 214), le Wat Ratburana attire moins de visiteurs, mais il se révèle plus intéressant que son illustre voisin. Outre un *wí·hăhn* renfermant un bouddha en or vieux de 700 ans, le temple comprend un *ùbohsòt* (salle d'ordination) orné de belles fresques qui dateraient du milieu du XIXe siècle et deux *hŏr đrai* (bibliothèques de manuscrits) en bois. Ce temple compte aussi deux curiosités offrant un aperçu captivant des pratiques du bouddhisme thaïlandais.

Où se loger

Kraisaeng Place Hôtel $

(0 5521 0509 ; www.facebook.com/kraisaengplace 45 ; 45 Th Thammabucha ; ch avec petit-déj 400-450 B ;). Plus proche de l'immeuble d'habitation que de l'hôtel, le Kraisaeng propose des chambres bien aménagées à un prix très intéressant, quoique le bruit de la circulation puisse être gênant.

Yodia Heritage Hotel Boutique-hôtel $$$

(0 5521 4677 ; www.yodiaheritage.com ; 89/1 Th Phutta Bucha ; ch 3 200-4 200 B, ste 8 900 B, avec petit-déj ; @). Cet hôtel raffiné situé sur une rive tranquille de la Mae Nam Nan est le plus prestigieux de Phitsanulok. Ses immenses suites sont dotées de baignoires géantes et d'une piscine semi-privée.

Où se restaurer

Les marchés nocturnes sont une obsession locale et il n'y en a pas moins de trois répartis en différents points de la ville. Le **bazar de nuit** le plus connu (Th Phutta Bucha ; 19h-minuit) est surtout consacré à l'habillement, mais le restaurant le plus au sud de la rue est spécialisé dans les *pàk bûng loy fáh* ("liserons d'eau flottant dans le ciel") – des *pàk bûng* frais jetés dans un wok puis lancés en l'air, où le serveur les rattrape dans une assiette. Un autre **marché de nuit** (Th Phra Ong Dam ; plats 30-60 B ; 17h-minuit) borde les deux côtés de Th Phra Ong Dam, au nord de Th Authong, et un **marché de nuit** (près

de Th Akatossaroth ; plats 30-60 B ; ⌚16h-20h) très animé, installé au sud de la gare ferroviaire, comprend surtout des stands de nourriture à emporter, dont des *skôw nĕe·o hòr,* petits paquets de riz gluants aux assaisonnements divers emballés dans des feuilles de bananiers.

Autre spécialité de Phitsanulok, les *gŏoay·đĕe·o hôy kàh* (littéralement, nouilles "jambes pendantes") doivent leur nom à la façon dont les clients s'assoient par terre face à la rivière, les jambes pendantes. Le **Rim Nan (enseigne en thaï ; 5/4 Th Phaya Sua ; plats 20-35 B ; ⌚9h-16h)**, au nord du Wat Phra Si Ratana Mahathat, fait partie de la poignée de restaurants qui offrent des nouilles à déguster (jambes pendantes) le long de Th Phutta Bucha.

Paknang Sino-thaïlandais **$**

(Th Sairuthai ; plats 40-280 B ; ⌚10h-22h). Une ambiance chinoise règne dans ce coin du vieux Phitsanulok – elle se marie à merveille aux savoureux plats chinois de ce restaurant établi de longue date.

Ban Mai Thaïlandais **$$**

(93/30 Th Authong, enseigne en thaï ; plats 100-200 B ; ⌚11h-22h). Prisé des habitants, ce restaurant ressemble à une salle à manger familiale : brouhaha des conversations, nombreux meubles désuets et un gros chat siamois qui semble régenter la maison. On y sert d'excellents plats comme le *gaang pèt bèt yâhng* (curry de canard grillé) et le *yam đà·krái* ("salade" de verdure à la citronnelle). Repérez le bâtiment jaune en face du Ayara Grand Palace Hotel.

ℹ Depuis/vers Phitsanulok

Air Asia (☎0 2515 9999 ; www.airasia.com ; aéroport de Phitsanulok) et **Nok Air** (☎0 5530 1051, centre d'appel national 1318 ; www.nokair.co.th ; aéroport de Phitsanulok ; ⌚8h-17h) proposent des vols depuis/vers Bangkok. L'**aéroport** (☎0 5530 1002) est à environ 5 km

Transports depuis/vers Phitsanulok

DESTINATION	AVION	BUS	MINIBUS	TRAIN
Bangkok	520-2 699 B ; 55 min ; 6/jour (pour l'aéroport de Don Muang)	304-416 B ; 5-6 heures ; ttes les heures 6h20-12h30	–	69-1 664 B ; 5-7 heures ; 10/jour
Chiang Mai	–	299-349 B ; 6 heures ; ttes les heures 5h40-1h30	–	65-1 645 B ; 7-9 heures ; 6/jour
Chiang Rai	–	273-410 B ; 7-8 heures ; ttes les heures 8-0h40	–	–
Kamphaeng Phet	–	59-83 B ; 3 heures ; ttes les heures 5h-18h	–	–
Lampang	–	220-265 B ; 4 heures ; ttes les heures 8h-minuit	–	158-1 042 B ; 5 heures ; 5/jour
Mae Sai	–	398-464 B ; 7 heures ; ttes les heures 11h30-23h55	–	–
Sukhothai	–	43-56 B ; 1 heure ; ttes les heures 7h20-18h15	60 B ; 1 heure ; ttes les 30 min 5h-18h	–
Parc historique de Sukhothai	–	–	70 B ; 1 heure 30 ; ttes les 30 min 5h-18h	–

au sud de Phitsanulok ; **Golden House Tour** (☎0 5525 9973 ; 55/37-38 Th Baromtrilokanart ; ⌚7h-19h lun-sam) assure des transferts en voiture/minibus entre l'aéroport et les hôtels (300-500 B).

La **gare routière** (☎0 5521 2090 ; Rte 12) est à 2 km à l'est de Phitsanulok sur la Hwy 12 ; une course en *tuk-tuk* ou à moto-taxi depuis/vers la ville coûte 60 B. L'offre de transports au départ de Phitsanulok est bonne ; plusieurs lignes de bus et de minibus y convergent.

La **gare ferroviaire** (☎0 5525 8005, centre d'appel national 1690 ; www.railway.co.th ; Th Akatossaroth) comporte une consigne et permet de rejoindre les hébergements à pied.

ℹ Comment circuler

Les *săhm·lór* demandent à partir de 60 B pour une course en ville.

Phitsanulok compte désormais une petite flotte de **taxis** (☎0 5533 8888).

PROVINCE DE SUKHOTHAI

Sukhothai สุโขทัย

37 000 HABITANTS

Le royaume de Sukhothai ("Aube du bonheur") prospéra du milieu du XIIIe siècle à la fin du XIVe siècle. Cette période est souvent considérée comme l'"âge d'or" de la civilisation thaïe ; l'art sacré et l'architecture de l'époque correspondent au style thaï le plus classique. Les vestiges du royaume, aujourd'hui appelés *meuang gòw* ("vieille ville"), comportent 45 km^2 de ruines en partie reconstruites et sont l'un des sites anciens les plus visités du pays.

À 12 km à l'est du parc historique sur la Mae Nam Yom, New Sukhothai, une ville marchande, n'offre guère d'intérêt. Une ambiance sympathique, de bonnes liaisons et des hébergements d'un bon rapport qualité/prix en font néanmoins une bonne base pour explorer les ruines de la vieille ville.

HISTOIRE

Sukhothai est considérée comme la première capitale du Siam, bien que cela ne soit pas tout à fait exact. La région fut le site d'un empire khmer jusqu'en 1238, quand deux dirigeants thaïs, Pho Khun Pha Muang et Pho Khun Bang Klang Hao, décidèrent de s'allier pour former un nouveau royaume thaïlandais.

La dynastie de Sukhothai dura 200 ans et compta 9 souverains. Le plus fameux fut le roi Ramkhamhaeng, qui régna de 1275 à 1317 et aurait développé la première écriture thaïe ; ses écrits sont aussi considérés comme la première littérature thaïe. Ramkhamhaeng agrandit son royaume, qui dépassait alors la

Le Wat Trapang Thong
ANDREW WATSON/GETTY IMAGES ©

Parc historique de Sukhothai

Parc historique de Sukhothai

À voir

1 Musée national de Ramkhamhaeng C2
2 Wat Chang Lom D2
3 Wat Mahathat C2
4 Wat Phra Phai Luang B1
5 Wat Sa Si B2
6 Wat Si Chum A1
7 Wat Si Sawai B2
8 Wat Trapang Thong D2

Où se loger

9 Thai Thai D3
10 Wake Up @ Muang Kao C2

superficie de la Thaïlande actuelle. Par la suite, Sukhothai fut absorbée par Ayuthaya en 1438.

À voir

Les ruines du **parc historique de Sukhothai** (อุทยานประวัติศาสตร์สุโขทัย) comptent parmi les sites classés au Patrimoine mondial les plus impressionnants du pays. Le parc comprend les vestiges de 21 sites historiques et 4 grands étangs à l'intérieur des remparts, plus 70 sites dans un rayon de 5 km.

L'architecture des temples se caractérise par un *chédi* classique en bouton de lotus, avec une flèche conique surmontant une structure carrée sur une base à 3 niveaux. Certains sites présentent d'autres formes architecturales, introduites ou modifiées durant l'époque, comme les *chédi* en forme de cloche cinghalais et ceux à 2 niveaux de style Srivijaya.

Malgré la popularité du parc, on peut généralement le visiter en toute quiétude en raison de son étendue. Certains des vestiges les plus importants étant très à l'écart de la ville, un vélo ou une moto sont indispensables.

Les ruines sont divisées en 5 zones. L'accès aux zones centrale, nord et ouest coûte pour chacune 100 B.

ZONE CENTRALE

La principale **zone (100 B, plus 10/30/50 B par vélo/moto/voiture ; 6h30-19h dim-ven, jusqu'à 21h le sam)** du parc historique abrite les ruines les mieux préservées et les plus imposantes. La billetterie loue un audioguide, disponible en anglais, japonais et thaï, pour 150 B.

Wat Mahathat Site historique

(**วัดมหาธาตุ ; carte p. 218**). Achevé au XIIIe siècle, le plus grand *wat* de Sukhothai est entouré de murs en brique (206 m de long et 200 m de large) et d'une douve qui représenteraient le mur extérieur de l'univers et l'océan cosmique.

Les flèches des *chédi* adoptent la forme classique d'un bouton de lotus, et quelques-uns des majestueux bouddhas d'origine subsistent parmi les colonnes du *wí·hăhn* (sanctuaire) en ruine. Le monastère, souvent considéré comme le centre spirituel et administratif de l'ancienne capitale, compte 198 *chédi*.

Musée national Ramkhamhaeng Musée

(**พิพิธภัณฑสถานแห่งชาติรามคำแหง ; carte p. 218 ; 150 B ; ⏲9h-16h**). Bon point de départ pour explorer le parc historique, ce musée contient une réplique de la célèbre stèle de Ramkhamhaeng, qui serait le premier exemple d'écriture thaïe, parmi une imposante collection d'objets archéologiques de Sukhothai. L'entrée n'est pas incluse dans le ticket donnant accès à la zone centrale.

Wat Si Sawai Site historique

(**วัดศรีสวาย ; carte p. 218**). Juste au sud du Wat Mahathat, ce sanctuaire des XIIe et XIIIe siècles, un ancien temple hindou construit par les Khmers, comprend 3 tours de style khmer et une douve.

Wat Sa Si Site historique

(**วัดสระศรี ; carte p. 218**). Également appelé "monastère de l'étang sacré", le Wat Sa Si est installé sur une île à l'ouest du monument en bronze au roi Ramkhamhaeng (3e souverain de Sukhothai). C'est un simple *wat* dans le style classique de Sukhothai renfermant un grand bouddha, un *chédi* et les colonnes du *wí·hăhn* en ruine.

Wat Trapang Thong Temple bouddhique

(**วัดตระพังทอง ; carte p. 218**). À côté du musée, ce petit *wat* en activité, doté de

Ma sélection

Sukhothai

PATTAMA (MEM) HANQUART, GUIDE TOURISTIQUE, CYCLING SUKHOTHAI (P. 222)

1 PARC HISTORIQUE DE SUKHOTHAI
Le soir est le meilleur moment pour visiter les vestiges historiques au cœur du parc. Le soleil se couche derrière les collines, se prêtant parfaitement à un instant romantique ou à une séance photo. À cette heure, le Wat Sa Si se reflète magnifiquement dans le lac.

2 PARC HISTORIQUE DE SI SATCHANALAI-CHALIANG
Cette charmante ville ancienne se déploie le long de la rivière Yom. On y trouve de belles ruines à dos de colline et des sites archéologiques intéressants. Des squelettes humains, datant de quelque 1 500 ans, ont notamment été mis au jour.

3 NAM TOK SAI RUNG
Cette cascade, à 40 km de Sukhothai, est un populaire lieu de baignade, surtout fréquenté par les habitants. Un sentier conduit jusqu'au sommet, où l'on peut voir les particules d'eau se réfracter dans la lumière (d'où le nom de "Rainbow Falls", ou cascades de l'arc-en-ciel). L'endroit se visite idéalement à la fin de la saison des pluies (d'octobre à novembre) ou au début de la saison sèche (décembre et janvier).

4 THAM CHA RAM
Gagnez cette grotte juste avant le coucher du soleil pour voir des milliers de chauves-souris s'envoler à l'heure du souper. Un moment incroyable. Cette destination (à 50 km de New Sukhothai, dans le district de Lan Hoi) n'est guère fréquentée, mais elle vaut le détour.

5 CAMPAGNE DE SUKHOTHAI
Sukhothai est très rurale. La campagne environnante, avec ses rizières, son réseau de canaux et ses petites routes reliant les villages de paysans, est à ne pas manquer. C'est un endroit magnifique toute l'année et le prétexte idéal pour participer à un circuit à vélo.

beaux reliefs en stuc, est accessible par une passerelle sur le grand bassin à lotus qui l'entoure. Ce dernier, site original de la fête de Loi Krathong en Thaïlande, alimente Sukhothai en eau.

ZONE NORD

Ce **secteur (100 B, plus 10/30/50 B par vélo/moto/voiture ; 7h30-17h30)**, à 500 m au nord des remparts de la vieille ville, se rejoint facilement à vélo.

Wat Si Chum — Site historique

(**วัดศรีชุม ; carte p. 218**). Au nord-ouest de la vieille ville, ce *wat* renferme un imposant *mon·dòp* (édifice carré surmonté d'une flèche) avec un bouddha assis de 15 m en brique et en stuc. Les archéologues pensent qu'il s'agit du "Phra Achana", mentionné dans la fameuse inscription de Ramkhamhaeng. Un passage dans le mur du *mon·dòp* qui conduisait au sommet a été condamné et il n'est plus possible de voir les jataka qui ornaient son plafond.

Wat Phra Phai Luang — Site historique

(**วัดพระพายหลวง ; carte p. 218**). Hors des remparts de la ville dans la zone nord, ce *wat* un peu isolé arbore trois tours de style khmer (XIIe siècle) plus grandes que celles du Wat Si Sawai. C'était peut-être le centre de Sukhothai à l'époque où les Khmers d'Angkor régnaient sur la ville avant le XIIIe siècle.

ZONE OUEST

Cet autre **secteur (100 B, plus 10/30/50 B par vélo/moto/voiture ; 8h-16h30)**, à 2 km à l'ouest des remparts au point le plus éloigné, est le plus vaste. Outre le Wat Saphan Hin, il contient plusieurs ruines sans grand intérêt. Vous aurez besoin d'un vélo ou d'une moto pour l'explorer.

Wat Saphan Hin — Site historique

(**วัดสะพานหิน**). Le nom de ce *wat* ("pont de pierre"), sur la crête d'une colline qui s'élève à 200 m au-dessus de la plaine, fait référence au chemin et à l'escalier en ardoise qui y conduisent.

Du temple d'origine ne subsistent que quelques *chédi* et le *wí·hăhn* en ruine, qui se résument à deux rangées de colonnes en latérite encadrant un bouddha debout haut de 12,50 m sur une terrasse en brique. Il se trouve à 3 km à l'ouest des remparts et offre une belle vue sur les ruines de Sukhothai, au sud-est, et les montagnes, au nord et au sud.

AUTRES SITES

Quelques autres sites méritent le détour à proximité des zones payantes les plus fréquentées.

Musée Sangkhalok — Musée

(**พิพิธภัณฑ์สังคโลก ; Rte 1293 ; adulte/enfant 100/50 B ; 8h-17h**). Ce petit musée très complet

Balade à vélo à Sukhothai

MATTHEW MICAH WRIGHT/GETTY IMAGES ©

New Sukhothai

constitue une bonne introduction au plus ancien produit exporté par Sukhothai : la fameuse céramique.

Le rez-de-chaussée montre une grande collection de poteries thaïlandaises retrouvées dans le secteur, ainsi que quelques pièces venues du Vietnam, de Birmanie et de Chine. Au premier étage sont exposés des exemples de poteries artistiques sans but utilitaire, notamment quelques beaux et rares bouddhas.

Le musée se situe à environ 2,5 km à l'est du centre de New Sukhothai ; un *tuk-tuk* vous y conduira pour environ 100 B.

New Sukhothai

Où se loger
1 At Home Sukhothai C2
2 Ruean Thai Hotel C1

Où se restaurer
3 Chula A3
4 Dream Café C3
5 Marché de nuit B2

Où prendre un verre et faire la fête
6 Chopper Bar B3

Renseignements
Kasikorn Bank .... (voir 7)
7 Tourism Authority of Thailand (TAT) .. B3

Wat Chang Lom — Site historique

(วัดช้างล้อม ; carte p. 218 ; près de la Rte 12). GRATUIT Dans la zone est près de la Hwy 12, le Wat Chang Lom ("monastère entouré d'éléphants") se tient à environ 1 km de l'entrée principale du parc. Un grand *chédi* en forme de cloche est soutenu par 36 pachydermes sculptés sur la base.

Wat Chetupon — Site historique

(วัดเชตุพน). GRATUIT À 1,4 km au sud des remparts de l'ancienne cité, ce temple possédait jadis un *mon·dòp* à 4 côtés, chacun orné d'un bouddha dans l'une des postures classiques (assis, couché, debout et marchant). Les lignes gracieuses du bouddha marchant peuvent encore se distinguer.

Wat Chedi Si Hong — Site historique

(วัดเจดีย์สี่ห้อง). GRATUIT En face du Wat Chetupon, son *chédi* principal conserve la plupart des bas-reliefs en stuc d'origine, avec de vivantes descriptions d'éléphants, de lions et d'humains.

Ci-dessous : défilé en costume dans le parc historique de Sukhothai (p. 218) ; **à droite :** Wat Mahathat, parc historique de Sukhothai (p. 219)
(CI-DESSOUS) ANDREW WATSON/GETTY IMAGES ©; (À DROITE) MOMENT OPEN/GETTY IMAGES ©

De plus en plus d'hôtels sont installés près du parc, pour la plupart haut de gamme. Les prix grimpent pendant la fête de Loi Krathong.

Activités

Cycling Sukhothai Circuits à vélo
(**0 5561 2519, 08 5083 1864 ; www.cycling-sukhothai.com ; près de Th Jarot Withithong ; demi-journée/journée 650/750 B, visite coucher du soleil 350 B**). Habitant de Sukhothai depuis près de 20 ans, Ronny Hanquart, un Belge passionné de vélo, propose des itinéraires thématiques comme le circuit du parc historique, qui passe notamment par des *wat* et des villages peu visités.

Cycling Sukhothai est à environ 1,2 km à l'ouest de la Mae Nam Yom, dans New Sukhothai ; on peut vous y emmener gratuitement.

Où se loger

La plupart des hébergements sont regroupés dans New Sukhothai, avec d'excellentes adresses petits budgets.

NEW SUKHOTHAI

Sabaidee House Hôtel $
(**0 5561 6303 ; www.sabaideehouse.com ; 81/7 Th Jarot Withithong ; ch 200-600 B ;**). Cette pension pimpante sise dans un cadre semi-rural comprend 7 jolis bungalows, ainsi que des chambres dans le bâtiment principal. Près de Th Jarot Withithong, à environ 200 m avant l'intersection avec la Rte 101 ; guettez le panneau.

At Home Sukhothai Pension $$
(**carte p. 221 ; 0 5561 0172 ; www.athomesukhothai.com ; 184/1 Th Vichien Chamnong ; ch 400-800 B avec petit-déj ;**). Aménagées dans la maison d'enfance du propriétaire, ces chambres simples mais confortables – celles du bâtiment d'origine, équipées de ventilateur, comme celles climatisées,

lus récentes – donnent l'impression 'être chez soi. Seul bémol, l'éloignement elativement important du centre de ukhothai.

uean Thai Hotel Hôtel **$$$**

carte p. 221 ; ☎ 0 5561 2444 ; www. ueanthaihotel.com ; 181/20 Soi Pracha uammit ; ch 1 480-4 200 B ; ❄ @ 📶 🏊). u premier abord, on pourrait croire un temple bouddhique ou à une uxueuse maison traditionnelle. Les hambres de l'étage supérieur sont écorées dans le style thaïlandais, tandis ue celles qui bordent la piscine sont lus modernes ; un bâtiment en béton oté de chambres climatisées toutes imples est situé à l'arrière.

Appelez pour qu'on vienne vous hercher gratuitement à la gare routière.

ARC HISTORIQUE DE SUKHOTHAI

Vake Up @ Muang Kao Pension **$$**

carte p. 218 ; ☎ 0 5569 7153 ; 1/1 Rte 12 ; ch vec petit-déj 1 000-1 500 B ; ❄ @ 📶). Cette pension, tenue par un sympathique couple thaïlandais, s'inscrit dans la mouvance *flashpacker* ("routard aisé"). Ses 5 chambres spacieuses sont décorées de touches locales. Une bonne bouffée d'air frais dans la vieille ville.

Thai Thai Hôtel **$$**

(carte p. 218 ; ☎ 08 4932 1006 ; www. thaithaisukhothai.com ; 95/8 Rte 1272 ; ch 800-2 400 B avec petit-déj, bung 1 200-1 800 B avec petit-déj ; ❄ @ 📶). Comme son nom le suggère, l'établissement s'inspire d'un village thaïlandais. À ses 10 bungalows en bois sis dans un joli jardin s'ajoutent 10 chambres réparties dans des bâtiments plus grands, à l'arrière. Tous sont climatisés et équipés de TV, réfrigérateur et eau chaude.

Où se restaurer et prendre un verre

La spécialité de Sukhothai est le *gŏo·ay đĕe·o sù·kŏh·tai*, ou "nouilles à la mode de Sukhothai", servies dans un bouillon

Parler le dialecte du Nord

Les habitants du Nord s'offusquaient jadis quand des étrangers essayaient de leur parler en *găm méuang* (le nom familier pour le dialecte du Nord), une attitude qui remonte à l'époque où les Thaïlandais du Centre considéraient la population du Nord comme arriérée et se moquaient de son dialecte. Aujourd'hui, beaucoup d'habitants du Nord sont fiers de leur langue et quelques mots prononcés dans leur dialecte font merveille quand il s'agit d'entrer en contact. Voici quelques mots et phrases qui vous aideront à dialoguer ou, du moins, à faire sourire votre interlocuteur.

- *Ôo găm méuang bòr jâhng* Je ne peux pas parler le thaï du Nord
- *An née tôw dai ?* Combien vaut ceci ?
- *Mi kôw nêung bòr ?* Avez-vous du riz gluant ?
- *Lám đáa đáa* Délicieux
- *Mâan lâ* Oui/C'est cela
- *Bòr mâan* Non
- *Gàht* Marché
- *Jôw* (Un mot de politesse utilisé par les femmes, l'équivalent de *ka* pour les Thaïlandais du Centre)

légèrement sucré avec des morceaux de porc, des cacahuètes pilées et des haricots verts émincés. Vous pourrez goûter ce plat au **Jayhae** (Th Jarot Withithong ; plats 25-40 B ; 8h-16h) et au **Ta Pui** (Th Jarot Withithong, enseigne en thaï ; plats 25-35 B ; 7h-15h), qui se font face dans Th Jarot Withithong, à environ 1,3 km à l'ouest de la Mae Nam Yom.

Ne manquez par le petit **marché de nuit** (carte p. 221 ; Th Jarot Withithong ; plats 30-60 B ; 18h-23h) de New Sukhokai, où la plupart des vendeurs proposent des cartes bilingues.

Chula Sino-thaïlandais $

(carte p. 221 ; Th Jarot Withithong ; plats 30-120 B ; 10h-23h). Ce restaurant, prisé des habitants, propose une bonne cuisine. Ne faites pas attention à la décoration et faites votre choix parmi les plats préparés, ou désignez les ingrédients crus que l'on fera sauter devant vous.

Dream Café Thaïlandais $

(carte p. 221 ; 86/1 Th Singhawat ; plats 120-250 B ; 17h-23h ;). De beaux meubles éclectiques et de nombreux bibelots donnent l'impression de manger dans un musée ou un magasin d'antiquités. Goûtez les *yam* ("salades" thaïlandaises) bien préparés ou l'un des plats à base de poisson d'eau douce, une spécialité locale.

Chopper Bar Ba

(carte p. 221 ; Th Prawet Nakhon ; plats 30-150 B ; 10h-0h30). Voyageurs et habitants se retrouvent dans ce restaurant-bar, du matin à tard dans la nuit, pour manger, boire et écouter de la musique live.

Depuis/vers Sukhothai

L'aéroport de Sukhothai est à 27 km de la ville près de la Rte 1195. Bangkok Airways (0 5564 7224, centre d'appel national 1771 ; www.bangkokair.com ; aéroport de Sukhothai ; 7h30-17h30), la seule compagnie qui l'utilise, ssure des vols pour Bangkok. Un **service e minibus** (☎0 5564 7220 ; aéroport de ukhothai ; 180 B) relie l'aéroport à New ukhothai.

La **gare des bus et minibus** (☎0 5561 4529 ; te 101) de Sukhothai est à près de 1 km au nord-uest du centre de New Sukhothai ; comptez nviron 50 B pour une course à moto-taxi entre ette gare et le centre de New Sukhothai ; vous ouvez aussi utiliser les *sŏrng·tăa·ou* pour le parc storique de Sukhothai, qui s'arrêtent à la gare outière en chemin (30 B, 10 min, départs équents de 6h à 17h30).

Si votre hébergement est proche du parc storique, **Win Tour** (Rte 12 ; 6h-21h40) ossède un bureau à peu près en face du Wat apang Thong où l'on peut prendre des bus our Bangkok (356 B, 6 heures, 20h20, 12h30 et 1h40) et Chiang Mai (239 B, 5 heures, ttes les eures de 6h30 à 13h40).

Comment circuler

ne course en *săhm·lór* dans New Sukhothai e devrait pas dépasser 40 B.

Des *sŏrng·tăa·ou* circulent fréquemment entre New Sukhothai et le parc historique de Sukhothai (30 B, 30 min, 6h-17h30) ; ils partent d'un arrêt dans Th Jarot Withithong à l'ouest du Poo Restaurant et font halte à la gare routière. Les motos-taxis relient la ville, ou la gare routière, et le parc pour 120 B.

Le vélo constitue le meilleur moyen d'explorer le parc historique ; des échoppes louent des vélos pour 30 B par jour à l'entrée du parc (6h-18h).

Parc historique de Si Satchanalai-Chaliang

อุทยานประวัติศาสตร์ศรีสัชนาลัย

Dans les collines, les ruines des cités antiques (XIIIe-XVe siècle) de Si Satchanalai et Chaliang, à 50 km au nord de Sukhothai, présentent le même style sommaire que celles du parc historique de Sukhothai, dans un cadre toutefois plus rural et plus paisible. Le parc, d'une superficie d'environ 720 ha, est

Transports depuis/vers Sukhothai

DESTINATION	AVION	BUS	MINIBUS	SŎRNG·TĂA·OU
Bangkok	2 490 B ; 1 heure ; 2/jour (pour l'aéroport international Suvarnabhumi)	279-416 B ; 6-7 heures ; ttes les 30 min 7h50-22h40	–	–
Chiang Mai	–	239-308 B ; 5-6 heures ; ttes les 30 min 6h15-17h30	–	–
Chiang Rai	–	266 B ; 9 heures ; 4 départs 6h40-11h30	–	–
Kamphaeng Phet	–	60-77 B ; 1 heure 30 ; départs fréquents 7h50-23h	–	43 B ; 2 heures ; départs fréquents 7h-16h30
Lampang	–	178-229 B ; 3 heures ; ttes les 30 min 7h15-16h30	–	–
Phitsanulok	–	43 B ; 1 heure ; ttes les heures 6h-18h	43 B ; 1 heure ; ttes les heures 8h-18h	–
Sawankhalok	–	29-38 B ; 1 heure ; ttes les heures 6h40-18h	85 B ; 2 heures ; ttes les 30 min 7h10-16h30	–
Si Satchanalai	–	50 B ; 1 heure 30 ; 11h	–	–

entouré d'une douve de 12 m de large. Chaliang, à 1 km au sud-est, est une cité plus ancienne (du XIe siècle), mais ses 2 temples datent du XIVe siècle.

SI SATCHANALAI

Cette **zone** (100 B, plus 50 B/voiture ; 8h-17h) contient la plupart des ruines. Dans le parc, un **centre d'information** (8h30-17h) distribue des cartes gratuites et présente une petite exposition sur l'histoire et les sites. Vous pouvez **louer** un vélo près de l'entrée (30 B/jour ; 8h-17h).

Wat Chang Lom — Site historique

(วัดช้างล้อม). Ce beau temple, marquant le centre de la cité de Si Satchanalai, comporte un *chédi* en forme de cloche entouré d'éléphants, mieux conservé que son homologue à Sukhothai. Une inscription précise que le temple fut érigé par le roi Ramkhamhaeng entre 1285 et 1291.

Wat Khao Phanom Phloeng — Site historique

(วัดเขาพนมเพลิง). Sur la colline qui surplombe le Wat Chang Lom, les vestiges du Wat Khao Phanom Phloeng comprennent un *chédi*, un grand bouddha assis et des colonnes en pierre qui soutenaient jadis le toit du *wí·hăhn*.

De cette hauteur, on devine le plan d'ensemble de cette cité autrefois superbe.

Wat Chedi Jet Thaew — Site historiqu

(วัดเจดีย์เจ็ดแถว). À côté du Wat Chang Lom, ces ruines comportent 7 rangées de *chédi*, dont le plus grand est une copie de celui du Wat Mahathat à Sukhothai. Un intéressant *wí·hăhn* en brique et plâtre présente des fenêtres à barreaux imitant des lattes de bois (une ancienne technique indienne utilisée dans tout le Sud-Est asiatique). Un *prasat* (petit bâtiment cruciforme avec une flèche effilée) et un *chédi* coiffent le toit.

Wat Nang Phaya — Site historiqu

(วัดนางพญา). Au sud du Wat Chedi Jet Thaew, ce *chédi* de style cinghalais, construit au XVe ou au XVIe siècle, est un peu plus tardif que les autres monuments de Si Satchanalai. Les bas-reliefs en stuc du grand *wí·hăhn* en latérite en face du

Le Wat Chang Lom (ci-dessus)

VISIONSOFAMERICA/JOE SOHM/GETTY IMAGES ©

chédi – aujourd'hui abrité sous un toit en tôle – datent de la période d'Ayuthaya pendant laquelle Si Satchanalai était appelé Sawankhalok. Les orfèvres du district utilisent encore le motif *nahng pá·yah*, inspiré de ces bas-reliefs.

CHALIANG

Ce site plus ancien, à une courte distance à vélo de Si Satchanalai, possède deux temples notables.

Wat Phra Si Ratana Mahathat Site historique

(วัดพระศรีรัตนมหาธาตุ ; 20 B ; 8h-16h30). Ces ruines se composent d'un grand *chédi* en latérite (datant de 1448-1488) entre deux *wí·hăhn*. L'un des *wí·hăhn* renferme un grand bouddha assis de style Sukhothai, un bouddha debout plus petit et un bas-relief du fameux Bouddha marchant, typique du style fluide de Sukhothai. L'autre *wí·hăhn* contient des statues moins exceptionnelles.

Wat Chao Chan Site historique

(วัดเจ้าจันทร์ ; 100 B ; 8h-17h). Le principal intérêt du site est la grande tour de style khmer, similaire à des tours postérieures élevées à Lopburi et probablement édifiée durant le règne du roi khmer Jayavarman VII (1181-1217). Restaurée, elle est en assez bon état. Sur la droite, le *wí·hăhn* sans toit conserve les contours en latérite d'un grand bouddha debout, effacé par l'érosion et les intempéries.

FOURS DE SAWANKHALOK

Jadis, plus de 200 énormes **fours de potier** GRATUIT bordaient les rives de la Mae Nam Yom aux alentours de Si Satchanalai. En Chine – le principal importateur de poteries thaïlandaises durant les périodes de Sukhothai et d'Ayuthaya –, ces poteries étaient appelées "Sangkalok", une déformation de Sawankhalok. Aujourd'hui, on trouve plusieurs sites de fours à peine reconnaissables le long de la route qui s'étend au nord de Si Satchanalai. La région produit toujours des céramiques et un artisan local continue de cuire ses pièces dans un four à bois souterrain.

Bonne affaire

Un droit d'entrée de 220 B donne accès à Si Satchanalai (p. 226), au Wat Chao Chan (ci-contre ; à Chaliang) et au Centre Si Satchanalai pour l'étude et la conservation des fours de Sangkalok (ci-dessous).

Centre Si Satchanalai pour l'étude et la conservation des fours de Sangkalok Musée

(ศูนย์ศึกษาและอนุรักษ์เตาสังคโลก ; 100 B ; 8h30h-17h). Situé à 5 km au nord-ouest des ruines de Si Satchanalai, ce centre possède de grands fours de potiers excavés et de nombreux exemples de poteries intactes. L'exposition est intéressante malgré l'absence de commentaires en anglais.

SAWANKHALOK

Sawanworanayok National Museum Musée

(พิพิธภัณฑสถานแห่งชาติสวรรควรนายก ; 69 Th Phracharat ; 50 B ; 9h-16h). À Sawankhalok, près du Wat Sawankhalam sur la rive ouest de la rivière, ce musée financé par l'État renferme une vaste collection d'objets du XIIe au XVe siècle. Le rez-de-chaussée est consacré aux céramiques locales, tandis que l'étage présente quelques beaux bouddhas en bronze et en pierre de l'époque de Sukhothai.

Depuis/vers le parc historique de Si Satchanalai-Chaliang

Bus

Le parc historique de Si Satchanalai-Chaliang s'étend près de la Rte 101, entre Sawankhalok et Ban Hat Siaw. De New Sukhothai, prenez un bus pour Si Satchanalai (50 B, 1 heure 30, 11h) ou l'un des 3 bus à destination de Chiang Rai (46 B, 6h40, 9h et 11h30) et demandez à descendre à la *meuang gòw* (vieille ville).

La cuisine du Nord

Comme la langue, la cuisine prend une tournure légèrement différente dans chaque province. Le Nord ne fait pas exception et sa cuisine reflète le climat saisonnier et relativement frais de la région, sans oublier le goût pour le porc, les légumes et les fritures. Traditionnellement, les habitants du Nord privilégient le *kôw nĕe·o* (riz gluant), appelé ici *kôw nêung*. Le lait de coco est rarement employé dans la cuisine du Nord, qui est probablement la plus saisonnière et la moins épicée des cuisines régionales thaïlandaises et se base souvent sur des saveurs amères ou autres épices sèches.

- *Gaang hang·lair* – d'origine birmane (*hang* est une déformation du birman *hin*, curry), c'est un riche curry de porc souvent servi lors des fêtes et des cérémonies. Goûtez-le au Mae Si Bua (p. 242), à Mae Hong Son.
- *Kâap mŏo* – ces couennes de porc frites constituent une garniture aussi courante que délicieuse dans le nord du pays.
- *Kôw gân jîn* – petits paquets en feuille de bananier contenant du riz mélangé à du sang, cuits à la vapeur et servis avec de l'huile à l'ail. Un en-cas très prisé à Mae Hong Son.
- *Kôw soy* – plat de nouilles au curry très apprécié, sans doute d'origine birmane et introduit dans le Nord par des marchands chinois. Le **Khao Soi Phor Jai** (Th Jetyod, enseigne en thaï ; plats 30-60 B ; 7h30-17h), à Chiang Rai, en propose une version douce mais savoureuse.
- *Kà·nŏm jin nám ngée·o* – nouilles de riz fraîches dans un bouillon à la tomate et au porc. On en trouve d'excellentes au Paa Suk (p. 205), à Chiang Rai.
- *Lâhp kôo·a* – ou "*lâhp* frit", ce plat est la fameuse "salade" thaïlandaise de viande hachée, frite et accompagnée d'un mélange d'herbes amères et d'épices séchées.
- *Năam* – viande de porc fermentée au goût aigre, plus savoureuse que ne le laisse présager la description.
- *Nám prík nùm* – piments verts, échalotes et ail sont grillés puis écrasés en une pâte qui accompagne riz gluant, légumes blanchis et couenne de porc frite. À goûtez au Phu-Lae (p. 205), à Chiang Rai.
- *Nám prík òrng* – sauce pimentée d'origine shan, à base de tomates et de porc émincé, sorte de bolognaise thaïlandaise. On en sert au Banpleng (p. 242), à Mae Hong Son.
- *Sâi òo·a* – saucisse de porc grillée servie avec une profusion d'herbes fraîches.
- *Đam sôm oh* – la version locale du *sôm·đam*, avec du pamplemousse au lieu de la papaye verte.

En sens inverse, le dernier bus pour New Sukhothai part à 16h30.

Pour rejoindre le parc depuis Sawankhalok, prenez n'importe quel bus pour le nord à la gare routière située au bord de la route (24-50 B, 30 min, départs fréquents de 7h à 17h).

Train

La gare ferroviaire de Sawankhalok fait partie des curiosités locales. Le roi Rama VI fit bâtir une bretelle ferroviaire de 60 km entre Ban Dara (une bourgade sur la ligne principale) et Sawankhalok afin de visiter les ruines. Chaque jour, un train express part de Bangkok pour Sawankhalok (482 B, 7 heures, 10h50). En sens inverse, il part à 19h40 et rejoint la capitale à 3h30. Vous pouvez aussi prendre ce train pour Phitsanulok (328 B, 3 heures 30, 17h55) ; il s'agit d'un "Sprinter" (2e classe clim sans couchette), avec dîner et petit-déjeuner compris.

Comment circuler

On peut louer des vélos (p. 226) près des stands de restauration à l'entrée du parc historique.

KAMPHAENG PHET

กำแพงเพชร

30 000 HABITANTS

À mi-chemin de Bangkok et de Chiang Mai, Kamphaeng Phet, qui signifie littéralement "mur de Diamant", joua un rôle important dans la défense du royaume de Sukhothai, et plus tard de celui d'Ayuthaya, contre les intrusions birmanes ou lanna. Cette ancienne cité fortifiée conserve une partie de ses remparts, ainsi que d'imposantes ruines de plusieurs édifices religieux. La ville moderne, qui s'étire le long d'une section peu profonde de la Mae Nam Ping, est l'une des plus plaisantes capitales provinciales.

À voir et à faire

Inscrit au patrimoine mondial de l'Unesco, le **parc historique de Kamphaeng Phet** (อุทยานประวัติศาสตร์กำแพงเพชร ; **8h-18h**) abrite les vestiges d'édifices du XIVe siècle, soit à peu près l'époque du royaume de Sukhothai. Des monuments bouddhiques furent édifiés à Kamphaeng Phet jusqu'à la période d'Ayuthaya, presque 200 ans plus tard, et possèdent des éléments des styles de Sukhothai et d'Ayuthaya, aboutissant à une forme d'art sacré unique en Thaïlande. Moins bien restaurée que Sukhothai, la vieille ville est plus petite, plus intime et moins visitée.

Le parc comporte deux parties distinctes ; une vieille ville entourée d'un mur juste au nord de la Kamphaeng Phet moderne et des ruines plus imposantes regroupées à 1,5 km plus au nord.

CITÉ FORTIFIÉE

Juste au nord de la ville moderne, cette **zone fortifiée** (100 B ; **8h-16h**) qui a

Le Wat Phra Kaeo, parc historique de Kamphaeng Phet

IGOR PRAHIN/GETTY IMAGES ©

Billet combiné

Un billet combiné (150 B) permet de visiter la vieille fille fortifiée de Kamphaeng Phet et des vestiges sur un site plus grand, en dehors de la ville.

donné son nom à la ville fut autrefois habitée par des moines de la secte *gamavasi* ("qui vit dans la communauté").

Une bonne marche à pied ou une course à moto-taxi (environ 40 B) la sépare du centre-ville.

EN DEHORS DE LA VILLE

La majorité des ruines de Kamphaeng Phet se trouvent dans cette vaste **zone** (100 B ; 8h-18h) située à environ 1,5 km au nord des remparts. Ce secteur abritait autrefois des moines de la secte *aranyavasi* ("qui vit dans les forêts") et comprend, outre les deux temples cités ici, plus de 40 autres ensembles, bien que la plupart se résument à des fondations en brique et à quelques bouddhas érodés.

Un **centre d'information des visiteurs** (8h-16h30), à l'entrée, propose la **location de vélos** (30 B/jour).

Comptez 80 B pour rejoindre cette zone à moto-taxi depuis le centre de Kamphaeng Phet.

AUTRES SITES

Musée national de Kamphaeng Phet

Musée

(พิพิธภัณฑสถานแห่งชาติกำแพงเพชร ; Th Pindamri ; 100 B ; 9h-12h et 13h-16h30 mer-dim). Ce musée qui vaut le détour était en rénovation lors de notre dernier passage. Il renferme une vaste collection d'objets de l'époque de Kamphaeng Phet, notamment une immense statue de Shiva qui est le plus grand bronze hindou de Thaïlande.

Cette statue occupait autrefois le **sanctuaire de Shiva** GRATUIT situé non loin jusqu'à ce qu'un missionnaire allemand en vole les mains et la tête en 1886 (ces éléments ont été restitués depuis). Une réplique l'a remplacée dans le sanctuaire.

Musée régional de Kamphaeng Phet

Musée

(พิพิธภัณฑ์เฉลิมพระเกียรติ กำแพงเพชร ; Th Pindamri ; 10 B ; 9h-16h30). Le Musée régional de Kamphaeng Phet se compose d'une série de maisons thaïlandaises en bois sur pilotis dans un joli jardin paysager. Trois bâtiments principaux proposent différentes expositions, de l'histoire et de la préhistoire aux divers groupes ethniques de la province.

Fidèles à Kamphaeng Phet
AUSTIN BUSH/GETTY IMAGES ©

Où se loger

Three J Guest House Pension $

(☎0 5571 3129, 08 1887 4189 ; www.threejguesthouse.com ; 79 Th Rachavitee ; ch 250-800 B ; ❄@📶). Dans cette pension accueillante, les bungalows les moins chers sont équipés de ventilateur et se partagent une salle de bains commune et propre ; les plus chers sont climatisés. On y trouve des renseignements sur les environs et des vélos et motos à louer.

Grand View Resort Hôtel $

(☎0 5572 1104 ; 34/4 Moo 2, Nakhon Chum ; ch et bung avec petit-déj 290-590 B ; ❄📶). Parmi les quelques complexes hôteliers semi-ruraux installés sur la rive ouest de la Mae Nam Pings, celui-ci se distingue par ses 6 bungalows flottant sur des radeaux.

Chakungrao Riverview Hôtel $$

(☎0 5571 4900 ; www.chakungraoriverview.com ; 149 Th Thesa 1 ; ch 1 000-1 300 B, ste 3 500 B avec petit-déj ; ❄@📶). L'hôtel le plus luxueux de Kamphaeng Phet offre des chambres joliment décorées de boiseries sombres, avec des balcons donnant sur la rivière ou la ville. Les suites sont immenses et bénéficient de réductions substantielles.

Où se restaurer et prendre un verre

Bamee Chakangrao Thaïlandais $

(enseigne en thaï ; Th Ratchadamnoen 1 ; plats 25-30 B ; ⌚8h30-15h). Ce restaurant réputé est l'un des meilleurs endroits pour déguster des *bà·mèe* (fines nouilles de blé aux œufs), une spécialité locale ; elles sont confectionnées tous les jours derrière le restaurant. Vous pouvez aussi commander un satay de porc. Faute d'enseigne en anglais, repérez les banderoles vertes à l'angle.

Mae Ping Riverside Thaïlandais $

(enseigne en thaï ; 50/1 Moo 2, Nakhon Chum ; plats 40-120 B ; ⌚déj et dîner). Cuisine correcte, bière pression et musique live sont au menu de cet établissement sur la rive ouest de la Mae Nam Ping. On trouve

Étal de fruits, Kamphaeng Phet

ANTONY GIBLIN/GETTY IMAGES ©

Bus depuis/vers Kamphaeng Phet

DESTINATION	PRIX	DURÉE	DÉPARTS
Bangkok	230-344 B	5 heures	départs fréquents 8h30-1h30
Chiang Mai	228-342 B	5 heures	8 départs 11h30-13h
Chiang Rai	305-773 B	7 heures	départs fréquents 12h-22h30
Lampang	168 B	4 heures	8 départs 11h30-1h
Mae Hong Son	509-905 B	11 heures	22h et 23h
Phitsanulok	59-83 B	2 heures 30	ttes les heures 6h-18h
Sukhothai	77 B	1 heure	ttes les heures 10h50-20h30

d'autres adresses similaires dans la même rue, au bord de la rivière.

Kitti Sino-thaïlandais **$$**
(angle Th Vijit 2 et Th Bamrungrat ; enseigne en thaï ; plats 50-350 B ; ⌚10h-14h et 16h-22h). Ce restaurant établi de longue date excelle dans la cuisine des produits de la mer à la chinoise. Goûtez son délicieux et original poulet frit aux noix de cajou, qui contient aussi de l'ail haché et des tranches de porc sucré.

ℹ Depuis/vers Kamphaeng Phet

La **gare routière** (**☎0 5579 9844 ; Rte 101**) de Kamphaeng Phet est à environ 1 km à l'ouest de la Mae Nam Ping. Des motos (50 B) et des *sŏrng·tăa·ou* (20 B, départs fréquents de 7h30 à 17h) relient la gare à la ville. Si vous arrivez de Sukhothai ou de Phitsanulok, descendez dans la vieille ville ou au rond-point de Th Thesa 1 afin d'éviter d'avoir à prendre ensuite un *sŏrng·tăa·ou* pour retourner en ville.

Si vous allez à Bangkok, vous pouvez même éviter de mettre les pieds à la gare routière en achetant vos tickets (295 B, 5 heures) et en prenant le bus chez **Win Tour** (**☎0 5571 3971 ; Th Kamphaeng Phet**), près du rond-point. Des départs fréquents ont lieu de 9h à 23h.

ℹ Comment circuler

Les motos-taxis et les *tuk-tuk* ne sont pas nombreux à Kamphaeng Phet. Il est donc plus sage de louer un vélo ou une moto – on trouve les deux à la Three J Guest House (vélo/moto 50/200 B par jour).

PROVINCE DE MAE HONG SON

Uniquement accessible par de sinueuses routes de montagne ou par un vol incertain jusqu'à sa capitale, la province de Mae Hong Son est la plus isolée du pays. Montagneuse et densément boisée, éloignée de l'influence des vents marins, la température y dépasse rarement 40°C mais peut descendre jusqu'à 2°C en janvier. En raison de sa situation le long de la frontière avec le Myanmar, Mae Hong Son est un carrefour où se mêlent minorités ethniques (principalement les Karen, quelques Hmong, Lisu et Lahu), Shan et immigrants birmans.

Pai ปาย

2 000 HABITANTS

Si vous passez suffisamment de temps dans le Nord, vous entendrez sûrement parler de Pai comme une seconde Khao San Rd (rue de Bangkok).

Contrairement aux îles, Pai (prononcez "baille") est aujourd'hui aussi prisée des Thaïlandais que des étrangers. Au plus fort de la saison fraîche (décembre-janvier), des milliers de Thaïlandais venus de Bangkok arrivent à Pai, dont certains quartiers évoquent davantage le marché du week-end à Chatuchak qu'un village isolé de Mae Hong Son.

Cette popularité n'a pas encore entamé la beauté de cette splendide vallée de montagne. Nombre d'hébergements paisibles sont installés en dehors de l'artère principale et de multiples activités distraient les visiteurs, qui profitent également d'une scène artistique et musicale dynamique. Les racines shan de la ville se remarquent dans ses temples, ses ruelles et un pittoresque marché l'après-midi.

À voir

Wat Phra That Mae Yen Temple bouddhique
(วัดพระธาตุแม่เย็น ; aube-crépuscule). GRATUIT Perché sur une colline, ce temple offre une belle vue sur la vallée. Du principal carrefour de la ville, parcourez 1 km vers l'est, traversez un cours d'eau et un village et grimpez les 353 marches qui conduisent au sommet. Vous pouvez aussi emprunter la route asphaltée (400 m) qui suit un autre itinéraire.

CASCADES

Autour de Pai, quelques cascades méritent le détour, surtout après la saison des pluies (d'octobre à début décembre). La plus proche et la plus visitée, la **Nam Tok Mo Paeng**, possède quelques bassins propices à la baignade. Elle se situe à 8 km de Pai sur la route du Wat Nam Hoo – une longue marche mais un trajet plaisant à vélo ou à moto. À peu près à la même distance dans la direction opposée, la **Nam Tok Pembok** se trouve près de la route de Chiang Mai. Plus éloignée, la **Nam Tok Mae Yen** demande 2 ou 3 heures de marche le long de la mauvaise route à l'est de Pai, juste avant l'embranchement vers Fluid.

AUTRES SITES

Sources thermales de Tha Pai Sources thermales
(บ่อน้ำร้อนท่าปาย ; adulte/enfant 200/100 B ; 7h-18h). De l'autre côté de la Mae Nam Pai, à 7 km au sud-est de la ville par une route asphaltée, un parc bien tenu renferme des sources thermales. Une jolie rivière le traverse et se mêle aux sources par endroits, créant d'agréables piscines naturelles. L'eau est également canalisée vers quelques spas voisins.

Gorge de Pai Réserve naturelle
(แหวปาย). GRATUIT À 8 km de Pai sur la route de Chiang Mai, un escalier grimpe jusqu'à un point de vue qui surplombe de hautes falaises rocheuses et la vallée de Pai. Un chemin longe la vallée, à emprunter le matin ou l'après-midi car il n'y a pas d'ombre.

Memorial Bridge Monument
(สพานประวัติศาสตร์ท่าปาย ; Rte 1095). GRATUIT Malgré son air vétuste, des milliers de touristes thaïlandais s'arrêtent (durant la haute saison touristique) au niveau de ce pont pour faire une photo. Il fait partie des arrêts photo incontournables le long des "762 virages" jusqu'à Pai. À 9 km de Pai, il fut construit par des soldats japonais pendant la Seconde Guerre mondiale.

Activités

MASSAGE ET SPAS

Pai Traditional Thai Massage Massage
(PTTM ; 0 5369 9121 ; www.pttm1989.com ; 68/3 Soi 1, Th Wiang Tai ; massage 1 heure/ 1 heure 30/2 heures 180/270/350 B, sauna 100 B la visite, cours massage 3 jours 2 500 B ; 9h-21h). Établi de longue date par un couple de Pai, cet établissement propose des massages traditionnels du Nord, ainsi qu'un sauna (saison fraîche uniquement) aux *sà·mŭn·prai* (plantes médicinales).

Spa Exotic Spa
(08 1917 9351 ; www.spaexotic.com ; 86 Moo 2, Ban Mae Hi ; bain d'eau thermale 80 B ; 7h-22h). L'eau thermale est canalisée jusque dans les bungalows avec salles de soin et jusqu'à la piscine en plein air de ce complexe.

RAFTING ET KAYAK

Le rafting le long de la Mae Nam Pai durant la saison des pluies (généralement de juin à février) est une activité très prisée. Les tarifs tout compris (équipement de rafting, matériel de camping, sacs étanches, assurance et nourriture) varient de 1 200 à 1 500 B par personne pour une excursion d'une journée et de 1 800 à 2 700 B par personne pour 2 jours.

Pai Adventure Rafting
(☎ 0 5369 9385 ; www.thailandpai.net ; 28 Th Chaisongkhram ; ⏲ 8h-22h). Ce tour-opérateur bien organisé programme des sorties de rafting de 1 à 2 jours qui peuvent se combiner avec du trekking et d'autres activités. Cours de survie dans la jungle sur demande.

Thai Adventure Rafting Rafting
(☎ 0 5369 9111 ; www.thairafting.com ; Th Chaisongkhram ; ⏲ 8h-17h). Ce tour-opérateur français organise des sorties de 1 à 2 jours, avec en chemin découverte d'une cascade, d'un récif fossile et de sources thermales, ainsi qu'une nuit dans le camp permanent de l'agence au bord de la rivière.

Back-Trax Rafting
(☎ 0 5369 9739 ; backtraxinpai@yahoo.com ; Th Chaisongkhram ; ⏲ 8h-22h). Forte de plus de 10 ans d'expérience, cette compagnie propose des sorties de rafting de plusieurs jours, des descentes en tubing et des cours de reiki.

TREKKING

Les treks guidés tout compris coûtent de 800 à 1 000 B par personne et par jour en groupe de deux ou plus. Presque tous passent par des villages lisu, lahu et karen aux alentours de Soppong (Pangmapha). Pour réserver, adressez-vous aux agences installées dans des pensions comme **Duang Trekking** (☎ 0 5369 9101 ; http://sites.google.com/site/lungtangtrekking ; Duang Guest House, Th Chaisongkhram ; ⏲ 8h-20h), ou auprès des tour-opérateurs spécialisés, dont tous ceux cités ci-dessus.

AUTRES ACTIVITÉS

Thom's Pai Elephant Camp Balades à dos d'éléphant
(☎ 0 5369 9286 ; www.thomelephant.com ; Th Rangsiyanon ; balade 500-2 000 B/pers ; ⏲ 9h-18h). Le spécialiste de l'éléphant le mieux établi à Pai possède un bureau en ville. Il est possible de monter à cru ou sur un palanquin, et certaines formules incluent même une baignade dans la rivière avec l'animal – rire garanti sur le dos de l'éléphant lorsqu'il rebondit sur l'eau. La promenade se termine par un plongeon dans des bassins remplis d'eau thermale.

Cours

Pai Cookery School Cuisine
(☎ 08 1706 3799 ; Soi Wanchaloem ; cours 600-750 B ; ⏲ 11h-13h30 et 14h-18h30). Établie depuis une dizaine d'années, cette école enseigne la préparation de 3 à 5 plats différents,

Randonneur, gorge de Pai
SOREN EGEBERG/ZEAMONKEY IMAGES/GETTY IMAGES ©

Histoire de la Thaïlande du Nord

L'ascension et le déclin de diverses principautés indépendantes ont modelé l'histoire du nord de la Thaïlande. Le royaume môn de Hariphunchai (aujourd'hui Lamphun), qui domina de la fin du VIIIe siècle au XIIIe siècle, eut l'une des plus fortes influences culturelles dans la région. L'art de Hariphunchai et ses représentations du Bouddha sont spécifiques et le musée national de Hariphunchai à Lamphun en possède de beaux exemples.

Les Thaïs, qui migrèrent sans doute de Chine vers le VIIe siècle, unifièrent plusieurs principautés au XIIIe siècle, fondèrent Sukhothai et prirent Hariphunchai aux Môn. En 1238, Sukhothai se déclara royaume indépendant sous le règne de Si Intharathit et étendit rapidement sa domination. Pour cette raison et pour l'influence du royaume sur l'art et la culture thaïs modernes, Sukhothai est considéré comme le premier véritable royaume thaï.

En 1296, le roi Mengrai fonda Chiang Mai après avoir conquis Hariphunchai. Plus tard, Chiang Mai, alliée à Sukhothai aux XIVe et XVe siècles, intégra le plus vaste royaume de Lan Na Thai ("Million de rizières thaïes"), communément appelé Lanna. Ce royaume, qui s'étendait au sud jusqu'à Kamphaeng Phet et au nord jusqu'à Luang Prabang au Laos, connut son apogée au XVe siècle. Durant une courte période, Phitsanulok devint alors la capitale du royaume et Chiang Mai exerça une influence religieuse et culturelle accrue. Au XVIe siècle, cependant, beaucoup des alliances stratégiques de Lan Na Thai déclinèrent et c'est ainsi que les Birmans s'emparèrent de Chiang Mai en 1556. Après la prise d'Ayuthaya par les Birmans en 1767, les Thaïs du Nord se regroupèrent et, sous le roi Kawila, reprirent Chiang Mai en 1774, repoussant les Birmans au nord.

À la fin du XIXe siècle, Rama V s'efforça de réunir le Nord et le Centre afin de parer la menace de colonisation. L'achèvement de la voie ferrée du Nord jusqu'à Chiang Mai en 1921 renforça ces liens jusqu'à ce que les provinces du Nord intègrent le royaume de Siam au début du XXe siècle.

avec, lors des cours de l'après-midi, un tour au marché pour acheter les ingrédients.

Mam Yoga House Yoga

(☎08 9954 4981 ; www.mamyoga.paiexplorer.com ; 27 Th Rangsiyanon ; cours 200-550 B ; ⌚10h-12h et 15h-17h). Juste au nord du poste de police, Mam propose des cours de hatha-yoga en petits groupes.

Où se loger

L'expansion se poursuit et les hébergements continuent de fleurir à Pai. Lors de notre passage, il existait pas moins de 500 hôtels, pensions et complexes hôteliers. Malgré la multiplication des hébergements, trouver une chambre durant la haute saison touristique (décembre-janvier) peut relever du parcours du combattant ; il faut alors se rabattre sur des tentes (environ 100 B).

Rappelez-vous que les prix varient beaucoup ; presque tous les établissements de catégories moyenne et supérieure baissent leurs tarifs jusqu'à 60% en basse saison.

EN VILLE

Breeze of Pai Guesthouse Hôtel **$$**

(☎08 1998 4597 ; suthasinee.svp@gmail.com ; Soi Wat Pa Kham ; ch 400 B, bung 800 B ; ❄📶).

Près de la rivière, cet hôtel bien tenu comporte 9 grandes chambres agréables et 6 bungalows en forme de hutte de bonne taille. Il est proche de l'animation sans souffrir du bruit et de la pollution. Fréquenté par des habitués ; pensez à réserver.

Rim Pai Cottage Hôtel **$$$**
(☎0 5369 9133 ; www.rimpaicottage.com ; Th Chaisongkhram ; bung 1 200-4 000 B ; ❄ ᯤ). Les bungalows douillets (petit-déjeuner compris d'octobre à février) sont répartis dans un joli secteur boisé et isolé le long de la Nam Pai. D'innombrables endroits en bordure de rivière invitent à la détente, et une ambiance de village règne sur l'ensemble.

Pai River Villa Hôtel **$$$**
(☎0 5369 9796 ; pairivervilla@gmail.com ; 7 Th Wiang Tai ; bung avec petit-déj 1 200-2 500 B ; ❄ ᯤ). Cet hôtel propose des bungalows au bord de la rivière parmi les plus beaux de la ville. Les bungalows climatisés sont élégants et dotés de grands balcons où il fait bon paresser et admirer la montagne ; ceux avec ventilateur sont nettement plus exigus.

EN DEHORS DE LA VILLE

Bueng Pai Farm Pension **$$**
(☎08 9265 4768 ; www.paifarm.com ; Ban Mae Hi ; bung 500-2 000 B ; ᯤ ≋). Pour les amateurs de yoga et les pêcheurs, ces 12 bungalows tout simples sont joliment situés, entre une ferme en activité et un vaste étang rempli de poissons.

À 2,5 km de Pai, près de la route menant aux sources thermales de Tha Pai ; guettez l'enseigne.

Pairadise Hôtel **$$**
(☎0 5369 8065 ; www.pairadise.com ; Ban Mae Hi ; bung 800-1 400 B ; ❄ ᯤ). Cet hôtel soigné surplombe la vallée de Pai du haut d'une crête à la sortie de la ville. Les jolis bungalows, spacieux, sont agrémentés de peintures murales, de belles salles de bains rustiques et de terrasses avec hamacs. Ils entourent un bassin alimenté par une cascade, propice à la baignade. À environ 750 m à l'est de la Mae Nam Pai ; repérez le panneau juste après le pont.

Bulunburi Hôtel **$$$**
(☎0 5369 8302 ; www.bulunburi.com ; Ban Pong ; bung 600-4 000 B avec petit-déj ; ❄ ᯤ @ ≋). Dans une petite vallée isolée au milieu de rizières et de ruisseaux, l'emplacement du Bulunburi séduit autant que son hébergement. Ses 11 bungalows, allant des chambres exiguës avec ventilateur aux grands bungalows de 2 chambres, sont élégants et bien équipés.

L'hôtel se trouve à 2,5 km du centre-ville sur la route de Mae Hong Son ; repérez l'embranchement bien signalé à 1 km de Pai.

Pai Treehouse Hôtel **$$$**
(☎08 1911 3640 ; www.paitreehouse.com ; Ban Mae Hi ; bung 1 000-6 500 B avec petit-déj ; ❄ ᯤ). Si ses 3 cabanes dans les arbres sont occupées (elles sont recherchées), vous aurez le choix entre de jolis bungalows, pour la plupart proches de la rivière. Dans ce vaste domaine à l'ambiance familiale, vous trouverez également des éléphants et des pontons flottants sur la Mae Nam Pai. À 6 km de Pai, juste avant les sources thermales de Tha Pai.

Où se restaurer

Larp Khom Huay Poo Thaïlandais du Nord **$**
(Ban Huay Pu ; plats 30-70 B ; ⌚9h-20h). Pour fuir le blé germé et le tofu, venez dans ce restaurant dont la spécialité maison (à commander absolument) est le *lâhp kôo·a*, viande émincée (bœuf ou porc) frite avec des herbes et des épices. Accompagné d'un panier de riz gluant, d'une assiette d'herbes amères et d'une Singha bien fraîche, c'est le meilleur repas de Pai.

L'établissement se situe sur la route de Mae Hong Son, à 1 km au nord de la ville, juste après l'embranchement vers le Sipsongpanna.

Restaurant yunnanais Chinois **$**
(enseigne en chinois ; plats 30-180 B ; ⌚8h-20h). Ce restaurant en plein air, dans le village chinois de Ban Santichon, sert les plats traditionnels des résidents yunnanais. Ne manquez pas de goûter

KYLIE MCLAUGHLIN/GETTY IMAGES ©

À ne pas manquer
Ban Santichon

Les fins gourmets effectuent le pèlerinage à Ban Santichon, à environ 4 km de Pai, pour son assortiment authentique de spécialités yunnanaises. On y trouve aussi un petit marché, des dégustations de thé, des balades à dos de poney, une reproduction kitsch de la Grande Muraille de Chine et un **point de vue montagnard** (Ban Santichon ; 20 B ; ⏲4h30-18h), de quoi faire passer cet ancien village nationaliste pour un Disneyland à la chinoise.

L'ESSENTIEL

บ้านสันติชล

les *màntŏ* (petits pains à la vapeur), servis avec un ragoût de jambonneau aux herbes chinoises.

Vous pouvez aussi commander les excellentes nouilles maison, nappées d'un délicieux mélange de porc émincé, d'ail et de sésame. Le restaurant occupe un bâtiment ouvert en adobe derrière l'énorme rocher, à 4 km à l'ouest de Pai.

Witching Well International $

(www.witchingwellrestaurant.com ; Th Wiang Tai ; plats 75-140 B ; ⏲7h-23h ; 📶✍). C'est dans cet établissement animé tenu par un étranger que vous trouverez de vrais sandwichs, pâtes et pâtisseries. On y sert aussi du bon café et des petits-déjeuners raffinés comme on n'en trouve nulle part ailleurs à Pai.

Good Life International $

(Th Wiang Tai ; plats 40-170 B ; 📶✍). Des plateaux de blé germé et de livres d'occasion décorent ce café éclectique très apprécié.

Charlie & Lek Health Restaurant Thaïlandais $

(Th Rangsiyanon ; plats 35-180 B ; ⏲11h-22h ; ✍). Ce restaurant fréquenté propose une cuisine du centre de la Thaïlande adaptée aux goûts des étrangers, avec de nombreux légumes et des saveurs pas trop épicées.

Où prendre un verre et sortir

Edible Jazz Musique live
(www.ediblejazz.com ; Soi Wat Pa Kham ; 20h30-23h). Probablement le bar le plus douillet pour écouter de la musique live. On peut caresser le chat et siroter une bière tout en écoutant des concerts de guitare acoustique. Les scènes ouvertes des jeudi et dimanche soir peuvent être d'une qualité surprenante.

Bebop Musique Live
(Th Rangsiyanon ; 20h-1h). Adresse bien connue des voyageurs et des Thaïlandais, le Bebop propose tous les soirs des concerts à partir de 22h – blues, R&B et rock.

Depuis/vers Pai

L'aéroport de Pai est situé à 1,5 km au nord de la ville le long de la Rte 1095. **Kan Air** **(0 5369 9955, centre d'appel national 0 2551 6111 ; www.kanairlines.com ; aéroport de Pai ; 8h30-17h)** assure un vol quotidien pour Chiang Mai.

De la petite **gare routière** **(Th Chaisongkhram)** de Pai partent des bus lents avec ventilateur et des minibus plus rapides pour Chiang Mai et d'autres destinations dans la province de Mae Hong Son.

Vous pouvez aussi vous adresser à Aya Service qui propose des minibus climatisés pour Chiang Mai (150 B, 3 heures, ttes les heures de 8h à 16h30), ainsi que pour Chiang Rai (550 B, 6 heures, 17h30), Mae Sai (600 B, 6 heures, 5h30) et Chiang Khong (650 B, 7 heures, 18h).

Comment circuler

La majeure partie de Pai peut s'explorer à pied. Des motos-taxis attendent à la station de taxis en face de la gare routière et coûtent 50 B jusqu'à Ban Santichon et 80 B jusqu'à Nam Tok Mo Paeng.

Pour les excursions aux alentours, vous pouvez louer vélos ou motos à plusieurs endroits.

Aya Service **(0 5369 9888 ; www.ayaservice.com ; 22/1 Th Chaisongkhram ; vélos 100-400 B les 24 heures ; 8h-21h).** Une affaire qui roule, avec plus de 100 vélos. D'autres établissements similaires sont installés à proximité.

Un restaurant de Pai

MATTHEW MICAH WRIGHT/GETTY IMAGES ©

Transports depuis/vers Pai

DESTINATION	AVION	BUS	MINIBUS
Chiang Mai	1 990 B ; 20 min ; tlj	80 B ; 3-4 heures ; 12h	150 B ; 3 heures ; ttes les heures 7h-16h30
Mae Hong Son	–	75 B ; 3-4 heures ; 11h	150 B ; 2 heures 30 ; 8h30

North Wheels (**☎0 5369 8066 ; www.northwheels.com ; Th Khetkelang ; moto/voiture 140/1 500 B les 24 heures ; ⊙8h-18h**). Loue motos et voitures.

Mae Hong Son แม่ฮ่องสอน

000 HABITANTS

Entourée de montagnes, la lointaine Mae Hong Son correspond à l'idée que se font de nombreux voyageurs d'une ville du Nord. L'influence birmane palpable et une ambiance de ville-frontière confortent cette image, que ne vient troubler quasi aucun *tuk-tuk* ou rabatteur. Pour autant, Mae Hong Son n'est pas un territoire inconnu ; des circuits organisés y viennent depuis des années et son choix d'activités est varié, des soins de spa au trekking.

La meilleure période pour visiter Mae Hong Son s'étend de novembre à février : il fait plus frais et la ville est plus belle. Pendant la saison chaude (février à mai), la vallée de la Mae Nam Pai se remplit des fumées de la culture sur brûlis. Le seul inconvénient de la saison froide est la température nocturne : il faut apporter au moins un pull et des chaussettes pour se couvrir en début et en fin de journée.

HISTOIRE

Fondée en tant que centre de dressage d'éléphants au début du XIXe siècle, la ville ne changea guère jusqu'en 1856, quand des combats en Birmanie provoquèrent l'arrivée de milliers de Shan dans le secteur. Durant les années qui suivirent, Mae Hong Son prospéra grâce à l'exploitation du bois et demeura un royaume indépendant jusqu'en 1900, quand le roi Rama V intégra la région dans le royaume thaïlandais.

À voir

Devant les couleurs vives, les stupas blancs et les zincs étincelants des temples birmans-shan de Mae Hong Son, on s'étonne de se trouver en Thaïlande.

Wat Jong Kham et Wat Jong Klang Temples bouddhiques

(**วัดจองคำ/วัดจองกลาง ; Th Charm-naan Satit ; don à l'entrée pour le musée ; ⊙temple aube-crépuscule, musée 8h-18h**). GRATUIT Le Wat Jong Kham fut construit il y a près de 200 ans par des Thaï Yaï (Shan), qui composent environ la moitié de la population de la province.

Voisin, le Wat Jong Klang possède des peintures de jataka sur verre vieilles d'un siècle ; son **musée** contient des poupées en bois de Mandalay, âgées de 150 ans, qui représentent des personnages inquiétants de la Roue de la vie.

Éclairés la nuit, les temples se reflètent dans la Nong Jong Kham, une image prisée des photographes.

Wat Hua Wiang Temple bouddhique

(**วัดหัวเวียง ; Th Phanit Wattana ; ⊙aube-crépuscule**). GRATUIT Ce *wat*, à l'est de Th Khunlumprapas, est réputé pour son *bòht* (sanctuaire) au toit en bois ouvragé à plusieurs niveaux et un bouddha en bronze révéré de Mandalay.

Activités

TREKKING

La situation de Mae Hong Son à la lisière de la jungle montagneuse en fait une excellente base pour des treks.

Le trekking n'est pas aussi développé qu'ailleurs et les visiteurs prêts à marcher dans la boue découvriront une nature pratiquement intacte et des villages isolés. Plusieurs agences de voyages et pensions organisent des treks.

Les treks de plusieurs jours coûtent entre 1 200 et 3 000 B par personne et par jour (2 participants). Comme ailleurs en Thaïlande, le tarif journalier baisse significativement en fonction de l'importance du groupe et de la durée du trek.

Nature Walks Trekking
(**☎08 9552 6899, 0 5361 1040 ; www.trekkingthailand.com**). Si ses treks sont plus chers qu'ailleurs, John, natif de Mae Hong Son, est le meilleur guide de la ville.

Il ne possède pas de bureau ; courriel et téléphone sont les seuls moyens de le contacter.

Friend Tour Trekking
(**☎0 5361 1647 ; PA Motor, 21 Th Pradit Jong Kham ; ⏲7h30-19h30**). Forte de 20 ans d'expérience, cette agence recommandée propose des treks, des promenades à dos d'éléphant, du rafting et des excursions d'une journée. Elle est installée à PA Motor.

Nam Rin Tour Trekking
(**☎0 5361 4454 ; 21 Th Pradit Jong Kham, ⏲9h-19h**). Le slogan de M. Dam, *"Bad sleep, bad jokes"* (mauvais sommeil, mauvaises blagues), ne nuit pas à la réputation de ses treks.

EXCURSIONS EN BATEAU

Les excursions en *long-tail boat* sur la proche Mae Nam Pai connaissent un succès croissant et sont proposées par les tour-opérateurs et les pensions.

BAINS DE BOUE

Pooklon Country Club Spa
(**☎0 5328 2579 ; www.pooklon.com ; soin à base de boue à partir de 60 B, massage 200-400 B/heure ; ⏲8h-18h30**). Ce "country club" se targue d'être le seul spa thaïlandais à prodiguer des soins à base de boue.

Pooklon se situe à 16 km au nord de Mae Hong Son, dans le district de Mok Champae. Si vous n'êtes pas motorisé, vous pouvez prendre le *sŏrng·tăa·ou* (25 B) quotidien à destination de Ban Ruam Thai – ou Mae Aw –, mais vous devrez trouver un transport pour revenir.

Découverte par des géologues en 1995, la boue est pasteurisée et mélangée à des plantes avant d'être utilisée dans divers soins, comme les soins du visage (60 B), notamment. Vous pourrez également profiter de bains d'eau thermale (60 B) et de massages (200-400 B/heure) le week-end.

Le Wat Jong Kham (p. 239)
AUSTIN BUSH/GETTY IMAGES ©

Circuits organisés

Rosegarden Tours Circuits
(☎0 5361 1681 ; www.rosegarden-tours.com ; 86/4 Th Khunlumprapas ; circuits à partir de 500 B ; ⏰8h30-22h). Les guides, qui parlent français et anglais, accompagnent visites et circuits culturels.

Où se loger

À l'exception de quelques établissements de catégorie moyenne, Mae Hong Son offre des hébergements quelconques. Les prix varient selon les saisons ; en dehors de la haute saison (novembre à janvier), demandez une réduction.

Jongkham Place Pension $$
(☎0 5361 4294 ; 4/2 Th Udom Chao Ni-Thet ; bung/ste 800/1 500 B ; ❄📶). Tenue par une famille, cette pension en bordure du lac loue 4 jolis bungalows en bois et 2 suites avec terrasse, tous avec TV, réfrigérateur et climatisation.

Fern Resort Resort $$$
(☎0 5368 6110 ; www.fernresort.info ; près de la Rte 108 ; bung 2 500-3 500 B avec petit-déj ; ❄@📶🏊). Établi de longue date, ce complexe respectueux de l'environnement est l'un des hébergements les plus plaisants du nord de la Thaïlande. Les 40 bungalows en bois élégamment décorés sont installés le long des rizières en terrasses et des cours d'eau. À proximité, des chemins conduisent au parc national de Mae Surin.

Ce complexe est à 7 km au sud de la ville, mais on peut venir vous chercher gratuitement à l'aéroport ou à la gare routière, et des navettes circulent régulièrement entre le complexe et la ville, en s'arrêtant au Fern Restaurant.

Residence @MaeHongSon Hôtel $$$
(☎0 5361 4100 ; www.theresidence-mhs.com ; 41/4 Th Ni-wet Pi-sarn ; ch 1 300-1 900 B ; ❄📶). Ce bâtiment jaune pimpant comprend 10 chambres accueillantes et lumineuses avec TV, climatisation, réfrigérateur et mobilier en teck. Un toit-terrasse ensoleillé, un propriétaire sympathique parlant anglais et le prêt de vélos sont des atouts.

Vaut le détour

Le Wat Phra That Doi Kong Mu

Il faut escalader la colline ouest, ou Doi Kong Mu (1 500 m), pour visiter ce **temple** (วัดพระธาตุดอยกองมู ; ⏰aube-crépuscule), appelé également Wat Plai Doi. Deux *chédi* shan, édifiés en 1860 et en 1874, conservent les cendres de moines de l'État shan, au Myanmar. Derrière le *wat*, vous découvrirez un grand bouddha debout élancé et une vue sur l'ouest de la crête. Un café et un petit marché touristique occupent également les lieux. La vue sur l'océan de brume qui recouvre la vallée chaque matin est spectaculaire ; à d'autres heures de la journée, on peut admirer la ville et les vallées environnantes.

Dans Th Pha Doong Muay Do, un long escalier conduit au sommet du Wat Phra That Doi Kong Mu ; on peut aussi s'y rendre à moto-taxi (120 B aller-retour).

Où se restaurer et prendre un verre

Le **marché du matin** (près de Th Phanit Wattana ; plats 10-30 B ; ⏰6h-9h) de Mae Hong Son est un endroit sympathique pour prendre son petit-déjeuner. À l'extrémité nord, plusieurs stands proposent des plats inhabituels, tel le *tòo·a òon*, des nouilles birmanes accompagnées d'un épais gruau de pois chiches, de légumes frits, de tofu et de gâteaux de farine de pois chiches. Dans la même rangée, d'autres échoppes vendent une version locale des *kà·nŏm jin nám ngée·o* (fines nouilles de riz servies dans un bouillon à base de porc et de tomates), souvent garnies de *kahng pòrng*, des beignets de légumes shan.

Deux marchés nocturnes se tiennent à Mae Hong Son : le **marché de nuit** (Th Phanit Wattana ; plats 20-60 B ; 16h-20h), proche de l'aéroport, propose surtout des plats nord-thaïlandais à emporter, tandis que le **marché de nuit** (plats 10-60 B ; 16h-21h), situé à l'extrémité sud de Th Khunlumprapas, offre des plats thaïlandais plus courants. Plusieurs marchands de la rue piétonne de Mae Hong Song (p. 243) vendent toutes sortes de plats, dont des spécialités locales.

Chom Mai Restaurant Thaïlandais $

(www.sesamebar.com ; près de la Rte 108, enseigne en thaï ; plats 35-180 B ; 8h30-15h30 ;). La carte en anglais est restreinte, mais ne manquez pas le *kôw soy* délicieusement riche ou le *kôw mòk gài*, version thaïlandaise du *biryani*. Ce restaurant est à environ 4 km au sud de Mae Hong Son sur la route de Tha Pong Daeng – guettez l'enseigne au logo du café Doi Chaang.

Banpleng Restaurant Thaïlandais du Nord $

(108 Th Khunlumprapas ; plats 30-150 B ; 8h-22h lun-sam). Très fréquenté, ce restaurant en plein air offre de savoureux plats locaux, identifiés par la mention "Maehongson style" sur la carte en anglais.

Mae Si Bua Thaïlandais du Nord $

(angle Th Pradit Jong Kham et Th Singhanat Bamrung ; enseigne en thaï ; plats 20-30 B ; déj). Comme une vraie grand-mère shan, tata Bua prépare chaque jour un vaste assortiment de currys, de soupes et de sauces.

Salween River Restaurant & Bar International $

(www.salweenriver.com ; 23 Th Pradit Jong Kham plats 40-240 B ; 8h-22h ;). Ce café pour voyageurs dispose du Wi-Fi gratuit et d'une carte allant des hamburgers à des spécialités birmanes. La cuisine est bonne ; ne manquez pas la salade au thé vert birmane.

Fern Restaurant International thaïlandais $$

(Th Khunlumprapas ; plats 65-285 B ; 10h30-22h ;). Restaurant le plus huppé de la ville, il offre un service professionnel et une cuisine très correcte. La longue carte comprend des plats thaïlandais, locaux et même européens. Musique live certains soirs.

Crossroads Bar

(61 Th Khunlumprapas ; 8h-1h). Comme son nom l'indique, ce bar-restaurant sympathique est un carrefour et ce à plus d'un titre : il est situé à l'une des principales intersections de la ville, et sa clientèle compte à la fois de jeunes routards et des habitants plus âgés. On y sert des steaks.

Achats

D'octobre à février, les rues bordant le lac Jong Kham se muent en un **Walking Street** (marché ; Th Pradit Jong Kham ; 17h-22h oct-fév), marché animé où l'on vend de l'artisanat et de la nourriture.

Quelques boutiques de souvenirs bien approvisionnées se regroupent près de l'extrémité sud de Th Khunlumprapas. Par exemple, **Maneerat** (enseigne en thaï ; 80 Th Khunlumprapas ; 8h-21h) propose un grand choix de vêtements shan et birmans, ainsi que des boîtes en laque birmanes.

Depuis/vers Mae Hong Son

Beaucoup de voyageurs préfèrent se rendre de Chiang Mai à Mae Hong Son en avion plutôt qu'en bus afin d'économiser du temps, malgré le surcoût. À l'époque de nos recherches, **Nok Air** (0 5361 2057, centre d'appel national 1318 ; www.nokair.co.th ; aéroport de Mae Hong

Transports depuis/vers Mae Hong Son

DESTINATION	AVION	BUS	MINIBUS
Bangkok	–	796-905 B ; 15 heures ; 3 départs 14h-16h	–
Chiang Mai	1 590 B ; 35 min ; 3/jour	145 B ; 8 heures ; 8h30 et 12h30 (par le nord) ; 178-319 B ; 9 heures ; départs fréquents 6h-21h (par le sud)	250 B ; 6 heures ; ttes les heures 7h-15h
Pai	–	80 B ; 4 heures 30 ; 8h30 et 16h	150 B ; 2 heures 30 ; ttes les heures 7h-16h

Son ; 9h-17h) était la seule compagnie présente à l'**aéroport** (08 5361 2057) de Mae Hong Son. Un *tuk-tuk* jusqu'au centre-ville revient à 80 B.

La gare des bus et des minibus est située à 1 km au sud de Mae Hong Son ; on peut s'y rendre en *tuk-tuk* ou à moto pour 60 B. À la gare routière de Mae Hong Son, **Prempracha Tour** (0 5368 4100) gère les services de bus dans la province et **Sombat Tour** (0 5361 3211) s'occupe des bus entre Mae Hong Son et Bangkok.

Comment circuler

Comme la plupart des sites se trouvent à l'extérieur de la ville, louer un vélo ou une moto peut se révéler pratique.

PA Motor (**0 5361 1647 ; 21 Th Pradit Jong Kham ; 8h-18h30**). Installé en face de Friend House, PA Motor loue des motos (de 150 à 250 B/jour) et des jeeps (2 500-3 000 B/jour).

Ko Samui et la côte du golfe

La côte du golfe de Thaïlande marie à merveille confort et escapades en bord de mer, de la station balnéaire internationale à des îles plus secrètes entourées de coraux.

Lieu de villégiature apprécié des souverains (tous les monarques thaïlandais depuis Rama IV y ont fait bâtir une résidence) et des classes privilégiées, le nord du golfe de Thaïlande est appelé "côte royale". Aujourd'hui, les touristes thaïlandais l'investissent à leur tour pour profiter du superbe littoral, mais aussi pour rendre hommage à leurs rois. Ce parfait mariage entre sites culturels et plages tropicales est facile d'accès depuis Bangkok.

La côte sud du golfe s'enorgueillit d'un tiercé imbattable : Ko Samui, Ko Pha-Ngan et Ko Tao. Ces îles paradisiaques drainent des millions de touristes chaque année avec leurs plages de sable fin, leurs eaux émeraude, leurs fêtes trépidantes et leurs spots de plongée et de snorkeling.

Hat Lamai (p. 268), Ko Samui

Hat Chaweng (p. 267), Ko Samui

SHAUN EGAN/GETTY IMAGES ©

Ko Samui et la côte du golfe

1 Ko Samui
2 Hua Hin
3 Parc national maritime d'Ang Thong
4 Phetchaburi
5 Ko Pha-Ngan

Ko Samui et la côte du golfe À ne pas manquer

Ko Samui

Ko Samui (p. 264) est un paradis tropical, bien desservi par les airs depuis Bangkok. L'île compte des plages magnifiques, une jungle stupéfiante et un mode de vie nonchalant à l'ombre des palmiers. Les plages les plus prisées offrent de bons restaurants, des équipements modernes et des lieux de sortie tapageurs. L'île recèle aussi des recoins plus tranquilles, pour jouer au Robinson Crusoé. Ci-dessous : Hat Chaweng (p. 267)

1

2 Hua Hin

Destination préférée de l'élite de Bangkok (et de la famille royale) pour le week-end, Hua Hin (p. 256) est idéale si l'on a peu d[e] temps pour la plage et envie de confort haut de gamme. Cette station balnéaire proche de la capitale se distingue par ses longues plages de sable, sa cuisine à base de fruits de mer et sa sophisticatio[n] citadine. Seul inconvénient, l'endroit n'a pas cette atmosphère typique des îles.

À gauche : le palais de Mrigadayavan, à Hua Hin

NEAL MCCLIMON/GETTY IMAGES ©

LUIS CAGIAO PHOTOGRAPHY/GETTY IMAGES ©

3 Parc national maritime d'Ang Thong

Voguez entre les îles mystérieuses et désertes du parc national maritime d'Ang Thong (p. 275). Bordés de plages de sable blond, ces rochers sculpturaux jaillissent des flots. Quant aux falaises calcaires, elles sont façonnées par les vagues depuis des millénaires. Approchez-vous pour observer les créatures et plantes qui s'y accrochent, résistant chaque jour au reflux de la marée.

KIMBERLEY COOLE/GETTY IMAGES ©

4 Phetchaburi

Parfaite destination à la journée depuis Hua Hin, cet ancien refuge royal (p. 254) comporte un palais haut perché, d'étranges temples troglodytiques et une bonne dose d'atmosphère provinciale. C'est une étape prisée des écoliers en voyage scolaire – qui trouveront peut-être le courage de vous dire "*hello*" – et un lieu qui donne le sentiment d'être hors des sentiers battus sans être complètement isolé. Ci-dessus : Tham Khao Luang (p. 254)

5 Ko Pha-Ngan

Ko Pha-Ngan (p. 276) est une destination mythique pour des générations de jeunes touristes, qui s'adonnent ici à des fêtes sur la plage et à un farniente intense. Les folles fêtes de la pleine lune laissent derrière elles un tapis de corps épuisés, tandis que le reste du temps est consacré à ne rien faire ou à récupérer de la soirée précédente. Bien que de plus en plus civilisée, cette île reste encore peu aménagée. Ci-dessus : vie nocturne à Hat Rin (p. 277)

Ko Samui et la côte du golfe : le best of

Spots de plongée et de snorkeling

- **Ko Tao** Pour les débutants qui souhaitent faire leur baptême de plongée ; le snorkeling est possible depuis le rivage. (p. 282)
- **Ko Pha-Ngan** Pour des plongées très plaisantes loin des foules. (p. 276)
- **Parc national maritime d'Ang Thong** Snorkeling et kayak sont ici prétextes à l'exploration d'un paysage fait de falaises calcaires et de mer bleu azuré. (p. 275)

Dégustation de fruits de mer

- **Hua Hin** Dîner avec des touristes thaïlandais dans la capitale des fruits de mer, au cœur d'un marché de nuit à ciel ouvert ou d'une antique maison de négoce. (p. 256)
- **Ko Samui** Superbe station balnéaire, à la réputation culinaire bien établie. (p. 264)
- **Ko Tao** Une cuisine souvent plus sophistiquée que cette île rustique, aussi douée pour s'amuser que pour manger, ne le suggère. (p. 282)

Faire la fête

- **Ko Pha-Ngan** Peinture corporelle fluo, jongleurs de feu, rythmes endiablés et réjouissances alcoolisées chaque mois dans les raves party de Ko Pha-Ngan. (p. 276)
- **Castle** Le temple de la fête à Ko Tao. (p. 286)
- **Chaweng** La plage la plus populaire de Ko Samui est en ébullition de jour comme de nuit : bars de plage, discothèques tonitruantes et fêtards de toutes sortes. (p. 267)

Spas et centres de soin

Spa Resort Au bord de l'eau, le premier centre de soin de Ko Samui axé sur la santé et le bien-être. (p. 266)

Tamarind Retreat Un spa installé entre arbres et rochers dans ce *resort* chic de Ko Samui. (p. 266)

Sanctuary L'hommage de Ko Pha-Ngan à tout ce qui est sain et d'influence new age. (p. 278)

À gauche : spa, Ko Samui (p. 266); **ci-dessus :** Ko Tao (p. 282)

Ce qu'il faut savoir

À PRÉVOIR

Un mois avant Réservez votre hébergement et vos billets de train et d'avion.

Une semaine avant Réservez votre excursion de plongée.

La veille Achetez vos billets combinés de bus/bateau par l'entremise des tour-opérateurs.

ADRESSES UTILES

Hua Hin Tourism Authority of Thailand (TAT ; ☎0 3251 3885 ; 39/4 Th Phetkasem ; 🕒8h30-16h30)

Ko Samui TAT (☎0 7742 0504 ; Na Thon ; 🕒8h30-16h30)

Tourism Hua Hin (www.tourismhuahin.com)

Backpackers Centre (www.backpackersthailand.com)

Koh Tao Online (www.kohtaoonline.com)

COMMENT CIRCULER

Bateau Relie le continent (de Chumphon et Surat Thani) aux îles de Ko Samui, ainsi que les îles entre elles.

Bus Trajets sur le continent ; dessert Bangkok et les villes portuaires.

Moto Pour voyager seul ; déconseillé à ceux qui n'ont jamais conduit sur les îles.

Sŏrng·tăa·ou Camionnettes (pick-up) utilisées comme taxis partagés et comme bus publics.

Train Pour voyager de nuit de Bangkok à Chumphon et de Bangkok à Surat Thani.

Tuk-tuk Pour voyager en ville ; pensez à négocier.

MISES EN GARDE

Circuler à moto Les routes îliennes sont dangereuses. Portez un casque et des vêtements de protection, conduisez avec prudence par temps de pluie, et ne déposez pas d'objets de valeur dans les paniers installés à l'avant.

Drogues N'achetez pas de drogues, en particulier sur Ko Pha-Ngan.

Voyageuses Ne voyagez pas seules sur Ko Samui et sur Ko Pha-Ngan. Évitez de bronzer les seins nus.

Billets de bus/bateau Procurez-vous vos billets à l'avance pour éviter les opérateurs privés indélicats.

Suggestions d'itinéraires

Offrez-vous un long week-end ou une escapade de 5 jours pour profiter des meilleurs atouts de la côte du golfe de Thaïlande. Lorsque vous reviendrez une deuxième fois, vous pourrez vous contenter des joies de la plage.

3 JOURS

DE HUA HIN À PHETCHABURI

Courte détente balnéaire

❶ **Hua Hin** (p. 256) est l'une des destinations balnéaires les plus faciles d'accès depuis Bangkok, avec un trajet par la route qui dispense de prendre le ferry. Les hôtels du front de mer satisfont aux critères internationaux et le marché alimentaire de nuit est spécialisé dans une délicieuse cuisine de la mer. Pour nombre de Thaïlandais, ce marché est d'ailleurs l'unique raison de visiter Hua Hin.

La plage du continent est un autre point fort du lieu, avec son étendue de sable soyeux et son promontoire rocheux. Un énorme Bouddha en or et un temple coiffent la falaise, tandis que les voiles multicolores des kitesurfeurs se détachent sur la mer et le ciel.

❷ **Phetchaburi** (p. 254), ville provinciale voisine, est dotée d'une colline coiffée d'un palais et d'un temple troglodytique. Passez une journée au ❸ **parc national de Khao Sam Roi Yot** (p. 260), réserve montagneuse aux grottes calcaires, où se trouvent le plus grand marais d'eau douce du pays et de nombreuses espèces d'oiseaux.

En haut à gauche : parc national de Khao Sam Roi Yot (p. 260) ; **en haut à droite :** Ko Tao (p. 282)

5 JOURS

DE KO SAMUI À CHUMPHON

Les sœurs Samui

Première île de la côte, ❶ **Ko Samui** (p. 264) propose une gamme de services suffisamment complète pour plaire à tout le monde. Installez-vous à Chaweng, au cœur de l'animation, sur une fabuleuse plage en demi-lune, ou bien en retrait sur les plages du nord – Mae Nam et Bo Phut –, moins spectaculaires, mais plus "villageoises". Essayez l'une des cures de l'île, pour vous initier au yoga sur la plage ou au jeûne de 3 jours. Louez une moto pour faire le tour des petits villages assoupis et isolés dans la partie sud de l'île.

Nagez entre les îles calcaires montagneuses aux formes étranges du ❷ **parc national maritime d'Ang Thong** (p. 275), excursion prisée depuis Samui.

Si vous avez le temps, prenez le ferry pour ❸ **Ko Pha-Ngan** (p. 276) pour assister à une rave party sur la plage. Admirez le lever du soleil et revenez à Samui vous reposer.

Consacrez 2 ou 3 jours à un circuit de snorkeling ou de plongée sur ❹ **Ko Tao** (p. 282), petite île entourée d'éclatants jardins de coraux. La côte ouest est tout entière consacrée à la plongée, tandis que les criques rocheuses de la côte est raviront les amateurs de solitude. Gagnez en ferry le port continental de ❺ **Chumphon** (p. 261) pour rentrer à Bangkok en train de nuit.

Découvrir Ko Samui et la côte du golfe

Les incontournables

- **Phetchaburi** (p. 254). Pour ses palais royaux et ses temples troglodytiques.
- **Hua Hin** (p. 256). Élégante cité balnéaire et délicieux fruits de mer.
- **Chumphon** (p. 261) et **Surat Thani** (p. 263). Lieux de transit les plus septentrional et méridional vers les îles Samui.
- **Ko Tao** (p. 282). Île où la plongée sous-marine est reine.
- **Ko Pha-Ngan** (p. 276). Ambiance bohème, sauf à la pleine lune.
- **Ko Samui** (p. 264). Superbe île-*resort* très bien organisée.

Parc historique de Phra Nakhon Khiri

THOMAS KOKTA/GETTY IMAGES ©

LA CÔTE DU GOLFE DE THAÏLANDE

Phetchaburi (Phetburi)

เพชรบุรี

46 600 HABITANTS

Facilement accessible depuis Bangkok, Phetchaburi devrait figurer sur l'itinéraire culturel de tout voyageur en Thaïlande. Cette paisible ville de province, non loin de la côte, offre temples, palais, marchés et vieilles maisons de négoce en teck. Jungles et sanctuaires troglodytiques parsèment les alentours.

Historiquement, Phetchaburi témoigne des royaumes qui se sont succédé en Asie du Sud-Est. La ville est souvent surnommée l'"Ayuthaya vivante", car elle conserve de nombreux vestiges équivalents à ceux détruits dans l'ancienne capitale.

À voir et à faire

Tham Khao Luang Grotte
(ถ้ำเขาหลวง ; 8h-18h). GRATUIT À quelque 4 km au nord de la ville, cette grotte spectaculaire, remplie de stalactites, est l'un des plus impressionnants sanctuaires troglodytiques du pays, et le favori de Rama IV.

Accessible par un escalier raide, elle renferme un bouddha central qui brille d'une lumière céleste quand les rayons du soleil filtrent à travers l'ouverture en forme de cœur.

Phra Ram Ratchaniwet Site historique
(พระรามราชนิเวศน์ ; 0 3242 8083 ; palais Ban Peun ; 50 B ; 8h30-16h30 lun-ven). La

NOBYTHAI/GETTY IMAGES ©

À ne pas manquer
Parc historique de Phra Nakhon Khiri

Ce parc national trône au sommet de Khao Wang (colline du Palais) et domine la ville avec une opulence discrète. Rama IV (roi Mongkut) fit construire le palais, qui mêle des styles européens et chinois, et les temples alentour en 1859 en tant que résidence secondaire. L'emplacement sur la colline permettait au roi d'assouvir sa passion pour l'astronomie. Le site compte deux entrées. L'entrée sur l'avant, en face de Th Ratwithi, implique de grimper un chemin ardu. De l'autre côté de la colline, un funiculaire monte jusqu'au sommet.

L'ESSENTIEL

อุทยานประวัติศาสตร์พระนครคีรี ; ☎ 0 3240 1006 ; 150 B, tramway aller-retour adulte/enfant 40 B/ gratuit ; ⏲ parc et tramway 8h30-16h30

construction de cet élégant palais d'été, une incroyable réalisation Art nouveau, débuta en 1910 sur l'ordre de Rama V (qui mourut peu après). Conçu par des architectes allemands, qui profitèrent de l'occasion pour démontrer les innovations de l'époque, il comporte des salles spacieuses inondées de soleil et décorées de ravissants carreaux vernissés, de vitraux, de parquets et de nombreux éléments en fer forgé.

Le palais se tient sur une base militaire à 1 km au sud de la ville ; vous devrez peut-être présenter votre passeport.

Où se loger

2N Guesthouse Pension $

(**☎ 0 3240 1309 ; two_nguesthouse@hotmail.com ; 98/3 Mu 2, Tambol Bankoom ; d et lits jum 580 B ; ❄ 📶**). Cette pension compte 6 grandes chambres lumineuses, toutes avec un petit balcon. Le personnel

Les singes de Phetchaburi

Phetchaburi est remplie de macaques effrontés. Ils rôdent autour des stands de restauration et surveillent les piétons, victimes potentielles de leurs chapardages. Tenez fermement vos sacoches d'appareil photo ou de caméra. Ne nourrissez pas ou n'appâtez pas les singes, ils mordent.

sympathique est une bonne source d'information. Transferts et vélos gratuits.

Sun Hotel Hôtel **$$**
(**☎0 3240 1000 ; www.sunhotelthailand.com ; 43/33 Soi Phetkasem ; ch 900-1 150 B ;** ❄@📶). La seule adresse de catégorie moyenne, le Sun fait face à l'entrée arrière de Phra Nakhon Khiri. Il propose de grandes chambres modernes et banales et un service professionnel.

Où se restaurer

Rabieng Rim Nam Thaïlandais, international **$**
(**☎0 3242 5707 ; 1 Th Chisa-In ; plats 45-80 B ; ⏲7h-22h ;** @📶). Ce restaurant en bord de rivière sert une succulente cuisine, et le propriétaire anglophone est une mine d'informations touristiques.

Marché de nuit Thaïlandais **$**
(**Th Ratwithi ; ⏲16h-22h).** Le grand marché de nuit, animé dès la fin de l'après-midi, offre tous les classiques de la restauration rapide thaïlandaise, ainsi que de bonnes grillades.

Comment s'y rendre

L'arrêt des bus pour Bangkok se situe à l'arrière du marché de nuit. De l'autre côté de la rue se tient un arrêt de minibus avec des services pour Bangkok.

La plupart des bus climatisés et des minibus à destination du sud s'arrêtent en dehors de la ville dans Th Phetkasem, devant le grand magasin Big C. Des motos-taxis attendent et vous conduisent au centre-ville pour 50 B environ.

Des trains fréquents circulent depuis/vers Bangkok (gare de Hualamphong).

Comment circuler

Une course à moto-taxi dans le centre-ville coûte 40-50 B. Comptez le même prix en *sŏrng·tăa·ou*. La gare ferroviaire se tient à 1 km du centre-ville (20 min de marche).

Le restaurant Rabieng Rim Nam loue des vélos (100 B/jour) et des motos (200-300 B/jour).

Hua Hin หัวหิน

98 896 HABITANTS

La plus ancienne station balnéaire du pays est un délicieux cocktail de ville et de mer, avec une ambiance cosmopolite, des marchés animés, une savoureuse cuisine de rue, de longues

Transports depuis/vers Phetchaburi

DESTINATION	BUS	MINIBUS	TRAIN
Hualamphong, Bangkok	–	–	84-388 B, 3-4 heures, 12/jour 1h53-16h47
Terminal Sud des bus, Bangkok	120 B, 2-3 heures, 8h30 et 10h30	100 B, 2 heures, ttes les heures 7h-18h	–
Victory Monument, Bangkok	–	100 B, 2 heures, ttes les 45 min 5h-18h	–
Hua Hin depuis Th Matayawong	40 B, 1 heure 30, fréquents	–	12/jour

plages et tous les services d'une cité bien organisée (pas d'écoulement d'eaux usées au milieu des plages).

Les origines aristocratiques de Hua Hin datent des années 1920, quand Rama VI (le roi Vajiravudh) et Rama VII (Prajadhipok) y firent construire des résidences d'été afin d'échapper à la touffeur de Bangkok. La plus connue des deux, le **Phra Ratchawang Klai Kangwon** (palais Sans-Souci), à 3 km au nord de la ville, reste une résidence royale et les Thaïlandais emploient souvent son nom poétique pour qualifier la cité.

À voir

Hua Hin possède de nombreuses plages larges et longues, propices à la baignade, et bénéficie d'un climat parmi les plus secs de la péninsule. Par temps orageux, prenez garde aux méduses.

HUA HIN VILLE เมืองหัวหิน

Ancien village de pêcheurs, la ville de Hua Hin conserve un quartier de vieilles maisons de négoce en teck quadrillé de *soi* étroits, des maisons sur pilotis transformées en restaurants ou pensions, et un port de pêche toujours en activité. Au sud du port, un promontoire rocheux a inspiré le nom de la ville ; Hua Hin signifie "tête de pierre".

KHAO TAKIAB เขาตะเกียบ

À 7 km au sud de Hua Hin, le Khao Takiab (Takiab Mountain) (272 m) garde l'extrémité sud de la plage et est orné d'un immense bouddha debout. Un temple sino-thaïlandais, le **Wat Khao Lat**, et des singes effrontés occupent le sommet, d'où la vue est splendide. Des *sŏrng·tăa·ou* verts partent de Hua Hin pour le village de Khao Takiab, où de nombreux stands de restauration servent du poisson acheté aux pêcheurs locaux.

Kitesurf en folie

De Hua Hin jusqu'à Pranburi, les vents soufflent du nord-est d'octobre à décembre, puis du sud-est, de janvier à mai : des conditions idéales pour le kitesurf. Même pendant la saison des pluies (mai-octobre), nombreux sont les jours où le vent permet de sauter au-dessus des vagues. Cette portion de côte est si bien adaptée à ce sport que Hua Hin a accueilli la Coupe du monde de kitesurf (*kiteboarding*) en 2010.

Partie de golf, Hua Hin
ENVIROMANTIC/GETTY IMAGES ©

Activités

Kiteboarding Asia Kitesurf

(08 1591 4593 ; www.kiteboardingasia.com ; South Hua Hin ; cours débutants 11 000 B). Établi de longue date, cet opérateur possède 3 boutiques en bord de plage qui louent l'équipement et proposent des cours.

Hua Hin Golf Centre Golf

(0 3253 0476 ; www.huahingolf.com ; Th Selakam ; 12h-21h). Le personnel aimable de ce centre professionnel vous indiquera les terrains bien entretenus les plus abordables, où les singes ne volent pas les balles. Le centre organise également des circuits de golf et loue des jeux de clubs (500-700 B par jour).

Circuits organisés

Hua Hin Bike Tours Circuits à vélo

(08 1173 4469 ; www.huahinbiketours.com ; 15/120 Th Phetkasem entre les Soi 27 et 29 ; circuits 1 500-2 750 B). Le tandem mari et femme qui tient cette boutique propose des circuits à la découverte des curiosités de Hua Hin et de ses environs, comme le parc national de Khao Sam Roi Yot ou le littoral au sud de Hua Hin.

Où se loger

HUA HIN VILLE

Fulay Guesthouse Pension $

(0 3251 3145 ; www.fulayhuahin.net ; 110/1 Th Naresdamri ; ch 550-900 B ;). Avec les vagues qui s'écrasent en dessous et les planchers qui grincent, cette pension sur pilotis ne manque pas de charme : bons lits, sdb correctes et plantes fleuries dans le salon.

Tai Tai Guest House Pension $$

(0 3251 2891 ; 1/8 Th Chomsin ; ch 800 B ; @). L'ancien Supasuda offre des chambres spacieuses avec d'excellents lits, des peintures murales de sirènes et des douches chaudes. Les plus chères disposent d'une véranda et souffrent un peu du bruit de la rue. Agréable toit-terrasse commun.

Hotel Alley Hôtel $$

(0 3251 1787 ; www.hotelalleyhuahin.com ; 13/5 Soi Hua Hin 63, Th Phetkasem ; ch avec petit-déj 1 200-1 400 B ;). Un nouvel hôtel dans un *soi* tranquille avec de grandes chambres aux tons pastel, pour la plupart dotées d'un balcon.

PLAGES DE HUA HIN

Rahmahyah Hotel Pension $$

(0 3253 2106 ; Rahmahyah@yahoo.co.uk ; 113/10 Soi Hua Hin 67, Th Phetkasem, South Hua Hin ; ch 800-1 200 B ;). En face du Market Village à 1 km au sud de la ville, une petite enclave de pensions, avec accès à la plage, se

Hua Hin
IGOR PRAHIN/GETTY IMAGES ©

Un week-end gastronomique avec les Thaïlandais de Bangkok

Le week-end, une autre sorte de marée envahit Hua Hin. Des cadres de Bangkok remplissent les hôtels et les restaurants de Th Naebkehardt, déferlent sur le marché de nuit et se pressent dans les night-clubs. Le dimanche, les embouteillages sur les routes en direction du nord précèdent la semaine de travail.

Tout le monde se précipite dans les restaurants vantés par les émissions de télévision et les magazines culinaires thaïlandais. Tentez de trouver une table libre dans l'un de ces établissements populaires de Hua Hin nord :

Stand de sôm·đam (Th Naebkehardt ; plats 25-70 B ; 10h-14h). En face du Iammeuang Hotel, un stand de *sôm·đam* épuise probablement en un week-end la production de papaye verte du pays.

Eighteen Below Ice Cream (Th Naebkehardt ; glaces à partir de 69 B ; 11h-17h, fermé mar). Au bout de la rue derrière le Baan Talay Chine Hotel, ce glacier haut de gamme est tenu par un chef expérimenté qui s'est spécialisé dans les arômes riches et crémeux.

Ratama (12/10 Th Naebkehardt ; plats 50-390 B ; 10h-22h). Une nouvelle adresse prisée des branchés, avec une carte qui va des simples plats de nouilles aux currys de poisson relevés.

Jae Siam (Th Naebkehardt ; plats 35-60 B ; 9h-22h). Le Jae Siam est réputé pour les *gŏo·ay đĕe·o mŏo đŭn* (nouilles au porc) et les *gŏo·ay đĕe·o gài đŭn* (nouilles au poulet).

niche parmi les *resorts* haut de gamme. Le Rahmahyah est le meilleur du lot, avec des chambres propres et fonctionnelles. Les hôtes peuvent profiter de la piscine commune en face.

Baan Bayan Hôtel **$$$**
(0 3253 3540 ; www.baanbayan.com ; 119 Th Phetkasem, South Hua Hin ; ch 3 300-9 000 B ;). Maison de plage coloniale du début du XXe siècle, le Baan Bayan est parfait pour un séjour luxueux sans les excès d'un grand *resort* : des chambres spacieuses, hautes de plafond, un personnel attentif et un emplacement en bord de plage.

Baan Laksasubha Hôtel **$$$**
(0 3251 4525 ; www.baanlaksasubha.com ; Th 53/7 Naresdamri ; ch 2 999-13 275 B ;). Ce petit *resort*, propriété d'un aristocrate de Bangkok, compte 16 cottages très convoités. La décoration est impeccable et discrète, des allées serpentent dans le jardin jusqu'à la plage et une salle avec jeux et livres est réservée aux enfants. Le chauffeur de taxi vous comprendra mieux si vous prononcez "*baan lak-sou-pah*".

Où se restaurer

Marché de nuit Thaïlandais **$**
(Th Dechanuchit entre Th Phetkasem et Th Sasong ; plats à partir de 50 B ; 17h-minuit). Tout aussi attrayant que la plage, le marché de nuit de la ville est l'un des endroits favoris des habitants pour dîner. Essayez le *pàt pŏng gà·rèe ɓoo* (curry de crabe), les *gûng tôrt* (crevettes frites) ou le *hŏy tôrt* (omelette aux moules frites).

Jek Pia Coffeeshop Thaïlandais **$**
(51/6 Th Dechanuchit ; plats 80-160 B ; 9h-13h et 17h30-20h30). Établi depuis 50 ans, ce

Vaut le détour
Parc national de Khao Sam Roi Yot

De hauts éperons calcaires composent un paysage en dents de scie dans ce **parc** (☎0 3282 1568 ; www.dnp.go.th ; adulte/enfant 200/100 B) de 98 km², dont le nom signifie Montagne des 300 Pics. Il protège des grottes, des plages et des marais côtiers qui raviront les amateurs d'activités de plein air ou d'observation des oiseaux.

En raison de la proximité de Hua Hin, le parc est une destination courue pour des excursions d'une journée ; il renferme des élevages de crevettes privés, aussi ne vous attendez pas à un territoire vierge et inexploré.

À Hua Hin, des agences organisent des excursions d'une journée dans le parc. Hua Hin Bike Tours (p. 258) propose des circuits à pied ou à vélo.

restaurant se spécialise dans les plats sautés de poisson et de crustacés. Très prisé des habitants, il respecte scrupuleusement ses horaires de service : impossible de commander après 19h30.

Hua Hin Koti Thaïlandais **$$**
(☎0 3251 1252 ; 16/1 Th Dechanuchit ; plats 120-300 B ; 11h-22h). Ce restaurant sino-thaïlandais, en face du marché de nuit, est un haut lieu de la cuisine nationale. Les Thaïlandais se délectent des boulettes de crabe frites, tandis que les étrangers se régalent de *dôm yam gûng* (soupe de crevettes à la citronnelle).

Sang Thai Restaurant Poisson **$$**
(Th Naresdamri ; plats 100-300 B ; 10h-23h). Parmi les nombreux restaurants prisés qui jouxtent la jetée, le Sang Thai est une institution locale avec de gigantesques aquariums remplis de toutes sortes de créatures marines.

Où prendre un verre et sortir

No Name Bar Bar
(Th Naresdamri). Après le sanctuaire chinois qui coiffe le promontoire rocheux, ce bar à flanc de falaise n'a rien des bars à hôtesses racoleurs ; il est parfait pour siroter une bière fraîche en écoutant les vagues s'écraser sur les rochers en contrebas.

Mai Tai Cocktail & Beer Garden Bar
(33/12 Th Naresdamri). Cet établissement propose des prix raisonnables, une ambiance conviviale et une terrasse en plein air toujours bondée, parfaite pour regarder les passants en sirotant un verre

Depuis/vers Hua Hin

La **gare routière longue distance** (Th Phetkasem entre Soi Hua Hin 94 et 98), au sud de la ville, dessert Chiang Mai, Prachuap Khiri Khan, Phuket, Surat Thani et Ubon Ratchathani. Les bus pour Bangkok partent de l'**agence** (Th Sasong) d'une compagnie en ville, près du marché de nuit. Les bus pour l'aéroport international Suvarnabhumi à Bangkok partent de la gare routière longue distance.

Lomprayah propose une liaison bus-bateau de Hua Hin à Ko Tao (1 000 B, 8 heures 30, 1 départ matin et soir).

Des minibus se rendent au terminal Sud des bus (Sai Tai Mai) et au Victory Monument à Bangkok. Un service direct pour le Victory Monument part d'un bureau au coin de Th Phetkasem et de Th Chomsin.

Des trains fréquents circulent depuis/vers la gare de Hualamphong à Bangkok et d'autres gares sur la ligne ferroviaire sud.

Comment circuler

Des *sŏrng·tăa·ou* verts partent du coin de Th Sasong et de Th Dechanuchit, près du marché de nuit, et suivent Th Phetkasem vers le sud jusqu'à Khao Takiab (20 B). Les bus à destination de Pranburi partent du même arrêt (20 B).

Transports depuis/vers Hua Hin

DESTINATION	AVION	BUS	MINIBUS	TRAIN
Aéroport international de Don Muang, Bangkok	Nok Air à partir de 1 500 B, 1 heure, 3/sem	–	–	–
Gare de Hualamphong, Bangkok	–	–	–	44-421 B, 5-6 heures, 13/jour 0h45-16h01
Terminal Sud des bus de Bangkok	–	175 B, 4 heures 30, 8/jour 3h-21h	–	–
Aéroport international Suvarnabhumi, Bangkok	–	305 B ; 5 heures, 6/jour 7h-18h	–	–
Victory Monument, Bangkok	–	–	180 B, 4 heures ; ttes les 30 min 6h-19h	–
Ko Tao	–	1 000 B, 8 heures 30, 1/jour	–	–
Phetchaburi	–	40 B, 1 heure 30, fréquents	–	30-40 B, 12/jour

Les tarifs des *tuk-tuk* sont exagérés, à partir de 100 B, et difficilement négociables. Prenez plutôt une moto-taxi pour un court trajet (40-50 B).

Des boutiques dans Th Damnoen Kasem et Th Chomsin louent des motos (250-500 B/jour). **Thai Rent A Car** (☎0 2737 8888 ; www.thairentacar.com), une agence professionnelle de location de voitures, offre des prix compétitifs, une flotte bien entretenue et peut déposer le véhicule à votre hôtel.

Chumphon ชุมพร

55 835 HABITANTS

Ville de transit depuis/vers Ko Tao ou vers l'ouest jusqu'à Ranong ou Phuket, Chumphon est aussi le début du sud de la Thaïlande : le foulard islamique est largement porté.

La ville compte de bons restaurants de poisson et des plages plaisantes alentour.

Les agences de voyages et les pensions peuvent réserver des billets, fournir des horaires et vous indiquer le bon arrêt de bus.

Où se loger

Suda Guest House Pension $

(☎08 0144 2079 ; 8 Soi Sala Daeng 3 ; ch 250-650 B ; ❄@📶). Suda, la sympathique propriétaire, maintient une qualité irréprochable dans ses 6 chambres avec parquet et quelques jolis détails, inattendus à ces prix. L'endroit est très populaire, aussi téléphonez au préalable. Suda parle anglais.

Fame Guest House Pension $

(☎0 7757 1077 ; 188/20-21 Th Sala Daeng ; ch 200-300 B ; @📶). Repaire *farang*, le Fame propose de multiples services, des chambres sommaires mais convenables à la réservation de billets et à la location de motos.

Chumphon Cabana Resort & Diving Centre Hôtel $$$

(☎0 7756 0245 ; www.cabana.co.th ; Hat Thung Wua Laen ; ch 1 650-3 000 B ; ❄📶🏊). *Resort* le plus plaisant de la plage, malgré des bungalows assez simples, le

Chumphon Cabana a fortement amélioré son impact écologique. Aujourd'hui, le domaine est cultivé pour approvisionner le *resort* avec des rizières, des potagers hydroponiques et un élevage de poules ; les eaux usées sont recyclées dans des bassins de jacinthes d'eau. Cet effort en matière écologique vise également à donner l'exemple. Si vous n'y séjournez pas, goûtez au moins la cuisine de son restaurant, le Rabieng Talay, préparée avec les produits de la propriété.

Où se restaurer et prendre un verre

Le **marché de nuit** (Th Krom Luang Chumphon) de Chumphon est fantastique, avec de multiples stands de restauration et une ambiance animée. Des **marchés de jour** bordent Th Tha Taphao et Th Pracha Uthit. Des stands de nouilles jalonnent Th Sala Daeng et Th Pracha Uthit.

Prikhorm Thaïlandais du Sud **$$**
(32 Th Tha Taphao ; plats à partir de 80 B ; 10h30-23h). Les habitants viennent ici pour savourer une authentique cuisine du Sud, délicieuse et épicée. Goûtez le *gaang sôm*, un succulent curry de poisson.

Ocean Shopping Mall International **$$**
(près de Th Sala Daeng ; plats 150-250 B ; 9h-20h). Si cette galerie marchande n'est pas une destination culinaire, elle abrite néanmoins des restaurants de chaîne climatisés, pratiques pour un repas au frais.

Depuis/vers Chumphon

Bateau

Si de nombreux bateaux rallient Ko Tao, ils partent essentiellement le matin et le soir.

Bus

Le principal terminal des bus se situe sur la nationale, à 16 km de Chumphon. Pour le rejoindre, prenez un *sŏrng·tăa·ou* (50 B) dans Th Nawamin Ruamjai. Vous devrez marchander avec les chauffeurs de taxi pour le trajet de nuit depuis/vers la gare ; quelles que soient leurs prétentions, ne payez pas plus de 200 B.

Transports depuis/vers Chumphon

DESTINATION	AVION	BATEAU	BUS	TRAIN
Aéroport de Don Muang, Bangkok	à partir de 1 674 B, 2/jour sur Nok Air	–	–	–
Hualamphong, Bangkok	–	–	–	192-1 162 B, 8 heures, 11/jour
Terminal Sud des bus de Bangkok	–	–	380-590 B, 8 heures, 11/jour	–
Ko Tao via un car-ferry	–	400 B, 6 heures, 1/jour 23h lun-sam	–	–
Ko Tao via Lomprayah	–	600 B, 1 heure 30, 2/jour 7h et 13h	–	–
Ko Tao via un bateau lent	–	250 B, 6 heures, 1/jour minuit	–	–
Ko Tao via Songserm	–	500 B, 3 heures ; 1/jour 7h	–	–
Phetchaburi	–	–	210 B, 6 heures, 5/jour	11/jour
Phuket	–	–	350 B, 3 heures 30, 4/jour	–

En ville, plusieurs arrêts de bus évitent le trajet squ'au terminal principal.

'rain

es trains fréquents circulent depuis/vers angkok (2e classe 292-382 B, 3e classe 235 B, ɔuchettes 440-770 B, 7 heures 30).

Comment circuler

ne course en ville revient à 40 B en *sŏrng·tăa·ou* : à 20 B à moto-taxi. Jusqu'à Hat Thung Wua aen, comptez 30 B en *sŏrng·tăa·ou*.

Des motos peuvent être louées auprès des gences de voyage et des pensions pour 200 à 50 B par jour.

urat Thani อำเภอเมืองสุราษฎร์ธานี

8 990 HABITANTS

es voyageurs en chemin vers les opulaires îles de Ko Samui, de Ko Pha-gan et de Ko Tao s'y attardent rarement. outefois, si vous appréciez l'atmosphère uthentique des villes industrielles haïlandaises et les bons étals de cuisine u Sud, il vaut la peine de s'y arrêter.

Où se loger et se restaurer

Ay Place@Surat Hotel Hôtel $
(0 7727 2288 ; www.myplacesurat.com ; 47/5 Na Meuang Rd ; ch ventil avec/sans sdb 60/199 B, ch clim avec sdb 490 B ;). :et hôtel chinois fraîchement rénové est gayé de touches étonnantes : peintures ımineuses, coussins décoratifs colorés t œuvres d'art moderne sur les murs. ropre, très central et le meilleur rapport ualité/prix en ville.

Aarché de nuit Marché $
Sarn Chao Ma ; Th Ton Pho ; plats à partir de 5 B ; 18h-23h). Un choix fantastique e produits alimentaires, dont des rochettes de viandes marinées qui ondent dans la bouche, des plats de ouilles, des jus de fruits frais et des esserts.

Depuis/vers Surat Thani

n général, si vous quittez Bangkok ou Hua Hin our Ko Pha-Ngan ou Ko Tao, il est préférable d'opter pour le train ou la formule bus-bateau via Chumphon plutôt que Surat. Vous gagnerez du temps et le trajet sera plus confortable. Les voyageurs depuis/vers Ko Samui traversent généralement sans problème. Pour toute assistance, contactez **Pranthip Co** (Th Talat Mai), une agence fiable et anglophone.

Avion

Bangkok est desservie tous les jours par **Thai Airways International** (THAI ; 0 7727 2610 ; 3/27-28 Th Karunarat), **Air Asia** (www.airasia.com) et **Nok Air** (www.nokair.com).

Bateau

Diverses compagnies de ferrys proposent leurs services vers les îles. Essayez **Lomprayah** (077 4277 656 ; www.lomprayah.com), **Seatran Discovery** (0 2240 2582 ; www.seatrandiscovery.com) ou **Songserm** (0 7737 7704 ; www.songserm-expressboat.com).

Des ferrys de nuit partent du centre de Surat en direction de Ko Tao (8 heures, départ à 22h), Ko Pha-Ngan (7 heures, départ à 22h) et Ko Samui (6 heures, départ à 23h). Ce sont des bateaux de

Vaut le détour
Dégustation de vin

Le **domaine viticole Hua Hin Hills** (ไร่องุ่นหัวหินฮิลล์ วินยาร์ด ; 08 1701 0222 ; www.huahinhillsvineyard.com ; Th Hua Hin-Pa Lu-U ; visite vignoble 1 500-2 100 B, dégustation 3 verres de vin 290 B ; 9h-19h), niché dans une belle vallée de montagne à 45 km à l'ouest de Hua Hin, fait partie du mouvement New Latitudes Wines. Le riche sol de sable et de schiste nourrit plusieurs cépages originaires de la vallée du Rhône, qui produisent ses vins Monsoon Valley. Quotidiennes, les visites du vignoble comprennent le transport aller-retour et un repas de 3 plats avec vin. Vous pouvez aussi vous contenter d'une dégustation de vin.

marchandises, et non de luxe. Pensez à prendre nourriture et eau avec vous et à surveiller vos bagages.

Bus et minibus

Le moyen de transport le plus pratique dans le Sud. Les bus et minibus partent fréquemment de deux points principaux : Talat Kaset 1 et Talat Kaset 2.

La "nouvelle" gare routière (désignée ainsi par les habitants alors qu'elle existe en réalité depuis des années) est située à 7 km au sud de la ville en direction de Phun Phin. Les bus y circulent depuis/vers Bangkok (380-800 B, 11-14 heures).

BUS ET MINIBUS AU DÉPART DE SURAT THANI

Destination	Tarif	Durée
Bangkok	421-856 B	10 heures
Hat Yai	160-240 B	5 heures
Khanom	100 B	1 heure
Krabi	150 B	2 heures 30
Phuket	200 B	6 heures
Trang	190 B	2 heures 10

Train

En train, vous arrivez à Phun Phin, ville quelconque à environ 14 km à l'ouest de Surat. Le voyage jusqu'à Bangkok dure plus de 8 heures 30 (107-1 379 B selon la classe).

Comment circuler

Des minibus climatisés desservant l'aéroport de Surat Thani demandent environ 100 B/personne et vous déposent à votre hôtel.

Des *sŏrng·tăa·ou* parcourent la ville et coûtent de 10 à 30 B (comptez 15 B pour rejoindre Tesco-Lotus à partir du centre).

LES ÎLES DU GOLFE DE THAÏLANDE

Ko Samui เกาะสมุย

50 000 HABITANTS

L'île est dans le circuit touristique depuis plus longtemps que n'importe quelle autre en Thaïlande, mais elle occupe toujours le devant de la scène grâce aux faveurs d'une nouvelle génération de vacanciers séduite par d'attrayants complexes hôteliers.

Mais sous le vernis clinquant pointe toujours une île authentique. En poussant

Spa, Ko Samui

LONELY PLANET/GETTY IMAGES

Ko Samui

0 5 km

u-delà de la plage bondée, on découvre es étals de nourriture de rue, des abanes de routards installées sur des ubans de sable tranquilles et des temples ouddhiques aux détours des ruelles.

À voir

Hin-Ta et Hin-Yai — Curiosités

u sud de **Hat Lamai**, la deuxième plus rande plage de Samui, vous verrez deux élèbres formations rocheuses baptisées Hin-Ta et Hi-Yai, "grand-père" et "grand-mère". Leurs formes rappelant des parties génitales suscitent de nombreux loussements chez les touristes haïlandais.

Ban Hua Thanon — Quartier

uste derrière Hat Lamai, Hua Thanon ccueille une dynamique communauté musulmane. Leurs bateaux de pêche forment une véritable galerie de motifs sophistiqués.

Nam Tok Na Muang — Cascades

C'est la plus haute cascade de Samui (30 m), au centre de l'île, à environ 12 km de Na Thon. L'eau dévale de sublimes roches violettes, et le bassin se prête parfaitement à la baignade. C'est la chute la plus pittoresque et, dans une certaine mesure, la moins fréquentée de Samui.

Nam Tok Hin Lat — Cascades

Près de Na Thon, le site vaut une visite si vous avez un après-midi à tuer avant de reprendre un bateau pour le continent. Après une randonnée assez vigoureuse, vous aurez bien mérité une baignade dans le bassin en bas des chutes. Ne manquez pas le temple bouddhique parsemé de panneaux où sont inscrites des formules édifiantes. Prévoyez de bonnes chaussures.

Wat Khunaram Temple

Plusieurs temples conservent les restes momifiés de moines pieux, notamment le Wat Khunaram, au sud de la Route 4169 entre Th Ban Thurian et Th Ban Hua. Le moine Luang Phaw Daeng est mort depuis plus de 20 ans, mais son corps est préservé dans une position méditative et porte des lunettes de soleil.

Activités

Pour vous faire choyer royalement, essayez le spa de l'Anantara (p. 269), à Bo Phut, ou le Hideaway Spa du **Six Senses Samui** (0 7724 5678 ; www.sixsenses.com/hideaway-samui/index.php ; Samrong ; bung à partir de 13 000 B ;). Quant au **Spa Resort** (0 7723 0855 ; www.spasamui.com ; nord de Lamai ; bung 1 000-3 500 B ;), à Lamai, c'est la destination originelle de l'île en matière de bien-être ; il est réputé pour son régime amaigrissant "par le vide". Les non-résidents sont les bienvenus au Radiance (p. 271), l'excellent (et très sain) restaurant du complexe.

Yoga Thailand Yoga, spa

(0 7792 0090 ; www.yoga-thailand.com ; Phang Ka ; retraites environ 840 € ;). Bien caché le long de la côte sud, cet établissement entre dans la nouvelle ère des "vacances thérapeutiques" avec équipement dernier cri et équipe d'entraîneurs dévoués.

Tamarind Retreat Massage thaïlandais

(0 7723 0571 ; www.tamarindretreat.com). À l'abri de la plage au cœur d'une silencieuse plantation de cocotiers, ces quelques pavillons et salons de massage se fondent dans le paysage : murs et sols en granit pour certains, bassins privés ou sdb extérieures pour les autres.

Absolute Sanctuary Yoga, spa

(0 7760 1190 ; www.absolutesanctuary.com). Ce qui fut un sympathique salon de massage est devenu un gigantesque centre avec une pléthore d'hébergement

Le *resort* Library, Hat Chaweng

LONELY PLANET/GETTY IMAGES

et un programme complet de détox et de bien-être. À quelques kilomètres au nord de Chaweng.

Blue Stars Kayak, snorkeling
(☎0 7741 3231 ; www.bluestars.info ; Hat Chaweng ; circuits kayak et snorkeling 2 200 B). Les agences qui proposent des circuits de kayak et de snorkeling dans le parc national maritime d'Ang Thong sont légion, mais Blue Stars, la plus réputée, possède aussi le bateau le plus agréable.

Où se loger

HAT CHAWENG

La plage de Chaweng, au sable d'une blondeur remarquable, ne manque ni d'animation ni d'hébergements de toutes catégories, des repaires de routards les moins chers signalés par des panneaux en carton (certains proposent une double pour 300 B) aux villas futuristes avec piscine privée – les deux se faisant parfois face de chaque côté de la rue. Les couche-tôt choisiront donc un hôtel vers la moitié sud ou recourront aux bouchons d'oreilles.

Jungle Club Bungalows $$
(☎08 1894 2327 ; www.jungleclubsamui.com ; bung 800-1 800 B, maisons 2 700-4 500 B ; ❄@🛜🏊). La route périlleuse et glissante vaut la peine d'être gravie, car la vue d'en haut est magnifique. Ce refuge isolé dans la montagne se taille un franc succès parmi les étrangers et les Thaïlandais. L'ambiance est détendue – les clients flânent autour de la piscine à débordement ou se reposent sous l'auvent d'une *săh·lah* (ou *sala*) en plein air. Appelez pour qu'on vienne vous chercher ; inutile de risquer de finir vos vacances dans le plâtre.

Pandora Boutique Hotel Resort $$
(☎0 7741 3801 ; www.pandora-samui.com ; ch 1 940-4 470 B ; ❄🛜🏊). Aussi charmant que mémorable, l'hôtel Pandora semble

Ma sélection

Ko Samui

PAR SAITHIP NOOCHSAMNIENG, DIRECTEUR DE LA CHAÎNE DE TV SAMUI DIGITAL ET DE MY GREEN JOURNEY

1 NAM TOK HIN LAT
Samui ne se résume pas à ses plages de sable blanc et à sa mer cristalline. Dans les terres, on trouve encore des portions de jungle où jaillissent des cascades au sein d'un terrain accidenté. On accède à Nam Tok Hin Lat (p. 265) par un agréable sentier de randonnée. De la route, comptez environ 1 heure de marche pour rejoindre la cascade, où l'on trouvera un trou d'eau pour se rafraîchir.

2 BO PHUT ET LE FISHERMAN'S VILLAGE
Au nord, la plage de Bo Phut, assortie de son charmant Fisherman's Village (dont l'activité traditionnelle est la pêche), est l'un des lieux les plus romantiques de Samui. On y trouve quantité de restaurants douillets, idéals pour un dîner aux chandelles ou un cocktail au crépuscule. Malgré le tourisme, de nombreux locaux continuent de vivre au village, parfois depuis des générations, en gardant leur mode de vie traditionnel. Nombre de personnes âgées refusent le tapage des pubs et des bars, ce qui explique le calme de l'endroit.

3 BAN HUA THANON
Ban Hua Thanon (p. 265) a conservé une grande partie de son charme multiculturel : dans ce village de pêcheurs, Chinois, musulmans et bouddhistes continuent de vivre ensemble. Les eaux peu profondes du port accueillent des bateaux de pêche à l'ancienne, tandis qu'un marché vend des spécialités locales.

4 CHOENG MON
Depuis des années, Choeng Mon est ma plage "secrète". J'aime beaucoup la portion de sable derrière l'hôtel Imperial Boat House. On y trouve un petit restaurant dont le propriétaire, un habitant du cru, part pêcher le poisson pour ses clients. Parfois, à marée basse, on peut aller à pied jusqu'à la petite île de Ko Fan.

Si vous aimez… Les refuges balnéaires

En poursuivant au sud de Hua Hin, on arrive à **Pranburi**, son alter ego "campagnard".

1 **AWAY HUA HIN**
(☎08 9144 6833 ; www.away-huahin.com ; sud de Khao Kalok ; ch 3 500-4 500 B ; ❄ 📶 🏊). Un *resort* composé de 7 maisons anciennes en teck, nichées dans un petit coin de paradis côtier.

2 **BRASSIERE BEACH**
(☎0 3263 0554 ; www.brassierebeach.com ; Dolphin Bay ; ch 4 000-5 000 B ; ❄ 📶 🏊). Intimité et cachet se conjuguent à merveille dans ces 12 villas de stuc, posées au pied des montagnes d'un parc national.

3 **DOLPHIN BAY RESORT**
(☎0 3255 9333 ; www.dolphinbayresort.com ; Dolphin Bay ; ch 1 790-14 300 B ; ❄ @ 📶 🏊). Un camp de vacances discret avec bungalows et appartements installés sur une grande plage de sable ; idéal pour les familles.

sorti d'une bande dessinée d'Hergé. Les chambres sont décorées dans des tons pastel lumineux, avec moulures en bois et pierres ici et là. À environ 5 minutes de la plage.

Library Resort $$$
(☎0 7742 2767 ; www.thelibrary.name ; ch à partir de 9 140 B ; ❄ @ 📶 🏊). Cette "bibliothèque" est un mirage blanc étincelant, rehaussé de parements noirs et de rideaux à lattes. Outre l'iMac futuriste dans chaque "page" (les chambres sont des "pages", ici), ce que l'on préfère c'est le grand mur monochrome – il luit le soir et vous pouvez en ajuster la couleur selon votre humeur.

Baan Chaweng Beach Resort Resort $$$
(☎0 7742 2403 ; www.baanchawengbeachresort.com ; bung 4 500-13 600 B ; ❄ @ 📶 🏊). Luxueux sans se ruiner, le Baan Chaweng attire les familles et les retraités, qui apprécient les bains de soleil sur les transats de la jolie plage. Les chambres immaculées déclinent toutes les teintes de pêche et de poire, et sont ornées de meubles en teck à la fois modernes et traditionnels.

HAT LAMAI

Beer's House Bungalows $
(☎0 7723 0467 ; 161/4 Moo 4, Lamai North ; bung 600-700 B, ch 1 000 B). L'un des derniers repaires de routards à l'ancienne sur Ko Samui, réunissant sur une belle plage de sable des bungalows basiques en écorce de cocotier. Si vous trouvez ces cabanes trop rudimentaires, jetez un coup d'œil aux chambres simples avec climatisation du Beer & Wine's Hut, de l'autre côté de la route, à l'écart de la plage.

Amarina Residence Hôtel $
(www.amarinaresidence.com ; ch 900-1 200 B ; ❄ 📶). À 2 minutes de la plage, ce petit hôtel offre des chambres d'un excellent rapport qualité/prix. Grandes, carrelées et meublées avec goût, elles s'organisent sur 2 niveaux autour de la réception et d'une piscine minuscule.

Rocky Resort Resort $$$
(☎0 7741 8367 ; www.rockyresort.com ; Hua Thanon ; ch 6 800-11 800 B ; ❄ 📶 🏊). Notre adresse préférée à Lamai (enfin, au sud de Lamai), où l'ambiance est à la fois haut de gamme et sans prétention. Pendant les mois les plus calmes, les prix sont très intéressants. Vue sur la mer et chambres meublées d'objets d'inspiration thaïlandaise mâtinée d'une touche de modernité.

CHOENG MON

Le commun des mortels séjourne plutôt sur la plage même de Choeng Mon, une demi-lune de sable parfaite (mais fréquentée), considérée par beaucoup comme la plus belle de l'île.

Ô Soleil Bungalows $
(☎0 7742 5232 ; osoleilbungalow@yahoo.fr ; Choeng Mon ; ch ventil/clim à partir de

)0/700 B ; ❄ 📶). Dans l'océan des omplexes hôteliers de luxe, le fidèle Soleil, tenu par une famille belgo-naïlandaise, propose une variété ienvenue de bungalows en béton et de hambres mitoyennes qui s'étendent isqu'à l'intérieur des terres depuis une nagnifique étendue de sable.

ala Samui Resort **$$$**
(☎ 0 7724 5888 ; www.salasamui.com ; Choeng on ; ch 6 200 B, villas 8 400-20 100 B ; ❄ @ 📶 ≋). Sans conteste, les prix élevés du ala Samui sont justifiés. La décoration noderne est indéniablement exquise : lancs immaculés et tecks laqués, avec es touches turquoise subtiles dessinées ar le bassin privé de chaque villa. L'Asie ıturiste telle qu'on peut la rêver !

O PHUT

Bo Phut, le Fisherman's Village 'village du pêcheur") est un ensemble 'étroites maisons de négoce chinoises ansformées en boutiques-hôtels t en restaurants dans le même oût (de catégorie moyenne pour plupart), figurant parmi les plus endance de l'île. La plage, relativement troite sur toute sa longueur, résente un sable grossier côté est, ui s'éclaircit et s'affine vers ouest.

amui-Ley Pension **$$**
(☎ 0 7724 5647 ; amuileyhouse@gmail.om ; ch 2 300-2 500 B ; ❄ 📶). Nous avons pprécié cette adresse as franchement ıxueuse, mais très écontractée. Le amui-Ley est une etite pension de harme offrant une lustration parfaite u style "shabby chic".

Eden Bungalows **$$**
(☎ 0 7742 7645 ; www.edenbungalows.com ; bung 1 500-1 900 B ; ❄ 📶 ≋). L'Eden mérite assurément d'être connu. Ses 10 bungalows et ses 5 chambres se nichent dans un jardin somptueusement touffu avec une petite piscine au milieu. À 2 minutes de la plage.

Cocooning Hôtel **$$**
(☎ 08 5781 4107 ; cocooning.samui@hotmail.com ; ch/ste 1 000/1 800 B ; ❄ 📶 ≋). Les nouveaux propriétaires ont embelli ce petit hôtel en installant de nombreuses fenêtres en teck, qui laissent pénétrer une belle lumière adoucie. Le service est très chaleureux et, autour de la petite piscine verte, vous n'aurez aucun mal à vous faire des amis. La plage est à deux pas.

Anantara Resort **$$$**
(☎ 0 7742 8300 ; samui.anantara.com ; ch 5 300-18 600 B ; ❄ @ 📶 ≋). L'impressionnante entrée en palanquin évoque les merveilles d'un lointain royaume oriental.

L'Ark Bar (p. 274), Hat Chaweng
LONELY PLANET/GETTY IMAGES ©

Des statues de terre et de cuivre figurant des créatures grimaçantes abondent dans cette immense propriété, où l'on prend le thé dans des pagodes en plein air, on nage dans une piscine aux allures de lagon et l'on profite de traitements relaxants au spa.

Zazen Resort **$$$**
(0 7742 5085 ; www.samuizazen.com ; ch 6 160-17 200 B ;). Voici l'un des plus somptueux complexes de charme de Samui. Chaque recoin de cette fabuleuse retraite a été pensé et décoré avec soin et créativité. Le minimalisme asiatique y rencontre le rococo moderne dans un mélange de murs écarlates et de déesses en terre cuite, avec une touche de feng shui et une généreuse mesure de bon goût.

MAE NAM ET BANG PO

Formée d'une mince frange blanche qui s'incline vers une mer turquoise, calme et propice à la baignade, Mae Nam est l'une des plus belles plages de l'île. Elle est prisée des familles et des couples âgés, ce qui lui confère une atmosphère à la fois vivante et tranquille, parfaite pour se plonger dans un livre à l'ombre d'un palmier, s'assoupir ou se laisser masser. Bang Po, juste au détour de la petite péninsule, est encore plus calme.

Shangri-la Bungalows **$**
(0 7742 5189 ; Mae Nam ; bung ventil/clim à partir de 500/1 300 B ;). Paradis des routards, ces huttes, parmi les moins chères des environs, occupent une portion sublime de la plage. Le personnel est agréable.

Coco Palm Resort Bungalows **$$**
(0 7742 5095 ; www.cocopalmbeachresort.com ; Mae Nam ; bung 2 500-9 000 B ;). Les bungalows très variés du Coco Palm ont été fabriqués en bois et bambou, avec des touches de rotin. La piscine joue la vedette le long de la plage. Les tarifs sont corrects, et même les bungalows les moins chers sont attrayants et douillets.

Où se restaurer

HAT CHAWENG

Marché de Laem Din Marché
(plats à partir de 35 B ; 4h-18h, marché de nuit 18h-2h). Marché de jour animé, Laem Din regorge d'étals proposant des fruits, des légumes frais et de la viande. Pour dîner, allez au marché de nuit d'à côté et goûtez les poulets frits du Sud et les currys.

Ninja Crepes Thaïlandais
(plats à partir de 75 B ; 11h-minuit). La nourriture – des poissons et autres classiques thaïlandais aux crêpes sucrées ou salées – est délicieuse et bon marché.

Dr Frogs Grill **$$**
(plats 220-1 350 B ; déj et dîner). Situé sur les hauteurs rocheuses, ce grill a une vue incroyable sur l'océan et sert de délicieux mets internationaux (classiques italiens et thaïlandais). Les steaks et les croquettes au crabe sont exquis. Propriétaires sympathiques. L'un de nos restaurants préférés.

Prego Italien **$$**
(www.prego-samui.com ; plats 200- 700 B ; dîner). Établissement huppé, proposant des plats italiens raffinés dans une salle à manger où règnent marbre et géométrie. Réservations acceptées pour des repas à 19h et 21h.

HAT LAMAI

Marché de Hua Thanon Marché
(plats à partir de 30 B ; 6h-18h). Faites un tour dans ce marché de village un peu au sud de Lamai : vous y découvrirez la cuisine du sud de la Thaïlande. Suivez la route du marché jusqu'à la rangée de boutiques d'alimentation proposant un échantillon de la culture alimentaire musulmane : poulet *biryani*, currys épicés ou riz grillé assorti de noix de coco, de germes de soja, de citronnelle et de crevettes séchées.

Marché de jour de Lamai Marché
(plats à partir de 30 B ; 6h-20h). Le marché de Lamai bourdonne d'activité ; on y ven

LONELY PLANET/GETTY IMAGES ©

À ne pas manquer
Un soir au Walking Street Market

Les Walking Streets offrent les expériences culinaires les plus divertissantes de Ko Samui. Une fois par semaine (ou plus), chaque localité du bord de mer dresse son marché de nuit. On peut y goûter les spécialités locales proposées par les nombreux marchands ambulants, choisir des souvenirs traditionnels et autres babioles, et se mélanger aux touristes et aux habitants. Se déroulant sur l'artère principale ou ses environs, ils sont faciles à trouver. Tous démarrent vers 16h ou 17h pour fermer à 23h ou minuit.

- **Ban Chaweng** Chaque soir sauf le vendredi et le dimanche.
- **Ban Lamai** Dimanche
- **Ban Mae Nam** Jeudi
- **Bo Phut** Vendredi
- **Ban Choeng Mon** Vendredi

des ingrédients aussi bien que des plats à emporter. Il se tient juste à côté d'une station essence.

Radiance International $$

(repas 100-400 B ; petit-déj, déj et dîner ;). Au restaurant du Spa Resort (p. 266), les non-résidents sont les bienvenus. Qu'importe si vous n'êtes pas végétarien, vous n'aurez jamais goûté une cuisine équilibrée aussi savoureuse. La terrasse zen, semi-couverte, est apaisante et sans aucune prétention.

French Bakery Boulangerie $$

(formule petit-déj à partir de 120 B ; petit-déj et déj). Cela vaut la peine de marcher durant 10 minutes depuis le centre pour

Ci-dessous : soupe thaïlandaise aux nouilles et fleurs de tiaré ;
à droite : Hat Chaweng (p. 267)

rejoindre cette boulangerie plébiscitée par les expatriés au petit-déjeuner. Elle se trouve près du Wat Lamai sur la Rte 4169.

Rocky's International $$$

(plats 300-950 B ; ⌚déj et dîner). Sans doute le meilleur restaurant de Lamai, Rocky's propose des plats de gourmets à des prix très abordables pour les touristes. Essayez son filet de bœuf au bleu – on se croirait à Paris. Le mardi soir, la Thaïlande est à l'honneur, avec un menu composé de spécialités locales.

CHOENG MON ET BIG BUDDHA BEACH (HAT BANG RAK)

BBC International $$

(Big Buddha Beach ; plats 70-300 B ; ⌚petit-déj, déj et dîner). Les initiales BBC signifient Big Buddha Café. Les expatriés apprécient son menu international et ses vues exquises sur la mer depuis le patio.

Dining on The Rocks Fusion asiatique $$$

(☎0 7724 5678 ; reservations-samui@sixsenses.com ; Choeng Mon ; menus à partir de 2 200 B ; ⌚dîner). Le nec plus ultra des expériences culinaires se trouve ici dans ces 9 vérandas en teck buriné et bambou qui donnent sur le golfe. Après le coucher du soleil (et un peu de vin), les clients ont l'impression d'être embarqués sur un bateau dérivant sur la mer étoilée. Chacun des 6 plats du menu complet à prix fixe sort tout droit de l'imagination de cuisiniers qui ne cessent d'essayer de nouvelles saveurs, textures et cuissons.

BO PHUT

Le Fisherman's Village constitue le cadre le plus attrayant pour un repas, mais il existe une multitude d'options moins

:hères au bord de la route menant dans
ɜs terres vers la route principale.

'he Hut Thaïlandais **$**

ɔlats 80-300 B ; dîner). Des classiques
haïlandais à prix raisonnable (du moins
ɔour le secteur) et des fruits de mer très
rais beaucoup plus chers. La douzaine
le tables se remplit très vite : pour ne pas
ttendre, arrivez tôt ou plus tard.

ɔ9 Fusion thaïlandaise **$$**

**ɔlats 179-550 B ; 11h-23h lun-jeu, 18h-23h
en ;).** Vivian, créatrice culinaire de
ɔénie, est toujours en train de revisiter
es plats thaïlandais préférés. Elle vous
ncourage même à lui proposer des
dées lors de votre commande. Un cadre
le bord de route, mais un décor aussi
bouriffant que la cuisine, façon cabaret
vec nappes à paillettes, bouquets de
ɔlumes et pampilles.

Starfish & Coffee Thaïlandais **$$**

ɔlats 150-280 B ; petit-déj, déj et dîner). Ce
estaurant orné de banderoles tient sans doute son nom de la chanson de Prince, car nulle étoile de mer (*starfish*) au menu (beaucoup de café en revanche). Le soir, les plats thaïlandais sont à l'honneur, et on peut contempler Ko Pha-Ngan au soleil couchant.

Zazen Fusion asiatique **$$$**

(plats 540-900 B, formule à partir de 1 300 B ; déj et dîner). Le chef définit sa cuisine de "biologique et orgasmique", et la satisfaction ambiante à l'heure du dîner confirme ses dires. Ce lieu romantique offre une vue sur la mer, une lumière tamisée et de la musique douce.

MAE NAM ET BANG PO

Bang Po Seafood Fruits de mer **$$**

(Bang Po ; plats à partir de 100 B ; dîner). Un repas au Bang Po Seafood est un test pour les papilles. C'est l'un des seuls restaurants qui servent des mets traditionnels de Ko Samui. Les recettes sont composées d'ingrédients comme

Vaut le détour
Ko Tah

Lassé des circuits organisés et des plages bondées ? Pour l'intrépide voyageur indépendant en vacances à Ko Samui, il n'existe pas de meilleure façon de passer la journée que d'organiser une escapade vers les sables blancs de Ko Tah. Louez un *long-tail boat* auprès des tour-opérateurs qui amarrent leurs embarcations devant les restaurants de fruits de mer de Hat Thong Tanote, sur la côte sud de Ko Samui ; pour une excursion de 4 heures (6 personnes), comptez de 1 500 à 2 000 B. L'île n'est qu'à 15 minutes de Ko Samui.

des oursins crus, des bébés poulpes, de l'eau de mer, des noix de coco et du curcuma local.

Farmer International $$$
(☎0 7744 7222 ; Mae Nam ; plats 350-1 000 B ; ⏲déj et dîner). Au milieu d'une rizière, le cadre magique change agréablement de l'ordinaire, et les lieux se font romantiques quand scintillent les bougies dans la nuit étoilée. La cuisine, d'inspiration surtout européenne, est délicieuse et bien présentée. Situé à l'écart des principales zones touristiques, l'établissement passe prendre gratuitement les clients sur les plages alentour.

CÔTE OUEST ET CÔTE SUD

Ging Pagarang Poisson, fruits de mer $
(Thong Tanote ; plats à partir de 50 B ; ⏲11h30-20h). Les habitants savent que c'est l'un des meilleurs restaurants de plage de l'île pour savourer des fruits de mer préparés à la manière traditionnelle de Samui. Si l'endroit, familial, est simple, la cuisine et la vue sont extraordinaires.

About Art & Craft Café Végétarien $$
(Na Thon ; plats 80-180 B ; ⏲petit-déj et déj). Oasis artistique au milieu de l'agitation de Na Thon, ce café sert un assortiment éclectique de nourriture saine et solide, un délicieux café et expose de l'art et de l'artisanat fabriqués par la propriétaire et ses amis.

Où prendre un verre et faire la fête

Hat Chaweng la bruyante est sans conteste le haut lieu festif de Samui. Lamai, puis Bo Phut viennent ensuite, tandis que le reste de l'île est généralement calme, les vacanciers préférant boire un verre dans les bars des hôtels.

Rien de plus simple que de faire la fête à Chaweng. La plupart des établissements ouvrent jusqu'à 2h du matin et quelques-uns ne ferment pas.

Beach Republic Bar
(www.beachrepublic.com ; 176/34 Mu 4, Hat Lamai). Identifiable grâce à ses auvents en chaume, ce bar pourrait apparaître dans l'une de ces séries TV où les personnages passent leur temps à faire la fête (fort arrosée) sur la plage. Une piscine, des fauteuils de plage accueillants, une liste interminable de cocktails et même un hôtel si vous ne pouvez vous résoudre à quitter la scène. Les brunchs du dimanche sont légendaires.

Ark Bar Bar
(www.ark-bar.com ; Hat Chaweng). Ici, la fête bat son plein de jour comme de nuit dans une ambiance très jeune. Le bar multicolore est orné de lanternes en papier et les clients se relaxent sur des chaises longues en bord de mer.

Green Mango Bar
(Hat Chaweng). Le lieu de divertissement préféré de Samui est très grand, très bruyant et très *farang*. Il est si populaire qu'il a donné son nom à tout un *soi*. Il conjugue lumières crues, boissons chères

LUIS CAGIAO PHOTOGRAPHY/GETTY IMAGES ©

À ne pas manquer
Parc national maritime d'Ang Thong

La quarantaine d'îles aux rives irrégulières et couvertes de jungle du parc national maritime d'Ang Thong s'étendent sur la mer bleue, tel un collier d'émeraudes cassé – chaque joyau arborant de pures falaises calcaires, des lagons cachés et des sables couleur pêche.

Février, mars et avril sont les meilleurs mois pour visiter cette réserve éthérée déclinant le bleu et le vert ; les énormes vagues de la mousson obligent le parc à rester presque toujours fermé en novembre et décembre.

La meilleure manière d'atteindre le parc consiste à participer à un circuit privé d'une journée à partir de Ko Samui ou de Ko Pha-Ngan (à respectivement 28 km et 32 km). Le parc demande officiellement un droit d'entrée (adulte/enfant 400/200 B), qui devrait cependant être inclus dans le prix de chaque circuit (demandez à votre prestataire si vous n'êtes pas sûr).

L'ESSENTIEL

อุทยานแห่งชาติหมู่เกาะอ่างทอง ; ☎ 0 7728 0222

…et des masses de corps transpirant qui se bougent sur de la dance.

Reggae Pub Bar

(Hat Chaweng). Cette forteresse du divertissement possède une piste de danse extérieure animée par des DJ étrangers. Le tout fait aussi office de sanctuaire dédié à Bob Marley.

Depuis/vers Ko Samui

Avion

L'aéroport de Ko Samui est situé dans le nord-est de l'île, près de Big Buddha Beach. **Bangkok Airways** (www.bangkokair.com) propose des vols (50 min) entre Samui et l'aéroport international Suvarnabhumi de Bangkok toutes les 30 minutes. **Firefly** (www.fireflyz.com.my) opère une liaison directe entre Samui et l'aéroport Subang de Kuala Lumpur.

Bateau

Vers le continent

Des bateaux relient fréquemment Samui et le continent. Il y a deux options : le ferry rapide Lomprayah (p. 263 ; 450 B), au départ de Na Thon, et le car-ferry **Raja** (☎0 2276 8211-2 ; www.rajaferryport.com ; 150 B), moins rapide et plus rudimentaire depuis Thong Yang. Certains de ces départs font des correspondances avec la gare de Phun Phin (pour quelques bahts de plus).

Vers Ko Pha-Ngan et Ko Tao

Une dizaine de bateaux relient tous les jours Ko Samui et Thong Sala sur la côte ouest de Ko Pha-Ngan, beaucoup poursuivant jusqu'à Ko Tao. Ils partent de la jetée de Na Thon, de Mae Nam ou de Big Buddha Beach ; la traversée dure de 20 minutes à 1 heure (200-300 B pour Ko Pha-Ngan, selon le bateau).

On peut rejoindre directement Hat Rin avec le *Haad Rin Queen* qui fait la navette entre Hat Rin et Big Buddha Beach 4 fois/jour. Le temps de traversée est de 50 minutes (200 B).

Bus et bateau

Plusieurs agences proposent des billets combinés bus-ferry. Le service le plus rapide et le plus confortable est celui du ferry Lomprayah, avec 2 départs quotidiens : Bangkok (6h et 21h) et Samui (8h et 12h30). Le voyage complet dure environ 13 heures 30 (1 450 B).

Comment circuler

Les conducteurs de *sŏrng·tăa·ou* (petit pick-up) adorent vous surfacturer, mieux vaut toujours se renseigner ailleurs sur les tarifs en vigueur, qui peuvent varier selon la saison. Ces véhicules circulent régulièrement uniquement la journée. Comptez environ 50 B pour vous déplacer de plage en plage et pas plus de 100 B pour la moitié de la longueur de l'île.

Le trafic des taxis est un peu chaotique à cause de leur nombre. En général, la course depuis/vers l'aéroport coûte environ 500 B.

Ko Pha-Ngan เกาะพงัน

12 500 HABITANTS

Affichant avec superbe sa décontraction, Ko Pha-Ngan est devenue synonyme des délires de masse qu'occasionne la fête de la pleine lune à Hat Rin, à tel point que le reste de l'île n'existe plus – et que même Hat Rin sombre dans l'oubli dès que la fameuse semaine prend fin. Les choses vont sans aucun doute changer rapidement avec l'ouverture imminente d'un aéroport sur l'île (prévue fin 2014) ; mais pour l'instant cette île d'une merveilleuse beauté est toujours endormie et un bungalow en dur sur Hat Rin, ou ses environs, ne coûte qu'environ 1 000 B, hors la semaine de folie de la pleine lune.

Activités

Si la plongée est l'activité phare de Ko Tao, à seulement quelques kilomètres, cette activité est plus tranquille à Ko Pha-Ngan et plus concentrée sur le plaisir que sur l'obtention du brevet. Avec la baisse récente de ses tarifs, le brevet PADI Open Water y est assez compétitif comparé à Ko Tao. Le nombre de participants par groupe est aussi plus réduit en raison du plus petit nombre de plongeurs sur cette île.

Les expéditions les plus populaires depuis Ko Pha-Ngan parcourent 3 sites en une journée : **Chumphon Pinnacle**, **Sail Rock** et un autre site parmi les meilleurs du secteur. Ces 3 excursions coûtent de 3 650 à 4 000 B, déjeuner compris. Comptez entre 2 500 et 2 800 B pour un circuit de 2 plongées à Sail Rock.

Chaloklum Diving Plongée
(☎0 7737 4025 ; www.chaloklum-diving.com). Un opérateur de plongée dont la réputation n'est plus à faire (sur l'artère principale de Ban Chalok Lam). Matériel de qualité et standards de sécurité élevés.

Reefers Plongée
(☎08 6471 4045 ; www.reefersdiving.com). Le propriétaire, Vic, et son équipe de moniteurs sont zen et professionnels. Possède une solide réputation. Recommandé.

Haad Yao Divers Plongée
(☎08 6279 3085 ; www.haadyaodivers.com ; Hat Yao ; 📶). Établie en 1997, cette

agence de plongée a acquis une solide réputation grâce à un niveau de sécurité de standard européen et à sa qualité de services.

Circuits organisés

Eco Nature Tour Éco-circuits
(☎ **08 4850 6273**). Très populaire, il propose une expédition "best of" de l'île, qui comprend : randonnée à dos d'éléphant, snorkeling, visites d'un temple chinois et accès à un admirable point de vue et à Nam Tok Phaeng. L'expédition pour la journée (1 500 B) part à 9h et revient vers 15h. On peut réserver à son agence de Thong Sala ou au Backpackers Information Centre. **Pha-Ngan Safari** (☎ **0 7737 4159, 08 1895 3783**) organise le même genre d'expédition pour 1 900 B.

Où se loger

HAT RIN

Durant les festivités de la pleine lune, Hat Rin reçoit un nombre démesuré de visiteurs comparé au reste de la Thaïlande. Les propriétaires de bungalows imposent alors une durée minimale de séjour (généralement 5 jours). Si vous envisagez d'arriver le jour de la fête (ou la veille), réservez bien à l'avance, ou vous devrez dormir sur la plage (ce qui finira peut-être par arriver quoi qu'il en soit).

Les prix cités ici ne sont plus applicables pendant les périodes de pleine lune. Attendez-vous à une augmentation de 20 à 300%.

Lighthouse Bungalows Bungalows $
(☎ **0 7737 5075 ; www.lighthousebungalows.com ; Hat Seekantang ; bung 500-1 200 B ;** ❄ 📶). Isolé, ce discret et plaisant ensemble de huttes est installé sur un terrain en pente, ponctué de rochers et de hauts palmiers. Si les huttes (avec ventilateur) sont rustiques, les bungalows plus récents, spacieux et climatisés, constituent un excellent choix. Tous les logements disposent d'une terrasse avec vue fabuleuse sur la mer et ont accès au restaurant/espace détente tapissé de coussins. Pour venir, suivez la promenade en planches au sud-est de Hat Leela.

Hat Yao, Ko Pha-Ngan (p. 278)

PAUL KENNEDY/GETTY IMAGES ©

Sea Breeze Bungalow Bungalows **$$**
(☎0 7737 5162 ; Ban Hat Rin ; bung 1 500-8 000 B ; ❄📶🏊). Le Sea Breeze est apprécié par nos lecteurs, et par nous aussi ; ce labyrinthe de cottages isolés à flanc de coteau constitue une retraite agréable pour tous les types de voyageurs (la gamme de logements est vaste). Plusieurs bungalows, perchés sur pilotis, offrent une vue merveilleuse sur Hat Rin et la mer.

HAT YAO ET HAT SON

L'une des plages les plus animées de la côte ouest, Hat Yao se prête à la baignade et dispose de nombreux complexes hôteliers et de quelques aménagements bien commodes comme des DAB et des épiceries. Beaucoup plus petite et calme, Hat Son semble encore conserver son secret.

High Life Bungalows **$**
(☎0 7734 9114 ; www.highlifebungalow.com ; Hat Yao ; bung avec ventil 500 B, avec clim 800-2 200 B ; ❄📶🏊). La vue sur l'océan depuis la piscine est spectaculaire. Sur un affleurement de granit planté de palmiers se dressent 25 bungalows de tailles et de formes variées au-dessus de la mer bleue.

Haad Son Resort & Restaurant Resort **$$**
(☎0 7734 9104 ; www.haadson.net ; Hat Son ; bung 1 000-8 000 B ; ❄@📶🏊). Toute une gamme d'hébergements, des grands bungalows anciens avec terrasse à flanc de colline aux suites et aux chambres flambant neuves en béton poli face à la mer. Dans l'isolement spectaculaire d'une péninsule couronnée de jungle et de rochers, la plage est agrémentée d'un des restaurants de plein air les plus chics de l'île.

HAT SALAD

Une ravissante plage de la côte nord-ouest à l'étroite frange de sable léché par des eaux bleues peu profondes, où il n'est pas rare de voir de pittoresques *long-tail boats* à l'extrémité sud. Plutôt rustique – les pêcheurs sortent au coucher du soleil pour jeter leurs filets –, elle n'en offre pas moins de bons services et un hébergement confortable.

Cookies Salad Resort **$$**
(☎0 7734 9125, 08 3181 7125 ; www.cookies-phangan.com ; bung 1 600-5 000 B ; 📶🏊). Ravissants bungalows de style balinais perchés sur une colline abrupte, autour d'une grande piscine sur 2 niveaux, déclinant plusieurs nuances de bleu. Le chaume hirsute et le feuillage tropical dense lui donnent un caractère rustique, sans négliger pour autant le confort. Très accueillant, l'endroit affiche rapidement complet.

Green Papaya Bungalows **$$$**
(☎0 7737 4182 ; www.greenpapayaresort.com ; bung 4 300-8 500 B ; ❄@📶🏊). Les bungalows de bois poli du Green Papaya se distinguent nettement sur l'adorable plage de Hat Salad, mais la note est salée et la clientèle plutôt snob.

AO MAE HAT

L'extrémité nord-ouest de l'île, relativement peu développée, offre une vue superbe sur l'océan et un beau sable blanc. La petite Ko Ma est reliée à Pha-Ngan par un étonnant banc de sable.

Mae Hat Beach View Resort Bungalows **$**
(☎08 9823 9756 ; bung 400-600 B). Cet ensemble de bungalows d'un autre âge, disséminés derrière la dune à l'extrémité sud de la plage, était vide lors de notre passage, mais quelques employés birmans, sympathiques, attendaient le client. Les bungalows en bambou (avec ventilateur) au sol carrelé sont parfaits pour savourer l'ambiance tropicale, en solitaire avec un bon bouquin.

HAT KHUAT (BOTTLE BEACH)

Cette dune isolée dans le nord de l'île a acquis la réputation de discret refuge, ce qui la rend aujourd'hui assez populaire. En pleine saison, les hôtels font vite le plein, mieux vaut essayer d'arriver tôt. Prenez un bateau-taxi à Chalok Lam pour 100-150 B (selon le nombre de passagers).

Smile Bungalows Bungalows **$**
(☎ 08 1956 3133 ; smilebeach@hotmail.com ; Bottle Beach/Hat Khuat ; bung 400-700 B). À l'extrémité ouest de la plage, un assortiment de huttes en bois escalade une colline boisée. Les bungalows sur 2 niveaux (700 B) sont nos préférés. Sur la plage, la stéréo du café-lounge passe la chanson *Bottle Beach* de John Nicholas, un musicien séduit par l'endroit.

Bottle Beach II Bungalows **$**
(☎ 0 7744 5156 ; Bottle Beach/Hat Khuat ; bung 300-500 B ; 📶). Au bout de la plage, côté est, cette double rangée de bungalows turquoise, rudimentaires, enchantera ceux qui savent se passer du confort et ne jouir que du lieu.

THONG NAI PAN

Les deux baies incurvées de Thong Nai Pan, dans le nord-est de l'île, sont les plus isolées, mais les plus populaires.

Dolphin Bungalows **$**
(Thong Nai Pan ; bung 500-1 800 B ; ❄ 📶). Cette retraite cachée permet de retrouver le goût des choses simples. On passe des après-midi tranquilles au fond de confortables coussins installés dans de petites pagodes disséminées dans la jungle. Les bungalows sont assez intimes. Pas de réservation : premier arrivé, premier servi.

THAN SADET

De Thong Sala, un taxi-4x4 dessert tous les jours Than Sadet sur la côte est, à 13h (200 B/pers). Sinon, le *Thong Nai Pan Express* accoste ici depuis Ko Samui.

Mai Pen Rai Bungalows **$**
(☎ 0 7744 5090 ; www.thansadet.com ; Than Sadet ; bung 500-1 200 B ; 📶 👪). Ce paisible domaine en bord de mer semble ne devoir susciter que des sourires détendus. Les bungalows aux toits à pignon ornés de paille tissée se mêlent sur la colline à ceux de l'établissement voisin. Le restaurant est accueillant.

HAT THIAN ET HAT YUAN

Ces plages sont très isolées. On peut en moins de 10 minutes passer de l'une à l'autre. Hat Yuan, la moins sauvage, au sable plus blanc, est aussi plus étendue. Hat Thian, presque déserte, est d'une beauté virginale.

Pour vous y rendre, louez un *long-tail boat* depuis Hat Rin (300-400 B l'embarcation) ou demandez à un batelier de vous prendre à votre hôtel.

Sanctuary Bungalows **$$**
(☎ 08 1271 3614 ; www.thesanctuarythailand.com ; Hat Thian ; dort 220 B, bung 770-6 000 B). Cette enclave de jungle sympathique

La célèbre plage de Hat Rin
MATTHEW MICAH WRIGHT/GETTY IMAGES ©

Sel et épices dans la cuisine du sud de la Thaïlande

Voici quelques spécialités du sud de la Thaïlande :

- *Gaang đai Ƀlah* – Un curry extrêmement épicé et salé, contenant du *đai Ƀlah* (estomac de poisson salé) ; plus savoureux que ça n'en a l'air.
- *Gaang sôm* – Appelée *gaang lĕu·ang* (curry jaune) dans le centre du pays, cette soupe aigre et épicée doit sa couleur au curcuma, une racine souvent employée dans le Sud.
- *Gài tôrt hàht yài* – Le fameux poulet frit de Hat Yai ne serait pas si savoureux s'il n'avait pas mariné dans un mélange d'épices séchées.
- *Kà·nŏm jeen nám yah* – Ces fines nouilles de riz servies avec une sauce particulièrement relevée semblable à un curry sont toujours accompagnées de légumes et d'herbes aromatiques.

prône la relaxation. Havre de paix, elle propose un hébergement magnifique, des cours de yoga et des séances détox. Les chambres épousent le cadre naturel, éparpillées au long d'un entrelacs de sentiers à flanc de colline, tandis qu'en contrebas, Hat Thian, merveilleusement déserte, invite à la baignade.

Pariya Resort & Villas Resort $$$
(☎08 7623 6678 ; www.pariyahaadyuan.com ; Hat Yuan ; villas 8 000-17 000 B ;). L'option la plus chic de ces plages, juste face aux sables les plus doux de Hat Yuan, se compose de majestueux bungalows de ciment jaune moutarde. Séjourner dans ce complexe surévalué n'est intéressant que si l'on bénéficie d'une promotion.

Où se restaurer

HAT RIN

Le Chicken Corner est un carrefour très fréquenté, où des établissements prisés comme **Mr K Thai Food** (Ban Hat Rin ; plats 30-80 B) et **Mama Schnitzel** (Ban Hat Rin ; plats 40-100 B) veillent à satisfaire les petites faims à toute heure du jour et de la nuit.

Kawee Thaïlandais, français $$
(plats 100-350 B). Tenus par des Français, qui aiment l'appeler "art-mosphère", ce restaurant fait monter la barre à Hat Rin avec son décor de jungle feutré, sa bibliothèque et sa sublime cuisine franco-thaïlandaise. Ne manquez pas le *hòr mòk* (gâteau salé cuit à la vapeur, fourré de viande et relevé de lait de coco et de curry) et les brochettes Kawee (poisson blanc croustillant sur une tige de citronnelle).

Lazy House International $$
(Hat Rin Nai ; plats 90-270 B ; déj et dîner). La cuisine du propriétaire était si appréciée qu'il a décidé de transformer son appartement en restaurant et lieu de détente. Aujourd'hui, le Lazy House est sans doute l'une des meilleures adresses de Hat Rin pour se délasser devant un film en dégustant un hachis Parmentier.

PLAGES DU SUD

Le samedi soir de 16h à 22h, une petite rue de l'est de Thong Sala se transforme en **Walking Street**, une zone piétonne animée où des marchands viennent vendre leurs produits à des clients majoritairement locaux.

Marché de nuit Marché $
(Thong Sala ; plats 25-180 B ; dîner). Mélange grisant de vapeur et d'habitants s'adonnant au grignotage, le marché de nuit de Thong Sala est un must pour les amateurs de culture locale et d'en-cas bon marché.

Fisherman's Restaurant Fruits de mer **$$**
(☎08 4454 7240 ; Thong Sala ; plats 50-600 B ; ⏲13h-22h). Illuminé la nuit, ce restaurant offre le plus beau cadre de l'île, assorti à une cuisine qui, du savoureux crabe au curry jaune à l'imposant plateau de fruits de mer (800-900 B selon l'assortiment, à partager), est aussi fabuleuse que l'ambiance.

Fabio's Italien **$$**
(☎08 3389 5732 ; Ban Khai ; plats 150-400 B ; ⏲13h-22h lun-sam). Murs dorés, nappes crème et mobilier en bambou pour cette adresse italienne, intime, authentique et excellente. Il faut réserver bien à l'avance l'une des 7 tables.

AUTRES PLAGES

Cucina Italiana Italien **$$**
(Jenny's ; Chalok Lam ; pizzas 180-200 B ; ⏲dîner). À l'exception du sable qui s'écoule entre vos doigts de pied et le ballet des *long-tail boats*, vous pourriez vous croire dans la campagne italienne. Le sympathique chef italien est un passionné, qui, des pâtes au tiramisu, prépare tout lui-même chaque jour. Les pizzas à pâte fine, rustiques, sont divines.

Où prendre un verre et faire la fête

HAT RIN

Hat Rin est au cœur de la légendaire fête de la pleine lune. Les fêtards se pressent ailleurs dans le sud de l'île lorsque la lune n'est pas de sortie. La plupart des adresses ci-dessous encadrent la Sunrise Beach de Hat Rin du sud au nord.

Rock Bar, club
La terrasse surélevée offre une belle vue sur la fête à l'extrême sud de la plage. C'est aussi le meilleur endroit des environs pour les cocktails.

Mellow Mountain Bar, club
Ce lieu psychédélique se situe à l'extrémité nord de Hat Rin Nok et offre une excellente vue sur le chahut d'en bas. C'est l'un des endroits à voir à Hat Rin.

Fête de la pleine lune, Ko Pha-Ngan (p. 276)

KRISTIN PILJAY/GETTY IMAGES ©

AUTRES PLAGES

Pirates Bar

Bar

(Hat Chaophao). Ce bar loufoque bâti dans la falaise est une copie d'un bateau de pirates. Sur le pont, à marée haute (et après quelques verres), on se croirait presque en mer. Ce lieu accueille les fêtes bien organisées du Moon Set, 3 jours avant celles de la pleine lune.

Amsterdam

Bar

(Ao Plaay Laem). Près de Hat Chaophao sur la côte ouest, l'Amsterdam attire touristes et habitants de toute l'île qui viennent se détendre et regarder le coucher du soleil.

Depuis/vers Ko Pha-Ngan

Avion

Le nouvel aéroport de Ko Pha-Ngan devait ouvrir fin 2014. Deux vols quotidiens depuis/vers Bangkok (1 heure 20) seront assurés par **Kan Air** (www.kanairlines.com).

Bateau

Vers Ko Samui

On compte une dizaine de départs quotidiens entre Thong Sala sur Ko Pha-Ngan et Ko Samui. Ces bateaux partent toute la journée de 7h à 18h et mettent entre 20 minutes et 1 heure (200-300 B selon le bateau).

Le **Haad Rin Queen** (✆0 7748 4668) fait la navette entre Hat Rin et Big Buddha Beach à Samui 4 fois/jour en 50 minutes (200 B).

Le *Thong Nai Pan Express*, un vieux bateau de pêche branlant (mieux vaut avoir le cœur bien accroché), part une fois par jour de Mae Hat à Ko Samui pour Hat Rin à Ko Pha-Ngan, avant de remonter la côte est en desservant toutes les plages jusqu'à Thong Nai Pan Noi (200-400 B selon la destination). Il ne prend pas la mer par mauvais temps.

Vers Ko Tao

Les ferrys Lomprayah pour Ko Tao (500 B) partent de Thong Sala à Ko Pha-Ngan à 8h30 et 13h. Ils arrivent à destination à 9h45 et 14h15. Le *Seatran* (430 B) quitte Thong Sala chaque jour à 8h30 et 14h. Les taxis partent de Hat Rin vers Thong Sala 1 heure avant le départ du bateau. Le *Songserm* (350 B), moins onéreux mais plus lent, part de Ko Pha-Ngan à 12h30 et arrive à 14h30.

Vers Surat Thani et la côte d'Andaman

On compte environ 8 départs quotidiens entre Ko Pha-Ngan et Surat Thani avec Songserm (350 B, 4 heures 30) ou Lomprayah (550 B, 2 heures 45), 2 services passant par Ko Samui. La nuit, si la météo le permet, un bateau part de Surat Thani (350 B, 7 heures) à 23h.

Des billets combinant bateau et bus sont disponibles dans toutes les agences de voyages. La plupart des voyageurs passent par Surat Thani en allant d'une côte à l'autre.

Comment circuler

Vous pouvez louer une moto sur l'île pour 150 à 250 B par jour.

Les pick-up et les *sŏrng·tăa·ou* sillonnent les routes principales de l'île. Le tarif double la nuit. Comptez 100 B pour aller de Thong Sala à Hat Rin et environ 150 à 200 B pour les plus longues distances.

Des *long-tail boats* partent de Thong Sala, de Chalok Lam et de Hat Rin vers une multitude de destinations lointaines comme Hat Khuat (Bottle Beach) et Ao Thong Nai Pan. Comptez au moins 50 B pour un court trajet et jusqu'à 300 B pour aller plus loin.

Ko Tao

เกาะเต่า

1 500 HABITANTS

Ko Tao connaît une popularité croissante et se tourne aujourd'hui vers le haut de gamme. Couverte de jungle, la belle tient de Samui par son caractère animé et de Pha-Ngan par son ambiance décontractée. Mais elle possède un atout que n'ont pas ses voisines : la facilité d'accès à différents sites de plongée situés à proximité de ses côtes.

Activités

PLONGÉE

Ko Tao, avec ses baies peu profondes, ses eaux transparentes et ses récifs chatoyants, est idéale pour un baptême. La compétition farouche entre écoles de plongée signifie que les prix de la certification PADI sont intéressants et que la qualité est imbattable. Une foule de clubs lorgnent vos bahts, à vous de comparer.

Roctopus Plongée
(☎0 7745 6611 ; www.roctopusdive.com ; Sairee Beach). Cette école, l'une des plus récentes, s'est déjà taillé une solide réputation avec son personnel qualifié et ses standards élevés.

Big Blue Diving Plongée
(☎0 7745 6772, 0 7745 6415 ; www.bigbluediving.com ; Sairee Beach). Ce centre de taille moyenne, ni trop petit ni trop grand, s'attire des louanges grâce à son ambiance sympathique et à sa qualité élevée.

Scuba Junction Plongée
(Scuba J ; ☎0 7745 6164 ; www.scuba-junction.com ; Sairee Beach). La nouvelle devanture sympathique et l'équipe de moniteurs dynamiques séduisent les voyageurs en quête d'une expérience plus personnelle (4 participants par groupe au maximum).

SNORKELING

La plupart des adeptes choisissent de plonger seuls et se dirigent vers les baies au large de Ko Tao à la nage ou en *long-tail boat* pour atteindre les plus éloignées. Vous pouvez aussi participer à une excursion guidée en réservant dans une agence de voyages locale. Les prix varient entre 500 et 800 B (ce qui comprend en général le matériel, le repas et un guide/capitaine de bateau) avec des arrêts dans plusieurs bons sites autour de l'île.

Écoles de plongée de Ko Tao

Le brevet **PADI Open Water** (www.padi.com) coûte 9 800 B ; celui de **SSI** (www.ssithailand.com) un peu moins (9 000 B), car vous ne payez pas l'équipement pédagogique. Les plongées de loisir sont à 1 000 B la descente, ou 7 000 B les 10.

Souvenez-vous que le succès de votre expérience (surtout si c'est la première fois) dépendra en grande partie de la confiance que vous accorderez à votre instructeur. Considérez aussi la taille du groupe, l'état de l'équipement et celui des sites où vous irez, etc.

Il y a beaucoup de monde et les hébergements sont souvent complets en décembre, janvier, juin, juillet et août. On constate un pic de fréquentation d'aspirants plongeurs tous les mois après chaque fête de la pleine lune à Ko Pha-Ngan, toute proche.

Où se loger

SAIREE BEACH

L'immense Sairee Beach, la plus longue plage de l'île et la plus développée, compte nombre de centres de plongée, bungalows, agences de voyages, supérettes et cybercafés. L'extrémité nord est la plus jolie et la plus calme. La fête a lieu plus au sud, où les bars sont bruyants.

Blue Wind Bungalows $
(☎0 7745 6116 ; bluewind_wa@yahoo.com ; bung 350-1 400 B ; ❄📶). Le Blue Wind offre une bouffée d'air frais après les complexes de plongée à l'activité intense qui se succèdent le long de Sairee Beach. De solides huttes en bambou ponctuent un chemin de terre derrière la boulangerie de la plage. Rustique et décontracté.

Spicytao Backpackers Auberge $
(☎08 1036 6683 ; www.spicyhostels.com ; dort 200-250 B ; ❄📶). Les routards adorent ce repaire à l'ambiance très conviviale, niché dans un jardin rustique, en retrait de l'artère principale. Le personnel organise des activités régulières. Réservez bien à l'avance !

Sairee Cottage Bungalows $$
(☎0 7745 6126 ; www.saireecottagediving.com ; bung 350-2 800 B ; ❄📶). Un sentier sablonneux relie les bungalows semés

Si vous aimez… La plongée

Chaque école opte pour des sites choisis en fonction des conditions météorologiques et marines du jour.

1 **CHUMPHON PINNACLE** (profondeur maximale 36 m). À 13 km à l'ouest de Ko Tao, ce site offre des anémones colorées le long de ses quatre pics. Des requins-baleines s'y invitent de temps à autre.

2 **GREEN ROCK** (profondeur maximale 25 m). Une sportive jungle sous-marine avec cavités, grottes et petits passages. Raies, mérous et balistes fréquentent les parages.

3 **JAPANESE GARDENS** (profondeur maximale 12 m). Entre Ko Tao et Ko Nang Yuan. Un spot tranquille, idéal pour les débutants. Outre les nombreux coraux colorés, on y aperçoit souvent des tortues, des raies pastenagues et des poissons-ballons.

4 **MANGO BAY** (profondeur maximale 16 m). Un choix idéal si vous enfilez masque et bouteilles pour la première fois.

5 **SAIL ROCK** (profondeur maximale 34 m). Accessible depuis Ko Pha-Ngan, ce site se caractérise par une imposante cheminée dotée d'un passage vertical. On y croise de grands poissons pélagiques comme le barracuda ou le thazard.

6 **SOUTHWEST PINNACLE** (profondeur maximale 33 m). Il offre aux plongeurs une petite collection de pics servant d'habitat à des mérous géants et à des barracudas.

7 **WHITE ROCK** (profondeur maximale 29 m). Le White Rock arbore des coraux bariolés, des scalaires, des poissons-clowns et des balistes.

dans un jardin de palmiers et d'hibiscus ensoleillé. Ici, même le plus petit parmi les moins chers offre un meilleur confort qu'ailleurs et représente un très bon rapport qualité/prix. L'étroite plage à l'avant est à l'ombre d'un gigantesque arbre de fer.

CHALOK BAN KAO

Un étroit ruban de sable frange une jolie baie en croissant surplombée de rochers à ces deux extrémités.

Viewpoint Resort Resort **$$**
(0 7745 6666 ; www.kohtaoviewpoint.com ; bung 1 200-14 000 B ;). Au flanc d'une colline ponctuée de rochers, ce domaine aux luxuriantes fougères et palmiers offre une vue époustouflante sur la baie. Tous les hébergements, des élégantes suites évoquant un luxueux nid d'amour pour Tarzan et Jane aux vastes bungalows avec vue, utilisent roches, bois et ciment pour créer un confort au plus proche de la nature.

Freedom Beach Bungalows **$$**
(0 7745 6596 ; bung 700-3 500 B ;). Sur sa petite plage isolée, ombragée par de jolis buissons et reliée à Ao Chalok Ban Kao par une promenade en planches, le Freedom est un repaire classique de routards.

New Heaven Resort Bungalows **$$**
(0 7745 6422 ; www.newheavenkohtao.com ; ch et bung 700-3 800 B ;). Juste après le fouillis d'Ao Chalok Ban Kao, le New Heaven loue des huttes colorées perchées sur une colline au-dessus d'une eau incroyablement transparente.

HIN WONG

Sur le côté est de l'île, pas de plage de sable mais une côte parsemée de rochers, d'une grande sérénité. L'eau est parfaitement transparente. La route de Hin Wong est en partie goudronnée, mais les nids-de-poule et les côtes raides peuvent vous faire tomber de votre moto.

Hin Wong Bungalows Bungalows $

(☎0 7745 6006 ; Hin Wong ; bung 350-700 B ; wifi). D'agréables huttes en bois sont disséminées dans de grandes étendues de terrain tropical sauvage.

View Rock Bungalows $

(☎0 7745 6549, 0 7745 6548 ; viewrock@hotmail.com ; Hin Wong ; bung 500-2 000 B ; clim wifi). Le fatras de huttes en bois, qui ressemble à un village de pêcheurs isolé, est bâti sur des rochers escarpés et offre une vue époustouflante sur la baie.

AO TANOT (TANOTE BAY)

Bien que plus peuplée que certaines autres criques de l'est, Tanote Bay est tranquille et pittoresque. C'est la seule baie de la côte accessible par une route goudronnée.

Family Tanote Bungalows $$

(☎0 7745 6757 ; Ao Tanot ; bung 800-3 500 B ; clim @ wifi). Comme son nom l'indique, cet hôtel aux bungalows disséminés à flanc de colline est géré par une famille locale fière de ses chambres confortables, parfaites pour les amateurs de solitude.

Où se restaurer

Avec l'immense Ko Samui à l'horizon, difficile de croire que la pittoresque et petite Ko Tao tire son épingle du jeu en matière de gastronomie.

SAIREE BEACH

Su Chili Thaïlandais $

(plats 70-150 B ; déj et dîner ; wifi). Une cuisine thaïlandaise, fraîche et savoureuse, servie par un personnel qui demande toujours si vous préférez piquant ou moins piquant, et s'en sort plutôt bien. Essayez les délicieuses spécialités du nord de la Thaïlande ou les currys de Penang.

ZanziBar Café $

(sandwichs 90-150 B ; petit-déj, déj et dîner). L'avant-poste des sandwichs branchés de l'île : plein de bons ingrédients entre deux tranches de pain complet.

Barracuda Restaurant & Bar Fusion asiatique $$

(☎08 0146 3267 ; plats 180-400 B ; dîner). Le chef Ed Jones œuvre pour la princesse royale quand elle séjourne

La belle île de Ko Tao

sur l'île. Sans vous ruiner, vous pourrez goûter ses chefs-d'œuvre de cuisine fusion, où n'entrent que des ingrédients locaux.

Chopper's Bar & Grill International $$

(plats 60-200 B ; petit-déj, déj et dîner). Le Chopper est si prisé qu'il est devenu un point de repère de l'île. Les plongeurs et les voyageurs se retrouvent sur les deux étages de l'établissement pour y écluser des bières. Musique live, sport à la TV, billard et salle de cinéma.

MAE HAT

Pim's Guesthouse Thaïlandais $

(curry 70 B ; déj). Chaque jour, dans son humble cuisine, Pim prépare un curry (le *massaman* fait l'unanimité) qu'elle vend avant l'heure du déjeuner. C'est tellement bon que des gens de toute l'île convergent en nombre ici.

Pranee's Kitchen Thaïlandais $

(plats 50-150 B ; petit-déj, déj et dîner ;). Vieille adresse de Mae Hat, le Pranee propose des currys succulents et autres mets thaïlandais dans un pavillon à ciel ouvert avec sièges-coussins, tables en bois et TV.

Food Centre Thaïlandais $

(plats à partir de 30 B ; petit-déj, déj et dîner). Ce *food centre* est constitué d'un rassemblement informel d'étals sur le parking de la station-service de Mae Hat ; ses "signaux" de fumée attirent les habitants de l'île le midi.

Whitening International $$

(plats 150-400 B ; dîner ;). On dîne au Whitening les pieds dans le sable, entouré d'illuminations de Noël. Et cerise sur le gâteau : les prix sont plutôt raisonnables.

Où prendre un verre et faire la fête

Castle Club

(www.thecastlekohtao.com ; Mae Hat). Situé sur la route principale entre Mae Hat et Chalok Ban Kao, le Castle s'est vite positionné comme le haut lieu de la fête. Il attire de nombreux DJ locaux et internationaux lors de grandes fêtes mensuelles.

Office Bar Bar

(Sairee Beach). Cette paillote hexagonale attire des habitués avec musique grunge et sièges en bois branlants.

Depuis/vers Ko Tao

Nous vous conseillons fortement de réserver vos billets plusieurs jours à l'avance si vous souhaitez vous rendre à Ko Tao depuis Ko Pha-Ngan après la fête de la pleine lune.

La plage de Sairee Beach
ALVARO LEIVA/GETTY IMAGES ©

Bateau

Vers Ko Pha-Ngan

Le catamaran Lomprayah assure une traversée 2 fois/jour (500 B), au départ de Ko Tao à 9h30 et 15h, arrivée à Ko Pha-Ngan autour de 10h50 et 16h10. Le Seatran Discovery Ferry (430 B) offre un service identique. Le bateau express Songserm (350 B) part tous les jours à 10h et arrive à Ko Pha-Ngan à 11h30.

Vers Ko Samui

Le catamaran Lomprayah propose 2 services/ jour (600 B), au départ de Ko Tao à 9h30 et 15h, arrivée à Samui (via Ko Pha-Ngan) autour de 11h30 et 16h40. Un service identique est assuré par le Seatran Discovery Ferry (600 B). Le bateau express Songserm (450 B) part tous les jours à 10h et arrive à Samui (aussi via Ko Pha-Ngan) à 12h45.

Vers Surat Thani et la côte d'Andaman

La solution la plus commode consiste à s'arrêter à Ko Pha-Ngan ou à Ko Samui pour diminuer la durée du voyage et le nombre de correspondances.

La seconde option est de prendre un ferry pour Chumphon sur le continent, puis de prendre un bus ou un train pour rejoindre les provinces plus au sud.

Comment circuler

Sŏrng·tăa·ou

Des *sŏrng·tăa·ou* se rassemblent autour de la jetée de Mae Hat à mesure que les passagers descendent. Il est fortement conseillé de réserver un taxi qui viendra vous chercher si vous avez déjà réservé votre hébergement.

Bateau-taxi

Les bateaux-taxis partent de Mae Hat, de Chalok Ban Kao et du nord de Sairee Beach (près du bar Vibe). Comptez 100 B au minimum pour aller à Ko Nang Yuan. Vous pouvez louer un *long-tail boat* pour environ 1 500 B par jour ; cela varie selon le nombre de passagers.

M032
M021
M014

Phuket et la côte d'Andaman

La côte d'Andaman est celle des superlatifs, c'est ici que vous trouverez les formations karstiques les plus élevées, le sable le plus fin, les eaux les plus cristallines…

Le long des côtes, les bateaux croisent entre Khao Lak et les îles Similan et Surin avec, à leur bord, des passionnés de plongée qui descendent explorer les plus beaux fonds marins de la région. Plus au sud, Phuket, la plus grande île du pays, constitue la grande destination balnéaire internationale de la région.

Typiques de la côte d'Andaman, les pics karstiques de Krabi, aux flancs couverts de jungle, offrent un paysage spectaculaire. L'époustouflante beauté de Ko Phi Phi Don dépassera toutes vos attentes. À Railay, les grimpeurs, suspendus aux parois rocheuses, font partie intégrante du paysage.

La destination n'est cependant plus un secret et les plages sont souvent prises d'assaut.

Long-tail boats, Railay (p. 324)
JOHN W BANAGAN/GETTY IMAGES ©

Ko Phi Phi Don (p. 328)
INGOLF POMPE/GETTY IMAGES ©

Phuket et la côte d'Andaman

Phuket et la côte d'Andaman À ne pas manquer

Ko Phi Phi

Venez vénérer le sable blanc de Ko Phi Phi (p. 328), l'un des plus beaux rivages du monde. Falaises calcaires, rubans d'émeraude, eaux turquoise et sable voluptueux célèbrent les ser Promenades matinales, baignades l'après-midi et festivités nocturnes… Phi Phi est courtis par une foule d'adeptes du soleil et de la plage. Autant dire qu'elle n'est plus déserte depuis longtemps.

1

2

Plongée dans les îles Surin et Similan

Les parcs nationaux maritimes des îles Surin et Similan (p. 301 et 302) offrent certains des plus beaux sites de plongé du pays. L'eau y est d'un bleu limpide, l topographie variée et la vie sous-marir spectaculaire. Ces spots se découvrent idéalement lors d'excursions-croisières depuis le continent, permettant de réduire les délais de transport et d'allonger le temps passé en mer.

JAMES MARTIN/GETTY IMAGES ©

Escalade, Railay

Tout autour de la péninsule de Krabi, les célèbres formations calcaires d'Andaman semblent jaillir des flots et transpercer le ciel telles d'énormes dents préhistoriques. Les grimpeurs s'installent à Railay (p. 324), un lieu photogénique qui ne manque pas de falaises en mer comme sur terre. Qui relève le défi de ces parois verticales se voit gratifié d'une vue époustouflante. Les autres profiteront de plages intimes et d'un panorama tout aussi réjouissant.

3

DAN BALLARD/GETTY IMAGES ©

4

Phuket

Phuket (p. 303) est une destination balnéaire sans chichis. Ses vastes portions de sable attirent des foules de visiteurs en manque de soleil. Ancienne ville portuaire, Phuket possède une forte tradition culinaire, aux influences chinoises, indiennes, malaises et occidentales. On y apprend à cuisiner en bord de mer et on profite de ses restaurants modernes, de ses bars tapageurs et autres divertissements de l'île.

5

Ko Lanta

Si Ko Phi Phi est trop belle et trop peuplée à votre goût, la placide Ko Lanta (p. 333) devrait vous plaire. Avec ses plages toutes plus belles les unes que les autres, son ambiance décontractée et sa communauté de pêcheurs thaïs musulmans, l'île est un paradis de la détente. C'est l'endroit rêvé pour rattraper des années de lectures en retard ; elle est appréciée des familles, des touristes en voyage organisé, comme de ceux qui ont passé l'âge des fêtes de la pleine lune.

Phuket et la côte d'Andaman : le best of

Plongée et snorkeling

- **Parc national maritime des îles Surin** Les monts sous-marins de Richelieu Rock et les jardins de coraux mous en font une destination de plongée très courue. À découvrir lors d'une excursion-croisière. (p. 301)
- **Parc national maritime des îles Similan** Parc protégé, bonne visibilité et vie marine pour les plongeurs de tout niveau. À découvrir lors d'une excursion-croisière. (p. 302)
- **Ko Lanta** Pinacles sous-marins à Hin Muang et à Hin Daeng, et gros poissons pélagiques. (p. 333)

Paysages karstiques

- **Parc national maritime d'Ao Phang-Nga** Îles majestueuses de forme conique ponctuant une baie couleur d'aigue-marine. (p. 314)
- **Ko Phi Phi Leh** La petite sœur inhabitée de Ko Phi Phi Don, prise d'assaut par les visiteurs à la journée et les passagers des croisières festives, arbore des falaises vertigineuses et des lagons couleur émeraude. (p. 332)
- **Railay** Des affleurements calcaires propices à l'escalade, au kayak, au snorkeling ou simplement à la contemplation. (p. 324)

Délicieuse cuisine

- **Rum Jungle** Restaurant tropical en plein air servant des fruits de mer et une cuisine méditerranéenne haut de gamme. (p. 312)
- **Siam Indigo** Restaurant classique et élégant de Phuket-ville servant une cuisine française exceptionnelle. (p. 310)
- **Taste** Restaurant au bord de l'eau proposant le meilleur des cuisines thaïlandaise et méditerranéenne. (p. 319)

Plages

- **Hat Kata** Cette plage de Phuket offre une atmosphère décontractée, des vagues pour surfer la saison venue et un sable doré. (p. 312)
- **Parc national de Sirinat** Sur les plages "désertes" de Phuket, la civilisation semble à des années-lumière, même quand les avions survolent les baigneurs. (p. 321)
- **Hat Yao** La jolie plage de Ko Phi Phi Don est idéale pour se baigner et gambader sur le sable. (p. 330)

gauche : poisson-clown, îles Similan (p. 302) ; **-dessus :** croisière, province de Krabi (p. 322)

Ce qu'il faut savoir

À PRÉVOIR

- **Un mois avant** Réservez votre hébergement.
- **Une semaine avant** Réservez votre sortie de plongée et votre vol intérieur.
- **La veille** Réservez une table dans l'un des restaurants haut de gamme de Phuket.

ADRESSES UTILES

- **Jamie's Phuket** (www.jamie-monk.blogspot.com)
- **One Stop Phuket** (www.1stopphuket.com)
- **Railay.com** (www.railay.com)
- **Phuket Wan** (phuketwan.com)

COMMENT CIRCULER

- **Bateau** Pour aller là où les routes ne vont pas, moins pratique pendant la saison des pluies (de juin à octobre).
- **Bus** Pour se déplacer entre les villes du continent ou depuis/vers Bangkok.
- **Minibus** Plus rapide et plus flexible que le bus.
- **Moto** Bonne option pour circuler seul sur Phuket et Ko Lanta.
- **Sŏrng·tăa·ou** Camionnettes (pick-up) utilisées comme bus publics sur le continent et à Phuket.
- **Taxi et tuk-tuk** Onéreux sur les îles ; pensez à négocier.

MISES EN GARDE

- **Plongée** Réservez votre excursion directement à la boutique de plongée sans passer par un intermédiaire.
- **Circuler à moto** Portez un casque et ne mettez pas d'objets de valeur dans le panier à l'avant.
- **Saison des pluies** À l'exception de Phuket, la plupart des commerces d'Andaman ferment entre juin et octobre, la mer étant souvent trop agitée.
- **Noyades** Fréquentes sur les plages à l'ouest de Phuket, en particulier durant la saison des pluies.
- **Bain de soleil** Les femmes éviteront de s'exposer les seins nus.

Suggestions d'itinéraires

Grâce à la position stratégique de son aéroport, Phuket offre la possibilité de passer en coup de vent. Toutefois, prenez le temps de savourer le splendide littoral et d'aller jeter un coup d'œil sous les flots lors d'une excursion de plongée.

3 JOURS — DE PHUKET AU PARC NATIONAL MARITIME D'AO PHANG-NGA

Phuket en bref

Pour gagner du temps, on peut se rendre en avion de Bangkok à Phuket pour un long week-end. On peut même, de plus en plus, éviter la capitale à la faveur d'un vol direct. La plus grande île de Thaïlande, Phuket compte de belles plages sur sa côte ouest, frangées de grands complexes hôteliers et d'hôtels de charme, et d'eaux chaudes et cristallines. En matière de loisirs, l'île évolue dans la catégorie internationale ; on pourra donc profiter d'un spa, d'un cours de cuisine ou d'un repas raffiné. À l'évidence, on ne vient pas ici pour vivre "à la dure".

Découvrez l'architecture sino-portugaise et les sanctuaires chinois de ❶ **Phuket-ville** (p. 307) et savourez la cité d'antan dans un petit restaurant ou un café. Phuket est en effet l'une des rares stations balnéaires du pays dotée d'une longue et riche histoire.

À la nuit tombée, les noctambules descendent sur ❷ **Patong** (p. 315), tapageuse avec ses néons, ses cabarets de travestis, ses boîtes bruyantes et son ambiance interlope de ville portuaire.

Consacrez une journée d'excursion au ❸ **parc national maritime d'Ao Phang-Nga** (p. 314), une baie protégée comptant plus de 40 îles karstiques hérissées de pics. Des mangroves bordent la baie, fournissant aux villageois des eaux très poissonneuses.

5 JOURS

DE KO PHI PHI DON À RAILAY

D'île en île

Au sud de Phuket, petites îles et plages rapprochées se visitent l'une après l'autre, en quelques sauts de puce.

Depuis Phuket, descendez en bateau à ❶ **Ko Phi Phi Don** (p. 328), reine de beauté des îles thaïlandaises, où confort, festivités et retour à la nature s'équilibrent parfaitement.

Puis prenez le bateau pour ❷ **Ko Lanta** (p. 333), aux sites de plongée exceptionnels. Louez une moto pour parcourir les villages de pêcheurs et les cabanes vendant de la nourriture en bordure de route, et rencontrez les habitants musulmans et bouddhistes, ainsi que les *chow lair* (ou *chao leh* ; nomades de la mer). L'île n'est peut-être pas aussi belle que Phi Phi, mais elle possède énormément de charme.

Un autre voyage en bateau vous emmènera à la ❸ **ville de Krabi** (p. 322), où vous pourrez prendre un *long-tail boat* à destination de ❹ **Railay** (p. 324), petite péninsule étonnante et haut lieu de l'escalade sur parois rocheuses. Les amateurs de kayak observeront le spectacle vu d'en bas. Vous êtes à deux pas de la ville de Krabi, où vous pouvez reprendre un vol pour Bangkok.

Long-tail boat, Ko Phi Phi Don

MIKEL BILBAO/GETTY IMAGES ©

Découvrir Phuket et la côte d'Andaman

Les incontournables

- **Parc national de Khao Sok** (p. 298). Une forêt tropicale intérieure pour randonner.
- **Khao Lak** (p. 300). Point de départ des excursions de plongée vers les îles Surin et Similan.
- **Phuket** (p. 303). La station balnéaire numéro un de Thaïlande.
- **Krabi** (p. 322). Une péninsule karstique pour les activités sportives.
- **Ko Phi Phi Don** (p. 328). La plus fêtarde des deux îles sœurs.
- **Ko Lanta** (p. 333). Île discrète pour les plongeurs et les familles.

Khao Lak (p. 300)
OTTO STADLER/GETTY IMAGES ©

PROVINCE DE PHANG-NGA

Parc national de Khao Sok

อุทยานแห่งชาติเขาสก

Si après quelques jours de plage vous ressentez l'envie de vous dégourdir les jambes à l'intérieur des terres, le **parc national de Khao Sok** (☎0 7739 5025 ; **www.khaosok.com ; entrée du parc adulte/enfant 200/100 B**) est fait pour vous. Cette jungle de plaine, la plus humide de Thaïlande, daterait de plus de 160 millions d'années et serait l'une des forêts tropicales humides les plus anciennes du monde. Vous y verrez d'impressionnantes formations calcaires et des cascades ruisselant au travers d'épais fourrés détrempés. Un réseau de pistes sillonne le parc et permet aux visiteurs d'observer une myriade d'espèces endémiques.

La meilleure période court de décembre à avril, durant la saison sèche. Lors de la saison des pluies (juin-oct), les sentiers peuvent être très glissants et les sangsues pullulent. Des inondations soudaines et violentes sont également à redouter. En revanche, vous aurez plus de chance de tomber nez à nez avec des animaux au cours de cette période.

À voir et à faire

La superficie de Khao Sok en fait l'un des derniers habitats des **grands mammifères**. On y retrouve plus de 300 espèces d'oiseaux, 38 variétés de chauves-souris et la rarissime *Rafflesia kerrii*, une fleur géante dont le diamètre peut atteindre 80 cm (c'est le seul endroit en Thaïlande où on peut l'observer).

Le lac **Chiaw Lan**, formé en 1982 par un immense barrage de schiste argileux du nom de Ratchaprapha (Kheuan Ratchaprapha ou Chiaw Lan), est situé à 1 heure de route (65 km) à l'est du centre d'information des visiteurs. Les affleurements calcaires qui émergent du lac peuvent atteindre 960 m de hauteur, soit plus du triple des formations géologiques de Phang-Nga.

La grotte de **Tham Nam Thalu** contient d'étonnantes concrétions calcaires et un réseau de cours d'eau souterrains. Dans la grotte de **Tham Si Ru** convergent 4 galeries souterraines qui servaient d'abri secret aux insurgés communistes entre 1975 et 1982.

Promenades à dos d'éléphant, kayak et rafting sont des activités très prisées dans le parc. Les possibilités de randonnée ne manquent pas et toutes les pensions organisent des visites du parc ou des alentours.

Où se loger et se restaurer

Nous vous recommandons de passer 2 jours et 1 nuit à Chiaw Lan (2 500 B/pers), où vous pourrez dormir dans une hutte flottant sur le lac, faire du canoë et des randonnées.

Art's Riverview Jungle Lodge — Pension $$

(☎ 09 0167 6818 ; http://krabidir.com/artsriverviewlodge ; 54/3 Mu 6 ; bung 650-1 500 B). Tapie dans la jungle fourmillant de singes, au bord d'une rivière avec un trou d'eau de formation calcaire, cette pension jouit d'un emplacement idéal. Ses bungalows en bois sont basiques, mais spacieux, et tous disposent d'une vue sur la rivière.

Tree House — Pension $$

(☎ 0 7739 5169 ; www.khaosok-treehouse.com ; 233 Mu 6 ; ch avec ventil/clim 1 000/2 000 B ;). Son entrée dans le pur style Disney ne doit pas vous dissuader : voilà un excellent ensemble de spacieux bungalows reliés par des sentiers surélevés et des ponts. Les nids les plus douillets ont une TV à écran plat, la clim et 2 terrasses. Les chambres avec ventilateur sont plus simples et plus petites, mais très propres.

Elephant Hills — Resort $$$

(☎ 0 7638 1703 ; www.elephant-hills.com ; 170 Mu 7 Tambon Klong Sok ; d tout compris à partir de 12 500 B ; P). Installé au-dessus de la rivière Sok, au pied de montagnes calcaires drapées d'une jungle brumeuse, l'unique camp de tentes de la région offre un luxueux retour aux sources.

Tout est inclus dans le prix : les repas standard, les randonnées guidées à travers la jungle et la descente de la rivière en canoë vers le camp d'éléphants où 15 adorables demoiselles (rescapées d'autres camps) sont traitées avec bienveillance. Sur réservation uniquement.

Découvrir Khao Sok

Les visites du parc et des alentours sont deux fois moins chères si vous les réservez auprès des pensions ou des agences de voyages situées à proximité du parc. Les circuits organisés au départ de Phuket ou de Khao Lak incluent le transport (à prix fort) et la commission de l'organisateur.

Comment s'y rendre et circuler

Des minibus pour Surat Thani (250 B, 1 heure), Krabi (350 B, 2 heures) et quelques autres destinations partent du parc tous les jours.

Pour explorer le lac Chiaw Lan par vous-même, louez un *long-tail boat* (2 000 B/jour) au niveau du barrage.

Khao Lak et ses environs เขาหลัก

Hat Khao Lak est la plage idéale si l'on veut éviter le côté tape-à-l'œil des grandes stations balnéaires de Phuket, sans pour autant renoncer au confort, au shopping et aux services. Avec ses longs rubans de sable blanc soulignant des collines luxuriantes et ses vagues chaudes si agréables pour la baignade, Hat Khao Lak est aussi la base la plus pratique pour explorer le nord de la côte d'Andaman : les îles Similan et Surin, les parcs nationaux de Khao Sok et Khao Lak/Lam Ru, et même Phuket, se visitent facilement dans la journée.

Activités

Les excursions de plongée ou de snorkeling à la journée aux îles Similan et aux îles Surin sont très appréciées, mais, si vous le pouvez, optez pour une croisière avec nuit à bord. Les centres de plongée proposent des croisières pour 17 000/29 000 B les 3/5 jours, et des excursions à la journée pour 4 900 à 6 500 B.

Même s'ils s'adressent principalement aux plongeurs, tous les centres proposent du snorkeling sur certaines excursions et croisières pour un prix réduit de l'ordre de 40%. De plus, les agences situées en ville ont des offres de snorkeling pour un tarif d'environ 3 200 B.

Wicked Diving Plongée
(**☎0 7648 5868 ; www.wickeddiving.com**). Club très bien géré et respectueux de l'environnement. Excursions de plongée et de snorkeling avec une nuit à bord, ainsi que des circuits écologiques "requins-baleines et raies manta" (Whale Sharks & Mantas), "tortues et récifs" (Turtle & Reefs) et "requins et raies" (Sharks & Rays), organisés en coopération avec **Ecocean** (**whaleshark.org**).

Sea Dragon Diver Centre Plongée
(**☎0 7648 5420 ; www.seadragondivecenter.com ; Th Phetkasem**). Sea Dragon, l'un des plus anciens centres de Khao Lak, conserve année après année des offres de qualité.

Fantastic Snorkeling
(**☎0 7648 5998 ; www.fantasticsimilan.com ; adulte/enfant 3 200/2 200 B**). Fantastic propose de théâtrales excursions de snorkeling dans les îles Similan, avec pour guides des acteurs du cabaret de travestis local. Pas de bureau de réservation : le point de rencontre est sur la jetée, mais Fantastic peut aussi venir vous chercher à votre hôtel.

Où se loger

Fasai House Pension $
(**☎0 7648 5867 ; ch 500-700 B ; ❄@**). Le meilleur choix petits budgets à Khao Lak, Fasai loue des chambres immaculées de style motel. Le personnel est souriant.

Greenbeach Hôtel $$
(**☎0 7648 5845 ; www.khaolakgreenbeachresort.com ; bung 1 400-2 300 B ; ❄👪**). Sur une superbe portion de plage, un lieu au charme familial, qui s'étend à l'arrière dans un jardin. Les bungalows en bois sont dotés de portes vitrées, de ventilateurs, de la clim et disposent de terrasses ombragées.

Nangthong Bay Resort Hôtel $$
(**☎0 7648 5088 ; www.nangthong.com ; ch 1 800 B, bung 2 500-3 000 B ; ❄@📶🏊👪**). Les chambres affichent une décoration minimaliste en noir et blanc ; les moins chères, en retrait de la plage, sont d'un excellent rapport qualité/prix. Cadre luxuriant et service attentif.

Monochrome Boutique-hôtel $$$
(**☎0 7642 7700 ; www.monochromeresort.com ; 67/238 Mu 5, Ban Niang ; ch/ste à partir de 3 900/7 900 B ; P❄@📶🏊**). La toute nouvelle adresse de Khao Lak, et la plus clinquante, est installée sur la route vers Bang Niang, à 200 m de la plage. Moderne, elle dispose d'une façade à persiennes verticales, d'un *beer garden* près de l'entrée, d'une piscine dans la cour et de profusion de bois de cerisier et de gris anthracite.

Où se restaurer et prendre un verre

Go Pong Thaïlandais $

(**Th Phetkasem ; plats 30-100 B ; 12h-22h**). Ce formidable petit snack-bar de rue concocte des plats de nouilles et de riz épicés sautés, ainsi qu'une soupe de nouilles parfumée qu'affectionne la clientèle locale.

Takieng Thaïlandais $$

(**08 6952 7693 ; 26/43 Mu 5, Bang Niang ; plats 80-350 B ; 11h-22h**). Sur le côté est de la grande route, juste avant la bifurcation vers Bang Niang, se trouvent 2 restaurants thaïlandais de plein air, coiffés de toits d'étain sur piliers. Celui-ci est le plus attirant des deux et les plats sont joliment présentés : poisson frais à la vapeur dans du curry vert, *lâhp* de poulet ou de porc et calamars à la pâte de piment.

Depuis/vers Khao Lak

Les minibus de Khao Lak Land Discovery vont à l'aéroport de Phuket toutes les heures (600 B, 1 heure 15). Il est également possible de prendre le Cheaper Than Hotel (**08 6276 6479, 08 5786 1378**) qui, avouons-le, est un drôle de nom pour un service de transport et de taxi. Il dessert l'aéroport de Phuket (1 000 B) et quelques localités au sud.

Parc national maritime des îles Surin

อุทยานแห่งชาติหมู่เกาะสุรินทร์

À 60 km de la côte thaïlandaise, et à 5 km de la frontière maritime du Myanmar, le **parc national maritime des îles Surin** (**www.dnp.go.th ; adulte/enfant 500/300 B ; mi-nov à mi-mai**) est formé de 5 superbes îles. Ces terres granitiques aux promontoires rocheux surgissant de la mer sont couvertes d'épaisses forêts tropicales et festonnées de plages de sable scintillant au fil d'interminables baies paisibles. Les eaux cristallines, où la visibilité porte souvent à 35 m, abritent une faune marine unique. Les îles attirent également des *chow lair*, nomades de la mer qui s'installent sur le rivage durant la saison de la mousson, entre mai et novembre.

Parc national maritime des îles Surin

DAVID HENLEY/GETTY IMAGES ©

Plongée au large des îles Surin et Similan

Les parcs nationaux maritimes des îles Surin et des îles Similan abritent certains des meilleurs sites de plongée au monde. En voici quelques-uns parmi les plus fameux :

North Point Les énormes formations rocheuses de ce site sont majestueuses. L'eau y est souvent d'un bleu limpide. La plongée débute en eaux profondes et s'achève autour d'un récif où les tortues sont légion.

West of Eden Un site rocheux divertissant, qui permet de se laisser porter par le courant (et d'économiser ses forces pour d'autres plongées). Les coraux mous et les gorgones arborent d'incroyables nuances de roses et de pourpres. Moins fréquenté que d'autres spots du parc.

Tachai Pinnacle La partie nord de ce spot hérissé de pics est prisée pour ses bancs de poissons et ses coraux mous. Toutefois, le véritable défi du lieu reste l'importance du courant.

Richelieu Rock Ce site de plongée, certainement le plus connu de la mer d'Andaman, possède tout ce dont on peut rêver, des coraux mous jusqu'aux bancs de poissons.

Ko Bon Ridge Surtout connu pour les raies manta qu'on y croise quelquefois.

Ko Surin Neua (au nord) et Ko Surin Tai (au sud) sont les plus grandes îles. Le bureau du parc et les infrastructures destinées aux visiteurs sont installés à Ao Chong Khad et à Ao Mai Ngam, sur Ko Surin Neua, près de la jetée.

Point de départ vers le parc, l'embarcadère de Khuraburi est à environ 9 km au nord de la bourgade, de même que le **bureau continental du parc** (☎ 0 7649 1378 ; ⏲ 8h-17h), qui fournit des renseignements et des cartes (personnel prévenant).

Ko Surin Tai et **HQ Channel**, entre les deux îles principales, figurent parmi les sites de plongée les plus remarquables du parc. **Richelieu Rock** (un mont sous-marin à 14 km au sud-est) est également situé dans les limites du parc, mais relativement plus éloigné. C'est l'un des plus beaux sites de plongée de la côte d'Andaman, sinon le plus beau. Le parc ne possédant aucune infrastructure de plongée, vous devrez, si vous êtes intéressé, réserver votre circuit sur le continent (comptez à partir de 20 000 B pour une croisière plongée de 4 jours).

Malgré le blanchiment récent des coraux durs, vous verrez toujours quantité de coraux mous et de poissons. Chaque jour, 2 excursions de snorkeling de 2 heures (100 B/pers, équipement 40 B/jour) partent du bureau du parc, à 9h et à 14h. Vous serez surtout en compagnie de Thaïlandais, qui ont l'habitude de nager tout habillés, avec un gilet de sauvetage. Si vous cherchez une ambiance plus paisible, louez votre propre *long-tail boat* auprès du parc national (1 500 B/demi-journée) ou, encore mieux, directement auprès des Moken (*chow lair*) à **Ban Moken**.

Parc national maritime des îles Similan

อุทยานแห่งชาติหมู่เกาะสิมิลัน

Connu des plongeurs du monde entier, le **parc national maritime des îles Similan** (www.dnp.go.th ; adulte/enfant 400/200 B ; ⏲ nov-mai) s'étend à 70 km au large des côtes. Couvertes de forêts tropicales, bordées de plages de sable blanc et entourées de récifs de corail, ces îles de granit sont aussi impressionnantes au-dessus de l'eau qu'en dessous. Malheureusement, le blanchiment du corail a eu raison de bon nombre de coraux durs. Cependant, la présence de coraux mous intacts et la faune abondante en font toujours un lieu de plongée de choix.

Le nom "Similan" vient du malais *sembilan*, qui signifie "9". Bien que chaque île porte un nom, elles sont souvent désignées par leur numéro. Assez récemment, le parc a été agrandi pour inclure Ko Bon et Ko Tachai, qui ont échappé au blanchiment du corail, et sont des hauts lieux de plongée et de snorkeling.

Hat Khao Lak est le point d'entrée du parc. L'embarcadère est à Thap Lamu, à environ 10 km au sud de la ville.

Les îles Similan offrent des plongées pour tous les niveaux, à des profondeurs allant de 2 m jusqu'à 30 m. Préparez-vous à découvrir des récifs à **Ko Payu** (île 7) et des tunnels à **Hin Pousar** ("tête d'éléphant"), ainsi qu'une vie sous-marine variée, allant des minuscules serpules aux coraux mous, en passant par les requins-baleines et les bancs de poissons. Aucun équipement de plongée n'étant disponible dans le parc, il faut se joindre à un groupe. Des agences à Hat Khao Lak et à Phuket proposent des excursions de plongée (circuits de 3 jours à bord à partir de 15 000 B).

De nombreuses agences à Hat Khao Lak proposent des sorties de snorkeling en journée/de nuit pour environ 3 000/5 000 B, et la plage devient parfois bondée. Certaines agences de snorkeling vont même jusqu'à nourrir les poissons, ce qui est antiécologique.

KO PHUKET ภูเก็ต

83 800 HABITANTS

L'île de Phuket (le "h" ne se prononce pas), la plus grande du pays, est si étendue que l'on a rarement l'impression d'être entouré d'eau. C'est peut-être pour cela que le préfixe "*ko*" ("île" en thaï) a été abandonné.

La jet-set, plus présente que jamais, y vient pour des sessions de massages thaïlandais haut de gamme, avant de

Massage thaïlandais, Swasana Spa (p. 316), Hat Patong

LONELY PLANET/GETTY IMAGES ©

boire des cocktails à grands traits lors de soirées huppées. Toutefois, nul besoin d'être aussi riche que Crésus pour venir à Phuket : la plongée en haute mer, les bons restaurants et les plages de sable fin sont à la portée de chacun.

Depuis/vers Phuket

Avion

L'**aéroport international de Phuket** (☎0 7632 7230 ; www.phuketairportonline.com) est à 30 km au nord-ouest de Phuket-ville. Comptez de 45 minutes à 1 heure pour rejoindre les plages du sud.

Bangkok Airways (☎0 7622 5033 ; www.bangkokair.com ; 58/2-3 Th Yaowarat, Phuket-ville) et **THAI** (☎0 7621 1195 ; www.thaiairways.com ; 78/1 Th Ranong, Phuket-ville) disposent d'agences à Phuket-ville.

Bus

Tous les bus partent du **terminal des bus** (☎0 7621 1977 ; Th Thepkrasattri), à l'est du centre de Phuket-ville.

Destination	Bus	Tarif	Durée
Bangkok	2e classe	543 B	15 heures
Bangkok	clim	680 B	13-14 heures
Bangkok	VIP	1 058 B	13 heures
Ko Samui	clim	430 B	8 heures (bus/bateau)
Krabi	clim	150 B	3 heures 30
Phang-Nga	ordinaire	90 B	2 heures 30
Phang-Nga	clim	270 B	5 heures
Surat Thani	ordinaire	195 B	6 heures
Surat Thani	clim	220 B	5 heures

Ferry et vedette

Tha Rasada, au sud-est de Phuket-ville, est l'embarcadère principal pour Ko Phi Phi, avec correspondance ensuite pour Krabi, Ko Lanta, les îles de Trang, Ko Lipe, et même les îles Langkawi en Malaisie (d'où d'autres ferrys rallient Penang). Des bateaux assurent également un service vers Krabi et Ao Nang via les îles Ko Yao, au départ de Tha Bang Bong, au nord de Tha Rasada.

À gauche : Soi Romanee, Phuket-ville ;
ci-dessous : architecture sino-portugaise, Phuket-ville
(À GAUCHE) GLENN VAN DER KNIJFF/GETTY IMAGES ©; (CI-DESSOUS) ANDREW WATSON/GETTY IMAGES ©

Minibus

Certaines agences de voyages de Phuket vendent des billets pour un voyage en minibus climatisé (trajet en ferry compris) jusqu'à Ko Samui et à Ko Pha-Ngan.

Comment circuler

Les transports publics de Phuket laissent à désirer. Des *sŏrng·tăa·ou* (pick-up avec banquettes) rejoignent les plages depuis Phuket-ville, mais aller d'une plage à l'autre (de Hat Surin à Hat Patong par exemple) implique de passer par Phuket-ville, ce qui prend beaucoup de temps.

Lors de notre passage, les autorités de Phuket avaient expulsé les armées de chauffeurs qui se rassemblaient aux portes pour imposer leurs services aux passagers qui venaient de récupérer leurs bagages. Désormais, seuls 7 d'entre eux, uniquement équipés de taxis avec compteur, y seront acceptés en même temps, pour éviter les embouteillages.

Vols depuis/vers Phuket

DESTINATION	COMPAGNIE	FRÉQUENCE	TARIF
Bangkok	Air Asia	plusieurs par jour	environ 1 480 B
Bangkok	Bangkok Airways	tlj	1 725 B
Bangkok	Nok Air	3-4/jour	1 488 B
Bangkok	THAI	plusieurs par jour	3 000 B
Ko Samui	Bangkok Airways	tlj	2 380 B
Chiang Mai	Air Asia	2/jour	1 600 B

Ko Phuket

0
5 km
Phang-Nga (40 km)
PHANG-NGA
Saphan Sarasin
Yacht Haven Phuket Marina
Laem Phrao
Hat Mai Khao
Parc national maritime de Sirinat
Ao Tha Maphrao
Ko Panuk
Ao Phang-Nga
Ko Lawa Yai
Aéroport international de Phuket
Ko Ngam
Ban Sakhu
Hat Nai Yang
Ao Kung
Parc national de Khao Phra Thaew
Ao Nai Thon
Parc national de Sirinat
Wat Phra Thong
Khao Phara (442 m)
Cascades de Bang Pae
Ban Po
Ko Raet
Ao Po
Bang Rong
Ko Nakha Yai
Phuket Gibbon Rehabilitation Centre
Ko Nakha Noi
Thalang
Cascades de Ton Sai
Parc national de Khao Phra Thaew
MER D'ANDAMAN
Ao Bang Thao
Musée national de Thalang
Phuket Boat Lagoon
Laem Yamu
Laem Son
Hat Surin
Royal Phuket Marina
Heroines Monument
Laem Singh
Hat Kamala
Ao Sapam
Ko Rang
Ko Yao Noi et Ko Yao Yai (6 km)
Sapam
Ko Maphrao
Police touristique
Phuket-ville
Hat Kalim
Laem Nga
Kathu
Ao Patong
Bangkok Phuket Hospital
Ko Yao Noi et Ko Yao Yai (8 km)
Patong
Phuket International Hospital
Hat Teum Suk
Laem Lam Jiak
Khao Rang
Ko Sireh
Ao Karon Noi
Village Chow Lair (Chao Leh)
Ao Phuket
Karon
Big Buddha
Hat Karon
Chalong Bay Rum
Ko Phi Phi (42 km)
Kata
Ko Pu
Chalong
Hat Kata
Ao Chalong
Ao Kata Yai
Hat Kata Noi
Aquarium de Phuket
Laem Phanwa
Ko Lon
Ao Kata Noi
Laem Kha
Hat Nai Han
Laem Phromthep
Rawai
Ao Rawai
Ko Mai Thon
Ao Nai Han
Ko Bon
Ko Aew
Ko Kaew Yai
Ko Heh
Ko Kaew Noi
Ko Raya Yai (12 km), Ko Raya Noi (21 km)

LYNN GAIL/GETTY IMAGES ©

À ne pas manquer
Le Grand Bouddha

Installé au sommet d'une colline, juste au nord-ouest de Chalong Circle, le Grand Bouddha, visible depuis une bonne moitié de l'île, offre le meilleur point de vue sur Phuket.

L'ESSENTIEL

พระใหญ่ ; mingmongkolphuket.com ; près de la Hwy 402

Phuket-ville เมืองภูเก็ต

4 325 HABITANTS

Des entrepreneurs venus de la péninsule arabique, de Chine, d'Inde et du Portugal cohabitaient et coopéraient harmonieusement à Phuket. Aujourd'hui encore, cette ville témoigne du passé multiculturel de l'île. En arpentant les rues bordées de bâtiments à l'architecture sino-portugaise, vous apercevrez des cafés branchés et des galeries d'art, des restaurants à bas prix et de petits hôtels design. En vous aventurant dans les ruelles, vous découvrirez des sanctuaires taoïstes chinois embaumant l'encens.

À voir

Architecture sino-portugaise — Balade

Les plus beaux vestiges de cette architecture sont à découvrir en flânant le long des rues (Th) Thalang, Dibuk, Yaowarat, Ranong, Phang-Nga, Rasada et Krabi. Soi Romanee dans Th Thalang est le quartier le plus pittoresque de la ville.

La **Phra Phitak Chyn Pracha** (**www.blueelephant.com ; 9 Th Krabi**), une magnifique demeure restaurée située dans un jardin, accueille une succursale de la chaîne de restaurants Blue Elephant et une école de cuisine.

PAUL KENNEDY/GETTY IMAGES ©

À ne pas manquer
Fête végétarienne

Des bruits d'explosion, comme des tirs de mitrailleuses, résonnent dans les rues. L'air est enfumé, d'un gris brunâtre, et des hommes et des femmes déambulent dans les rues fermées à la circulation, les joues transpercées par des broches et des couteaux, voire même par des pieds de lampe et des branches d'arbres, le sang leur ruissellant dans le dos ou le torse. Non, ce n'est pas une scène de guerre ! C'est la Fête végétarienne de Phuket-ville, l'une des plus importantes fêtes traditionnelles de l'île.

Pendant les 9 premiers jours du 9e mois lunaire du calendrier chinois – généralement fin septembre ou début octobre –, les habitants célèbrent ainsi le début du jeûne taoïste, que respectent les plus croyants en s'abstenant alors de manger de la viande ou d'autres produits d'origine animale.

Dans la ville de Phuket, les festivités se concentrent dans 5 temples chinois. Le plus important d'entre eux est le **Jui Tui**, dans Soi Puthon, suivi du **Bang Niaw** et du **Sui Boon Tong**. D'autres cérémonies ont lieu dans les temples pendant toute la fête, comme marcher sur des charbons ardents ou grimper sur une échelle de couteaux. Au-delà de ce spectacle, des stands vendent de délicieux mets végétariens dans les petites rues et offrent l'occasion de goûter aux spécialités locales et de communiquer avec les habitants.

L'ESSENTIEL

www.phuketvegetarian.com

Phuket Thaihua Museum Musée (พิพิธภัณฑ์ภูเก็ตไทยหัว ; 28 Th Krabi ; 200 B ; ⏲9h-17h). Ce musée tape-à-l'œil, situé dans une ancienne maison sino-portugaise, est rempli de photos et d'objets sur l'histoire de Phuket. La ernière salle est couverte de photos de pécialités culinaires locales – si cela ous ouvre l'appétit, sachez qu'on vous ndique les endroits où trouver des stands le nourriture.

Où se loger

Phuket-ville est l'endroit le moins cher le l'île où passer la nuit, avec quantité d'hébergements bon marché.

The Romanee Pension $$
(**08 9728 9871 ; Th Romanee ; ch tandard/deluxe 890/1 090 B ;**). Cet établissement a du cachet avec ses revêtements en béton poli et e comptoir en bois sculpté de sa éception. Les chambres, claires et spacieuses, dégagent la même atmosphère moderne (parquet, écrans plats, murs pastel, joli linge le lit et éclairage de bon goût). Les mmenses chambres "deluxe" valent eur supplément.

Où se restaurer

Kopitiam by Wilai Thaïlandais $
(**08 3606 9776 ; www.facebook.com/ kopitiambywilai ; 18 Th Thalang ; plats 70-120 B ; 11h-22h lun-sam**). Vous pourrez y déguster de la bonne cuisine traditionnelle de Phuket : un *pàt tai* épicé ou un succulent *mèe sua* (nouilles sautées aux œufs, aux légumes et aux crevettes, avec des morceaux de bar et des calamars). Le jus de chrysanthème frais est à découvrir absolument.

Suay Thaïlandais, international $$
(**08 1797 4135 ; www.suayrestaurant.com ; 50/2 Th Takuapa ; plats 90-350 B ; 17h-23h).** Carpaccio de saumon surmonté de salade de pomélo acide, *sôm·đam* (salade épicée de papaye verte) revu et corrigé avec des mangoustans à l'arôme pétillant, *lâhp* de thon albacore, curry *massaman* aux côtes d'agneau : voici ce que signifie "fusion" dans cette maison transformée en restaurant juste au sud de la vieille ville.

Ma sélection

Phuket

TAMMASAK (NOI) CHOOTONG, CHEF CUISINIER, SUAY (CI-CONTRE)

1 SURF
En matière de surf, Phuket est un secret bien gardé, avec des *swells* qui se profilent en basse saison (juillet-octobre). Hat Kata, Hat Nai Han, Hat Nai Yang et Kamala, notamment, sont connues pour leurs *breaks*. Celui de Kata peut atteindre 2 m et celui de Hat Nai Han 3 m, mais tous deux sont assortis de courants sous-marins vicieux pouvant être fatals. Contactez Phuket Surf (à Kata, à l'extrémité sud de la baie, près des meilleurs *breaks*) pour plus d'informations.

2 CLUBS DE PLAGE
Des nombreux clubs de plage de Phuket, mon préféré est le Bimi Beach Club, basé au Twin Palms (p. 318) ; le Bimi (contraction de "bikini et Martini") est un endroit amusant où l'on fait la fête toute la journée. Les tarifs ne sont pas excessifs et il y a un même un DJ l'après-midi.

3 PHUKET-VILLE
C'est un quartier historique où l'on peut faire du shopping, se restaurer et admirer les vieux bâtiments, construits dans un style sino-portugais. Le Hua Pan Bar (183/33 Th Phang Nga) est un club local qui passe du punk rock et de la crunch music ; l'endroit est sobre mais le cadre est super.

4 BALADE À MOTO LE LONG DE LA CÔTE
Phuket possède un littoral superbe que l'on peut explorer à moto. Partez plutôt entre 17h et 18h30. Depuis Hat Rawai, longez la côte jusqu'à Hat Nai Han, Kata et Karon, avant de poursuivre vers Surin, plus au nord. Cette magnifique balade côtière prend environ 1 heure 30.

5 DÉJEUNER
Arrêtez-vous dans un village de nomades de la mer, à Rawai, au nord de l'embarcadère, pour y acheter des fruits de mer frais. Servez-vous et installez-vous dans l'un des restaurants attenants pour passer un délicieux après-midi à prix très raisonnable.

Phuket avec des enfants

Il existe un grand nombre d'activités pour enfants à Phuket. Si l'industrie du sexe a pignon sur rue à Patong (on hésitera à y amener ses enfants), le reste de l'île convient parfaitement aux familles.

Les promenades à dos d'éléphant remportent toujours un grand succès. Les meilleurs prestataires se trouvent sur la route de Kata-Hat Nai Han. Pour d'autres rencontres plaisantes avec les animaux, visitez l'**aquarium de Phuket** (0 7639 1126 ; www.phuketaquarium.org ; adulte/enfant 100/50 B ; 8h30-16h30) et le petit **Centre de réadaptation pour les gibbons** (0 7626 0492 ; www.gibbonproject.org ; 10 B ; 9h-16h).

Le principal spectacle familial de l'île, le **Phuket Fantasea** (0 7638 5000 ; www.phuket-fantasea.com ; entrée avec/sans repas 1 900/1 500 B ; spectacles 19h et 21h mer et ven, 21h seulement sam-mar), programme des animaux, des chansons, des feux d'artifice... et un repas médiocre. Le tout pour un prix très exagéré.

Parmi les autres activités amusantes, citons le **Phuket Wake Park** (0 7620 2527 ; www.phuketwakepark.com ; 86/3 Mu 6, Th Wichitsongkram, Kathu ; 2 heures 500-650 B, forfait journée 1 200 B ; 7h30-23h), un must pour les ados amateurs de glisse qui apprendront à faire du wakeboard sur le splendide lac de Kathu.

Siam Indigo International-thaïlandais $$
(0 7625 6697 ; www.siamindigo.com ; 8 Th Phang-Nga ; plats 120-280 B ; 14h-23h). Installée dans un édifice sino-portugais vieux de 80 ans, une table parmi les plus chics de Phuket, spécialisée dans la cuisine thaïlandaise aux accents internationaux et français. Les plats sont servis dans de superbes assiettes en porcelaine, la salle elle-même est splendide et la nourriture, exceptionnelle.

Où prendre un verre et faire la fête

Voici quelques endroits où faire la fête comme un habitant du cru. Les bars, fréquentés presque exclusivement par des Thaïlandais et des expatriés, s'animent jusque tard dans la nuit.

Sanaeha Bar
(08 1519 8937 ; 83, 85 Th Yaowarat, Phuket-ville ; 18h-tard). Adresse bohème chic éclairée par des lustres en coquillages. Nombreux recoins tamisés où l'on peut prendre un verre, se blottir et grignoter un en-cas, tout en profitant du crooner mélancolique occupant la scène.

Timber Hut Club
(0 7621 1839 ; 118/1 Th Yaowarat, Phuket-ville ; 18h-2h). Depuis près de 20 ans, les Thaïlandais et les expatriés se retrouvent autour des grandes tables en bois de cet établissement sur 2 niveaux. Whisky à gogo et danse au son des concerts allant du hard-rock au funk, en passant par le hip-hop.

Achats

Drawing Room Galerie
(08 6899 4888 ; isara380@gmail.com ; 56 Th Phang-Nga ; 9h-23h). Avec une ambiance évoquant le Brooklyn ou l'East London d'avant la gentrification, cette immense coopérative presque toute en récupération est de loin la galerie la plus intéressante d'une ville qui en compte beaucoup. Les toiles sont tantôt d'abstraits gribouillis colorés, tantôt des flâneries à l'encre et au stylo.

Ban Boran Textiles Textiles
(☎0 7621 1563 ; 51 Th Yaowarat ; ⏰10h30-18h30 lun-ven). Minuscule boutique spécialisée dans la soie, la soie sauvage, les étoffes de coton et les sarongs.

Ranida Galerie
(119 Th Thalang ; ⏰10h-18h). Une délicieuse galerie d'antiquités vendant bouddhas et sculptures, textiles bio et d'intéressantes nouveautés inspirées d'anciens habits et tissus thaïlandais. Les vêtements y sont remarquables et audacieux, d'un raffinement digne de grands créateurs.

Comment s'y rendre et circuler

Depuis/vers l'aéroport

Malgré ce que les rabatteurs des taxis voudraient vous faire croire, une **navette publique** (☎0 7623 2371 ; www.airportbusphuket.com ; 90 B) orange vif relie l'aéroport au centre-ville via le monument aux Héroïnes, toutes les heures entre 6h et 19h. Un service de minibus assure également la liaison entre l'aéroport et Phuket-ville pour 150 B/personne.

Voiture

Vous trouverez des agences de location à bas prix dans Th Rasada, près de **Pure Car Rent** (☎0 7621 1002 ; www.purecarrent.com ; 75 Th Rasada), bonne adresse du centre-ville.

Sŏrng·tăa·ou et tuk-tuk

De grands *sŏrng·tăa·ou* de la taille d'un bus font régulièrement la navette entre Th Ranong, près du marché, et les différentes plages de Phuket (25-40 B/pers). Ces navettes fonctionnent de 7h à 17h. En dehors de ces heures, vous devez faire appel à un *tuk-tuk* pour les plages. Après avoir marchandé, il vous en coûtera 500 B pour Patong, Kata et Rawai et 600 B pour Kamala et Karon. Pour un trajet en ville, comptez de 100 à 200 B.

Une course en ville à moto-taxi revient à environ 30 B.

Rawai ราไวย์

Il fait bon vivre sur cette côte à l'extrémité sud de Phuket, qui s'est développée rapidement, attirant des retraités, des entrepreneurs thaïlandais et des expatriés, et a vu fleurir un important secteur de services.

Outre de magnifiques plages, Rawai compte de luxuriantes collines côtières

Déjeuner sur une plage de Rawai

qui montent en pente raide, puis dévalent vers la mer d'Andaman. C'est ici que se trouve **Laem Promthep**, le point le plus méridional de Phuket.

Où se loger

Ao Sane Bungalows Hôtel $
(☎0 7628 8306 ; 11/2 Mu 1, Th Viset, Hat Nai Han ; bung 600-1 200 B). Des bungalows en bois sommaires (avec eau froide et ventil) sur une plage isolée, avec une vue imprenable sur Ao Sane et Ao Nai Han, pour un hôtel à l'ambiance hippie. Restaurant sur la plage et centre de plongée.

Vijitt Hôtel $$$
(☎0 7636 3600 ; www.vijittresort.com ; 16 Mu 2, Th Viset ; villas à partir de 6 700 B ; ❄). Certainement la plus élégante propriété de l'île, où chaque villa "deluxe" (sol en pierre, grandes baignoires et douches extérieures) jouit d'une vue sur la mer depuis sa terrasse privative. Superbe piscine à débordement surplombant Friendship Beach.

Où se restaurer et prendre un verre

Roti House Thaïlandais du Sud $
(81/6 Soi Sameka, Rawai ; plats 20-40 B ; 7h-11h). Au petit-déjeuner, vous aimez le pain grillé ou les croissants ? Vous adorerez ces mets musulmans que sont les *roti* : on vous servira une assiette de ces savoureuses crêpes avec un bol de curry sucré. Trempez-les, croquez dedans et recommencez.

Rum Jungle International $$$
(☎0 7638 8153 ; 69/8 Th Sai Yuan, Rawai ; plats 300-500 B ; 11h30-22h30). Le meilleur restaurant du secteur, cet établissement familial est dirigé par un formidable chef australien. Son jarret d'agneau de Nouvelle-Zélande est un délice, tout comme ses palourdes. Toutes les sauces pour les pâtes sont faites maison.

Depuis/vers Rawai

Rawai est à 18 km de Phuket-ville. Comptez 30 B pour vous y rendre depuis Fountain Circle, sur Th Ranong (à Phuket), en *sŏrng·tăa·ou*. Renseignez-vous avant de partir, certains continuent jusqu'à Hat Nai Han, mais pas tous. De Rawai à Nai Han, le trajet en *tuk-tuk* coûte 200 B. Vous pouvez prendre un taxi (en réalité juste des voitures privées) depuis Rawai et Hat Nai Han jusqu'à l'aéroport (800 B), Patong (700 B) et Phuket-ville (500 B).

Hat Kata หาดกะตะ

Kata attire des visiteurs de tous âges, amateurs de boutiques, de surf et de plage. L'ambiance est bon enfant, loin de la sulfureuse Patong, plus haut sur la côte.

Un promontoire rocheux divise la plage en deux parties : Hat Kata Yai au nord, et Hat Kata Noi, moins

Une agréable piscine, à Hat Kata
INGOLF POMPE/GETTY IMAGES ©

équentée, au sud. Ces deux plages de able blond attirent une foule bohème.

À voir et à faire

n peut gagner la petite île de **Ko Pu** à la age, mais méfiez-vous des courants de ond. Soyez attentif aux drapeaux rouges t ne dépassez pas les brise-vagues en asse saison, à moins d'être un nageur en ıer très expérimenté. Hat Kata Yai et Hat ata Noi sont propices au surf d'avril à ovembre. Le **Surf House** (08 1979 7737 ; ww.surfhousephuket.com ; 4 Mu 2, Th Kata ; 10h-24h), un bar en face de Hat Kata, ossède une vague artificielle (800 B/ eure) dont les jeunes raffolent.

Si vous souhaitez participer à un cours e yoga Bikram, allez au **Kata Hot Yoga** 0 7660 5950 ; www.katahotyoga.com ; 17 Th Khoktanod ; cours 500 B ; cours 9h, 7h15 et 19h15), dans une salle à la chaleur touffante.

Où se loger

hanisara Guesthouse Pension $
08 5789 5701 ; 48/5 Soi Casa del Sol, Hat ata ; ch à partir de 1 000 B ;). Une es pensions de l'impasse Casa Del Sol. Particulièrement lumineuses, les hambres, carrelées, sont équipées e clim, de TV à écran plat, de spots ncastrés et d'un petit balcon. Les lits ont couverts de draperies thaïlandaises t de l'eau en bouteille est fournie uotidiennement. En basse saison, les arifs chutent à 600 B par nuit.

abai Corner Bungalows $$
0 9875 5525 ; www.sabaicorner.com ; h Karon Lookout ; ch 1 950 B). Accrochés la colline au-dessus du Sabai Corner, es deux bungalows offrent une vue ans égale. Chacun offre une baignoire arrelée de granit, un lit à baldaquin, une V sat à écran plat, un sofa, une penderie t un coffre-fort. Les vastes patios font ffice de salon d'extérieur.

Mom Tri's Boathouse Boutique-hôtel $$$
0 7633 0015 ; www.boathousephuket.com ; /2 Th Kata (Patak West) ; ch à partir de 6 000 B ;). C'est l'adresse de Phuket où descendent les hommes politiques, les stars thaïlandaises, les artistes et les célébrités. Les chambres sont belles et spacieuses, certaines dotées d'une grande véranda. Si l'on peut aisément déplorer le caractère un peu guindé et démodé de l'établissement, on ne peut que reconnaître la qualité de sa cuisine.

Où se restaurer

Sabai Corner International-thaïlandais $$
(0 9875 5525 ; www.sabaicorner.com ; Th Karon Lookout ; plats 200-499 B ; 10h-22h ;). Aucun autre endroit de l'île n'offre meilleur panorama que la terrasse de ce pub exceptionnel.

Toutefois, il est rare qu'un endroit comme celui-ci possède le restaurant qu'il mérite. Vous le trouverez en contrebas, après un virage en venant du Karon Lookout, à un peu plus de la moitié du chemin entre Rawai et Kata.

Boathouse Wine & Grill International $$$
(0 7633 0015 ; www.boathousephuket.com ; 2/2 Th Kata (Patak West), Hat Kata ; plats 450-950 B ; 11h-23h). C'est l'endroit idéal pour un rendez-vous romantique et le restaurant préféré des gourmets du coin. L'atmosphère est un peu guindée (impossible de trouver mieux sur Phuket dans la catégorie dîner à l'ancienne), mais la cuisine fusion méditerranéenne est délicieuse et la carte des vins très complète. Magnifique vue sur la mer.

Où prendre un verre et faire la fête

Ska Bar Bar
(186/12 Th Koktanod, Kata ; 12h-tard). Blotti dans les rochers, sur la crique la plus au sud de l'île, ce bar s'appuie contre le tronc d'un vieux banian. C'est notre lieu préféré pour admirer le soleil couchant. Les barmen thaïlandais contribuent à l'ambiance rasta décontractée. Sous l'auvent pendent des bouées, des lanternes et des drapeaux.

Si vous aimez…
Les paysages karstiques

La baie du **parc national maritime d'Ao Phang-Nga** (☎0 7641 1136 ; www.dnp.go.th ; adulte/enfant 200/100 B ; ⊙8h-16h) offre une excursion facile depuis Phuket – participez à une visite en kayak ou passez la nuit sur une île. Ce parc veille sur une quarantaine d'îles calcaires et de mangroves. Si la baie est souvent prise d'assaut en journée par les touristes en voyage organisé, on la visite aisément tôt le matin ou en début de soirée.

1 **JOHN GRAY'S SEACANOE** (☎0 7622 6077 ; www.johngray-seacanoe.com). Ces balades en canoë permettent d'éviter la foule et de s'imprégner du paysage.

2 **LOM LAE** (☎0 7659 7486 ; www.lomlae.com ; Ko Yao Noi ; bung 2 500-6 000 B ; 👪). L'île de Ko Yao Noi jouit d'une vue imprenable sur la baie. Avec sa petite communauté de pêcheurs musulmans et ses bungalows décontractés, elle offre un refuge champêtre après Phuket. Parmi les activités disponibles figurent le vélo, la varappe et l'exploration de la baie. Quant aux **Ko Yao Beach Bungalows** (☎0 7645 4213, 08 1693 8935 ; www.kohyaobeach.com ; Hat Tha Khao ; bung 1 500 B ; ❄📶), ils offrent une autre bonne option pour passer la nuit.

3 **THIWSON BEACH RESORT** (☎08 1737 4420 ; www.thiwsonbeach.com ; Ko Yao Yai ; bung 3 200 B ; ❄👪). Le meilleur hébergement de Ko Yao Yai, la plus grande et la moins aménagée des deux îles jumelles ; quelques belles portions de sable fin et des sentiers dans la jungle.

Comment s'y rendre et circuler

Des *sŏrng·tăa·ou* pour Kata et Karon (25 B/pers) partent fréquemment du marché de jour sur Th Ranong à Phuket-ville entre 7h et 17h. À Kata, l'arrêt principal est en face du Kata Beach Resort.

Les taxis vont de Kata à Phuket-ville (600 B), Patong (600 B) et Karon (200 B).

Hat Karon หาดกะรน

Karon est un mélange de Patong et de Kata : à la fois décontracté, glamour et un peu kitsch, avec quelques coins louches. Deux grands complexes hôteliers attirent les touristes en voyage organisé, mais malgré tout, la plage qui court tout du long est moins bondée qu'à Patong ou à Kata. Plus vous allez vers le nord, plus elle devient belle. À l'extrême nord, accessible par une piste cabossée au delà des marchands et des stands de nourriture, l'eau est turquoise.

Où se loger

Bazoom Haus Pension $

(☎08 9533 0241 ; www.bazoomhostel.com ; 269/5 Karon Plaza, Hat Karon ; dort/ch 300-2 700 B ; ❄@📶). Les fabuleuses chambres privatives se distinguent par des sols et meubles en bois, des spots encastrés, des écrans plats et des douches en mosaïques. Jacuzzi et barbecue sur le toit-terrasse, tables de mixage dans le restaurant coréen (les propriétaires sont de Corée) et boutique de plongée. Les dortoirs ont chacun 6 lits. Réductions jusqu'à 65% en basse saison.

Kangaroo Guesthouse Pension $$

(☎0 7639 6517 ; www.kangarooguesthouse.com ; 269/6-9 Karon Plaza, Hat Karon ; ch 1 200 B ; ❄📶). Chambres basiques, mais très propres et ensoleillées, avec eau chaude, clim et coin petit-déjeuner. Les balcons donnent sur un *soi* étroit.

In On The Beach Hôtel $$$

(☎0 7639 8220 ; www.karon-inonthebeach.com ; 695-697 Mu 1, Th Patak ; ch à partir de 3 500 B ; ❄@📶🏊). Auberge de bon goût touchant le parc Karon. Le cadre est sublime, et les chambres, avec sol en marbre, Wi-Fi, clim et ventilateur au plafond, donnent sur la mer. Même si ensemble vieillit un peu vite, avec sa piscine et ses tarifs fortement réduits en basse saison, cela reste une bonne adresse pour les surfeurs.

Où se restaurer et prendre un verre

Pad Thai Shop Thaïlandais $

Th Patak East, Hat Karon ; plats 50-60 B ; 9h-20h). Ce simple étal vend un abondant et savoureux ragoût de poulet, un bon riz au poulet sauté, un *kôw pàt Ъou* (riz frit au crabe) divin et le meilleur *pàt tai* de la planète : épicé et sucré, avec quantité de crevettes, du tofu, des œufs et des cacahuètes, enveloppé dans une feuille de bananier.

Mama Noi's Thaïlandais, italien $

Karon Plaza, Hat Karon ; plats 60-185 B ; 8h-22h ;). Revêtu de carrelage et avec quelques plantes à l'entrée, ce café sans prétention nourrit une clientèle d'expatriés depuis près d'une génération. Tous les plats thaïlandais y sont préparés, ainsi que des recettes de pâtes réputées. Bon marché, savoureux et copieux.

Bai Toey Thaïlandais $$

(08 1691 6202 ; www.baitoeyrestaurant.com ; 192/36 Th Patak West ; plats 200-300 B ; 11h-22h ;). Ce charmant bistrot thaïlandais avec patio ombragé et tables en intérieur propose des currys et des plats à base de nouilles. Le filet de bœuf grillé à la sauce d'huître, servi avec du riz gluant, vaut le détour.

Hat Patong หาดป่าตอง

Dans cet environnement de béton, de silicone et de mœurs légères, tout a un prix, qu'il s'agisse d'un café Starbucks ou d'un spectacle dans un cabaret. Vous pouvez ne pas aimer Hat Patong pour autant, mais en voyant cette longue plage de sable blanc sur cette magnifique baie en demi-lune, vous comprendrez d'où vient son succès.

Les centres de plongée et les spas sont légion, de même que les restaurants gastronomiques et de grillades. On y trouve des cabarets, des rings de boxe, et l'un des meilleurs centres commerciaux de Thaïlande.

Le Baan Rim Pa, à Patong, jouit d'une vue magnifique sur la mer (p. 317)

INGOLF POMPE/GETTY IMAGES ©

La Gay Pride à Phuket

Bien qu'il existe de grandes fêtes homosexuelles à Bangkok et à Pattaya, le **Phuket Gay Pride Festival** est considéré par beaucoup comme la meilleure de Thaïlande, et peut-être même de toute l'Asie du Sud-Est. La date change régulièrement, mais la fête tombe généralement entre février et avril.

La fête dure 4 jours centrés sur un week-end. Elle est rythmée par diverses manifestations, notamment un tournoi de beach-volley et, bien sûr, la grande parade de Patong avec ses chars, ses magnifiques costumes et sa foule enjouée.

Le reste de l'année, c'est dans le réseau de rues qui relient le Royal Paradise Hotel à Th Rat Uthit, à Patong, que fleurit l'ambiance gay de Phuket. Pour des informations sur la prochaine Gay Pride ou sur la scène gay, consultez **Gay Patong** (www.gaypatong.com, en anglais).

Activités et cours

Sea Fun Divers Plongée
(☎0 7634 0480 ; www.seafundivers.com ; 29 Soi Karon Nui, Patong ; 2/3 plongées par jour 4 100/4 500 B, cours Open Water 18 400 B). Centre de plongée très pro, aux normes de sécurité et de qualité remarquables, installé au Méridien de Patong et au **Katathani Resort** (☎0 7633 0124 ; www.katathani.com ; 14 Th Kata Noi ; ch à partir de 7 800 B ; ❄📶🏊).

Swasana Spa Spa
(Soins à partir de 850 B ; 🕘10h-21h). Ce spa 4 étoiles de l'**Impiana Phuket Cabana** (☎0 7634 0138 ; www.impiana.com ; 41 Th Thawiwong ; ch à partir de 4 500-7 000 B ; ❄📶🏊) est situé directement sur la plage à l'extrémité nord, tranquille, de Patong. Le massage thaïlandais traditionnel (850 B) est une valeur sûre. Vous serez allongé sur un matelas de sol confortable dans une petite pièce fraîche avec vue sur l'océan.

Où se loger

Vous aurez du mal à trouver une chambre à moins de 1 000 B à Patong entre novembre et avril (les prix mentionnés ici correspondent à cette période), mais les tarifs chutent de 40 à 60% le reste de l'année.

Patong Backpacker Hostel Auberge de jeunesse $
(☎0 7625 6680 ; www.phuketbackpacker.com ; 140 Th Thawiwong ; dort 250-450 B ; ❄📶). Cette auberge de jeunesse est très bien située, près de la plage. Le propriétaire vous conseillera d'excellents restaurants bon marché. Le prix dépend du nombre de lits dans le dortoir (de 4 à 10). L'étage supérieur est plus ensoleillé, mais les dortoirs des étages inférieurs ont chacun une salle de bains attenante. La chambre est surévaluée.

Merrison Inn Hôtel $$
(☎0 7634 0383 ; www.merrisoninn.com ; 5/35 Th Hat Patong ; ch 1 300 B ; ❄📶). Sols en béton ciré, salle de bains en granito, TV à écran plat incrustée dans les murs, lits *queen-size* et kitsch asiatique bien prononcé font de cette adresse une véritable aubaine.

Baipho, Baithong & Sala Dee Pensions $$
(☎0 7629 2738, 0 7629 2074 ; www.baipho.com 205/12-13 et 205/14-15 Th Rat Uthit 200 Pee ; ch 1 800-3 300 B ; ❄📶). Ces pensions aux ambitions artistiques sont toutes les trois dans le même *soi* et partagent un personnel sympathique et bien organisé. Dans les chambres et les parties communes, l'imagerie bouddhique domine. Les chambres douillettes, à la lumière tamisée, sont toutes différentes, alors essayez d'en visiter plusieurs avant de choisir.

Un restaurant, The Lounge, est installé au rez-de-chaussée du Baithong.

Où se restaurer et prendre un verre

Les restaurants les plus sélects sont regroupés au-dessus des falaises, au nord de la ville.

Des stands de nourriture à petits prix s'installent un peu partout en ville le soir, comme dans les ruelles autour de Th Bangla, et au **Patong Food Park (Th Rat Uthit ; plats 100-200 B ; 16h-minuit)** à la tombée de la nuit.

Mengrai Seafood Poisson et fruits de mer **$$**
(08 7263 7070 ; Soi Tun ; plats 120-300 B). Situé au bout d'un *soi* au coin de Th Bangla, cet espace de restauration sert des spécialités locales, notamment du poisson, des crevettes et des moules (fraîcheur garantie). Les stands du fond servent des currys dont raffolent les expatriés du coin.

Shalimar Indien **$$**
(207/7, 8 Soi Patong Lodge, 200 Pee ; plats 120-500 B, buffet 300 B ; 11h-23h30). Cette table indienne propose tous les jours un buffet-déjeuner végétarien, ainsi qu'une carte avec une demi-douzaine de *dhal* (plat de lentilles), des samossas, du *butter chicken*, un assortiment de grillades tandoori et des *biryani*. Dans une ville comptant largement son lot d'adresses indiennes, ses tables en bois et sièges en cuir ne désemplissent pas.

Baan Rim Pa Thaïlandais **$$$**
(0 7634 4079 ; Th Kalim Beach ; plats 215-475 B). Ambiance romantique et douces mélodies de piano dans ce restaurant haut de gamme spécialisé dans la cuisine thaïlandaise. Les tables jouissent d'une magnifique vue sur la mer. Les classiques sont de qualité, et les prix vont avec. Réservation et tenue correcte recommandées.

Seduction Club
(www.facebook.com/seductiondisco ; 39/1 Th Bangla, Patong ; 22h-4h). DJ internationaux, sono au top : sans aucun doute le club où ont lieu les meilleures fêtes dansantes de l'île.

Où sortir

Phuket Simon Cabaret Cabaret
(0 7634 2011 ; www.phuket-simoncabaret.com ; Th Sirirach ; 700-800 B ; spectacles

Spectacle de cabaret, Hat Patong

STEPHEN J BOITANO/GETTY IMAGES ©

18h, 19h45 et 21h30 tous les soirs). À environ 300 m au sud de la ville, ce cabaret propose de divertissants spectacles de travestis dans une superbe salle de 600 places. Malgré la relative brièveté des représentations, l'endroit affiche souvent complet – pensez à réserver.

Bangla Boxing Stadium Boxe thaïlandaise
(☎0 7282 2348 ; 198/4 Th Rat Uthit ; 1 000-1 500 B ; ⏲21h-23h30 mar, mer, ven et dim). Une série de boxeurs s'affrontent dans des combats de *muay tai* dans ce stade tout neuf.

Comment s'y rendre et circuler

Des *sŏrng·tăa·ou* (25 B) relient Phuket-ville à Patong. Le départ a lieu dans Th Ranong, près du marché de jour et de la fontaine. En dehors des heures de service, comptez 500 B pour affréter un véhicule. Le *sŏrng·tăa·ou* vous déposera au sud de la plage de Patong. De là, vous prendrez une moto-taxi (20-40 B la course), un *tuk-tuk* (prix variable) ou marcherez jusqu'à destination.

Hat Kamala หาดกมลา

Lieu décontracté, mélange de Hat Karon et de Hat Surin, à la fois calme mais distrayant, Kamala attire des visiteurs de longue durée, peu enclins à faire la fête, des familles européennes et des jeunes couples. La baie, turquoise et sereine, est magnifique. Ses vagues vous berceront durant votre sommeil. Au nord, des palmiers et des pins poussent au milieu des rochers. L'eau est couleur émeraude et le snorkeling y est correct. Au sud, de nouveaux hôtels voient le jour sur les promontoires, au-dessus des *long-tail boats*.

Où se loger et se restaurer

Clear House Hôtel $$
(☎0 7638 5401 ; www.clearhousephuket.com ; 121/2, 121/10 Th Rimhaad, Hat Kamala ; ch 1 300 B ; ❄📶). Couette fine, écran plat, Wi-Fi et immense salle de bains carrelée de galets dans les chambres aux murs peints de rose. Un agréable hôtel chic de style vintage, avec une touche de modernité.

Restaurants de plage Thaïlandais, international $
(Hat Kamala ; plats 50-250 B ; ⏲11h-21h). L'un des principaux attraits de Hat Kamala est sa longue rangée de restaurants où l'on peut savourer en maillot de bain, pieds dans le sable, des plats thaïlandais, des pizzas ou de la bière fraîche. Le **Ma Ma Fati Ma**, à l'extrémité nord de la plage, est notre favori.

Depuis/vers Hat Kamala

Le trajet en *sŏrng·tăa·ou* de Kamala à Patong coûte 50 B/personne pendant la journée. La location d'un *sŏrng·tăa·ou* le soir coûte 250 B.

Hat Surin หาดสุรินทร์

Avec ses larges étendues de sable blond bordées d'eau turquoise et ses deux promontoires rocheux, Surin est la perfection incarnée.

Où se loger

Surin Phuket Hôtel $$$
(☎0 7662 1579 ; www.thesurinphuket.com ; 118 Mu 3, Hat Pansea ; ch 17 000-58 000 B ; ❄📶🏊). Cet hôtel est situé sur une plage privée tranquille et d'une grande beauté. Ses bungalows (auparavant The Chedi) se fondent dans la jungle, sur le flanc d'une colline. Extérieurs en bois naturel et intérieurs luxueux et sobres.

Twin Palms Hôtel $$$
(☎0 7631 6500 ; www.twinpalms-phuket.com ; 106/46 Mu 3, Th Surin Beach ; ch 8 100-25 850 B ; ❄@📶🏊). À la fois classique et contemporain. Même les chambres les plus simples, vastes et dotées d'une immense salle de bains, profitent de lits moelleux et jouissent d'un calme impressionnant.

La plage est à quelques minutes. Une foule d'expatriés vient ici le dimanche pour déguster un brunch délicieux (12h-14h ; buffet 1 300 B).

Où se restaurer et prendre un verre

Twin Brothers Thaïlandais **$$**

Hat Surin ; plats 150-350 B ; 10h30-22h30). En journée, l'un des frères, préposé au wok, concocte des plats thaïlandais aux prix du marché local. En soirée, l'autre frère allume un gril de produits de la mer frais pour les dîneurs de bord de plage. Un peu moins guindé que d'autres établissements de Surin.

Taste International, thaïlandais **$$**

(**08 7886 6401 ; tapas 225-485 B).** Le meilleur restaurant de plage, recherché mais décontracté. Tables à l'intérieur ou sur la terrasse. Le Taste sert de grosses salades, un filet mignon parfaitement maîtrisé et une variété de plats méditerranéo-thaïlandais.

Depuis/vers Hat Surin

Le trajet en *sŏrng·tăa·ou* de Phuket-ville (Th Ranong) à Hat Surin coûte 40 B/personne. Une course en *tuk-tuk* ou la location d'un *sŏrng·tăa·ou* revient à 600 B.

Ao Bang Thao อ่าวบางเทา

Presque aussi grande et encore plus belle que la baie de Patong, Ao Bang Thao, avec ses 8 km de sable blanc, est loin d'être homogène. La partie sud de la baie est parsemée de bungalows 3 étoiles. Dans les terres, vous trouverez un vieux village de pêcheurs parcouru de canaux et plusieurs lotissements en construction.

Le **Hideaway Day Spa** (**08 1750 0026 ; www.phuket-hideaway.com ; 382/33 Th Srisoontorn, Chergtalay ; soins à partir de 1 500 B)** jouit d'une excellente réputation. Il propose des massages thaïlandais, un sauna et des enveloppements de boue dans un cadre boisé au bord d'une lagune.

Où se loger

Le Laguna Phuket réunit 5 hôtels haut de gamme, parmi lesquels le **Banyan Tree Phuket** (**0 7632 4374 ; www.banyantree.com ; villas à partir de 16 200 B ;**), un parcours de golf de 18 trous et 30 restaurants (l'immense Sheraton Grande en compte à lui seul 8).

Long-tail boats, Ao Bang Thao

LONELY PLANET/GETTY IMAGES ©

Ci-dessous : vendeuse de *roti*, Ko Phi Phi Don (p. 328) ;
à droite : marché de nuit, Krabi
(CI-DESSOUS) FELIX HUG/GETTY IMAGES ©; (À DROITE) PAUL KENNEDY/GETTY IMAGES ©

Les hôtes d'un complexe hôtelier ont accès aux espaces de restauration et de loisirs des autres. Des bus et des bateaux relient fréquemment tous les établissements.

Où se restaurer

Tawai Thaïlandais **$$**

(**☎0 7632 5381 ; Mu 1, entrée du Laguna ; plats 180-300 B ; 🕒12h-22h).** Cet excellent restaurant thaïlandais, situé dans une belle maison décorée d'art traditionnel, concocte de grands classiques comme le canard rôti au curry et les *lâhp* de porc. Une navette gratuite part des hôtels du Laguna.

Tatonka International **$$$**

(**☎0 7632 4349 ; Th Srisoonthorn ; plats 180-790 B ; 🕒18h-tard jeu-mar).** Ce restaurant propose une cuisine "globe-trotteur", inventée par le chef et propriétaire Harold Schwarz. Ce dernier combine des produits frais locaux à un savoir-faire culinaire appris en Europe, au Colorado et à Hawaï. Très éclectique, l'assortiment de style tapas comprend des préparations végétariennes et des plats de poisson originaux. Réservation recommandée.

Siam Supper Club International **$$$**

(**☎0 7627 0936 ; Hat Bang Thao ; plats 290-1 290 B ; 🕒18h-1h).** L'une des adresses les plus courues de Phuket, où l'ont vient siroter un cocktail, écouter du jazz et déguster un très bon repas. Le menu est principalement occidental : pizzas gastronomiques, ragoût de poisson et fruits de mer ou filet de veau aux champignons et truffes.

Depuis/vers Ao Bang Thao

Le trajet en *sŏrng·tăa·ou* entre Ao Bang Thao et Phuket-ville (dans Th Ranong) revient à 40 B/personne. La course en *tuk-tuk* coûte 700 B.

Parc national de Sirinat

อุทยานแห่งชาติสิรินาถ

Le **parc national de Sirinat** (☎0 7632 8226 ; www.dnp.go.th ; adulte/enfant 200/100 B ; ⌚8h-17h), qui couvre 22 km² de côte et 68 km² de mer, regroupe les plages exceptionnelles de Nai Thon, de Nai Yang et de Mai Khao, ainsi que l'ancien parc national de Nai Yang et la réserve naturelle de Mai Khao.

Le parc est à moins de 15 minutes de l'aéroport international de Phuket, ce qui en fait une première étape très pratique. C'est aussi l'une des plus belles portions de l'île.

À voir et à faire

Si vous êtes à la recherche d'une belle baie de sable blond, loin de l'agitation qui règne ailleurs sur Phuket, **Hat Nai Thon** est la plage qu'il vous faut. Le DAB le plus proche étant à Nai Yang, faites le plein de bahts au préalable.

La baie de **Hat Nai Yang** est abritée par un récif sous-marin haut de 20 m, ce qui est bien pour le snorkeling en saison sèche et correct pour le surf durant la saison des pluies.

Hat Nai Yang est idéale pour pratiquer le kitesurf. Voici trois bons prestataires : **Bob's Kite School Phuket** (www.kiteschoolphuket.com ; Nai Yang ; cours découverte 1 heure 1 000 B, cours 2 heures 3 300 B), **Kiteboarding Asia** (☎08 1591 4594 ; www.kiteboardingasia.com ; cours à partir de 4 000 B) et **Kite Zone** (☎08 3395 2005 ; www.kitesurfingphuket.com ; cours débutants à partir de 1 100 B ; cours d'une demi-journée 4 400 B ; ⌚mai à fin oct).

À environ 5 km au nord de Hat Nai Yang se trouve **Hat Mai Khao**, la plus longue plage de Phuket. Des tortues de mer y pondent de novembre à février. Faites attention aux forts courants sous-marins. Cette plage est pratiquement déserte, sauf le week-end et les jours fériés.

Où se loger et se restaurer

HAT NAI THON หาดในทอน

Phuket Naithon Resort Hôtel **$$**

(☎0 7620 5233 ; www.phuketnaithonresort.com ; 24 Mu 4 ; ch 2 500 B ; ❄📶). Très bon hébergement de catégorie moyenne face à la plage, en plein milieu de l'avenue commerçante. Lits *queen-size* flottants, méridiennes encastrées, mini-réfrigérateur, bureau, baignoire et douche dans de spacieuses chambres carrelées. Enregistrement au Wiwan Restaurant.

Pullman Resort **$$$**

(☎0 7630 3299 ; www.pullmanphuketarcadia.com ; 22/2 Moo 4, Hat Nai Thon ; ch à partir de 3 100 B ; P❄@📶🏊). Sur une colline en surplomb de Hat Nai Thon, le tout dernier complexe hôtelier du secteur est une merveille. À lui seul, le hall a de quoi impressionner, avec ses tons gris-lavande, son revêtement en bois dur et ses murs en pierre grossièrement taillée, sans compter le féerique réseau de miroirs d'eau qui fait saillie au-dessus de la mer s'étendant à 180° sur l'horizon.

HAT NAI YANG ET HAT MAI KHAO หาดในยาง / หาดไม้ขาว

Discovery Beach Resort Pension **$**

(65/17 Mu 5, Hat Nai Yang ; ch avec ventil/clim 800/1 500 B ; ❄📶). Avec sa façade incrustée de bois de Thaïlande et ses rampes et meubles en bois laqué, cette impeccable adresse 3 étoiles pour petits budgets possède un peu du kitsch d'un motel, et son emplacement – en plein sur la plage – la rend d'un excellent rapport qualité/prix.

Dewa Resort **$$$**

(☎0 7637 2300 ; www.dewaphuketresort.com ; 65 Tambon Sakoo ; app et villas à partir de 7 000 B ; P❄📶🏊). Tenu par un particulier, ce complexe aux allures de boutique-hôtel propose des appartements de 1 ou 2 chambres et de superbes villas avec piscine, à quelques pas de la plage virginale du parc national. Si les appartements offrent plus d'espace et une cuisine tout équipée, les villas sont plus isolées, avec des touches de bois recyclé, des motifs vintage en fer forgé et une TV à écran plat encastrée dans le mur.

Ban Ra Tree Thaïlandais **$$**

(Hat Nai Yang ; plats 90-350 B ; ⏲11h-22h30). Revêtues de nappes turquoise et blanc, les tables sont plantées dans le sable à l'ombre des parasols. Les recettes du meilleur restaurant de la plage de Hat Nai Yang sont étonnantes, tel le riz frit au curry vert nappé de lait de coco. Si vous en commandez un avec de la chair de crabe, votre plat sera surmonté d'un gros crabe entier pour 220 B seulement !

Depuis/vers le parc national de Sirinat

Une course en taxi depuis l'aéroport coûte environ 200 B. Il n'y a pas de service régulier en *sŏrng·tăa·ou*, mais le trajet en *tuk-tuk* depuis Phuket-ville revient à environ 800 B.

PROVINCE DE KRABI

Ville de Krabi กระบี่

27 500 HABITANTS

La ville de Krabi s'étend parmi des formations karstiques qui surgissent des mangroves. En ville, vous serez impressionné par le nombre de pensions et d'agences de voyages installées dans cette bourgade compacte.

Où se loger

Pak-up Hostel Auberge de jeunesse **$**

(☎0 7561 1955 ; www.pakuphostel.com ; 87 Th Utarakit ; dort 220-270 B, d 500-600 B ; ❄@📶). Cette très belle auberge de jeunesse compte plusieurs dortoirs ultrabranchés

Ville de Krabi

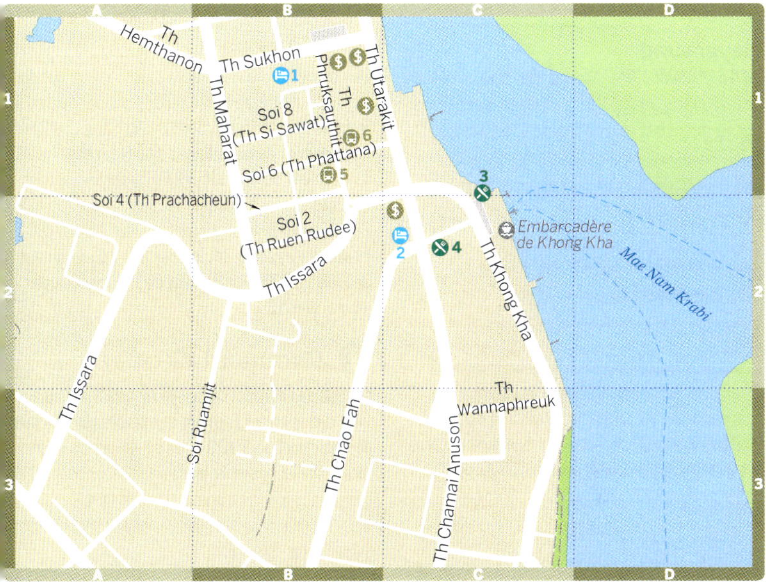

en béton poli de 10 lits. Les grands lits superposés en bois sont équipés de casiers personnels. Dortoirs et chambres partagent de vastes salles de bains modernes, avec eau chaude. Deux bars (p. 324) à l'ambiance jeune et festive sont aménagés sur place (dont un avec musique live tous les soirs). Si vous aimez la fête, vous quitterez cet endroit à regret !

Hometel Hôtel $

(☎ 0 7562 2301 ; 7 Soi 2, Th Maharat ; ch 750 B ; ❄ 📶). Moderne et original, cet hôtel comprend 10 chambres en béton poli, réparties sur 3 étages. De l'art abstrait apporte des touches de couleurs et les salles de bains sont agrémentées de douches à effet de pluie. Certaines chambres disposent de 2 terrasses.

Où se restaurer et prendre un verre

Marché de nuit Thaïlandais $

(Th Khong Kha ; repas 20-50 B). Ce marché, près de l'embarcadère de Khong Kha,

Ville de Krabi

Où se loger
1 Hometel B1
2 Pak-up Hostel C2

Où se restaurer
3 Marché de nuit C1
4 Relax Coffee C2

Où prendre un verre et faire la fête
Playground .... (voir 2)

Transports
5 *Sŏrng•tăa•ou* pour Ao Nang B1
6 *Sŏrng•tăa•ou* pour Ao Nang et Hat Noppharat Thara B1

est l'endroit le plus populaire pour un dîner. Si les cartes sont en anglais, la cuisine est authentique et excellente : essayez le *sôm·đam* (salade épicée de papaye verte) et les desserts thaïlandais crémeux.

Relax Coffee Café $

(Th Chao Fah ; plats 45-220 B ; 🕗 7h30-18h ; 📶). Le meilleur coffee-shop de Krabi sert des petits-déjeuners thaïlandais et occidentaux, ainsi que de copieuses salades, des sandwichs, des currys et des pizzas au déjeuner. Il occupe une jolie boutique restaurée près de la rivière.

Playground Bar
(87 Th Utarakit ;). Au rez-de-chaussée du Pak-up Hostel (p. 322), ce bar qui ouvre sur la cour est le centre des festivités. De la bière-pong et des soirées micro ouvert à la musique live et aux jeux, il se passe toujours quelque chose.

Depuis/vers la ville de Krabi

Avion

La plupart des compagnies aériennes locales offrent des vols entre Bangkok et l'aéroport international de Krabi (aller environ 4 400 B, 1 heure 15). **Bangkok Air** (www.bangkokair.com) dessert Ko Samui tous les jours (3 800 B).

Bateau

Les bateaux pour Ko Phi Phi et Ko Lanta partent de l'embarcadère de Khlong Chilat, à 4 km au sud-ouest de Krabi. Les agences de voyages offrent le transfert gratuit à leurs clients.

Pour se rendre à Railay, des *long-tail boats* partent de l'embarcadère de Khong Kha, à Krabi, pour Hat Railay Est (150 B, 45 min) entre 7h45 et 18h. Les bateliers attendent d'avoir réuni 10 passagers pour partir ; pour un départ immédiat, vous pouvez louer le bateau entier (1 500 B). Les bateaux pour Hat Railay Ouest partent d'Ao Nang.

Pour rallier Phuket ou les îles de Ko Yao, le trajet le plus rapide consiste à emprunter les bateaux directs à l'embarcadère d'Ao Nang. Des *sŏrng·tăa·ou* relient les deux embarcadères (50 B) ; en taxi, comptez de 400 à 500 B.

Bus

Les bus publics partent du **terminal des bus de Krabi** (**0 7561 1804 ; angle de Th Utarakit et Hwy 4**), à Talat Kao, à 4 km au nord de Krabi. Des bus gouvernementaux partent de Bangkok (720 B, 12 heures) à 7h, 16h et 17h30. Un bus VIP confortable de 24 sièges rejoint Bangkok (1 100 B) chaque jour à 17h30. Depuis le terminal Sud de Bangkok, des bus partent à 7h30 et de 19h à 20h.

Minibus

À Krabi, des dizaines d'agences de voyages proposent des minibus climatisés et des bus VIP pour des destinations touristiques du sud de la Thaïlande ; vous risquez de vous retrouver entassés avec d'autres voyageurs.

Sŏrng·tăa·ou

Des *sŏrng·tăa·ou* (pick-up) relient le terminal des bus et le centre de Krabi, puis continuent jusqu'à Hat Noppharat Thara (50 B), à Ao Nang (50 B) et au cimetière de coquillages d'Ao Nam Mao (50 B). Ils circulent de 6h à 18h30. En haute saison, des services moins fréquents se poursuivent jusqu'à 22h, avec 10 B de supplément. Pour Ao Luk (80 B, 1 heure), des *sŏrng·tăa·ou* partent fréquemment de l'angle de Th Phattana et de Th Phruksauthit jusque vers 15h.

Comment circuler

Un taxi de l'aéroport à la ville revient à 400 B. En ville, des agences vendent des places dans le bus de l'aéroport pour 100 B. Un *sŏrng·tăa·ou* entre le terminal des bus et le centre de Krabi coûte 50 B.

Railay ไร่เล

Les féeriques reliefs karstiques de Krabi atteignent leur paroxysme à Railay (ou Rai Leh), destination incontournable pour les passionnés d'escalade.
Ce coin de paradis s'agrémente de criques sablonneuses s'étalant entre les formations calcaires et, malgré la proximité de l'agitation touristique d'Ao Nang, l'ambiance reste très détendue.

À voir

Tham Phra Nang Grotte
(grotte de la Princesse). À l'extrémité est de Hat Phra Nang, Tham Phra Nang est un important sanctuaire pour les pêcheurs locaux. Selon la légende, une barge royale transportant une princesse indienne sombra ici lors d'une tempête au IIIe siècle av. J.-C. L'esprit de la princesse se réfugia dans la grotte, réalisant les vœux de ceux qui lui rendaient hommage.

Tham Phra Nang Nai Grotte
(grotte intérieure de la Princesse ; adulte/enfant 40/20 B ; 5h-20h). Une autre vaste grotte, également appelée grotte du Diamant, surplombe Hat Railay Est. Une passerelle en bois traverse une

série de cavernes remplies de superbes formations calcaires. Toutefois, en raison des changements de la pluviosité, l'eau a disparu et avec elle les reflets lumineux qui lui valaient le surnom de diamant.

Activités

Les **clubs de plongée** de Railay organisent des sorties à Ko Poda et dans d'autres sites. Un forfait de deux plongées autour des îles avoisinantes coûte environ 2 000 B, tandis qu'une formation PADI Open Water de 3 à 4 jours varie entre 12 000 et 15 000 B.

Des sorties de **snorkeling** d'une journée autour de plusieurs îles, dont Ko Poda, Koh Kai (Chicken Island) et d'autres plus éloignées, peuvent être organisées par n'importe quel complexe hôtelier pour environ 2 000 B (6 personnes au maximum). Vous pouvez aussi louer un *long-tail boat* (demi-journée/journée 1 800/2 500 B) sur la plage de Hat Railay Ouest. Pour du snorkeling à Railay, la plupart des hôtels louent masque et palmes pour 100 à 150 B chacun.

Le **Flame Tree Restaurant** (Hat Railay Ouest) loue des **kayaks de mer** pour 200 B l'heure ou 800 B par jour.

Où se loger et se restaurer

HAT RAILAY OUEST

Sand Sea Resort Hôtel **$$**

(☎ 0 7562 2608 ; www.krabisandsea.com ; Hat Railay Ouest ; bung 1 950-5 950 B ; ❄ @ ≋). L'hôtel le moins cher du secteur propose toutes sortes d'hébergements, des bungalows défraîchis avec ventilateur aux cottages rénovés et bien équipés. Si la propriété est moins élégante que celles des voisins, les chambres sont confortables.

Railei Beach Club Villas **$$$**

(☎ 08 6685 9359 ; www.raileibeachclub.com ; maisons à partir de 3 000 B ; wifi). À l'extrémité nord de la plage, sur un terrain boisé qui s'étire jusqu'aux falaises calcaires, ces maisons de style thaïlandais, toutes différentes, peuvent accueillir de 2 à 8 personnes. Parfaites pour un séjour prolongé, elles comportent un patio,

Long-tail boats sur une plage de Railay

KOKOROIMAGES.COM/GETTY IMAGES ©

une cuisine et divers équipements, voire même une piscine pour certaines.

C'est une excellente affaire et le cadre est romantique à souhait, aussi réservez bien à l'avance pour la haute saison.

HAT RAILAY EST

Railay Garden View Bungalows **$$**
(☎08 5888 5143 ; www.railaygardenview.com ; Hat Railay Est ; bung 1 300 B). Des bungalows en bambou tissé à toit de tôle se perchent sur des pilotis au-dessus des mangroves sur la plage est. S'ils semblent à première vue malmenés par les intempéries, ils sont spacieux et très propres, agrémentés de tissus thaïlandais et d'originales baignoires en béton. Un salon est agrémenté de coussins de sol. N'oubliez pas votre antimoustique et tout sera parfait.

Sunrise Tropical Resort Hôtel **$$$**
(☎0 7562 2599 ; www.sunrisetropical.com ; bung avec petit-déj 2 500-6 750 B ; ❄@📶🏊). Ces bungalows rivalisent avec les meilleurs de Hat Railay Ouest, à des prix de Hat Railay Est, ce qui en fait une excellente affaire.

Mangrove Restaurant Thaïlandais **$**
(plats 70-120 B ; ⏰8h-22h). Cette modeste échoppe, abritée sous un toit de chaume monté sur pilotis, est installée sur la récente déviation entre les plages est et ouest. Elle est tenue par un couple qui prépare à merveille tous les classiques thaïlandais épicés, de la salade de bœuf et nouilles aux currys et *sôm đam*. Pour des compliments, adressez-vous à la patronne.

RAILAY HIGHLANDS

Railay Cabana Pension **$**
(☎0 7562 1733, 08 4534 1928 ; Railay Highlands ; bung 350-600 B). Superbement située au cœur de falaises karstiques, cette le Railay Cabana est un paradis pour hippies. Les bungalows en chaume et bambou, rustiques et propres, sont entourés de manguiers, de mangoustaniers, de bananiers et de goyaviers. Vous n'entendrez que le chant des oiseaux et les rires des enfants.

Railay Phutawan Resort Hôtel **$$**
(☎0 7581 9479, 08 4060 0550 ; www.railayphutawan.com ; ch à partir de 1 850 B,

Alpinistes, Railay

INGOLF POMPE/GETTY IMAGES ©

Escalade

Avec près de 500 voies aménagées, des parcours pour débutants à ceux destinés aux grimpeurs expérimentés, tous avec des vues splendides du haut des falaises, il n'est pas surprenant que Railay compte parmi les premiers sites d'escalade au monde. L'escalade libre en solo sur les parois qui surplombent la mer procure des sensations fortes ; en cas de chute, vous risquez seulement d'être mouillé, aussi même les débutants audacieux peuvent tenter l'aventure.

Les tarifs actuels des cours d'escalade s'élèvent de 800 à 1 000 B pour une demi-journée et de 1 500 à 2 000 B pour une journée. Si vous prévoyez des escalades en indépendant, mieux vaut apporter votre propre matériel ; emportez de nombreux anneaux de corde et dégaines, de la magnésie et quelques coinceurs et coinceurs à came pour les voies peu pitonnées. Une natte en rotin (100-150 B) aidera à protéger votre matériel du sable.

Si vous lisez l'anglais, *Rock Climbing in Thailand*, d'Elke Schmitz et Wee Changrua, est l'un des guides les plus complets.

Base Camp Ton Sai (☎08 1149 9745 ; www.tonsaibasecamp.com ; Hat Ton Sai ; ⏲8h-21h30). Sans doute l'adresse la plus professionnelle de la région.

Highland Rock Climbing (☎08 0693 0374 ; highlandrockclimbingthailand.weebly.com ; Hat Railay Est). Si la montagne est votre passion, c'est le prestataire qu'il vous faut.

bung à partir de 2 150 B ; ❄ @). Les vastes bungalows en ciment poli, agrémentés de murs jaune pâle et de grandes salles de bains avec douche de pluie, offrent tous les équipements d'un établissement haut de gamme. Les chambres carrelées, situées dans un bâtiment de style résidentiel, sont légèrement moins luxueuses, mais elles restent confortables. Quant aux bungalows ventilés, avec plafond en bambou, ils sont d'un bon rapport qualité/prix.

HAT PHRA NANG หาดถ้ำพระนาง

Rayavadee Hôtel $$$

(☎0 7562 0741, 0 7562 0740 ; www.rayavadee.com ; pavillons à partir de 14 500 B, villas à partir de 75 000 B ; ❄ 📶 🏊). Ce luxueux complexe hôtelier possède un immense domaine rempli de banians et de fleurs, et parsemé d'étangs, dans lequel on se déplace en buggy de golf. Les pavillons sur 2 niveaux, coiffés d'un toit en forme de champignon, sont ornés de meubles anciens et bénéficient de tout le confort moderne.

HAT TON SAI หาดต้นไทร

Paasook Hôtel $

(☎08 9648 7459 ; Hat Ton Sai ; bung 200-900 B). Les bungalows les moins chers, en parpaings roses, sont propres et corrects, mais les cottages en bois avec baies vitrées et sols en béton sont bien plus attrayants. À l'extrémité ouest de la plage, juste en dessous de Groove Tube, le Paasook possède un jardin luxuriant, une direction sympathique et un restaurant en plein air, rustique-chic, parfait pour les chaudes soirées.

Mountain View Resort Hôtel $$

(☎08 9783 4008, 0 7581 9819 ; www.citykrabi.com ; bung 1 300-1 900 B ; ❄). Des bungalows lumineux, gais et immaculés, avec des murs vert menthe, un sol carrelé et des draps impeccables. Certains sont un peu humides, alors visitez avant de vous décider.

Mama's Chicken Thaïlandais $

(Hat Ton Sai ; 50-90 B ; ⏲7h30-22h). L'un des stands de plage les plus populaires de Ton Sai, il sert des petits-déjeuners occidentaux, des *smoothies* aux fruits et un choix de plats thaïlandais à prix doux, dont du tofu *massaman*, une rareté. Installez-vous et contemplez la bataille quotidienne entre les patrons et une bande de macaques chapardeurs, qui adore les mangues.

Comment s'y rendre et circuler

Des *long-tail boats* partent pour Railay de l'embarcadère de Khong Kha à Krabi et du front de mer à Ao Nang et à Ao Nam Mao. Les bateaux entre Krabi et Hat Railay Est partent toutes les 1 heure 30 entre 7h45 et 18h, quand ils ont de 6 à 10 passagers (150 B, 45 min). Louer un bateau revient à 1 500 B.

Les bateaux pour Hat Railay Ouest ou Hat Ton Sai partent de l'extrémité est de la promenade d'Ao Nang (15 min, 100 B entre 7h30 et 18h, 150 B ensuite), quand ils ont réuni 8 passagers ; la location d'un bateau coûte 800 B.

D'octobre à mai, l'*Ao Nang Princess* relie le bureau du parc national de Hat Noppharat Thara et Ko Phi Phi avec une escale devant Hat Railay Ouest. Des *long-tail boats*, qui partent devant le Sand Sea Resort, viennent à la rencontre du bateau vers 9h15. La traversée de Railay à Ko Phi Phi coûte 350 B.

Ko Phi Phi Don เกาะพีพีดอน

Avec ses magnifiques croissants de sable blond et ses jungles luxuriantes, il n'est guère étonnant que Phi Phi soit devenue la coqueluche de la côte d'Andaman. De plus, comme toute starlette qui se respecte, cette île est capable de faire la fête toute la nuit et d'arborer un teint de pêche au réveil.

À voir et à faire

PLONGÉE

L'eau cristalline d'Andaman et l'abondante faune marine font de Ko Phi Phi un endroit rêvé pour la plongée. Parmi les sites populaires figurent l'**épave du King Cruiser**, à 12 m de profondeur, **Anemone Reef** (récif des anémones), avec des coraux durs et des poissons-clowns, **Hin Bida**, un pic submergé qui attire des tortues et de grands poissons pélagiques, et **Ko Bida Nok**, avec son massif karstique entouré de requins-léopards. Hin Daeng et Hin Muang, environ 70 km au sud, sont des destinations coûteuses à partir de Ko Phi Phi ; une sortie de plongée vers ces sites revient moins cher depuis Ko Lanta.

Un stage PADI Open Water coûte de 12 900 à 13 800 B. Comptez de 2 500 à 3 200 B pour une sortie standard de 2 plongées. Les sorties à Hin Daeng ou à Hin Muang coûtent 5 500 B environ.

Adventure Club Plongée
(✆08 1970 0314 ; www.phi-phi-adventures.com). Ce club, notre préféré de l'île, organise d'excellents

La plage d'Ao Ton Sai, Ko Phi Phi
OTTO STADLER/GETTY IMAGES ©

circuits de plongée, de snorkeling et de randonnée, tous axés sur l'écologie.

SNORKELING

Ko Mai Phai (île aux Bambous), au nord de Phi Phi Don, est un lieu de snorkeling très apprécié. Comptez entre 600 et 2 400 B pour une sortie, selon le type d'embarcation. La côte est de **Ko Nok**, près d'Ao Ton Sai, et la côte est de **Ko Nai** sont aussi de bons sites de snorkeling.

ESCALADE

Ko Phi Phi possède de belles falaises calcaires, avec des vues spectaculaires. Les centres d'escalade de l'île facturent environ 1 200/2 000 B la demi-journée/journée, formation et équipement compris. **Spider Monkey** (☎0 7581 9384 ; www.spidermonkeyphiphi.com) est géré par Soley, l'un des grimpeurs les plus expérimentés de Phi Phi. **Ibex Climbing & Tours** (☎0 7560 1423, 08 4309 0445 ; www.ibexclimbingandtours.com), l'un des plus récents, compte parmi les meilleurs prestataires du village.

Circuits

Outre les excursions en *long-tail boat* à Ko Phi Phi Leh et à Ko Mai Phai, des tour-opérateurs proposent des circuits au coucher du soleil à Monkey Bay (baie des Singes) et à la plage de Wang Long (600 B), toutes les deux à Ko Phi Phi Leh. Adventure Club (p. 328) est un bon choix. **U-Rip** (☎0 7560 1075 ; 600 B/pers), également recommandé, offre le même circuit.

Le camping n'est plus autorisé à Maya Beach, mais vous pouvez effectuer la **Plankton Sunset Cruise** (www.mayabaytours.com ; 1 200 B/pers) et dormir sur le bateau près de la côte. Réservation en ligne uniquement.

La **Captain Bob's Booze Cruise** (☎08 4848 6970 ; www.phiphiboozecruise.com ; homme/femme 3 000/2 500 B ; ⏲départ 13h, retour 19h) est la dernière excursion en vogue et son nom correspond bien au programme : vous naviguerez sur un voilier autour de Phi Phi Don et de Phi Phi Leh, une boisson alcoolisée à la main.

Autre aventure unique, la **Watersports Experience** (www.facebook.com/watersportsexperience ; avec/sans activité sportive 2 500/1 500 B par pers) permet aux participants de faire du SUP (*stand-up paddle*), du wakeboard, du ski nautique et du snorkeling dans les eaux autour de Phi Phi Don et de Phi Phi Leh.

Où se loger

Trouver un hébergement sur cette île très fréquentée n'est jamais facile, voire impossible en haute saison. Les rabatteurs qui attendent à l'arrivée des bateaux, souvent trop insistants, peuvent vous faciliter la vie.

Assurez-vous de fermer la porte à clé avant de vous endormir, ainsi que toutes les fenêtres lorsque vous sortez. Les cambriolages sont un véritable problème.

VILLAGE DE TONSAI บ้านต้นไทร

La côte plate en forme de croissant de sable entre les plages d'Ao Ton Sai et d'Ao Dalam est très encombrée et regorge d'hébergements.

Tee Guesthouse Pension $
(☎08 4851 5721 ; Tonsai Village ; ch avec ventil/clim 800/1 200 B ; ❄). Une adresse joyeuse et originale dans une rue transversale, à la façade ornée de graffitis. Les chambres sans prétention comportent des détails attrayants, comme des murs lavande aux briques apparentes, des grands lits et des salles de bains carrelées de mosaïques. Un petit **café** (⏲8h-16h) chaleureux est installé sur place.

JJ Residence Pension $$
(☎0 7560 1098 ; d 1 900-2 500 B ; ❄📶🏊). Cet hôtel est l'un des meilleurs choix à Ton Sai. Il offre de spacieuses chambres carrelées avec lambris, poutres apparentes, couettes, mini-réfrigérateur, écran plat, bureau et armoire intégrés et terrasse privée. Celles du rez-de-chaussée ouvrent sur la piscine.

HAT HIN KHOM หาดหินคม

Ce secteur compte quelques petites plages de sable blanc dans des criques rocheuses, dont certaines relativement paisibles. Elles sont à 15 minutes de marche à travers la jungle de l'agitation de Hat Yao et d'Ao Ton Sai.

Viking Natures Resort Hôtel **$$**
(☎0 7581 9399 ; www.vikingnaturesresort.com ; bung 1 500-12 000 B ; wifi). Cet hôtel original ne convient pas à ceux qu'effraient les insectes et autres créatures de la jungle. Les bungalows en bois, chaume et bambou sont imaginatifs, avec bois flotté, mobiles en coquillages, hamacs sur les terrasses et vue sublime sur Ko Phi Phi Leh. Chaque bungalow possède des moustiquaires et un balcon ; les chambres les moins chères ont des sdb communes.

HAT YAO หาดยาว

De Ton Sai, vous pouvez marcher 30 minutes jusqu'à Hat Yao via Hat Him Khom, ou prendre un *long-tail boat* (100-150 B) à l'embarcadère. Cette longue plage de sable blanc, parfaite pour la baignade, est prisée des familles et des joueurs de volley.

Paradise Resort Phi Phi Hôtel **$$$**
(☎08 1968 3982 ; www.paradiseresort.co.th ; bung à partir de 3 000 B ; clim wifi). Le lodge d'une blancheur éblouissante renferme des chambres luxueuses, avec sol en granit, murs lambrissés, lits flottants, écran plat et bureau. Les bungalows de plage indépendants, aux aménagements identiques, sont plus anciens. Excellentes promotions en basse saison.

HAT RANTEE ET AO TOH KO

Encore assez tranquille, cette série de jolies petites plages d'un gris doré sont excellentes pour le snorkeling. On peut y aller en *long-tail boat* depuis l'embarcadère d'Ao Ton Sai (300 B – la plupart des complexes hôteliers viennent vous chercher gratuitement si vous réservez ; le retour coûte 150 B), ou par une marche exténuante de 45 minutes via le point de vue.

PP Rantee Bungalows **$$**
(☎08 1597 7708 ; Hat Rantee ; bung avec ventil 1 200-1 600 B, avec clim 2 000 B ; restaurant 7h-22h ; clim wifi). Des bungalows en bambou tissé, sommaires mais acceptables, et d'autres plus récents, impeccables et carrelés, avec de larges porches donnant sur le chemin qui mène à la plage.

Également le meilleur restaurant de cette plage, et une grande balançoire suspendue à l'arbre à l'avant.

HAT PHAK NAM ET AO LO BAKAO

La superbe plage de sable blanc Hat Phak Nam partage la même baie qu'un hameau de pêcheurs. Pour la rejoindre, vous pouvez louer un *long-tail boat* à Ao Ton Sai pour environ 500 B (150 B en bateau-taxi collectif au retour) ou effectuer la marche éreintante de 1 heure via le point de vue.

Croisière en bateau, Ko Phi Phi
JOHN HARPER/GETTY IMAGES ©

Dormir (ou essayer) à Ko Phi Phi

La pollution sonore est un fléau à Ko Phi Phi, surtout à Ao Ton Sai et à Ao Dalam, mais aussi à Hat Hin Khom. Lors de notre passage, les bars devaient fermer à 2h à Ao Dalam et à 1h30 à Ton Sai, une règle plus ou moins respectée, ce qui n'empêchait pas les fêtards alcoolisés de continuer à faire du bruit.

Les logements les plus tranquilles se situent sur :

- la côte est de Ko Phi Phi
- la petite route qui relie la pointe sud-est d'Ao Ton Sai et d'Ao Lo Dalam
- la colline près de la route menant au point de vue
- la pointe du secteur ouest d'Ao Ton Sai
- Hat Yao

Une solution consiste aussi à prendre un verre et à se joindre aux noctambules...

Le beau ruban de sable d'Ao Lo Bakao est ourlé de palmiers et entouré de collines spectaculaires. C'est l'une des plages les plus charmantes de Phi Phi, avec la vue sur Koh Phai (Bamboo Island) et Koh Yung (Mosquito Island) au large. Le Phi Phi Island Village organise le transfert pour ses hôtes. En indépendant, la location d'un bateau à Ao Ton Sai coûte 800 B.

Relax Beach Resort Hôtel **$$**
(☎08 9475 6536, 08 1083 0194 ; www.phiphirelaxresort.com ; bung 1 800-4 900 B ; @ 🏊). Ce complexe hôtelier est constitué de 47 bungalows laqués de style thaï avec parquet, terrasse à double niveau garnie de coussins, et salle de bains carrelée de mosaïque pour les plus douillets. Certains sont humides avec des murs éraflés. Tous bordent une jungle luxuriante. Le complexe possède un bon restaurant et un bar balayé par la brise. Le personnel est charmant et veille sur vous comme si vous faisiez partie de la famille.

Où se restaurer

Marché local Thaïlandais **$**
(Ao Ton Sai ; repas 30-60 B ; ⏲8h-20h). Le marché offre les repas les moins chers et les plus authentiques. Quelques échoppes se regroupent sur la partie la plus étroite de l'isthme et servent de savoureux *pàt tai*, riz sauté, *sôm·đam* et du poisson-chat fumé.

Papaya Restaurant Thaïlandais **$**
(☎08 7280 1719 ; plats 80-300 B ; ⏲11h-23h). Bon marché, savoureuse et épicée, la cuisine du Papaya est authentique et servie en généreuses portions. Il propose tous les classiques avec basilic et piment, ainsi que du *đôm yam* et toutes sortes de currys. Son succès l'a incité à ouvrir un second **café**, plus petit (☎08 7280 1719 ; Ton Sai Village ; plats 80-300 B), à une centaine de mètres.

Unni's International **$$**
(plats 200-320 B ; ⏲8h-22h). Les expatriés locaux raffolent de la cuisine occidentale servie ici, bonne mais sans plus. Elle varie des bagels maison accommodés de toutes sortes de garnitures aux copieuses salades, aux spécialités mexicaines ou aux tapas, etc.

Où prendre un verre et faire la fête

La vie nocturne est agitée à Ko Phi Phi. Le whisky bon marché, les boissons énergisantes et les cocktails sirupeux

MELISSA TSE/GETTY IMAGES ©

À ne pas manquer
Ko Phi Phi Leh เกาะพีพีเล

Phi Phi Leh, la plus petite des deux îles, est protégée de tous côtés par de hautes falaises. L'eau cristalline recouvre des récifs coralliens foisonnant de vie marine, sites de prédilection pour le snorkeling. Deux splendides lagunes se nichent à l'intérieur de l'île, **Pilah** sur la côte est et **Ao Maya** sur la côte ouest.

À la pointe nord-est de l'île, la **grotte du Viking** (Tham Phraya Naak) est un important lieu de collecte de nids de salanganes. Les ramasseurs gravissent des échafaudages en bambou pour atteindre les nids. Avant de monter, ils prient et offrent tabac, encens et alcool aux esprits de la grotte.

Phi Phi Leh ne compte aucun hébergement, et la plupart des visiteurs viennent en excursion depuis Phi Phi Don. Les circuits d'une demi-journée, très populaires, comprennent des haltes de snorkeling à divers endroits autour de l'île et des détours par la grotte du Viking et Ao Maya. Le circuit en *long-tail boat*/vedette coûte environ 800/2 400 B. Vous devrez payer 400 B pour l'accès au parc national en débarquant.

chauffent l'ambiance et garantissent de sévères gueules de bois. Si vous logez à portée d'oreille de l'animation, autant participer au chaos.

Sunflower Bar Bar

(Ao Lo Dalam). Ce joyau en bois flotté, joliment branlant, reste le bar le plus détendu de Phi Phi. Détruit par le tsunami de 2004, il a été reconstruit par le propriétaire. Les stands dans des coques de *long-tail boats* rappellent les proches qu'il a perdus dans la catastrophe.

Slinky Bar Discothèque

(Ao Lo Dalam). L'éternelle discothèque de plage du moment. Comme plusieurs autres boîtes de nuit, elle offre le spectacle de feu standard, des seaux de cocktails sirupeux et une foule de gens qui dansent et flirtent sur le sable au rythme de basses puissantes.

Chukit Bar & Karaoke Bar

(11h-2h). Faisant partie du Chukit Resort, plutôt quelconque, ce bar plaisant surplombe un port de *long-tail boats* à la lisière d'Ao Ton Sai. Outre une vue splendide, il offre une table de billard, de la musique live et une *happy hour* festive.

Depuis/vers Ko Phi Phi

Ko Phi Phi peut se rejoindre de Krabi, Phuket, Ao Nang, Railay et Ko Lanta. La plupart des bateaux accostent à Ao Ton Sai, mais quelques-uns en provenance de Phuket utilisent l'embarcadère isolé de Laem Thong, au nord. Les bateaux de Phuket et de Krabi circulent toute l'année, ceux de Ko Lanta et d'Ao Nang seulement en haute saison (octobre-avril).

Krabi Les bateaux partent de Krabi pour Ko Phi Phi (300 B, 1 heure 30) à 9h, 10h30, 13h30 et 15h30 ; ils reviennent à 7h30, 10h30, 13h30 et 15h30.

Ao Nang Les bateaux partent d'Ao Nang pour Ko Phi Phi (350 B, 1 heure 30) à 15h30 et quittent Ko Phi Phi pour Ao Nang à la même heure.

Phuket De Phuket, les bateaux partent à 9h, 14h et 14h30, et retournent à 10h, 15h30 et 16h (250-350 B, 1 heure 45-2 heures).

Ko Lanta Les bateaux partent de Phi Phi pour Ko Lanta à 11h30, 14h et 15h et reviennent à 13h, 15h30 et 16h30 (350 B, 1 heure 30).

Railay Pour Railay (350 B, 1 heure 15), prenez le ferry à destination d'Ao Nang.

Comment circuler

Il n'existe aucune route sur Ko Phi Phi Don, où l'on se déplace essentiellement à pied ; vous pouvez louer un *long-tail boat* à Ao Ton Sai pour de courts trajets autour de Ko Phi Phi Don et Ko Phi Phi Leh.

Des *long-tail boats* partent de l'embarcadère d'Ao Ton Sai pour Hat Yao (100-150 B), Laem Thong (800 B), Hat Rantee (500 B) et la grotte du Viking (500 B). La location d'un *long-tail boat* coûte 1 500 B pour 3 heures ou 3 000 B pour la journée ; louer une vedette pour 6 heures revient à 6 500 B environ.

Ko Lanta เกาะลันตา

20 000 HABITANTS

Jadis île perdue du sud de la Thaïlande fréquentée par des baroudeurs et des "nomades de la mer", Ko Lanta s'est presque totalement métamorphosée pour devenir un repaire de touristes français, allemands et suédois en voyage organisé. Ces derniers viennent profiter des plages sublimes (malgré l'érosion alarmante de la côte nord) et des proches sites de plongée, Hin Daeng, Hin Muang et Ko Ha. Visible de Ko Phi Phi, Lanta reste toutefois bien

Ao Maya, Ko Phi Phi Leh

MATTEO COLOMBO/GETTY IMAGES ©

plus calme et authentique et convient à tous les budgets. Relativement plate comparée aux formations karstiques de ses voisines, elle est sillonnée de bonnes routes et s'explore facilement à moto.

Ko Lanta, en réalité Ko Lanta Yai, est la plus grande des 52 îles d'un archipel protégé par le parc national maritime de Mu Ko Lanta. Presque tous les bateaux accostent à Ban Sala Dan, une bourgade poussiéreuse à la pointe nord de l'île.

À voir

Ban Ko Lanta — Ville

Au milieu de la côte est, Ban Ko Lanta (vieille ville de Lanta) était le port d'origine et le centre commerçant de l'île. Elle fournissait un abri sûr aux navires marchands arabes et chinois qui naviguaient entre Phuket, Penang et Singapour. Certaines des gracieuses maisons et boutiques en bois sur pilotis datent de plus d'un siècle et sont bien conservées.

Les restaurants de l'embarcadère servent les prises du jour et offrent une vue sur la mer.

Parc national maritime de Ko Lanta — Parc national

(อุทยานแห่งชาติเกาะลันตา ; www.dnp.go.th ; adulte/enfant 200/100 B). Créé en 1990, le parc national maritime protège 15 îles de l'archipel de Lanta, y compris la pointe sud de Ko Lanta Yai. Le développement effréné sur la côte ouest de Ko Lanta Yai constitue une menace croissante pour le parc. Les autres îles de l'archipel connaissent un sort un peu meilleur. **Ko Rok Nai** reste splendide, avec une baie en forme de croissant adossée à des falaises, de beaux récifs coralliens et une plage de sable d'un blanc étincelant.

Activités

Certains des plus beaux sites de plongée de Thaïlande ne sont qu'à quelques brasses de Ko Lanta. Les meilleurs se situent au niveau des pics sous-marins appelés **Hin Muang** et **Hin Daeng**, à environ 45 minutes de bateau.

Les excursions à Hin Daeng et à Hin Muang coûtent de 4 500 à 5 500 B, et celles à Ko Ha, de 3 300 à 4 000 B. Comptez de 14 000 à 17 000 B pour un cours PADI Open Water.

Un restaurant sur la plage, Ko Lanta

GARDEL BERTRAND/GETTY IMAGES ©

De nombreux tour-opérateurs le long de la promenade peuvent organiser des sorties de snorkeling à Ko Rok Nok, à Ko Phi Phi et aux îles proches.

Scubafish Plongée
(☎0 7566 5095 ; www.scuba-fish.com ; Ban Sala Dan). Prestataire réputé établi de longue date à **Baan Laanta Resort** (☎0 7566 5091 ; www.baanlaanta.com ; Ao Kantiang ; bung piscine/vue mer à partir de 2 000/ 3 000 B ; ❄@📶🏊) sur Ao Kantiang ; un autre bureau, plus petit, se trouve au Narima Resort.

Où se loger

Certains complexes hôteliers ferment en basse saison (mai-octobre), d'autres baissent leurs tarifs de 50% ou plus.

Réservation fortement conseillée en haute saison.

HAT PHRA AE หาดพระแอ

Un grand village touristique s'est développé sur la plage de Hat Phra Ae (également appelée "Long Beach"), avec moult *farang*, restaurants, bars de plage, cybercafés et tour-opérateurs.

Sanctuary Pension $
(☎08 1891 3055 ; sanctuary_93@yahoo.com ; Hat Phra Ae ; bung 600-1 200 B). Le premier hébergement de Pha Ae reste un endroit délicieux. Il offre des bungalows en bois et en chaume artistiquement conçus et entourés de verdure, ainsi qu'une ambiance détendue et chaleureuse. Le restaurant sert des plats indiens, végétariens et thaïlandais classiques. Cours de yoga proposés.

Andaman Sunflower Bungalows $
(☎0 7568 4668 ; Hat Phra Ae ; bung 850 B ; ⏲oct-avr ; 📶). Un superbe ensemble de bungalows en bois et bambou, avec lits à plate-forme intégrée, hauts plafonds en feuilles de palmier, parquets cirés et lavabos en verre dans les salles de bains. À l'écart de la plage, l'une des meilleures adresses pour petits budgets.

Vaut le détour
Grottes et cavités

Les pluies de mousson, accumulées pendant des millions d'années dans les fissures et crevasses calcaires du **Tham Khao Maikaeo** (ถ้ำเขาไม้แก้ว), ont façonné ce réseau de cavités et de tunnels, à visiter lors d'un trek guidé dans la jungle. Certaines grottes, constellées de stalactites et de stalagmites, sont aussi vastes que des cathédrales, quand d'autres sont si basses qu'il faut s'y glisser à quatre pattes. Il est même possible de se baigner dans l'eau très fraîche d'un bassin souterrain. Prévoyez de bonnes chaussures et n'ayez pas peur de patauger dans la boue.

La plupart des *resorts* peuvent organiser le transport, tandis qu'une famille du coin propose des visites guidées.

HAT KHLONG KHONG หาดคลองโขง

Toits de chaume, bars rasta, parties de volley sur le sable et soirées de la pleine lune. L'ambiance reste néanmoins tranquille et Hat Khlong Khong attire des visiteurs de tout âge. La plage, une large bande de sable qui s'étrécit, s'étend à perte de vue de chaque côté.

Bee Bee Bungalows Bungalows $
(☎08 1537 9932 ; www.beebeebungalows ; Hat Khlong Khong ; bung 900 B ; @📶). L'un des meilleurs établissements pour petits budgets de l'île, le Bee Bee possède un personnel très sympathique et une douzaine de bungalows en bambou originaux, dont quelques-uns perchés sur des pilotis dans les arbres. Le restaurant dispose d'une petite bibliothèque.

HAT KHLONG NIN หาดคลองนิน

La première plage est la jolie Hat Khlong Nin, avec de nombreuses petites pensions bon marché à l'extrémité nord, pour la plupart dotées de restaurants. Il est facile de s'y faire déposer et de trouver une chambre.

Round House Pension $
(☎08 1606 0550 ; www.lantaroundhouse.com ; Hat Khlong Nin ; ch/bung/maison 800/1 000/ 2 400 B ; ❄📶). Cette charmante pension à l'extrémité nord de la plage propose 3 types d'hébergement. Les bungalows en bois et bambou sont les plus proches de la plage, juste derrière le restaurant balayé par la brise. Vous pouvez aussi loger dans l'agréable maison ronde en adobe, près de la route, ou dans une maison qui jouxte la plage, idéale pour les familles.

Sri Lanta Hôtel $$
(☎0 7566 2688 ; www.srilanta.com ; Hat Khlong Nin ; cottages 1 800-6 200 B ; ❄@📶🏊). À la pointe sud de la plage, cet hôtel sophistiqué se compose de villas en bois minimalistes, dans un jardin qui s'étend de la plage à un flanc de colline paysager. Le Sri Lanta s'efforce de réduire son impact sur l'environnement en utilisant des produits biodégradables et en réduisant la consommation d'énergie et les déchets.

AO KANTIANG อ่าวกันเตียง

Cette superbe étendue de sable adossée à des montagnes est aussi un village avec supérettes, cybercafés, restaurants et loueurs de motos. Ao Kantiang est loin de tout ; si vous accostez ici, n'espérez pas trop bouger.

Phra Nang Lanta Auberge $$$
(☎0 7566 5025 ; Ao Kantiang ; studios 2 500-8 500 B ; ❄@📶🏊). Ces somptueux studios de style mexicain, en béton façon adobe, sont immenses. La décoration intérieure se compose de lignes claires, de bois et de blanc, relevés de couleurs vives.

AO KHLONG JAAK ET LAEM TANOD อ่าวคลองจาก / แหลมโตนด

La plage est splendide et la cascade du même nom est à l'intérieur des terres.

Un plat à base de fruits de mer, Ko Lanta

Baan Phu Lae Bungalows $

(☎0 7566 5100, 08 5474 0265 ; www.baanphulae.com ; Ao Mai Pai ; bung 800-1 000 B). Perchés sur les rochers au bout de cette petite plage, les romantiques bungalows en béton jaune canari, coiffés de chaume, comportent des lits en bambou et des vérandas privées.

La Laanta Boutique-hôtel $$$

(☎0 7566 5066 ; www.lalaanta.com ; Ao Mai Pai ; bung 2 800-6 200 B ; ❄@🛜🏊👪). Tenu par un jeune couple thaïlando-vietnamien anglophone, La Laanta est l'établissement le plus séduisant de l'île. Les bungalows à toit de chaume sont agrémentés de sols en ciment poli, de lits plate-forme, de motifs floraux et d'une terrasse qui domine une plage de sable et de rochers. Il se situe au bout d'une piste cahoteuse, le dernier embranchement avant le parc national.

BAN KO LANTA บ้านเกาะลันตา

La vieille ville de Lanta, souvent ignorée, a gardé le charme de l'ancien et compte quelques auberges.

Mango House Pension $$

(☎0 7569 7181 ; www.mangohouses.com ; Ban Ko Lanta ; ste 1 500-3 000 B ; 🕒oct-avr). Vieilles de 100 ans, ces maisons chinoises en teck sur pilotis au-dessus du port sont d'anciennes fumeries d'opium. Les planchers d'origine, polis par le temps, sont intacts et les 4 suites immenses et hautes de plafond, sont équipées d'une TV sat, d'un lecteur DVD et de ventilateurs au plafond. Le restaurant sert une cuisine thaïlandaise et occidentale avec panache.

Où se restaurer

Lanta Seafood Poisson et fruits de mer $$

(☎0 7566 8411 ; Ban Sala Dan ; plats 80-300 B). Le meilleur choix pour du poisson et des fruits de mer au poids. Commandez la *Ƅlah tôrt kà-mîn*, une dorade frite, assaisonnée de curcuma frais et d'ail : un délice !

Lym's Rice Bowl Thaïlandais $$

(Hat Phra Ae ; plats 80-180 B, dîner poisson 450 B ; 🕒8h-22h oct-avr ; 🛜). Authentiques currys, nouilles, soupes et plats sautés sont servis sous les casuarinas et sur la plage. Le soir, le Lym's propose du poisson frais – vapeur, grillé ou frit. Les clients peuvent profiter des chaises longues sur la plage toute la journée.

Depuis/vers Ko Lanta

Bateau

Un seul ferry de passagers relie l'embarcadère Khlong Chilat de Krabi et Ko Lanta. Il part de Ko Lanta à 8h30 (400 B, 2 heures), revient de Krabi à 11h et fait halte à Ko Jum (400 B).

Les bateaux entre Ko Lanta et Ko Phi Phi circulent théoriquement toute l'année, mais le service peut être suspendu en basse saison si les passagers sont trop peu nombreux. Les ferrys partent habituellement de Ko Lanta à 8h et 13h (300 B, 1 heure 30) et de Ko Phi Phi à 11h30 et 14h. À Ko Phi Phi, vous pouvez prendre un ferry pour Phuket.

Minibus

Les minibus circulent toute l'année et sont les plus pratiques depuis le continent. Tous les jours, des minibus desservent l'aéroport de Krabi (300 B, 1 heure 30) et la ville de Krabi (250 B, 1 heure 30) toutes les heures de 8h à 16h, dans les deux sens.

Des minibus pour Phuket (500 B, 4 heures) partent toutes les 2 heures de Ko Lanta, plus fréquemment en haute saison.

Comment circuler

La plupart des complexes hôteliers envoient des véhicules à l'arrivée des ferrys et transportent gratuitement leurs clients. En sens inverse, comptez de 80 à 350 B.

Des motos (250 B/jour) se louent partout, mais peu de loueurs fournissent un casque et aucun n'offre d'assurance. Soyez très prudent sur les routes cahoteuses.

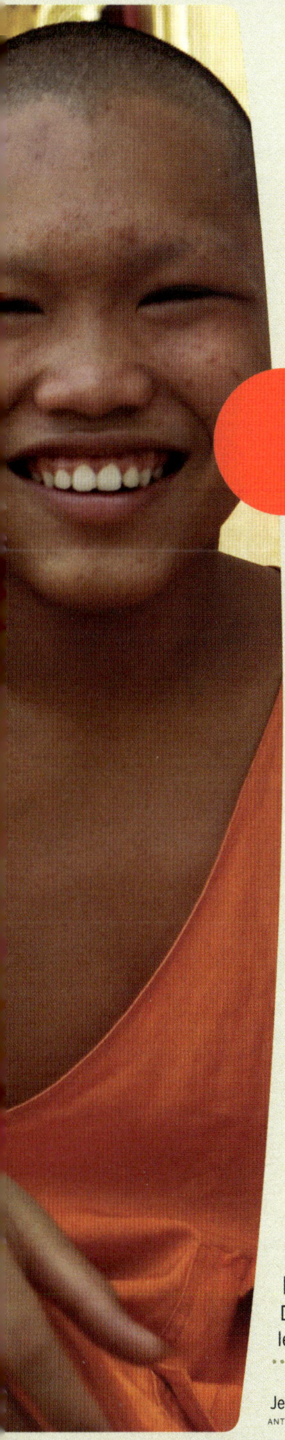

Thaïlande

En savoir plus

Jeunes moines, Sukhothai (p. 217)

La Thaïlande aujourd'hui

> *Il est indéniable que la Thaïlande s'enrichit. Toutefois, le pays continue d'être confronté à une forte instabilité politique.*

Passage piéton surélevé, Bangkok (p. 51)

Malgré une forte instabilité politique, la Thaïlande continue de prospérer. Le niveau de vie augmente, l'imminente communauté économique de l'ASEAN (AEC) augure de nouvelles potentialités commerciales et le tourisme enregistre un afflux renouvelé de visiteurs chinois. Le pays entretient d'excellents rapports avec ses voisins, ce qui permet une ouverture des frontières et un renforcement des échanges commerciaux. Les villes se modernisent, les centres commerciaux dernier cri remplaçant les vieilles maisons de négoce.

Le coup d'État de 2014

La tension politique, qui couvait depuis quelque temps, a fini par déboucher sur les événements de mai 2014. L'ancien Premier ministre Thaksin Shinawatra, en exil depuis un coup d'État militaire en 2006, continue néanmoins d'exercer une forte influence sur la vie politique. Le Pheu Thai, parti allié à sa cause, a décroché la majorité au Parlement en 2011, tandis que sa sœur Yingluck était nommée Premier ministre (au

Religions
(% de la population)

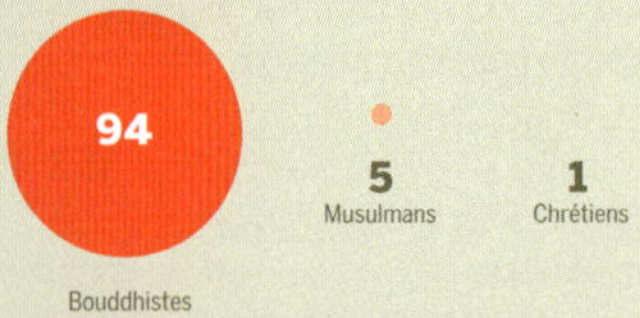

Sur 100 personnes en Thaïlande

Population au km²

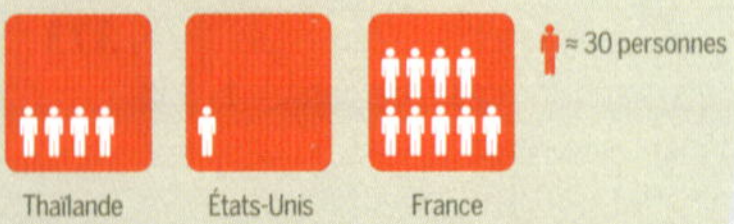

TONY BURNS/GETTY IMAGES ©

XXIe siècle, aucune élection majeure n'a échappé à la famille Shinawatra).

En mai 2014, désireuse d'empêcher le retour de Thaksin, l'armée a évincé Yingluck pour s'emparer du pouvoir. Après avoir voté la loi martiale, muselé l'opposition et abrogé la Constitution, elle a remplacé le Parlement par le Conseil national pour la paix et le maintien de l'ordre (NCPO), une instance non élue composée de chefs militaires et de "consultants" issus de la société civile. Au moment de la publication de ce guide, aucun agenda précis de retour à la démocratie n'avait encore été dévoilé.

Bonjour, voisins

Fin 2015, la communauté économique de l'ASEAN rassemblera 10 pays du Sud-Est asiatique au sein d'une zone de libre-échange où biens, services, capitaux et travail pourront traverser les frontières sans entrave administrative. En théorie, l'AEC devrait faciliter l'échange des biens, l'embauche des étrangers et l'investissement dans l'ASEAN. En contrepartie, chaque pays-membre devra respecter les accords communautaires. La Thaïlande termine actuellement la construction de deux ponts sur le Mékong en vue de faciliter les échanges commerciaux avec le Laos, et œuvre conjointement avec le Myanmar (Birmanie) pour une plus grande ouverture des frontières. Selon les prévisions, les échanges économiques entre la Thaïlande et le Cambodge devraient exploser dans la zone frontalière d'Aranya Prathet-Poipet. Certains obstacles demeurent – codes du travail contraignants (39 professions sont interdites aux étrangers par la loi thaïlandaise), infrastructures sous-développées (au Laos, au Cambodge et en Birmanie notamment), barrière de la langue, etc.

Une richesse en hausse

En 2011, la Banque mondiale a revalorisé l'économie du pays, signe indéniable que la Thaïlande s'enrichit. D'énormes gains ont été enregistrés au sommet de la pyramide, les plus nantis voyant leur fortune augmenter de 16% par rapport à l'année passée (110 milliards de dollars en richesse combinée, contre 95 milliards), soit le plus fort accroissement de richesse d'Asie du Sud-Est.

Bien que loin d'être équitable, l'enrichissement ne concerne pas seulement les élites. Le taux de pauvreté continue de reculer (13,2% en 2011 contre 42,6% en 2000), le salaire minimum a été relevé à 300 B/jour, le taux de chômage demeure très bas (0,7% en 2012) et la croissance économique reste forte (5% en 2013). Malgré l'augmentation des prix – un bol de nouilles à Bangkok coûte 60 B, contre 40 B il y a 2 ans –, le niveau de vie est globalement plus élevé aujourd'hui qu'il y a 10 ans.

Histoire

Célébrations pour l'anniversaire du roi Rama IX (p. 45)

TOM COCKREM/GETTY IM

Les nombreux rebondissements de l'histoire de la Thaïlande ont tout pour exciter l'imagination : intrigues de palais, guerres menées à grands renforts de lances et d'éléphants, grandes manifestations populaires, ainsi qu'un penchant pour les coups d'État "en douceur".

Les débuts

Malgré les preuves de l'existence de peuples préhistoriques, la plupart des scientifiques datent les débuts de l'histoire de la nation à l'arrivée des peuples thaïs au cours du premier millénaire de notre ère. Ces immigrants venus de Chine méridionale parlaient des langues monosyllabiques et tonales de la famille linguistique thaï-kadai, considérée comme le groupe ethnolinguistique le plus important d'Asie du Sud-Est. Ils

4000-2500 av. J.-C.

Dans le nord-est de la Thaïlande, les communautés préhistoriques développent l'agriculture et la fabrication des outils.

établirent des villages d'agriculteurs, de chasseurs et de commerçants à petite échelle, sans gouvernement central ni armée organisée.

Le peuple môn aurait formé une confédération dans le centre et le nord-est de la Thaïlande du VIe au IXe siècle. On ne dispose que de peu de renseignements sur cette période, mais les spécialistes pensent que les Môn avaient baptisé leur royaume Dvaravati, que Nakhon Pathom, près de Bangkok, était leur centre administratif, avec des avant-postes dans certaines parties du nord de la Thaïlande.

Le grand empire khmer, installé au Cambodge, s'étendit hors de ses frontières occidentales jusqu'au nord-est et au centre de la Thaïlande actuelle à partir du XIe siècle, supplantant les Môn-Dvaravati. Sukhothai et Phimai étaient alors des centres administratifs régionaux khmers reliés par des routes qui facilitaient les déplacements vers les temples khmers et symbolisaient le pouvoir impérial. Les monuments khmers, hindous à l'origine, furent transformés en temples bouddhiques après la conversion du régime. Avant que leur puissance ne décline, les Khmers partagèrent avec la nation thaïlandaise naissante un héritage artistique, administratif et même monarchique.

L'histoire de la Thaïlande est généralement centrée sur la région du centre, où se trouve la capitale actuelle, Bangkok. Mais le Sud est riche d'une histoire bien distincte qui n'a fait sa percée qu'à l'époque moderne. Entre le VIIIe et le XIIIe siècle, la Thaïlande du Sud fut contrôlée par l'empire maritime de Srivijaya (du sud de Sumatra, en Indonésie), qui avait la mainmise sur le commerce dans le détroit de Malacca.

Les plus beaux… Sites historiques

1 Sukhothai (p. 217)

2 Ayuthaya (p. 106)

3 Phimai (p. 136)

4 Phanom Rung (p. 137)

Les royaumes anciens

Pendant que ces vastes empires déclinaient progressivement du XIIe au XVIe siècle, les populations thaïes de l'intérieur créaient de nouveaux États.

Le royaume lanna

Le royaume lanna fut fondé par le roi Mangrai qui fit de Chiang Mai (qui signifie "ville nouvelle") sa capitale en 1292. Le souverain s'imposa grâce à la formation

VIe-XIe siècle
Les Môn-Dvaravati s'épanouissent dans le centre et le nord-est de la Thaïlande.

Xe siècle
Arrivée des peuples "thaïs" dans ce qu'on appellera la Thaïlande.

1351
Fondation légendaire du royaume d'Ayuthaya.

d'une identité thaïe. Chiang Mai fut un temps un centre religieux régional. Le Lanna fut secoué d'intrigues dynastiques et tomba entre les mains des Birmans en 1556, avant d'être supplanté par Sukhothai et Ayuthaya, qui seraient les ancêtres de l'État thaïlandais moderne.

Le royaume de Sukhothai

Sukhothai n'était qu'une ville-frontière à la lisière occidentale de l'empire khmer faiblissant lorsqu'il secoua, au XIIIe siècle, le joug d'un empire distant et couronna le chef local, Bang Klang Hao, qui devint le roi Sri Indraditya. Son fils, Ramkhamhaeng, fit de cette cité-État une véritable puissance régionale dont les dépendances s'étendaient au Laos et au sud de la Thaïlande actuels. Le dialecte local (le siamois) devint la langue de l'élite dirigeante, et c'est ce roi qui inventa une version écrite de sa langue encore en usage aujourd'hui. Sukhothai supplanta Chiang Mai en tant que centre du bouddhisme theravada du Sud-Est asiatique, et créa des monuments qui contribuèrent à définir une architecture thaïlandaise caractéristique. Après sa mort, l'empire de Ramkhamhaeng se désintégra. En 1378, Sukhothai tomba sous la dépendance d'Ayuthaya.

Le royaume d'Ayuthaya

Plus proche du golfe de Thaïlande, une nouvelle cité-État appelée Ayuthaya connut un développement géographique et économique grâce au commerce maritime. Son fondateur légendaire, le roi U Thong, est l'un des 36 rois et des 5 dynasties qui dirigèrent les 416 années d'existence du royaume d'Ayuthaya.

Le royaume d'Ayuthaya régna sur le commerce dans le sud-est de l'Asie. Ses principales exportations étaient le riz et les produits forestiers, et de nombreuses missions étrangères commerciales et diplomatiques installèrent leur quartier général près de la ville royale.

Ayuthaya adopta les coutumes de la cour des Khmers, sa langue honorifique et son idée de la royauté. Le monarque se définissait comme un *devaraja* (roi divin), faisant fi de l'idéal de Sukhothai de *dhammaraja* (roi vertueux). Ayuthaya rendait hommage à l'empereur de Chine, qui récompensait sa soumission à grand renfort de dons généreux et de privilèges commerciaux.

Le règne d'Ayuthaya était constamment menacé par l'expansionnisme birman. La ville fut occupée en 1569, avant d'être libérée sous le roi Naresuan. En 1767, les troupes birmanes pillèrent la capitale, faisant fuir les autorités thaïes dans l'arrière-pays. La destruction d'Ayuthaya

Changements de nom

Au cours de son histoire, la Thaïlande a eu plusieurs identités. Les Khmers l'appelaient Siam. En 1939, le Siam (Prathet Syam) fut rebaptisé Thaïlande (Prathet Thai).

1767
Reddition d'Ayuthaya face aux Birmans.

1768-1782
Le roi Taksin règne depuis sa nouvelle capitale à Thonburi.

1782
Mort du roi Taksin et fondation de la dynastie des Chakri, avec Bangkok comme capitale.

demeure un événement historique très présent dans l'inconscient national et les récits de la vie de la cour demeurent toujours aussi évocateurs pour le peuple thaïlandais.

L'ère de Bangkok

Le renouveau

Profitant de l'interruption de la lignée royale et de la destruction d'Ayuthaya, un ancien général, Taksin, s'empara du pouvoir et installa sa capitale en 1768 à Thonburi, une ville située en aval. En 1782, le roi Taksin fut exécuté par deux de ses généraux qui avaient fomenté un coup d'État. L'un d'eux, Chao Phraya Chakri, fut couronné sous le nom de Buddha Yot Fa (Rama Ier) et fonda la dynastie des Chakri. Le nouveau monarque déplaça la capitale de l'autre côté du Chao Phraya, à Bangkok.

Le nouveau royaume se concentra sur la renaissance des modèles d'Ayuthaya. Les connaissances et les pratiques qui avaient survécu furent maintenues ou incorporées dans de nouvelles lois. Une armée puissante fut constituée pour se venger de l'agression des Birmans, qui furent chassés de Chiang Mai, et attaqua le Laos et le Cambodge. Les dirigeants de Bangkok poursuivirent les échanges culturels et commerciaux avec la Chine.

Les plus grandes... Réussites de l'ère de Bangkok

1 Wat Arun (p. 60)

2 Wat Phra Kaew et Grand Palais (p. 60)

3 Parc du palais Dusit (p. 67)

L'ère des réformes

L'élite siamoise admirait la Chine, mais cette fascination s'évanouit dans les années 1850 lorsque le Siam s'ouvrit à l'Occident.

Le roi Mongkut (Rama IV ; r. 1851-1868), à qui l'on attribue la modernisation du royaume, passa 27 années dans un monastère de la secte Thammayut, mouvement réformateur qu'il fonda pour se rapprocher des origines de la foi. Pendant son règne, le pays intégra le système de marché dominant qui détruisit les monopoles royaux et accorda davantage de droits aux puissances étrangères.

Le fils de Mongkut, le roi Chulalongkorn (Rama V ; r. 1873-1910), poursuivit son œuvre de réforme en supprimant l'ancien ordre politique. Il abolit l'esclavage et supervisa la création d'une bureaucratie salariée, d'une force de police et d'une armée active. Ses réformes permirent d'uniformiser le code juridique, les tribunaux et les services fiscaux. Des écoles furent créées sur le modèle européen, tandis que le service militaire universel et l'impôt firent de tous des sujets du roi. Nombre

1868-1910
Règne du roi Chulalongkorn (Rama V) : modernisation et impérialisme européen.

1932
Une révolution menée sans effusion de sang met fin à la monarchie absolue.

À gauche : Observatoire Withun Thatsana, palais Bang Pa In (p. 123)

des conseillers du roi étaient britanniques et contribuèrent à réformer l'ancien système fondé sur les traditions d'Ayuthaya.

Les régions lointaines furent soumises au pouvoir central et le chemin de fer permit de les relier aux centres de population. Entourées et grignotées de tous côtés par des colonies françaises et anglaises, les frontières modernes du Siam commencèrent à prendre forme.

Les rois successifs continuèrent d'adopter les modèles européens afin de s'adapter au nouvel ordre mondial.

La Thaïlande démocratique

La Révolution de 1932

En 1932, un groupe de jeunes officiers et de bureaucrates, qui se faisait appeler Khana Ratsadon (parti du peuple), organisa un coup d'État victorieux. Cette révolution sans effusion de sang instaura une monarchie constitutionnelle et fit du Siam un État démocratique doté d'un Parlement.

Le parti ne tarda pas à se diviser en factions et, en 1938, le général Phibul Songkhram, l'un des premiers partisans de la démocratie, s'empara du pouvoir au moment où l'attaque par les Japonais allait transformer le paysage politique. Phibul était farouchement antiroyaliste, très nationaliste et pro-Japonais. Il laissa le Japon utiliser la Thaïlande comme base pour attaquer les colonies britanniques du Sud-Est asiatique. Après la guerre, Phibul inaugura une nouvelle ère de politique anticommuniste et développa une relation de coopération avec les États-Unis.

La guerre froide

Pendant la guerre froide et la guerre du Vietnam, les dirigeants militaires thaïlandais obtinrent légitimité et soutien économique de la part des États-Unis en échange de l'usage d'installations militaires en Thaïlande.

Dans les années 1970, une prise de conscience politique émergea dans les universités, provoquant un bouleversement culturel dans le pays. En 1973, plus d'un demi-million de personnes – intellectuels, étudiants, paysans et ouvriers – manifestèrent à Bangkok et dans de grandes villes de province pour exiger une Constitution. La répression sanglante de la manifestation de Bangkok du 14 octobre déboucha sur l'effondrement du régime et l'introduction d'un gouvernement constitutionnel élu. Celui-ci dura 3 ans, avant qu'un nouveau massacre ne se produise et que l'armée ne reprenne le contrôle du pouvoir.

Dans les années 1980, le général Prem Tinsulanonda, surnommé le "soldat politique", instaura une ère de stabilité politique et économique qui déboucha sur l'élection, en 1988, d'un gouvernement civil. Prem reste impliqué dans la vie politique

1939
Le nom du pays, Siam, est officiellement remplacé par celui de Thaïlande.

1941
Les forces japonaises entrent en Thaïlande.

1946
Accession au trône du roi Bhumibol Adulyadej (Rama IX) ; la Thaïlande entre à l'ONU.

actuelle en tant que conseiller privé du président du palais, position de pouvoir qui associe les intérêts de la monarchie et ceux de l'armée.

L'ère des affaires

Le nouveau gouvernement civil était composé d'anciens cadres d'entreprises (dont beaucoup avaient des intérêts commerciaux dans les provinces) remplaçant les cadres militaires de Bangkok, symboles d'un changement de la dynamique politique du pays. Malgré une bonne santé économique, le gouvernement fut accusé de corruption et d'achat de voix, ce qui incita l'armée à protéger sa position privilégiée par un coup d'État en 1991.

Un gouvernement élu fut restauré peu après le coup d'État et le parti démocrate, bénéficiant du soutien du monde des affaires et de la classe moyenne urbaine, devint majoritaire au Parlement. La crise financière asiatique de 1997 mit l'économie naissante en déroute et le gouvernement fut très critiqué pour sa mauvaise gestion et son manque d'efficacité. Cette même année, le Parlement vota la décisive "Constitution du peuple" qui garantissait le respect des droits humains et la liberté

Wat Arun (p. 60), Bangkok

1957
Le coup d'État de Sarit Thanarat inaugure une période de régime militaire qui durera jusqu'en 1973.

1968
La Thaïlande fonde, avec d'autres pays, l'Association des nations du Sud-Est asiatique (Asean).

1973
Des civils s'unissent pour renverser la dictature militaire ; mise en place d'un gouvernement démocratique.

Les plus beaux... Musées historiques

1 Musée national de Bangkok (p. 61)

2 Centre cuturel et artistique de Chiang Mai (p. 151)

3 Musée et centre de formation des ethnies montagnardes (p. 201)

d'expression, et donnait à la société civile davantage de moyens de lutter contre la corruption. (Cette Constitution de 1997 fut dissoute par le coup d'État de 2006.)

En 2000, la crise économique commença à s'atténuer et la Thaïlande se trouva confrontée au besoin d'adopter rapidement une nouvelle approche en matière de développement. Thaksin Shinawatra, milliardaire des télécommunications et ancien officier de police, profita de la montée du nationalisme pour fonder le parti du Thai Rak Thai. Ce capitaliste au message populiste se gagna le soutien des pauvres des villes et des campagnes. De 2001 à 2005, Thaksin et son parti s'approprièrent le paysage politique.

La crise actuelle

Le régime de Thaksin, très soutenu par les classes laborieuses, était considéré par les intellectuels urbains comme une kleptocratie, dont l'exemple de corruption le plus flagrant fut la vente défiscalisée des actions de son entreprise familiale, la Shin Corporation, au gouvernement de Singapour en 2006, avec un bénéfice de 73 milliards de bahts (1,88 milliard de $US) permis par une loi spéciale. Cette histoire rendit furieuses les classes moyennes et supérieures et provoqua de grandes manifestations à Bangkok. En coulisses, Thaksin œuvra à remplacer des personnages militaires clés par des fidèles, mouvements stratégiques qui allaient priver l'armée de sa position de pouvoir traditionnelle.

Le 19 septembre 2006, l'armée organisa un coup d'État sans effusion de sang qui mit fin à la plus longue période de gouvernement démocratique qu'ait connue le pays. L'armée s'empressa de dissoudre la "Constitution du peuple", assurant un gouvernement civil, et en introduisit une nouvelle, limitant la possibilité de prise du pouvoir par un parti unique aux intérêts opposés à l'armée et aux élites du pays.

Le coup d'État de 2006 n'a pas assuré la stabilité politique. Les élections replacèrent les alliés de Thaksin au pouvoir, victoire inacceptable pour l'aristocratie de Bangkok qui, avec le soutien implicite de l'armée, organisa d'immenses manifestations provoquant la fermeture des deux aéroports de Bangkok pendant une semaine en 2008. Depuis les manifestations de 2014, le Premier ministre Yingluck Shinawatra a été destitué et l'armée a repris la main à la faveur d'un nouveau coup d'État. En août 2014, le général Prayuth Chan-ocha a été officiellement confirmé dans ses fonctions de Premier ministre par le roi.

1997

La Thaïlande subit les conséquences de la crise économique asiatique ; adoption de la "Constitution du peuple".

2004

Un terrible tsunami fait 5 000 victimes et paralyse la côte d'Andaman. À droite : plaques commémoratives en mémoire des victimes du tsunami, Khao Lak

ANDREW BAIN/GETTY IMAGES ©

La monarchie moderne

Le dernier monarque absolu du pays fut le roi Prajathipok (Rama VII) qui accepta la Constitution de 1932, abdiqua et s'exila. En 1935, le nouveau gouvernement démocratique restaura la monarchie et couronna le neveu du roi déchu, Ananda Mahidol (Rama VIII), âgé de 10 ans, qui vivait en Europe à l'époque. En 1946, à sa majorité, il fut abattu dans des circonstances qui restent indéterminées. Son frère cadet, Bhumibol (Rama IX), devint roi et l'est encore à ce jour.

Au début de son règne, le roi Bhumibol était principalement un symbole, soutenu par diverses factions pour créer une image d'unité nationale et de légitimité. Le dictateur militaire, le général Sarit, qui contrôla le gouvernement de 1958 à 1963, favorisa l'élargissement du rôle royal, considérant le roi comme une "autorité unificatrice" de la nation. Le séduisant couple royal, le roi Bhumibol et la reine Sirikit, fit des visites officielles à l'étranger, véhiculant l'image d'un pays à la fois traditionnel et modernisé.

Grâce à des projets de développement rural, le roi se fit une réputation de défenseur des pauvres. Créée en 1969, la Royal Project Foundation devait permettre d'éradiquer la culture de l'opium dans les ethnies montagnardes du Nord. Pendant les violences des années 1970, le roi devint une sorte de médiateur dans un paysage politique tumultueux, et appela à la démission des dirigeants militaires. Il autorisa le retour du gouvernement militaire 3 années plus tard, geste symbolique qui contribua à maintenir l'ordre. Lors d'une autre crise politique, en 1992, le roi convoqua les dirigeants des factions adverses au palais afin de tenter d'apaiser les manifestants.

Chaque année (le 5 décembre), le discours d'anniversaire du roi, très écouté pour l'orientation politique qu'il donne, indique le positionnement de la couronne par rapport aux forces politiques. En 2013, les manifestants ont suspendu leurs activités à cette occasion, tandis que la nation écoutait attentivement son appel à l'unité.

À chaque camp sa couleur

La dernière vague de manifestations a donné naissance à un relookage des factions rivales. Le camp antigouvernemental – auparavant connu sous le nom de "chemises jaunes" en raison de son attachement à la couleur de la monarchie – a adopté les couleurs du drapeau thaïlandais (rouge, blanc et bleu) et arbore un sifflet pour lancer symboliquement l'alerte devant la corruption. De leur côté, les partisans de Thaksin ont conservé le rouge, présenté comme la couleur de la démocratie. Entre les deux, d'autres préfèrent le blanc, symbole de paix, même si certains critiques affirment qu'il s'agit là de "rouges" déguisés en agneaux.

2006
Le Premier ministre Thaksin Shinawatra est déchu après un coup d'État.

2011
Yingluck Shinawatra devient la première femme Premier ministre.

2011
De violentes inondations frappent le pays.

La santé fragile du souverain, aujourd'hui octogénaire, l'a conduit à s'éloigner de la vie publique, alors même que l'avenir politique du pays demeure incertain. Depuis la fin des années 1950, le palais et l'armée entretiennent des relations étroites, cimentées par le général Prem Tinsulanonda. Commandant militaire à la retraite, ancien Premier ministre et haut conseiller au palais, ce dernier est probablement à l'origine du coup d'État de 2006. Lors des précédentes confrontations politiques, le roi a semblé se tenir au-dessus de la mêlée. Pourtant, le rôle du palais dans le renvoi du populaire Premier ministre témoigne de la fragilisation du monarque en tant que figure fédératrice. À l'origine, le mouvement anti-Thaksin arborait le jaune, en signe de fidélité au roi, tandis que le camp pro-Thaksin, vêtu de rouge, se présentait comme le défenseur de la démocratie, à l'instar du mouvement étudiant (surnommé la "Génération d'octobre") opposé à la dictature dans les années 1970.

Si le roi Bhumibol s'est inventé un positionnement unique de monarque postmoderne, rien ne garantit que son fils, le prince Vachiralongkorn, bénéficiera de la même popularité ou des allégeances politiques traditionnelles. L'inquiétude concernant sa succession est un facteur sous-jacent de la crise politique actuelle. Certains estiment également que la vénération populaire dont jouissait le roi autrefois s'est aujourd'hui déplacée vers l'ancien Premier ministre Thaksin Shinawatra.

2014
La Cour constitutionnelle accuse Yingluck Shinawatra et 9 membres de son gouvernement d'abus de pouvoir.

2014
Après un coup d'État, le général Prayuth Chan-ocha est officiellement confirmé dans ses fonctions de Premier ministre par le roi.

Voyager en famille

Songkran (p. 43), Chiang Mai

ALAIN EVRARD/GETTY IMAGES ©

Les Thaïlandais ont un tel culte de la famille que même les chauffeurs de taxi grognons pinceront les joues de votre bébé et joueront à lui faire coucou (já ăir, en thaïlandais). Dans les bus encombrés, les adultes n'hésitent pas à céder leur place aux enfants, et le personnel des hôtels et des restaurants délaisse volontiers ses tâches pour jouer avec les petits.

À voir et à faire

Les enfants apprécieront les plages de Thaïlande, qui s'étirent le long de grandes baies, idéales pour les nageurs débutants. Certaines îles de la côte du golfe de Thaïlande et de la côte d'Andaman ont des sites de snorkeling proches du rivage.

Élevages de crocodiles, singes savants et zoos abritant des tigres abondent en Thaïlande, même si les conditions de captivité sont souvent en dessous des standards occidentaux. Une nouvelle génération de programmes d'écovoyages – à Ayuthaya, Chiang Mai et Lampang – s'applique à promouvoir la protection des animaux. Les écoles de formation des cornacs et les réserves d'éléphants permettent d'admirer ces pachydermes dans toute leur dignité. Pour les plus grands, les expéditions dans la jungle comprennent souvent des promenades à dos d'éléphant

Les meilleures... Plages pour enfants

1 Ko Samui : Bo Phut (p. 269) et Choeng Mon (p. 268)

2 Ko Lanta (p. 333)

3 Hua Hin (p. 256)

4 Ko Samet (p. 120)

et en radeau de bambou. À Phuket, à Ko Chang et dans d'autres destinations balnéaires, les enfants auront l'occasion d'aller voir des animaux, de se balader jusqu'à des cascades et de pratiquer toutes sortes de sports aquatiques.

En milieu urbain, choisir un hôtel doté d'un petit jardin ou d'une piscine peut pallier le manque d'espace. Les terrains de jeux ne sont ni nombreux ni bien entretenus, mais chaque ville compte un parc où joggeurs et familles vont prendre l'air en début de matinée. Bangkok manque de verdure, mais les enfants peuvent s'y émerveiller devant les nouvelles constructions, le métro aérien et les gigantesques galeries commerciales.

Si les voyages longue distance en famille vous préoccupent, choisissez le train. Les enfants peuvent s'y dégourdir les jambes et faire des rencontres ; on leur attribue les couchettes du bas d'où ils peuvent voir les gares, les chiens trottinant et les motos soulevant des nuages de poussière.

Alimentation

Les petits Thaïlandais ne mangent pas épicé avant l'école primaire. Les plus jeunes semblent apprécier particulièrement le riz et la *junk food* (nourriture de fast-food). Les enfants se régalent de poulet dans toutes ses déclinaisons non relevées – *gài yâhng* (poulet grillé), *gài tôrt* (poulet frit) et *gài pàt mét má·môo·ang* (poulet sauté aux noix de cajou). Certains aiment le *kôw pàt* (riz frit), bien que la forte odeur de *nám blah* (sauce de poisson) puisse les repousser. Le personnel serviable des restaurants recommande le *kài jì·o* (omelette thaïlandaise), préparé en un clin d'œil.

Vous trouverez partout de délicieux fruits tropicaux et des jus qui permettront d'assurer l'hydratation de vos petits. Et, naturellement, la plupart des centres touristiques comptent des restaurants occidentaux pour convives de tous âges.

Matériel de puériculture

- **Chaises hautes** Parfois disponibles dans certains *resorts*.
- **Couches jetables** Minimarkets et 7-Eleven vendent de petites tailles ; Tesco Lotus ou Tops Market des tailles 3 et plus.
- **Lits pliants** Sur demande dans les hôtels de catégories moyenne et supérieure.
- **Poussettes** Prévoyez une poussette pliante avec une ombrelle.
- **Salles de change** Inexistantes.
- **Santé** Boire beaucoup d'eau, se laver régulièrement les mains, empêcher les enfants de jouer avec les animaux.
- **Transports** Sièges auto et ceintures de sécurité sont plutôt rares dans les transports publics et les voitures de location.

Culture et traditions

Fête végétarienne (p. 308), Phuket-ville

PAUL KENNEDY/GETTY IMAGES ©

La Thaïlande est un pays facile à vivre : la vie s'y écoule paisiblement et les habitants sont amicaux et généreux. La bonne volonté est récompensée et un sourire vous tirera de la plupart des situations. Faire preuve d'un peu de curiosité et d'humour fera naître des amitiés spontanées. Si les Thaïlandais ne s'attendent pas à ce que vous soyez très calé sur leur histoire ou leurs habitudes, ils seront agréablement surpris de découvrir l'intérêt que vous portez à leur culture et à leurs traditions.

La monarchie

Le trait culturel le plus marquant en Thaïlande est la profonde vénération que portent de nombreux Thaïlandais au roi, Bhumibol Adulyadej (prononcé *bou-mi-pone a-dou-nya-det*), né en 1927. Des photos du roi sont affichées dans presque tous les foyers et les commerces. Des représentations grandeur nature du roi et de la reine bordent Th Ratchadamnoen Klang, l'avenue royale de Bangkok. Son image, imprimée sur les pièces, les billets de banque et les timbres, est sacrée, et critiquer le roi ou la monarchie est considéré comme un crime de lèse-majesté.

La relation que le monarque entretient avec son peuple est intimement liée à la religion ; elle est profondément spirituelle et personnelle. Beaucoup de Thaïlandais considèrent le roi comme un dieu, ou tout

Monarques bien-aimés

Au cours de l'histoire, d'autres rois ont joui du statut de héros national, tel le roi Chulalongkorn (Rama V ; 1868-1910), dont le portrait orne souvent les demeures et les amulettes. Il voyagea en Europe, construisit des palais de style victorien et est particulièrement vénéré, surtout à Bangkok et par les Thaïlandais qui ont effectué des voyages à l'étranger.

au moins une figure paternelle (la fête des pères est célébrée le jour de son anniversaire) et le protecteur du pays.

La société thaïlandaise

Dans la plupart des relations sociales, établir l'harmonie est une priorité, et les Thaïlandais se montrent toujours fiers de pouvoir rendre service.

Sà·nùk

Pour les Thaïlandais, la notion de *sà·nùk* (plaisir) est primordiale. C'est l'aune permettant de mesurer la valeur de toute activité, le principe de base de la plupart des interactions sociales et la raison qui fait du pays une destination touristique si appréciée. Les Thaïlandais sont toujours prêts à faire la fête, qu'elle soit locale ou venue d'ailleurs. Par exemple, les Thaïlandais célèbrent 3 fois la nouvelle année : d'abord le 31 décembre, puis lors du Nouvel An chinois et enfin pour Songkran (nouvelle année bouddhique du Sud-Est asiatique).

Cela n'empêche pas le peuple thaïlandais d'être fort laborieux. La plupart des bureaux sont ouverts 6, voire 7 jours par semaine, tandis que la majorité des Thaïlandais ont une activité secondaire visant à s'assurer un revenu complémentaire. Mais chaque corvée comporte un aspect social qui éclaircit l'humeur et l'empêche de devenir trop "sérieuse" (ce qui est mal vu). Qu'il s'agisse de trimer dans les rizières, de conduire de longues heures au volant d'un bus ou de risquer les dangers d'un chantier de construction, les Thaïlandais ne manquent jamais les occasions de mélanger travail et vie sociale.

Les Thaïlandais engagés dans l'industrie du tourisme appliquent ce principe à leurs clients et estiment souvent que les visiteurs étrangers ont besoin de se reposer après une longue année de travail. Cet état d'esprit reflète le calendrier agricole qui pousse le fermier à travailler de l'aube au crépuscule pendant la saison de plantation et de récolte du riz, avant de se reposer jusqu'aux pluies de l'année suivante. Cette période de repos implique flâneries, festivals et funérailles (qui sont davantage prétextes à faire la fête qu'à s'apitoyer), ainsi que des balades en famille à bord d'un pick-up pour un petit *têe·o* (voyage).

Statut

Si la culture thaïlandaise se caractérise par l'absence de confrontation et le culte du plaisir, cela ne signifie pas qu'il n'existe pas de règles sociales strictes. Les Thaïlandais ont une conscience très forte du statut de chacun, ainsi que des droits et responsabilités implicites qui l'accompagnent. Le bouddhisme joue un grand rôle dans la définition des classes sociales, et les chefs de famille et les principaux dignitaires religieux et monarchiques trônent aux sommets des diverses couches sociales.

L'évaluation de votre place dans ce système est un bon moyen de briser la glace. Les Thaïlandais vous poseront sans doute une foule de questions : votre origine, votre âge, si vous êtes marié et si vous avez des enfants. C'est une façon de faire connaissance et de vous situer dans l'échelle sociale. Dans la plupart des cas, vous avez tous les avantages : les Thaïlandais s'occuperont de vous comme d'un enfant et vous honoreront comme un *pôo yài* (littéralement, "grande personne" ou ancien). Ne soyez pas surpris si votre hôte place dans votre assiette le meilleur morceau de poisson du plat commun.

Les Thaïlandais se considèrent comme les membres d'une grande famille et utilisent des préfixes familiaux comme *pêe* (grand frère/grande sœur) et *nórng* (petit frère/petite sœur) pour s'adresser à leurs amis et à leurs proches. Cette convention est souvent traduite en anglais par les Thaïlandais bilingues, incitant les étrangers à penser que leurs amis ont une famille vraiment considérable. On peut aussi utiliser *ɓâh* (tante) ou *lung* (oncle) pour s'adresser à une personne plus âgée. Les étrangers sont rarement inclus dans cette grande réunion de famille ; *farang*, terme fourre-tout les désignant, est descriptif mais, à l'occasion, peut aussi exprimer des frustrations culturelles.

Sauver la face

Le concept de "sauver la face", commun dans les cultures asiatiques, est très lié au statut. Il s'agit de viser l'harmonie sociale en évitant les confrontations et les manifestations de colère. Pour les Thaïlandais, montrer ses émotions et faire preuve d'impolitesse est honteux, tandis que les Occidentaux peuvent y accorder peu d'importance.

Conventions sociales et gestuelles

Les Thaïlandais sont généralement tolérants lorsque des visiteurs étrangers commettent des impairs dans les gestuelles et les codes sociaux. Remerciez simplement vos hôtes de leur patience en leur montrant votre respect.

Salutations

Traditionnellement, les Thaïlandais se saluent en réunissant les paumes de leurs mains dans un geste de prière, appelé *wâi*. Si quelqu'un vous adresse un tel salut, vous devez le lui rendre, sauf s'il s'agit d'un enfant ou d'une personne qui vous sert. Le *wâi* peut également exprimer la gratitude ou des excuses. Les étrangers sont toujours peu sûrs de la manière de pratiquer le *wâi*, ce qui permet d'engager aisément la conversation avec un Thaïlandais.

Un sourire et un *sàwàt-dii khráp* si vous êtes un homme ou un *sàwàt-dii khâ* si vous êtes une femme (la forme de salutation la plus courante) parviennent généralement à calmer l'appréhension que les Thaïlandais peuvent ressentir à la vue d'un étranger. En outre, les Thaïlandais apprécient la beauté et un sourire garantit l'harmonie du visage.

Pas d'impair !

- Levez-vous quand retentit l'hymne royal ou l'hymne national.
- Ne montrez pas votre colère ni votre frustration.
- Enlevez vos chaussures avant d'entrer chez quelqu'un ou dans un temple ; laissez-les à l'entrée.
- Ne posez pas vos pieds sur les meubles.
- Dans un temple, asseyez-vous toujours sur vos talons.
- Si vous êtes invité chez des habitants, apportez un cadeau (fruit ou boissons).
- Prenez et recevez des objets avec votre main droite.
- À table, utilisez votre cuillère comme une fourchette et votre fourchette comme un couteau.

Dans les temples

Lorsque vous visitez un temple, veillez à porter une tenue correcte (les bras couverts jusqu'aux coudes, et les jambes jusqu'aux chevilles) et retirez vos chaussures avant d'entrer dans un bâtiment abritant une représentation du Bouddha. Les bouddhas sont des objets sacrés, aussi ne vous faites pas prendre en photo devant et ne montez pas dessus. Dans un édifice religieux, conduisez-vous comme les fidèles en cherchant un endroit discret pour vous asseoir (vos pieds ne doivent pas être pointés vers le Bouddha : repliez les jambes sur le côté, les pieds pointant vers l'arrière). Les temples sont entretenus grâce aux dons, le vôtre sera apprécié.

Marques d'affection

Dans les régions les plus traditionnelles du pays, il est mal vu pour des personnes de sexe opposé de se toucher. Cependant, il est courant de voir des personnes d'un même sexe se toucher – un signe d'amitié et non d'attirance sexuelle. Les hommes âgés peuvent ainsi agripper la cuisse d'un homme plus jeune, un peu comme deux amis se donneraient des tapes dans le dos. Les femmes sont particulièrement affectueuses entre elles : elles s'asseyent souvent très près les unes des autres ou se tiennent bras dessus, bras dessous. Les femmes ne doivent pas toucher les moines ni leurs affaires, ne pas s'asseoir à côté d'eux dans le bus ni les frôler par inadvertance.

Religion

Bouddha couché, Ayuthaya (p. 106)

STEVE ALLEN/GETTY IMAGES ©

La religion imprègne la société et la culture thaïlandaises et des démonstrations hautes en couleur des pratiques quotidiennes s'imposent à chaque coin de rue ou presque. Tôt le matin, vous verrez la progression solennelle des moines bouddhistes aux crânes rasés, vêtus de leur robe orange, pratiquant le bin·dá·bàht, l'aumône de nourriture, de maison en maison. De petits autels ornent les demeures les plus modestes. Dans le Sud musulman, il n'est pas rare de voir des femmes voilées.

Bouddhisme

Approximativement 95% des Thaïlandais pratiquent le bouddhisme theravada. L'école de theravada est souvent appelée école du Sud, car elle a voyagé du sous-continent indien jusqu'au sud-est de l'Asie.

Principes religieux

Le bouddhisme est né en Inde au VIe siècle av. J.-C., lorsqu'un prince nommé Siddhartha Gautama abandonna sa vie de privilèges pour rechercher la plénitude religieuse. Devenu ascète, il se soumit à de longues années d'austérité avant de comprendre que ce n'était pas le moyen de mettre fin à la souffrance. Au terme de cette période méditative, Siddharta parvint à la connaissance des Quatre Vérités universelles : la souffrance de l'homme, l'origine de cette souffrance, la suppression de cette souffrance et le moyen de parvenir à cette suppression. Avec l'adoption d'une "voie du milieu", sa pratique se fit plus mesurée, jusqu'à cette nuit de pleine lune du cinquième mois de l'année (aujourd'hui célébrée sous le nom de Visakha Bucha), où il parvint à l'éveil sous l'arbre de la Bodhi. Il était devenu le Bouddha, "l'Illuminé", "l'Éveillé". Il enseigna les Quatre Vérités universelles qui avaient le pouvoir de libérer tout être humain capable d'en prendre conscience.

La finalité du bouddhisme theravada est le *nibbana* (nirvana en sanskrit), qui, au sens littéral, signifie l'extinction de toute cupidité et donc de toute douleur (*dukkha*). C'est aussi la fin du cycle des renaissances (à la fois de moment à moment et de vie à vie) qui constitue l'existence.

Pratiques religieuses

En fait, la plupart des bouddhistes thaïlandais aspirent plutôt à une renaissance dans une existence meilleure qu'au but supra-terrestre du *nibbana*. En nourrissant les moines, en faisant des dons aux temples et en accomplissant fidèlement leurs devoirs religieux au *wat* local (temple ou monastère), ils espèrent améliorer leur sort et acquérir suffisamment de mérite (*bun* en thaï) pour empêcher, ou au moins diminuer, les renaissances successives. Le concept de renaissance est presque universellement accepté en Thaïlande, même par les non-bouddhistes.

Les bouddhistes thaïlandais sont guidés dans leur foi par les Trois Joyaux : le Bouddha, le *dhamma* (l'enseignement) et la *sangha* (la communauté religieuse). Le Bouddha, qui apparaît sous de multiples formes, est souvent au centre des activités religieuses dans les temples. Il trône également sur une étagère dans la plus rustique échoppe de rue comme dans les bars luxueux des grands hôtels de Bangkok. Le *dhamma* est psalmodié matin et soir dans les temples, et enseigné à tous les citoyens à l'école élémentaire. Il existe deux courants *sangha* en Thaïlande : les Mahanikai et les Thammayut. Le premier relève plus de la pensée dominante, tandis que le second, davantage en phase avec la monarchie, se perçoit comme plus strict dans son application des enseignements.

Hindouisme et animisme

L'héritage de l'hindouisme et de l'animisme est très vivace dans la culture thaïlandaise et dans la pratique du bouddhisme thaïlandais actuel. L'hindouisme est le parent religieux du bouddhisme, avec lequel il partage des éléments de mythologie, de cosmologie et de symbolisme. Les Thaïlandais reconnaissent les contributions de l'hindouisme et traitent ses divinités avec révérence. Les sanctuaires hindous, fréquentés également par des bouddhistes, sont particulièrement nombreux à Bangkok. Nombre des cérémonies relatives à la royauté sont issues du brahmanisme.

Maisons sacrées

De nombreuses maisons – ou lieux d'habitation – en Thaïlande possèdent une "maison des esprits" attenante, qui a pour fonction d'abriter les *prá poum* (esprits gardiens) du lieu. Vestige de croyances animistes antérieures au bouddhisme, ces esprits gardiens, qui vivraient dans les rivières, les arbres et autres éléments naturels, doivent être honorés (et apaisés) – comme un membre de la famille respecté mais parfois gênant. Pour s'offrir leurs bonnes grâces, les Thaïlandais construisent de jolies petites maisons sur leur terrain afin que les esprits puissent "vivre" confortablement loin des affaires des hommes. Pour cultiver ces bonnes relations et s'attirer la chance, les résidents y déposent des offrandes quotidiennes de riz, de fruits, de fleurs et d'eau.

Le culte des esprits et le bouddhisme se sont encontrés au point qu'il est difficile de démêler es deux. Les moines pratiquent souvent des rites nimistes et les Thaïlandais pensent que les mérites ont bénéfiques pour leurs proches défunts. En ait, nombre des rituels religieux des bouddhistes haïlandais, hormis la méditation, sont profondément ncrés dans le monde des esprits. Les arbres sont nveloppés de tissus sacrés pour honorer les esprits u monde naturel. Des autels sont érigés sur le tableau e bord des taxis pour se protéger des accidents et es amendes. Les Thaïlandais portent souvent des mulettes gravées d'une silhouette du Bouddha ou ontenant de la terre sacrée d'un temple pour les rotéger du malheur.

Les plus belles... Fêtes bouddhiques

1 Ork Phansaa

2 Khao Phansaa

3 Visakha Bucha

Moines et monastères

Socialement, il est du devoir de tout homme de passer une brève période de sa vie comme moine (*prá* ou *prá ík·sù* en thaï), de préférence après la fin de ses études, avant d'entamer sa carrière et de se marier. Une famille acquiert beaucoup de mérite lorsqu'un de ses fils prend a robe et la sébile. De nombreux jeunes gens entrent au monastère pour gagner les mérites pour une mère ou un père défunt. Traditionnellement, les novices passaient 3 mois au *wat* pendant le carême bouddhique (*pan·săh*), qui commence en juillet et coïncide avec la saison des pluies. De nos jours, ils n'y séjournent qu'une semaine.

Autrefois, le temple jouait le rôle de refuge social pour les familles dans le besoin. Le monastère recueillait et éduquait les enfants dont les parents ne pouvaient s'occuper. Dans les régions rurales, les vieillards se retiraient dans les monastères après une dure vie de labeur. Aujourd'hui, ces fonctions sont moins recherchées, mais les temples continuent d'accueillir les familles dans le besoin, les animaux abandonnés ou blessés, et les voyageurs (généralement les étudiants thaïlandais désargentés) pour la nuit.

Dans le bouddhisme thaïlandais, les femmes désireuses de mener une vie monastique se voient accorder un petit rôle dans le temple. Une nonne bouddhiste est appelée *mâa chi* (mère prêtresse) et vit comme une nonne *atthasila* (selon les 8 préceptes, alors que les profanes en suivent 5 et ceux qui ont été ordonnés moines 227), position traditionnellement occupée par des femmes qui n'avaient pas d'autre place dans la société. Les nonnes thaïlandaises se rasent la tête, portent des robes blanches et s'occupent des travaux ménagers du temple. En général, les *mâa chi* ne jouissent pas du prestige des moines, même si certaines d'entre elles sont devenues des enseignantes respectées et comptent de nombreux adeptes.

Visiter les temples

Le bouddhisme thaïlandais ne connaît pas de jour spécifique consacré aux dévotions. Les fidèles fréquentent le temple selon leurs envies ou leurs besoins, mais plus souvent pendant les *wan prá* ("excellents jours"), période faste qui revient tous les 7 ou 8 jours, selon la lune.

La visite d'un temple se fait généralement entre amis, collègues ou en famille. Les Thaïlandais effectuent parfois des pèlerinages dans les temples importants d'autres régions pour les visiter et obtenir des mérites.

La plupart des candidats au mérite vont au *wí·hăhn* (sanctuaire central), qui abrite la principale représentation du Bouddha. Le fidèle offre son offrande traditionnelle de boutons de lotus (symbole d'illumination), de guirlandes de fleurs et d'encens et lève les mains sur le front dans un geste de prière.

Pour amasser du mérite, on peut aussi offrir de la nourriture à la *sangha* (communauté) du temple, méditer (individuellement ou en groupe), écouter les moines psalmodier les *sutta* et les "choix d'instructions" (recueil de *sûtra* du bouddhisme), et assister aux *têht* ou *dhamma* (les enseignements).

Dans certaines situations, les bouddhistes consultent les moines pour connaître le meilleur moment pour se marier, lancer une entreprise ou pour accomplir les rites relatifs au nom que portera leur enfant. Les rites funéraires ont aussi lieu dans les temples.

Islam et autres religions

Si le bouddhisme est prédominant en Thaïlande, les religions minoritaires coexistent souvent.

Environ 4,6% de la population est musulmane. Le reste de la population se répartit entre chrétiens (notamment des ethnies montagnardes évangélisées et des immigrants vietnamiens), confucianistes, taoïstes, bouddhistes mahayana et hindous.

La majorité des musulmans vivent dans les provinces du Sud, bien que quelques poches musulmanes existent à Bangkok, dans le centre et le nord du pays. Dans les provinces les plus méridionales, les musulmans sont d'origine malaise, alors que dans le Nord, ils sont les descendants d'habitants du Yunnan. On retrouve, dans la forme d'islam du sud de la Thaïlande, des éléments animistes et malais qui donnent une religion culturellement plus souple que celle des nations arabes. Les provinces méridionales de Yala, de Pattani et de Narathiwat comptent la plus grande majorité musulmane et sont depuis longtemps isolées géographiquement et culturellement du reste de la société. Certaines parties de ces provinces étaient autrefois des sultanats indépendants conquis par les rois de Bangkok. La région réagit, à l'époque ultranationaliste des années 1940, par une résistance séparatiste, avant de devenir un refuge de communistes et d'insurgés dans les années 1980. La situation se dégrada en guerre sourde au début des années 2000 et persiste à l'heure actuelle. Beaucoup d'analystes considèrent cette situation comme une lutte ethnico-nationale.

Les femmes musulmanes thaïlandaises occupent dans la société la même place que leurs sœurs bouddhistes. Le voile est prévalent sans être obligatoire : il arrive de découvrir qu'une personne est musulmane à table seulement, lorsqu'elle s'abstient de manger du porc.

Les musulmans thaïlandais dévots doivent parfois gérer une incompatibilité spirituelle due à leur identité nationale, largement définie par la majorité bouddhiste. La réputation de divinité du monarque est une hérésie pour une religion monothéiste comme l'islam, même si de nombreux Thaïlandais musulmans respectent, voire aiment le roi et ne critiquent pas ouvertement cette vénération. Les musulmans évitent l'alcool et le jeu (à divers degrés) – très prisés par ailleurs dans les milieux bouddhistes ruraux. Sous cet angle, les préceptes religieux marquent la distinction entre les deux cultures, ainsi qu'une certaine méfiance de l'une par rapport à l'autre.

Cuisine thaïlandaise

Le *gaang kĕe·o wăhn* (curry vert thaïlandais)

SHUTTERWORX/GETTY IMAGES ©

L'une des exportations les plus emblématiques du pays, la cuisine thaïlandaise, est recherchée pour son harmonisation experte et relevée des saveurs épicées, sucrées, amères et salées. Les ingrédients sont très frais et les arômes intenses – les piments, très appréciés, garantissent une poussée d'adrénaline.

Riz

Dès le matin en Thaïlande, l'odeur du riz en train de cuire se mêle à celle de l'encens qui orne les autels familiaux. Le riz occupe une telle place dans l'alimentation thaïlandaise que le verbe *gin kôw* (littéralement "manger du riz") est le terme employé communément pour dire "manger".

Le riz peut être cuit à la vapeur, frit, bouilli dans une soupe, transformé en nouilles ou cuisiné pour le dessert. Dans sa version vapeur, on le mange avec une cuillère et, dans le cas du *kôw nĕe·o* (riz gluant), avec les doigts. Typiquement, le petit-déjeuner est constitué d'une soupe de riz (*jóhk* ou *kôw đôm*), idéale pour les estomacs en décalage horaire, les ventres sensibles ou les lendemains de fête. Le repas du midi sera probablement constitué d'un plat sauté ou d'un curry accompagné de riz, acheté à un vendeur ambulant ou dans une petite boutique. Dans les villes de province, les Thaïlandais se rendent au marché de nuit pour voir et être vu et pour déguster à nouveau du riz.

Nouilles

De jour comme de nuit, sur les étals de rue et dans les modestes boutiques, vous trouverez l'en-cas thaïlandais typique : le *gŏo·ay đĕe·o* (nouilles de riz), parfaite illustration du penchant des Thaïlandais pour la déclinaison des saveurs. C'est vous qui choisissez le type de nouilles, votre viande et la sauce de poisson, le sucre, le vinaigre et les piments. N'hésitez pas à sucrer, le résultat est étonnant.

On trouve trois types de nouilles de riz de base – *sên yài* (larges), *sên lék* (fines) et *sên mèe* (plus fines encore) – ainsi que du *bà·mèe,* une nouille bouclée à base de farine de blé et d'œufs. La plupart n'apparaissent que dans les soupes, mais quelques-unes sont sautées, comme les *pàt tai* (vermicelles de riz sautés avec des crevettes fraîches ou séchées, du tofu et de l'œuf).

Investissez le marché du matin pour déguster un bol de *kà·nŏm jin* (nouilles de riz au curry). Ce plat vous donne l'impression, grâce à la multitude de légumes frais et marinés, d'avoir grandi dans la forêt tropicale et nagé dans les mangroves. Le *kà·nŏm jin* est généralement servi sur des tables de bois branlantes, partagées par des Thaïlandaises de classes modestes et des étudiants.

Currys

Composante la plus célèbre de la cuisine thaïlandaise, le curry (*gaang*) est ici un plat modeste. Sur les étals au bord des routes, particulièrement dans le sud de la Thaïlande, de grandes marmites en métal contiennent diverses concoctions aux couleurs vives. À votre demande, le vendeur soulèvera les couvercles et nommera les types de viande qu'elles contiennent : *gaang gài* (curry de poulet) ou *gaang ɓlah* (curry aigre de poisson). À Bangkok, les vendeurs de rue et les petites boutiques présentent leurs currys dans de grands plats. Dans les deux cas, montrez du doigt ce que vous avez choisi pour qu'il vous soit servi sur du riz. Vous le consommerez avec une cuillère. Ne mangez pas les feuilles de citronnier qui ne sont pas comestibles.

Tous les currys sont faits à partir d'une pâte constituée de graines de coriandre moulues, de graines de cumin, d'ail, de citronnelle, de combava, de galanga, de pâte de crevette et de piments (frais ou séchés). Les cuisiniers thaïlandais les faisaient autrefois eux-mêmes, mais aujourd'hui beaucoup vont l'acheter au marché où il est vendu en vrac. La recette de la pâte de curry varie d'une région à l'autre : le *gaang mát·sà·màn* (curry musulman) se compose d'anis étoilé, épice plutôt utilisée dans le Sud. Beaucoup de visiteurs identifient les

Un petit verre ?

- Les bières thaïlandaises, comme la Singha (prononcer “sing”), sont des blondes, souvent rafraîchies avec des glaçons.
- Les jus de fruits sont désaltérants et servis avec une pincée de sel pour aider à réguler la température corporelle.
- Thés et cafés glacés sucrés sont proposés aux étals de rues.
- Les Thaïlandais aiment boire un verre d'alcool de riz avec des glaçons, de l'eau gazeuse et un doigt de Coca-Cola.

currys à la couleur, généralement rouge (à cause des piments rouges séchés) et vert (grâce aux piments verts frais). Le curry vert est un plat classique du centre de la Thaïlande.

Cuisines régionales

Les migrations économiques ont pris une telle ampleur au cours des vingt dernières années que nombre de plats régionaux ont été adoptés dans tout le pays.

Dans le Nord

Fidèle à la mentalité de l'époque lanna, la cuisine du Nord est plus décontractée, les saveurs y sont douces et marquées par des influences du Myanmar (Birmanie) et de Chine. Grâce aux caravanes chinoises itinérantes et aux Chinois installés dans le pays, la cuisine du Nord utilise du porc dans presque tous les plats, notamment dans les *sâi òo·a* (saucisses), *kâap mŏo* (en-cas frits) et les *mŏo bîng*, ces brochettes souvent proposées dans la rue. L'influence birmane a propagé l'usage du curcuma et du gingembre (certains y opposeront que les Birmans du Nord ont été influencés par les Chinois) dans les pâtes de curry utilisées dans le *gaang hang·lair* (riche ragoût de porc).

Les saveurs du Nord favorisent les notes plus aigres. Les plats de nouilles typiques – *kôw soy* (nouilles de blé aux œufs accompagnées d'un épais curry rouge à la noix de coco) et *kà·nŏm jin nám ngée·o* (nouilles de riz servies avec un bouillon de curry au porc et tomates) – sont surmontés de légumes marinés et accompagnés d'échalotes et de citrons.

Le nord de la Thaïlande partage avec la région de l'Isan l'amour du *kôw nĕe·o* (riz gluant), servi dans des paniers en osier arrondis en accompagnement de plats classiques comme le *nám prík òrng* (pâte de chili composée de porc haché et de tomates).

Dans le Sud

La cuisine du sud de la Thaïlande s'inspire davantage des traditions des commerçants au long cours, dont beaucoup étaient des musulmans venus d'Inde ou de Malaisie. Le pain plat de style indien (*roti*) rivalise souvent avec le riz en accompagnement du curry, quand il n'est pas saupoudré de sucre et de lait concentré sucré pour le dessert. Le curcuma teinte de jaune le *kôw mòk gài* (poulet *biryani*) et le poulet frit typique du Sud.

Les currys prennent ici des teintes flamboyantes, grâce aux épices séchées et grillées préparées à l'indienne et avec beaucoup de lait de coco local. La noix de coco est largement utilisée dans la cuisine.

Poissons et fruits de mer frais sont omniprésents dans la cuisine méridionale. Les calmars sont grillés et servis en brochettes, accompagnés d'une sauce aigre-douce. On déguste des poissons entiers farcis de citronnelle et de citron, et grillés sur un feu d'écorces de noix de coco.

Les meilleurs... Plats des étals de rue

1 *kôw pàt* – riz frit.

2 *gŏo·ay đĕe·o pàt kêe mow* – nouilles sautées au basilic, piments et viande (souvent du poulet).

3 *pàt gá·prow* – piments tranchés, basilic et poulet ou porc sauté sur du riz.

4 *pàt pàk ká·náh* – chou chinois sauté accompagné de *mŏo gròrp* (porc frit).

Dans le Nord-Est

Les habitants du nord-est de la Thaïlande ne quittent jamais la maison sans avoir consommé les trois plats incontournables : *sôm·đam* (salade de papayes vertes), *kôw nĕe·o* (riz gluant) et *gài yâhng* (poulet grillé).

Dès le matin, le poulet mariné grillé dégage de vastes panaches de fumée qui balaient la ville. Près du gril, le *sôm·đam* est préparé dans un grand mortier où il est concassé au pilon. On y trouve des lanières de papayes vertes, du sucre, des piments, de la sauce de poisson, des haricots verts, des tomates, des crevettes séchées et quelques extras : cacahuètes pour le *sôm·đam Thai* ; crabe et *Ƀlah ráh* (sauce de poisson fermenté) pour le *sôm·đam Lao* (qui se réfère à la fois au pays et aux Laotiens vivant dans le nord-est de la Thaïlande).

La cuisinière écrase les ingrédients avec son pilon en produisant le son "pow-pow-pow", parfois utilisé comme surnom du plat. On dit souvent aux filles de l'Isan qu'elles seront de bonnes épouses si elles savent manier le pilon quand elles font le *sôm·đam* (le double sens est voulu, bien sûr) !

Arts et architecture

Fresque murale (détail), Wat Phra Kaew (p. 60), Bangkok

Les Thaïlandais ont un sens très raffiné de la beauté, qui se reflète dans leurs traditions artistiques, des sculptures bouddhiques jusqu'à l'architecture des temples. Les monarques, autrefois de grands mécènes, furent honorés dans les temples par des stupas très décorés servant de monuments funéraires, et l'artisanat fut développé spécifiquement pour la royauté. Aujourd'hui, l'art religieux continue de dominer l'imaginaire artistique, avec des installations multimédia dans les musées et des toiles contemporaines.

Art religieux

Le patrimoine artistique de la Thaïlande se trouve principalement dans ses temples, où vous pouvez admirer des fresques élaborées illustrant la mythologie hindo-bouddhiste et des sculptures du Bouddha, qui constituent la principale contribution du pays à l'art religieux.

Toujours didactiques, ces œuvres comprennent souvent des représentations des jataka (récits des vies antérieures du Bouddha) et de la version thaïlandaise du *Ramayana* (récit épique indien). Pour décrypter ces fresques, il faut à la fois connaître les mythes religieux auxquels elles se réfèrent et être initié à la correspondance entre la place occupée par les représentations sur le mur et leur place dans le temps. La plupart des fresques sont divisées en scènes, le thème principal étant dépeint au centre et les événements qui en résultent au-dessus et au-dessous. En marge des épisodes relatant l'histoire de personnages figurent souvent des scènes indépendantes représentant la vie villageoise : femmes portant des victuailles dans des paniers en bambou, hommes à la pêche ou réunions de village.

Les temples abritent aussi des statues vénérées du Bouddha qui témoignent de l'évolution de la sculpture en Thaïlande, particulièrement renommée pour sa statuaire empreinte de grâce et de sérénité apparue sous la période de Sukhothai.

Art contemporain

L'adaptation des thèmes et de l'esthétique traditionnels aux modèles laïques remonte au début du XXe siècle, alors que l'influence occidentale prend son essor. D'une façon générale, la peinture thaïlandaise préfère l'approche abstraite au réalisme et continue de privilégier les représentations unidimensionnelles, à la manière des fresques murales traditionnelles.

L'Italien Corrado Feroci est souvent considéré comme le père de l'art thaïlandais moderne. Invité en Thaïlande pour la première fois par Rama VI en 1924, il est notamment l'auteur du monument de la Démocratie de Bangkok. En 1933, il fonde la première école des beaux-arts du pays, noyau de la future université de Silpakorn, principal lieu de formation des artistes thaïlandais d'aujourd'hui. Pour le remercier, le gouvernement offrit à Feroci la nationalité thaïlandaise, lui donnant le nom de Silpa Bhirasri.

Le Bouddha moderne

Dans les années 1970, les artistes thaïlandais entreprennent de moderniser les thèmes bouddhiques par le biais de l'expressionnisme abstrait. Parmi les tendances, les dessins mystiques au crayon et à l'encre de Thawan Duchanee ont particulièrement marqué leur époque. Montien Boonma utilisa certains éléments de la pratique bouddhique, comme la feuille d'or, les clochettes et la cire de bougie, pour créer des espaces-temples abstraits dans les musées.

Contestation et satire sociale

Dans une société qui s'industrialisait rapidement, de nombreux artistes ont assisté à la transformation des rizières en usines et des forêts en autoroutes, et observé les cercles du pouvoir tirer profit de ces mutations. Dans les années 1970, grande époque de l'activisme estudiantin les artistes révoltés, musiciens, peintres et intellectuels de tout poil, se regroupèrent sous la bannière du mouvement Art for Life. Opposés à la dictature militaire, ils reprenaient à leur compte certains aspects du communisme et des droits des travailleurs. Deux artistes importants ont marqué cette période : Sompote Upa-In et Chang Saetang.

Artisanat

Le tourisme fait revivre l'artisanat thaïlandais, parfois revisité par des créateurs de Bangkok.

Céramique Les plus connues sont le céladon vert thaïlandais et le *ben·jà·rong* (5 couleurs) du centre de la Thaïlande.

Laque Le nord de la Thaïlande est célèbre pour son art du laque hérité de Birmanie.

Textiles Le *mát·mèe*, un épais tissu de coton ou de soie tissé à partir de fils teints selon la technique tie-dye. Chaque ethnie a sa propre tradition de broderie ; Chiang Mai et Chiang Rai sont des centres artisanaux reconnus.

Périodes artistiques

Le développement de l'architecture et de l'art religieux thaïlandais s'organise en différentes périodes ou écoles reliées à la capitale dominante de l'époque. Les caractéristiques les plus évidentes d'une époque se révèlent dans les variations des traits du visage des sculptures du Bouddha, dans l'ornement qui surmonte sa tête, dans sa robe et la position de ses pieds quand il est représenté en méditation. Le socle et la cloche centrale des *chédi* (leur partie inférieure) changent souvent de forme en fonction des styles.

PÉRIODE	TEMPLES ET CHÉDI	BOUDDHAS	EXEMPLES
Période de Dvaravati (VIIe-XIe siècle)	*Chédi* de base rectangulaire avec des niveaux décroissants	Influences indiennes ; torse massif, grandes boucles de cheveux, sourcils arqués, yeux protubérants, lèvres épaisses et nez épaté	*Chédi* Phra Pathom, Nakhon Pathom ; musée de Lopburi ; Wat Chama Thewi, Lamphun
Période de Srivijaya (VIIe-XIIIe siècle)	Temples de style bouddhique mahayana ; *chédi* de style javanais, avec des arches raffinées	Influences indiennes ; très orné, traits humains et légère torsion au niveau de la taille	Wat Phra Boromathat, Chaiya ; Wat Phra Mahathat Woramahawihaan et Musée national, Nakhon Si Thammarat
Période khmère (IXe-XIe siècle)	Temples hindo-bouddhiques ; *prang* (*chédi* de style khmer) en forme d'épi de maïs	Bouddha méditant sous un dais en forme de *naga* à 7 têtes et sur un piédestal en forme de lotus	Phimai, Nakhon Ratchasima ; parc historique de Phanom Rung, Surin
Période de Chiang Saen-Lanna (XIe-XIIIe siècle)	Temples en teck ; *chédi* carré à la base et coiffé d'une ombrelle dorée ; il en existe aussi de base octogonale	Influences birmanes : personnage rond et charnu, visage souriant, plante des pieds tournée vers le haut en position de méditation	Wat Phra Singh, Chiang Mai ; musée national de Chiang Saen
Période de Sukhothai (XIIIe-XVe siècle)	Temples d'inspiration khmère ; *chédi* à la flèche élancée, coiffée d'un bouton de lotus	Postures élégantes, souvent en train de "marcher", aucun détail anatomique humain	Parc historique de Sukhothai
Période d'Ayuthaya (XIVe-XVIIIe siècle)	Temple thaïlandais classique, avec toit à 3 niveaux et pignons ornés ; *chédi* en forme de cloche surmonté d'une flèche fuselée	Roi de l'époque d'Ayuthaya, portant une couronne sertie de pierres et d'autres attributs royaux	Parc historique d'Ayuthaya
Période de Bangkok-Ratanakosin (XIXe siècle)	Temple doré et coloré de styles occidental et thaïlandais ; *chédi* recouvert de mosaïques	Reprise des éléments du style d'Ayuthaya	Wat Phra Kaew, Wat Pho et Wat Arun, Bangkok

Une tendance anti-autoritaire se manifeste toujours aujourd'hui dans l'œuvre de certains artistes. Le photographe Manit Sriwanichpoom s'est fait remarquer avec sa série des *Pink Man On Tour* ("Performance de l'homme rose"), où il met en scène l'acteur Sompong Thawee, vêtu d'un costume rose et poussant un chariot de supermarché dans les grands sites touristiques thaïlandais. Ses photos en noir et blanc dénoncent le capitalisme et le consumérisme, qualifiés d'influences occidentales indésirables.

L'art sort du cadre

Les années 1990 ont été marquées par un mouvement visant à sortir l'art des musées pour le rendre à la vie dans les espaces publics. C'est alors que l'artiste et organisateur d'expositions Navin Rawanchaikul a commencé ses collaborations "de rue" à Chiang Mai, sa ville natale. Ses grandes idées l'ont suivi à Bangkok, où il a créé des installations d'art dans les taxis de la capitale, devenus de véritables galeries ambulantes. Il se plaît aussi à jouer sur les mots, comme dans les titres de son œuvre multimédia de 2002, *We Are the Children of Rice (Wine)*, et de son tableau monumental *Super (M)art Bangkok Survivors* (2004). Ce tableau, qui réunit des artistes, conservateurs et décideurs renommés dans un décor inspiré de Véronèse, évoque le combat de la communauté artistique pour empêcher que le nouveau musée d'art contemporain de Bangkok ne devienne une galerie commerçante déguisée.

Pop art

Les travaux de Thaweesak Srithongdee sont d'un pur style pop, avec des personnages extravagants que l'on dirait sortis de dessins animés, auxquels il associe des éléments de l'imagerie ou de l'artisanat traditionnels. Dans une mouvance similaire, Jirapat Tasanasomboon oppose des figures thaïlandaises traditionnelles à des icônes occidentales dans des combats de BD ou de sensuelles étreintes. Dans *Hanuman is Upset!*, le roi singe mâchonne les lignes géométriques des célèbres toiles quadrillées de Mondrian. Quant à l'artiste thaïlando-japonaise Yuree Kensaku, elle produit des tableaux aux airs de bandes dessinées, saupoudrés de références à la pop culture.

Sculpture

Même si la sculpture thaïlandaise ne suscite pas l'intérêt qu'elle mérite sur le marché de l'art, on la considère souvent comme le plus marquant des arts contemporains en Thaïlande. Rien d'étonnant à cela quand on connaît l'importance de la production traditionnelle de statues du Bouddha. Ayant opté pour un registre profane, Khien Yimsiri se pose comme le maître moderne avec ses élégantes créations en bronze évoquant des formes humaines et mythiques. Kamin Lertchaiprasert explore la spiritualité et la vie quotidienne à travers ses installations sculpturales, qui incluent souvent une petite armée de figurines en papier mâché. L'une de ses expositions les plus récentes, intitulée "Ngern Nang" ("Argent assis"), regroupe une série de personnages fabriqués à partir de vieux billets mis au rebut par la Banque nationale et agrémentés de conseils poétiques sur la vie et l'amour.

Théâtre et danse

Le théâtre traditionnel prend la forme de pièces dansées, aux histoires interprétées par des acteurs masqués ou costumés. Le théâtre traditionnel, autrefois réservé aux événements royaux ou religieux, a perdu ses mécènes et a commencé à décliner avec la modernisation de la monarchie.

La danse thaïlandaise classique, en revanche, survit plutôt bien et est encore largement enseignée dans les écoles et les universités.

Kŏhn et lí·gair

Le *kŏhn* est un drame dansé classique avec masques qui suit des règles précises et représente des scènes du *Ramakian* (la version thaïlandaise du *Ramayana* indien). Les pièces du répertoire *kŏhn* traditionnel ont pour principale intrigue la recherche par le prince Rama de sa bien-aimée, la princesse Sita, enlevée par le démon aux dix têtes, Ravana, et emmenée sur l'île de Lanka.

Le plus souvent représenté lors de fêtes bouddhiques, le *lí·gair* est une forme théâtrale provocante et bruyante, dont les origines remontent probablement à des cérémonies théâtrales introduites dans le sud de la Thaïlande par des commerçants malais et arabes. Il associe de manière enlevée musique classique et folklorique, costumes extravagants, grosse farce, mélodrame, allusions scabreuses et commentaires d'actualité.

Danse classique et folklorique

Héritée des Khmers, la danse classique était à l'origine une offrande sacrée interprétée par la version terrestre des *apsara* (les vierges divines, dotées de beauté et de talent de danseuses, dépeintes dans de gracieuses positions sur les fresques des temples et les bas-reliefs). Les villages comptaient une forme de danse traditionnelle distincte, aux caractères régionaux. Certaines danses décrivent la saison de la plantation du riz, d'autres des histoires d'amour. Pendant les fêtes locales et les défilés, surtout dans le Nord-Est, de jeunes danseuses âgées de moins d'une vingtaine d'années revêtent des costumes traditionnels et des coiffes élaborées, et sont maquillées de blanc pour se donner en spectacle accompagnées par des musiciens ambulants.

Marionnettes

Le théâtre de marionnettes n'était pas limité à la cour. Des marionnettes de tailles diverses étaient utilisées pour le *lá·kon lék* ("petit théâtre" – des représentations jouées au palais et mettant en scène les mêmes thèmes que le *kŏhn*). Deux ou

Danseuses thaïlandaises, parc historique de Sukhothai (p. 218)

Les plus belles... **Résidences anciennes**

1 Maison de Jim Thompson (p. 72)

2 Baan Sao Nak (p. 197)

3 Suan Pakkad Palace Museum (p. 74)

trois marionnettistes sont nécessaires pour manipuler les figurines d'un mètre de haut, au moyen de fils et de longs bâtons. Les histoires sont tirées des légendes populaires, comme le *Phra Aphaimani* ou, parfois, le *Ramakian*.

Le théâtre d'ombres – où des marionnettes plates sont manipulées entre un écran de tissu et une source de lumière – existe en Asie du Sud-Est depuis près de 500 ans. Il fut introduit dans la péninsule malaise par des marchands du Moyen-Orient. En Thaïlande, on le rencontre surtout dans le Sud. Comme en Malaisie et en Indonésie, les marionnettes sont découpées dans du cuir de buffle ou de vache (*nǎng*).

Musique

La musique traditionnelle thaïlandaise mêle des sons étonnamment subtils, des tempos renversants et des mélodies pastorales. L'orchestre classique est appelé le *ƀèe pâht* et peut comprendre de cinq à une vingtaine de musiciens. L'un des instruments les plus courants est le *ƀèe*, un instrument à vent en bois, avec un bec à anche, joué la plupart du temps en accompagnement des matchs de boxe. Le *rá·nâht èhk*, un instrument à percussion en bambou ressemblant au xylophone, assure la mélodie. On joue également du *sor*, un instrument à archet dont la caisse est creusée dans une noix de coco.

Si vous prenez un taxi à Bangkok, vous aurez sûrement l'occasion d'entendre la version thaïlandaise de la country : le *lôok tûng* ("enfants des champs"). L'amour perdu, la mort aussi tragique que prématurée et le dur sort des laborieux agriculteurs sont les thèmes les plus populaires chantés plaintivement et accompagnés de musique tout aussi mélancolique. Plus enlevé, le *mŏr lam* est une musique folklorique traditionnelle originaire du Nord-Est rural.

Il suffit d'entrer dans un centre commercial ou une discothèque pour entendre les notes rythmées de la pop thaïlandaise (surnommée "T-pop"). Quant aux *pleng pêu·a chi·wít* (chansons pour la vie), lancés par les hippies vieillissants de l'époque contestataire des années 1970 et 1980, on les entend dans des bars country thaïlandais de plus en plus difficiles à trouver. Les années 1990 ont donné naissance à la scène pop alternative – connue sous le nom de "indie".

Architecture

Habitat traditionnel

Les maisons thaïlandaises traditionnelles, aussi élégantes que fonctionnelles, sont adaptées au climat, à la vie familiale et aux sensibilités artistiques. Ces habitations anciennes étaient de modestes maisons en bois sur pilotis, composées d'une pièce unique. Plus élaborées, celles des chefs de village ou des membres mineurs de la famille royale comportaient plusieurs pièces reliées entre elles par des passerelles. À l'origine, les Thaïlandais s'installaient le long des cours d'eau et la surélévation des maisons permettait de préserver leurs habitations d'éventuelles inondations pendant la mousson. Durant la saison sèche, l'espace situé sous la maison servait à s'abriter de la chaleur, mais aussi de cuisine ou même d'étable. Il a plus tard été transformé en garage pour les motos et les vélos. Lorsqu'il était encore abondant dans les forêts thaïlandaises, le teck était le matériau de prédilection des Thaïlandais. Les habitations en teck que l'on voit aujourd'hui ont été édifiées il y a au moins une cinquantaine d'années.

En Thaïlande du Centre, du Nord et du Sud, les toits sont très pentus. Ils sont souvent décorés aux angles et le long des combles d'un *naga*, serpent mythique, longtemps considéré comme le protecteur spirituel des cultures thaïes, éparpillées dans toute l'Asie.

Dans les provinces méridionales, on aperçoit souvent des habitations d'inspiration malaise, dont les hauts frontons ou les fondations en maçonnerie remplacent les pilotis. Les habitants du Sud utilisent aussi parfois le bambou et le palmier, plus abondants que le bois. Au nord, les maisons des chefs de village étaient souvent décorées d'un motif ouvragé en forme de corne appelé *galare*, un élément décoratif devenu représentatif de l'architecture du vieux Lanna. Les toits en tuiles ou en palmes présentent en général une pente moins accentuée, et certaines habitations situées plus au nord possèdent même des pignons arrondis (une forme venue du Myanmar).

Les symboles du temple

Le symbolisme architectural des diverses parties du temple s'inspire nettement de l'iconographie hindo-bouddhique.

Sur la ligne de toit du temple est représenté le *naga*, le serpent mythique qui protégeait le Bouddha durant ses méditations. Sur le dessus du toit se détache la silhouette du *chôr fáh*, constitué d'ornements dorés généralement en forme d'oiseaux. Les lignes de toit représentent souvent les Trois Joyaux : le Bouddha, le *dhamma* (philosophie bouddhiste) et la *sangha* (communauté bouddhiste).

Autre motif sacré, le bouton de lotus apparaît au-dessus des portes des temples, sur les colonnes des galeries et les flèches des *chédi* de la période de Sukhothai. Le Bouddha est souvent représenté méditant sur un piédestal en forme de fleur de lotus. Les fleurs de lotus servent à des fins religieuses.

Temples

Le spécimen le plus frappant de l'héritage architectural thaïlandais est le temple bouddhique (*wat*), resplendissant sous le soleil tropical, tout en couleurs flamboyantes et en lignes élancées. Les temples thaïlandais se composent de différents bâtiments dévolus à des fonctions bien précises. Les plus importants sont l'*uposatha* (*bòht* dans le centre du pays, *sĭm* dans le Nord et le Nord-Est), un sanctuaire où a lieu l'ordination des moines, et le *wí·hăhn* (grande salle), qui abrite les représentations du Bouddha.

Autre élément classique de l'architecture des temples : la présence d'un ou de plusieurs stupas (*chédi* en thaï). Il s'agit d'un monument robuste, en forme de cône, édifié en l'honneur de la pérennité du bouddhisme. Il existe de nombreux styles de stupas, du simple dôme importé du Sri Lanka aux formes octogonales plus élaborées que l'on trouve dans le nord du pays. De nombreux stupas sont censés abriter des reliques du Bouddha (souvent des morceaux d'os). Variante du stupa hérité du royaume d'Angkor, le *prang*, en forme d'épi de maïs, évoque les anciens temples de Sukhothai et d'Ayuthaya.

Architecture contemporaine

L'ajout de formes européennes à l'architecture traditionnelle remonte au tournant des XIXe et XXe siècles, comme en témoignent le palais Vimanmek dans le parc du palais Dusit et certains bâtiments du Grand Palais à Bangkok.

Les villes portuaires, Bangkok et Phuket notamment, abritent de belles réalisations architecturales d'inspiration sino-portugaise – en brique et en stuc avec de belles façades ouvragées, un style qui a vu le jour avec l'arrivée des marchands de l'époque coloniale. Ce style est désigné sous le nom de "vieux Bangkok" ou "Ratanakosin".

Dans les années 1960 et 1970, le Bauhaus européen fait basculer l'architecture vers un fonctionnalisme total. Durant le boom de la construction des années 1980, les architectes thaïlandais utilisent des designs high-tech, comme le fameux "Robot Building" de Sumet Jumsai, sur Th Sathon Tai, à Bangkok.

Depuis le début du nouveau millénaire, les centres commerciaux et les hôtels réinterprètent l'habitat thaïlandais traditionnel à travers un style moderniste relevé d'une touche contemporaine industrielle. Ainsi, des séries de cubes présentent une structure en acier apparente et de grandes baies vitrées.

Environnement

Vols au-dessus du parc national de Doi Inthanon (p. 183)

La Thaïlande est accrochée à un versant méridional de l'Himalaya. Elle recèle des plaines fluviales fertiles et s'effile entre des mers chaudes et peu profondes, bordées de récifs coralliens. La forme étrange de la Thaïlande est souvent comparée à une tête d'éléphant dont la trompe serait la Malaisie. S'étirant sur 1 650 km et 16 degrés de latitude du nord au sud, c'est le pays d'Asie du Sud-Est dont le climat est le plus contrasté.

Nord de la Thaïlande

Le nord de la Thaïlande côtoie le Myanmar (Birmanie), le Laos et le sud de la Chine le long de l'extension sud-est de la chaîne himalayenne du Dawna-Tenasserim. Son point culminant, le Doi Inthanon (variant de 2 565 à 2 576 m selon les mesures), est recouvert d'une forêt d'arbres à feuilles persistantes et d'espèces typiques des marécages, notamment un épais tapis de mousse. À moindre altitude se dressent des forêts de mousson constituées d'arbres à feuilles caduques, dont la luxuriance disparaît à la saison sèche. Le teck est l'arbre le plus précieux de ce type de forêt, mais il est aujourd'hui menacé et son abattage est illégal.

Le nord de la Thaïlande est considéré comme l'une des meilleures destinations asiatiques pour les amateurs d'ornithologie. L'air frais des montagnes du Nord, couvertes

de forêt, convient à des espèces d'oiseaux sédentaires et migrateurs de type himalayen, comme le gobe-mouche et la grive notamment.

Centre de la Thaïlande

Au centre, la topographie s'aplatit en rizières alimentées par des rivières aussi vénérées que la monarchie nationale. Le fleuve le plus révéré de Thaïlande est le Chao Phraya, formé par les affluents septentrionaux des Ping, Wang, Yom et Nan – une lignée tout aristocratique. Le delta du fleuve est cultivé presque toute l'année – passant du vert émeraude des jeunes pousses à l'or des moissons. Cette région a été très modelée par l'homme : routes, champs et villes ont transformé le paysage en cœur laborieux du pays.

À la frontière occidentale, à la lisière de la frontière montagneuse avec le Myanmar, s'étend un ensemble de réserves forestières couvrant près de 1,7 million d'hectares. La plus grande réserve protégée du Sud-Est asiatique constitue un habitat tranquille pour les espèces menacées (dont les éléphants et les tigres). Ces parcs sont peu développés pour les secteurs du tourisme ou du commerce.

Nord-est de la Thaïlande

Le paysage de la frontière nord-est de la Thaïlande est l'aride plateau de Khorat qui s'élève à quelque 300 m au-dessus du niveau de la plaine centrale. Sur cette terre peu fertile, les pluies sont rares, le sol pauvre et la poussière rouge tache autant que la noix de bétel mâchée avec obstination par les grands-mères du cru. La forêt dominante est constituée de diptérocarpacées sèches, famille d'arbres qui perdent leurs feuilles à la saison sèche pour conserver leur humidité. La plus grande réserve forestière de la région est le parc national de Khao Yai, inscrit, ainsi que d'autres parcs

Parc national de Khao Sok (p. 298)

de la région, au patrimoine mondial de l'Unesco. Ce parc est principalement constitué de forêts arides, habitat privilégié des calaos et de plus de 300 espèces d'oiseaux. Quelques éléphants sauvages y habitent, mais le développement avoisinant a eu un impact négatif sur les trajets de passage de la faune.

Sud de la Thaïlande

Les fleuves de l'est du royaume déversent leurs eaux et leurs sédiments dans le golfe de Thaïlande, cuvette peu profonde de la mer de Chine voisine. Bangkok s'étend à l'endroit où le golfe prend une forme d'hameçon, entourée d'une large zone industrielle qui a éliminé ou pollué la plus grande partie de l'environnement naturel. Les extrémités du golfe, à l'est comme au sud, sont davantage caractéristiques du type d'environnement littoral : des mangroves, transition entre la terre et la mer, font office de nursery de l'océan, où se reproduisent et grandissent poissons, oiseaux et batraciens. La Thaïlande abrite près de 75 espèces d'arbres tolérant le sel, souvent considérés comme inutiles et, à ce titre, subissant le développement des côtes.

La longue "trompe" qui se déroule entre le golfe de Thaïlande et la mer d'Andaman est souvent surnommée péninsule malaise. C'est la région équatoriale de Thaïlande : les précipitations y sont abondantes, entretenant d'épaisses forêts tropicales humides, vertes toute l'année. La faune et la flore malaises y prédominent, et une impressionnante chaîne de montagnes calcaires, vestige d'un ancien fond marin élevé lors de collisions intercontinentales, serpente de la terre à la mer.

Sur la côte ouest, la mer d'Andaman, extension de l'océan Indien, recèle d'étonnants récifs coralliens abritant des milliers de variétés de poissons et qui font office de brise-lames contre les raz-de-marée. Beaucoup des îles bordées de coraux font partie de réserves maritimes nationales afin de limiter, à un certain point, le développement et la circulation des bateaux qui contribuent à la destruction des coraux. On estime qu'en 2010 le blanchiment des coraux (El Niño aurait contribué au phénomène en réchauffant l'eau) a tué ou endommagé de grandes portions de récifs thaïlandais.

Les plus beaux... Parcs nationaux

1 Parc national de Khao Yai (p. 112)

2 Parc national de Khao Sok (p. 298)

3 Parc national de Doi Inthanon (p. 183)

4 Parc national maritime des îles Similan (p. 302)

5 Parc national maritime d'Ao Phang-Nga (p. 314)

Parcs nationaux et réserves naturelles

Avec 15% de son territoire – terrestre et maritime – déclarés réserves ou parcs naturels, la Thaïlande possède l'un des plus forts pourcentages d'espaces protégés de toute l'Asie : plus de 100 parcs nationaux, auxquels s'ajoutent plus d'un millier de "zones interdites à la chasse", des réserves naturelles et forestières, des jardins botaniques et des arboretums.

Les efforts en matière de protection de la nature en Thaïlande remontent à 1960, date de la promulgation de la loi sur la protection des animaux sauvages, qui permit de mettre en place les premières réserves naturelles. Elle fut suivie d'une loi sur les parcs nationaux en 1961. Le parc national de Khao Yai fut le premier à bénéficier de ce nouveau statut.

Questions d'environnement

- La taille de la Thaïlande est équivalente à celle de la France.
- Bangkok est à 14° de latitude nord, comme Madras, Manille, le Guatemala et Khartoum.
- Le Mékong rivalise avec le fleuve Amazone en termes de biodiversité.
- La Thaïlande compte des serpents venimeux, dont le crotale de Russell (*pit viper*) et le cobra royal.
- Les formations karstiques de la Thaïlande sont formées de calcaire, issu de coquillages et de coraux qui peuplaient les fonds marins il y a 250 à 300 millions d'années.

Malgré les promesses, l'appellation de parc national ou de sanctuaire ne suffit pas toujours à garantir la protection des espèces et de leur habitat. Dans les parcs nationaux thaïlandais, fermiers locaux, riches promoteurs et autres entrepreneurs l'emportent bien souvent, légalement ou non, sur la protection de l'environnement. Rares sont ceux qui respectent la loi et le gouvernement ne fait pas de zèle pour les y encourager. Ko Chang, Ko Samet et Ko Phi Phi, par exemple, sont confrontés, malgré leur statut de parc national, au problème du développement des aménagements côtiers.

Le Mékong

Le Mékong, l'artère du Sud-Est asiatique, dessine la frontière entre la Thaïlande et le Laos. Ce fleuve, à l'origine d'une foule de légendes locales et de fêtes, est utile grâce aux barrages hydroélectriques dont il est jalonné. Il serpente parmi les chaînes de montagne jusqu'au plateau du Nord-Est, où il prend de l'ampleur et se réduit au gré des pluies saisonnières. À la saison sèche, les agriculteurs plantent des légumes dans les plaines inondables boueuses et moissonnent leurs récoltes avant que le fleuve n'y reprenne ses droits.

Les scientifiques se sont penchés sur l'impressionnante biodiversité des régions du Mékong. Quelque 1 000 espèces d'animaux et de végétaux inconnus ont été découvertes au cours des 10 dernières années dans la région du Mékong (qui comprend le Vietnam, le Laos et le Cambodge).

Problèmes environnementaux

Tout au long de son industrialisation, la Thaïlande a mis ses écosystèmes à rude épreuve. Le couvert forestier naturel occupe aujourd'hui 28% du territoire, contre 70% il y a environ 50 ans. Caractérisées par une densité de population et une croissance économique supérieures à la moyenne nationale, les régions côtières sont désormais touchées par l'érosion des sols, la pollution des eaux et la dégradation des systèmes coralliens.

Étant donné la nature des pluies de mousson, les crues saisonnières constituent un phénomène répandu dans certaines parties du pays. Ces inondations ont néanmoins gagné en fréquence et en ampleur. La crue record de 2011 figure parmi les catastrophes naturelles les plus préjudiciables de l'histoire. Sur les 77 provinces thaïlandaises, 65 furent déclarées zones sinistrées ; on enregistra 815 victimes et des dégâts estimés à 45,7 milliards de dollars.

Carnet pratique

Vendeur de noix de coco, Phuket (p. 303)

A-Z

Carnet pratique

Achats

Antiquités

Les vraies antiquités thaïlandaises se font rares. Vous ne trouverez sur les marchés que des reproductions et des babioles du Myanmar. Bangkok et Chiang Mai sont les deux grands centres pour l'achat et la vente d'antiquités et de reproductions.

Les antiquités véritables et les bouddhas, récents ou anciens, ne peuvent sortir du territoire sans l'autorisation du "Department of Fine Arts" (département des Beaux-Arts).

Pierres précieuses et bijoux

Malgré le grand nombre de bijouteries en Thaïlande, il est devenu si difficile de repérer les arnaques qu'il vaut mieux ne rien acheter dans le pays.

Textiles

Le Nord-Est est réputé pour ses vêtements en *mát·mèe*, coton épais ou étoffe en soie, tissés avec des fils noués et teints, semblable à l'*ikat* indonésien.

Dans le Nord, vous trouverez aussi des soies de style lanna, apportées à Chiang Mai et dans les montagnes environnantes par les différents groupes thaïs.

Pour chaque ethnie montagnarde, la broderie est une tradition qui s'exprime aujourd'hui sous forme de sacs et de bijoux. Chiang Mai et Chiang Rai sont de bons endroits pour réaliser des achats.

Marchander

Si le prix d'un article n'est pas affiché, c'est qu'il est possible de négocier. Le marchandage est courant sur les marchés et dans les petites boutiques. Les supermarchés et autres 7-Eleven pratiquent des prix fixes.

Les Thaïlandais respectent le marchandage bien mené. Laissez le vendeur faire la première offre, puis demandez-lui s'il ne peut pas faire un effort. Il vous proposera un rabais, puis ce sera à votre tour de faire une proposition ; commencez assez bas et poursuivez jusqu'à ce que vous vous accordiez sur un montant. Il n'y a pas de règle, certains commerçants annonçant d'emblée une somme vertigineuse, d'autres restant plus près du prix réel. N'entamez pas la discussion si vous n'avez pas l'intention d'acheter.

Restez détendu et souriant, les négociations auront plus de chances d'aboutir. Évitez de hausser le ton et de vous emporter, vous n'arriverez à rien.

Alimentation

Pour des renseignements sur les spécialités culinaires, lire le chapitre *Cuisine thaïlandaise* (p. 361).

Tarifs des repas

Les symboles suivants indiquent le prix d'un repas en Thaïlande.

$	moins de 150 B
$$	de 150 à 350 B
$$$	plus de 350 B

Ambassades et consulats

Ambassades et consulats thaïlandais

Le site www.thaiembassy.org répertorie les liens vers les missions diplomatiques thaïlandaises à l'étranger. Voici les coordonnées de quelques ambassades de Thaïlande à l'étranger :

Belgique (☎ 640 68 10 ; www.thaiembassy.be ; chaussée de Waterloo 876, 1000 Bruxelles).

Canada Ambassade (613 722 4444 ; www.thaiembassy.ca ; 180 Island Park Drive, Ottawa, Ontario, K1Y 0A2). Consulat à Montréal (514-878-4466 ; info@thaiconmtl.com ; 1100 bd René-Lévesque Ouest, bureau 1314, Montréal, Québec, H3B 4N4). Autres consulats à Edmonton, Calgary, Toronto et Vancouver.

France Ambassade (01 56 26 50 50 ; www.thaiembassy.fr/fr/ ; 8 rue Greuze, 75116 Paris). Consulat à Lyon (04 78 37 16 58 ; 40 rue du Plat, 69002 Lyon).

Suisse Ambassade (031-970 30 30 ; http://thaiembassybern.org/en/index.php ; Kirchstrasse 56, 3097 Bern-Liebefeld). Consulat à Genève (022 311 07 23 ; www.thaiconsulate.ch ; 16 Cours des Bastions, Case postale 289, 1211 Genève 12). Consulat à Zurich (01-344 70 00 ; www.thai-consulate.ch ; Lowenstrasse 42, CH-8001 Zurich). Consulat à Bâle (061-206 45 65 ; www.thai-consulatebasel.ch ; Aeschenvorstadt 71, P. O. Box, CH-4010 Bâle).

La Thaïlande pratique

- Les quotidiens *Bangkok Post* et *The Nation* (en anglais).
- 400 stations de radio FM et AM. On peut capter Radio France International sur les ondes courtes.
- 6 chaînes nationales de TV et le câble pour les programmes internationaux.
- La Thaïlande utilise le système métrique international. L'or et l'argent se pèsent en *bàht* (15 g).

Ambassades et consulats en Thaïlande

Toutes les ambassades sont situées à Bangkok et quelques consulats sont installés à Chiang Mai, à Phuket ou à Pattaya.

Afrique du Sud (carte p. 75 ; 0 2659 2900 ; www.dirco.gov.za ; 87 Th Witthayu (Wireless Rd), 12e A ét., M Thai Tower, All Seasons Pl, Bangkok).

Allemagne (carte p. 75 ; 0 2287 9000 ; www.bangkok.diplo.de ; 9 Th Sathon Tai (South), Bangkok ; 8h30-11h lun-ven ; M Lumphini sortie 2).

Belgique (0 2108 1800 ; http://diplomatie.belgium.be/thailand ; 16/F Sathorn Square – 98 North Sathorn Rd – Silom Sub-District, Bangrak District).

Cambodge (0 2957 5851 ; 518/4 Th Pracha Uthit/Soi Ramkhamhaeng 39 ; 9h-12h lun-ven ; M Phra Ram 9 sortie 3 et taxi).

Canada Bangkok (carte p. 75 ; 0 2646 4300 ; www.canadainternational.gc.ca ; 15e ét., Abdulrahim Pl, 990 Th Phra Ram IV ; 7h30-12h15 et 13h-16h15 lun-jeu, jusqu'à 13h ven ; M Si Lom sortie 2, Sala Daeng sortie 4). Consulat à Chiang Mai (0 5385 0147 ; 151 Superhighway, Tambon Tahsala).

Chine Bangkok (0 2245 7044 ; www.fmprc.gov.cn ; 57 Th Ratchadaphisek, Bangkok) ; Chiang Mai (carte p. 158 ; 0 5327 6125 ; chiangmai.chineseconsulate.org ; 111 Th Chang Lor, Tambon Haiya, Chiang Mai).

Danemark (carte p. 75 ; 0 2343 1100 ; thailand.um.dk ; 10 Soi 1, Th Sathon Tai). Consulats à Phuket et à Pattaya.

Espagne (carte p. 86 ; 0 2661 8284 ; es.embassyinformation.com ; 193 Th Ratchadaphisek, 23e ét., Lake Ratchada Office Complex).

France (carte p. 76 ; 0 26 57 5100 ; www.ambafrance-th.org ; 35 Soi 36, Th Charoen Krung, Bangkok ; 8h30-12h lun-ven ; Tha Oriental) ; service des visas et de la culture à Bangkok (0 2627 2150 ; ambafrance-th.org ; 29 Th Sathon Tai) ; Chiang Mai (0 5328 1466 ; 138 Th Charoen Prathet, Chiang Mai). Consulats à Phuket, à Pattaya et à Surat Thani.

Inde (carte p. 86 ; 0 2258 0300-6 ; indianembassy.in.th ; 46 Soi Prasanmit/Soi 23, Th Sukhumvit) ; service des visas à Bangkok (carte p. 86 ; 0 2664 1200 ; www.indiavisathai.com ; Th Sukhumvit, 253 Soi 21/Asoke ; IVS Global Services, 22e ét.) ; Chiang Mai (0 5324 3066 ; 33/1 Th Thung Hotel, Wat Gate).

Irlande (carte p. 76 ; ☎ 0 2632 6720 ; www.irelandinthailand.com ; 62 Th Silom, 4e ét., Thaniya Bldg). Consulat uniquement ; l'ambassade d'Irlande la plus proche se trouve à Kuala Lumpur.

Israël (carte p. 86 ; ☎ 0 2204 9200 ; bangkok.mfa.gov.il ; 25 Soi 19, Th Sukhumvit, Ocean Tower 2, 25e ét., Bangkok).

Japon Bangkok (carte p. 75 ; ☎ 0 2207 8500 ; www.th.emb-japan.go.jp ; 177 Th Witthayu/Wireless Rd) ; Chiang Mai (☎ 0 5320 3367 ; 104-107 Th Mahidon, Airport Business Park).

Laos (☎ 0 2539 6678 ; www.laoembassybkk.com ; Th Ramkamhaeng, 502/1-3 Soi Sahakarnpramoon, Pracha Uthit/Soi 39).

Malaisie (☎ 0 2629 6800 ; www.kln.gov.my/web/tha_bangkok/home ; 35 Th Sathon Tai (South) ; 🕘 8h-16h ; Ⓜ Lumphini sortie 2). Consulat à Songkhla.

Myanmar (Birmanie ; ☎ 0 2233 7250 ; www.myanmarembassybkk.com ; 132 Th Sathon Neua (nord) ; 🕘 9h-16h30 (ambassade), 9h-12h et 13h-15h lun-ven (service des visas) ; Ⓢ Surasak sortie 3).

Pays-Bas (carte p. 82 ; ☎ 0 2309 5200 ; http://thailand.nlembassy.org ; 15 Soi Tonson, Bangkok ; 🕘 8h30-11h30 lun-mer, 8h30-11h30 et 13h30-15h jeu (bureau consulaire) ; Ⓢ Chit Lom sortie 4).

Russie (carte p. 76 ; ☎ 0 2234 9824 ; www.thailand.mid.ru ; 78 Soi Sap, Th Surawong). Consulats à Pattaya et à Phuket.

Singapour (carte p. 76 ; ☎ 0 2286 2111 ; www.mfa.gov.sg/bangkok ; 129 Th Sathon Tai).

Suisse (carte p. 82 ; ☎ 0 2674 6900 ; www.eda.admin.ch/bangkok ; 35 Th Witthayu/Wireless Rd).

Vietnam (☎ 0 2251 5838, 0 2251 5836 ; www.vietnamembassy-thailand.org ; 83/1 Th Witthayu – Wireless Rd).

Argent

L'unité monétaire est le baht (B), qui se divise en 100 satangs ; il existe des pièces de 25 et 50 satangs et de 1, 2, 5 et 10 B. La pièce de 2 B a la même taille que la pièce de 1 B, mais elle est de couleur or. Les pièces de 2 satangs ne sont distribuées que dans les supermarchés, lorsque les prix ne sont pas arrondis comme c'est le cas ailleurs.

Des billets de 20 B (vert), 50 B (bleu), 100 B (rouge), 500 B (violet) et 1 000 B (beige) sont utilisés.

Change

Les banques et les bureaux de change privés – plus rares – proposent les meilleurs taux. Pour acheter des bahts, le dollar US est la devise la plus couramment acceptée, devant l'euro.

La plupart des banques prélèvent une commission sur chaque chèque de voyage changé.

Distributeurs automatiques de billets (DAB) et cartes bancaires

Vous pouvez retirer de l'argent (en bahts uniquement) dans les DAB de Thaïlande. Ceux-ci sont très répandus dans tout le pays.

Au moment de nos recherches, retirer de l'argent dans un DAB coûtait 150 B par transaction (transfert international), quels que soient les taux de conversion et les frais de votre banque.

Nombre de magasins, d'hôtels et de restaurants acceptent les paiements par carte de crédit (Visa et MasterCard notamment). La carte American Express n'est généralement acceptée que dans les grands hôtels et restaurants.

Avant de partir, signalez votre voyage à votre banque.

Pour signaler le vol ou la perte d'une carte de crédit, composez l'un des numéros suivants, à Bangkok :

American Express (☎ 0 2273 5544).

MasterCard (☎ 001 800 11887 0663).

Visa (☎ 001 800 11 535 0660).

Pourboire

Le pourboire n'est pas une pratique courante dans le pays, mais il est apprécié.

Beaucoup de restaurants d'hôtels ou d'établissements haut de gamme majorent la note de 10% pour le service.

Assurance

Souscrire une police d'assurance qui couvre le vol, la perte de vos affaires et les frais médicaux est une sage précaution. Les garanties proposées diffèrent, notamment pour la couverture médicale ; lisez avec attention les clauses imprimées en petits caractères et assurez-vous que le contrat inclut le transport en ambulance et le rapatriement d'urgence en avion.

Certains contrats excluent explicitement les "activités à risques", comme la plongée, la moto, voire la randonnée. De même, un permis moto obtenu dans le pays visité peut ne pas être reconnu par votre assurance. Ne plongez pas sans une assurance qui couvre spécifiquement cette activité.

Voir aussi la rubrique *Assurances* (p. 387).

Climat

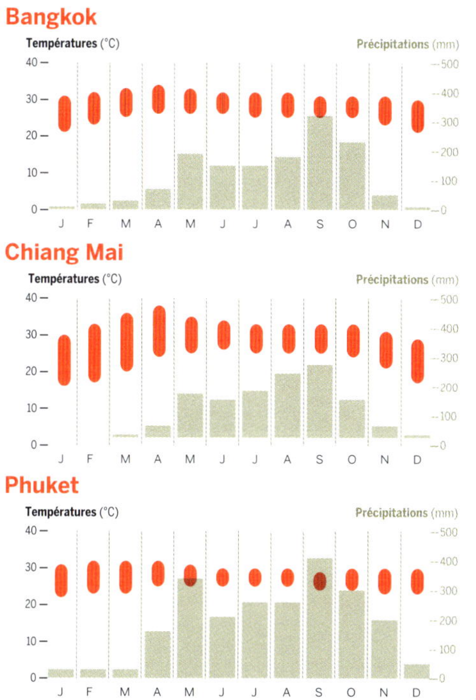

Douane

Le **département des Douanes** (www.customs.go.th) entretient un site Internet (en anglais) présentant une information détaillée sur la réglementation douanière.

La Thaïlande admet en franchise les produits suivants :

- une quantité raisonnable d'effets personnels (vêtements et affaires de toilettes)
- instruments professionnels
- 200 cigarettes
- 1 litre de vin ou de spiritueux

La Thaïlande interdit l'importation des produits suivants :

- armes à feu et munitions (à moins qu'elles ne soient déclarées à l'avance au Police Department)
- drogues illicites
- documents à caractère pornographique

Lorsque vous quittez la Thaïlande, vous devez être en possession d'une licence d'exportation pour toute antiquité, y compris les statues récentes du Bouddha (sauf amulettes personnelles). Pour l'obtenir, vous devez présenter au **Department of Fine Arts** (☎ 0 2628 5032) 2 photos de l'objet prises de face, une photocopie de votre passeport, ainsi que la facture et l'objet en question. Le délai d'attente est de 4 jours.

Électricité

Les prises thaïlandaises ont un voltage de 220 V. Les équipements électriques comportent habituellement des prises à 2 broches, rondes ou plates.

220 V/50 Hz

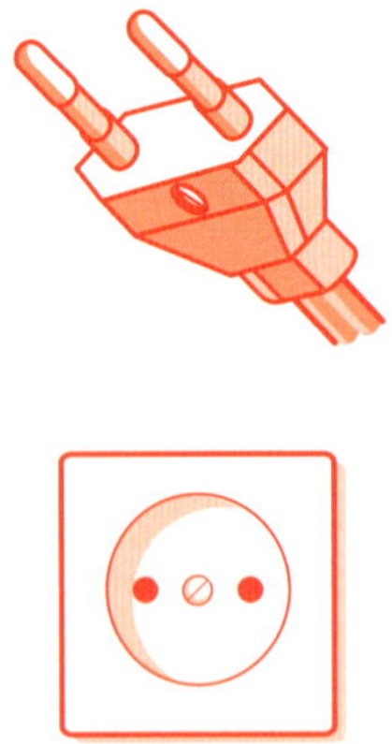

220 V/50 Hz

Formalités et visas

Le **ministère des Affaires étrangères** (www.mfa.go.th) supervise les questions d'immigration et la délivrance des visas. Consultez son site ou déplacez-vous à l'ambassade ou au consulat de Thaïlande le plus proche de chez vous pour connaître les procédures et leur coût.

Visas de tourisme

Comme les citoyens de 55 pays, les Français, les Belges, les Suisses et les Canadiens peuvent entrer en Thaïlande sans visa pour une durée maximale de 30 jours consacrée au tourisme. Ils doivent être porteurs d'un passeport en cours de validité (au moins 6 mois après la date d'arrivée en Thaïlande). Certains Européens de l'Est, les Indiens et les Chinois ont droit à un visa de 15 jours à l'arrivée, bien que des négociations soient en cours pour octroyer aux Chinois l'exemption de visa. Les pays de l'Asean seront bientôt exemptés de visa.

En arrivant par avion, un visa de 30 jours est délivré gratuitement. Par voie terrestre, le visa est délivré (gratuitement) pour seulement 15 jours. Les ressortissants de certains pays (dont le Brésil, la Corée du Sud, l'Argentine, le Chili et le Pérou) reçoivent un visa gratuit de 90 jours à toutes les frontières.

En théorie, vous devez être en possession d'un billet de retour (ou de poursuite de votre voyage) et de suffisamment d'argent pour le séjour. En pratique, les services de l'immigration procèdent rarement à ces contrôles.

Si vous prévoyez de rester plus de 30 jours (ou de 15 jours en arrivant par voie terrestre), vous devrez demander un visa de tourisme valable 60 jours auprès d'une ambassade ou d'un consulat thaïlandais avant votre départ. Contactez l'ambassade ou le consulat de Thaïlande le plus proche pour connaître les démarches à effectuer et les frais pour les visas de tourisme.

Avant le départ, il est impératif de contacter les ambassades et les consulats pour s'assurer que les modalités d'entrée sur le territoire n'ont pas changé. Nous vous conseillons de scanner ou de photocopier tous vos documents importants (pages d'introduction de votre passeport, cartes de crédit, police d'assurance, billets de train/d'avion/de bus, permis de conduire, etc.). Conservez ces copies à part des originaux. Vous remplacerez ainsi plus aisément ces documents en cas de perte ou de vol.

Prorogation de visas

Si vous souhaitez prolonger votre séjour au-delà de la durée consentie, vous pouvez faire une demande de prorogation de visa dans n'importe quel bureau de l'immigration, en

Bureaux de l'immigration

Vous pouvez vous adresser à l'un des deux bureaux de l'immigration suivants pour proroger votre visa ou remplir d'autres formalités. Pour une prorogation de visa, munissez-vous de 2 photos d'identité et d'une photocopie des pages de votre passeport contenant photo et visa.

Bureau de l'immigration de Bangkok (☎0 2141 9899 ; immigration.go.th ; Th Chaeng Wattana, Bldg B, Government Centre ; 🕒9h-12h et 13h-16h30 lun-ven, 9h-12h sam).

Bureau de l'immigration de Chiang Mai (☎0 5320 1755 ; chiangmaiimm.com ; Th Mahidon ; 🕒8h30-16h30 lun-ven).

Thaïlande. Le tarif habituel est de 1 900 B. Les visas de 15 ou 30 jours peuvent être prolongés de 7 à 10 jours (selon le bureau de l'immigration auquel vous vous adressez), à condition de s'y prendre avant l'expiration de votre visa. Le visa de tourisme de 60 jours peut être renouvelé jusqu'à 30 jours à la discrétion des autorités de l'immigration.

Pour renouveler votre visa, vous pouvez également franchir une frontière. On vous délivrera un nouveau visa de 15 jours à votre retour.

Si vous dépassez la durée autorisée par le visa, vous êtes passible d'une amende de 500 B par jour d'infraction, plafonnée à 20 000 B. Le règlement s'effectue à l'aéroport, ou à l'avance dans un bureau de l'immigration. Si le dépassement se limite à une journée, vous n'aurez rien à payer. Les enfants de moins de 14 ans voyageant avec un parent sont exemptés d'amende.

Handicapés

La Thaïlande est un pays peu facile d'accès pour les handicapés.

À l'inverse de la tendance dominante, **Worldwide Dive & Sail** (www.sirenfleet.com) propose aux sourds et aux malentendants de participer à des sorties de plongée.

Des organisations et des publications fournissent des conseils sur les voyages internationaux, parmi lesquelles :

Accessible Journeys (www.disabilitytravel.com).

Mobility International USA (www.miusa.org).

Society for Accessible Travel & Hospitality (SATH ; www.sath.org).

En France, l'**APF** (Association des paralysés de France ; ☎01 53 80 92 97 ; www.apf.asso.fr ; 13 place de Rungis, 75013 Paris) et l'association **Handi Voyages** (http://handivoyages.free.fr) peuvent fournir des informations utiles sur les voyages accessibles. **Yanous** (www.yanous.com) et **Handica** (www.handica.com) constituent également de bonnes sources d'information.

Hébergement

La Thaïlande possède un grand choix d'hébergements à prix très variés, allant du tarif raisonnable au haut de gamme. Les prix mentionnés dans ce guide correspondent à la haute saison, sauf indication contraire.

Si le personnel d'accueil ne parle pas anglais, sachez demander une *hôrng pát lom* (chambre avec ventilateur) ou une *hôrng aa* (chambre climatisée).

Hôtels

La tendance aujourd'hui est aux hôtels *flashpackers* (pour routards aisés), qui allient des qualités pratiques à une décoration plus raffinée et à un bon niveau de confort. Les tarifs oscillent entre le haut de la catégorie petits budgets et le bas de la catégorie moyenne.

Les grandes chaînes hôtelières internationales sont présentes à Bangkok, à Chiang Mai, à Phuket et dans les autres stations balnéaires huppées. Plusieurs établissements haut de gamme ont associé l'architecture traditionnelle thaïlandaise à des constructions minimalistes modernes.

La majorité des hôtels de catégorie supérieure

(et certains de catégorie moyenne) facturent une taxe gouvernementale de 7% (TVA), ainsi qu'un supplément de 10% pour le service. Ces charges supplémentaires sont souvent appelées "plus plus". Le prix des chambres inclut habituellement un petit-déjeuner sous forme de buffet. S'il s'agit d'une formule à l'occidentale, elle est nommée "ABF", signifiant *American breakfast buffet*.

Il est possible de réserver à l'avance dans les établissements de catégorie moyenne et dans les grandes chaînes hôtelières, surtout s'ils se trouvent dans une ville ou un site touristique. Certains de ces établissements proposent des réductions sur leurs sites Internet ou par l'intermédiaire d'agences en ligne. Ils acceptent aussi les cartes bancaires, mais seuls les établissements de catégorie supérieure prennent la carte American Express.

Pensions

Les pensions (*guesthouses*) sont généralement les hébergements les moins chers. On les trouve surtout aux endroits où se rendent les voyageurs à petit budget.

Les prix varient selon l'emplacement et le standing de l'hébergement, qui va de la chambre avec sdb collective et ventilateur branlant à la chambre avec sdb privative et climatisation, voire la TV.

Beaucoup de pensions réalisent leur profit grâce à leur restaurant qui sert, sur place, les classiques appréciés des voyageurs (crêpes à la banane et milk-shakes aux fruits). Bien qu'ils soient un bon moyen de rencontrer d'autres voyageurs, ces restaurants sont loin de refléter la qualité de la vraie cuisine thaïlandaise.

De plus en plus d'établissements gèrent les réservations à l'avance. Mais du fait de la propreté et de la qualité variable des chambres, mieux vaut jeter un coup d'œil avant de s'engager. Les pensions n'acceptent en général que des paiements en espèces.

Critiques utiles

Beaucoup de personnes voyageant en Thaïlande publient des commentaires sur des sites comme TripAdvisor qui peuvent s'avérer utiles pour choisir un hébergement, dans toutes les catégories de prix. Sachez toutefois que certaines critiques adressées à un établissement en particulier sont valables pour les hébergements de tout le pays. Consultez les comptes-rendus pour analyser la manière dont le propriétaire gère les plaintes : fait-il preuve de diplomatie ou reste-t-il sur la défensive ? Dans un établissement correct, le propriétaire accepte les critiques et propose des compensations.

Tarifs de l'hébergement

Dans ce guide, deux classifications différentes ont été utilisées pour indiquer les tarifs d'hébergement (petits budgets, catégorie moyenne, catégorie supérieure).

Grandes villes et stations balnéaires

$	moins de 1 000 B
$$	1 000-3 000 B
$$$	plus de 3 000 B

Petites villes

$	moins de 600 B
$$	600-1 500 B
$$$	plus de 1 500 B

Heure locale

La Thaïlande est en avance de 7 heures sur l'heure GMT (Londres). Quand il est midi à Paris, il est 17h ou 18h à Bangkok, selon l'heure d'hiver ou d'été.

Heures d'ouverture

La liste suivante présente les horaires d'ouverture standard en Thaïlande. Les administrations et les banques sont fermées les jours fériés.

Administrations 8h30-16h30 du lundi au vendredi ; certaines ferment pendant le déjeuner (12h-13h) et ouvrent le samedi (9h-15h).

Banques 9h30-15h30 du lundi au vendredi ; DAB accessibles 24h/24.

Bars 18h-24h (officiellement) ; les heures de fermeture varient selon le respect du couvre-feu ; fermés pendant les élections et certaines fêtes religieuses.

Clubs (discothèques) 20h-2h ; les heures de fermeture varient selon le respect du couvre-feu ; fermées pendant les élections et certaines fêtes religieuses.

Commerces petits commerces 10h-18h ; centres commerciaux 10h-22h. Dans les petites villes, les commerces locaux ferment le dimanche.

Restaurants 10h-22h ; certains établissements spécialisés dans le petit-déjeuner et le déjeuner ferment à 15h.

Salles de concert 18h-1h ; les heures de fermeture varient selon le respect du couvre-feu ; fermées pendant les élections et certaines fêtes religieuses.

Homosexualité

La société thaïlandaise se montre relativement tolérante envers l'homosexualité, masculine ou féminine. La communauté homosexuelle est bien représentée à Bangkok, à Pattaya et à Phuket. En revanche, les démonstrations d'affection en public, homo ou hétéro, sont mal vues. Le site **Utopia** (www.utopia-asia.com) diffuse de nombreuses informations destinées aux gays et aux lesbiennes, et publie un guide (en anglais) pour les homosexuels en Thaïlande.

Internet (accès)

Les visiteurs sont de plus en plus nombreux à voyager avec des appareils mobiles (téléphone, tablette, ordinateur), les cybercafés commencent donc à disparaître. La plupart des pensions, des restaurants et des cafés disposent du Wi-Fi.

Jours fériés

Les administrations et les banques ferment les jours fériés.

1er janvier – Nouvel An

Février (dates variables) – Jour de Makha Bucha, fête religieuse bouddhique

6 avril – Jour des Chakri, en l'honneur du fondateur de la dynastie Chakri, Rama Ier

13-15 avril – Fête de Songkran, célébration traditionnelle du Nouvel An thaï et fête de l'Eau

1er mai – Fête du Travail

5 mai – Jour du Couronnement, commémore le couronnement en 1946 de Leurs Majestés le Roi et la Reine

Mai/juin (dates variables) – Visakha Bucha, fête religieuse bouddhique

Juillet (dates variables) – Asanha Bucha, fête religieuse bouddhique

12 août – Anniversaire de la reine

23 octobre – Jour de Chulalongkorn

Octobre-novembre (dates variables) – Ork Phansaa, fin du carême bouddhique

5 décembre – Anniversaire du roi

10 décembre – Jour de la Constitution

31 décembre – Veille du jour de l'An

Offices du tourisme

En Thaïlande

La **Tourism Authority of Thailand** (TAT ; www.tourismthailand.org), service d'État de promotion et d'information touristique, existe depuis 1960 et édite d'excellentes brochures sur les sites à visiter, l'hébergement et les transports. La TAT a son siège à Bangkok, et le pays compte 22 offices régionaux.

À l'étranger

La TAT possède un certain nombre d'offices du tourisme à l'étranger, dont vous trouverez les coordonnées sur son site Internet. Il n'existe pas de bureaux de la TAT en Suisse et au Canada. Les ressortissants de ces deux pays pourront s'adresser respectivement au bureau allemand et au bureau new-yorkais.

Réservation en ligne

Trouvez un vol, un séjour ou un hôtel en quelques clics dans la rubrique "Réserver" sur www.lonelyplanet.fr.

Allemagne (☎ 069 138 1390 ; www.thailandtourismus.de ; Bethmannstrasse 58, D-60311, Francfort/Main).

Belgique (☎ +32 50 61 42 00 ; www.tourismethailande.be ; Geerwijnstraat 12, 8000 Bruges).

France (☎ 01 53 53 47 00 ; www.tourismethaifr.com, tatfr@wanadoo.fr ; 90 av. des Champs-Élysées, 75008 Paris).

États-Unis (☎ (1212) 432 04 33 ; 61 Broadway, Ste 2810, New York 10 006 USA).

Poste

La Thaïlande possède un service postal très efficace et bon marché. En province, les bureaux principaux ouvrent habituellement de 8h30 à 16h30 en semaine et de 9h à 12h le samedi. Les postes principales des capitales régionales restent parfois ouvertes une partie de la journée le dimanche.

Problèmes juridiques

En général, la police thaïlandaise n'importune pas les étrangers, surtout les touristes.

Cette pratique ne s'étend pas aux stupéfiants, que les policiers considèrent soit comme un fléau à combattre par tous les moyens légaux, soit comme l'occasion de percevoir un pot-de-vin.

Si l'on vous arrête pour un délit quelconque, la police vous autorisera à appeler votre ambassade ou votre consulat, sinon un parent ou un ami.

La **police touristique** (☎1155) peut se révéler d'un grand secours en cas d'arrestation. N'hésitez pas à la contacter en cas de vol ou d'escroquerie à partir de n'importe quel téléphone du pays. Cette ligne, ouverte 24h/24, reçoit les plaintes tout comme les demandes d'assistance en cas de danger.

Santé

En Thaïlande, les risques sanitaires et la qualité des infrastructures médicales varient selon la destination et la façon de voyager. Les grandes villes et les zones touristiques sont dotées d'excellentes infrastructures médicales.

Les voyageurs redoutent les maladies infectieuses propres aux zones tropicales, mais il est rare qu'une infection soit à l'origine d'une maladie grave ou d'un décès. Les problèmes les plus sérieux sont liés à des soucis de santé préexistants (comme les maladies cardiaques) ou à des blessures accidentelles (comme les accidents de la route).

Parmi les maladies communes, citons les infections respiratoires, la diarrhée et la dengue.

Avant le départ

Quelques conseils

Assurez-vous que vous êtes en bonne santé. Si vous suivez un traitement régulier, n'oubliez pas votre ordonnance (avec le nom du principe actif). Transportez vos médicaments dans leur emballage d'origine. Nous vous conseillons de joindre une lettre de votre médecin qui indique votre état de santé et le matériel dont vous avez besoin (médicaments, aiguilles et seringues). En cas de problème cardiovasculaire, prenez une copie de votre dernier électrocardiogramme (ECG).

Si vous prenez un traitement régulier, emportez le double de ce dont vous aurez besoin. En Thaïlande, beaucoup de médicaments se vendent sans ordonnance, mais il peut être difficile de trouver le médicament précis que vous prenez.

Vous pouvez également signaler votre voyage auprès du ministère des Affaires étrangères de votre pays d'origine. En France, vous inscrire sur le site **Ariane (https://pastel.diplomatie.gouv.fr/fildariane)** vous permettra de recevoir, par mail ou SMS, des recommandations de sécurité et d'être contacté en cas de crise dans le pays visité.

Assurances

Il est conseillé de souscrire une assurance qui vous couvrira en cas d'annulation de votre voyage, de vol, de perte de vos affaires, de maladie ou encore d'accident. Voir la rubrique *Assurance* (p. 381).

Vous pouvez contracter une assurance qui réglera directement les hôpitaux et les médecins, vous évitant ainsi d'avancer des sommes qui ne vous seront remboursées qu'à votre retour. Dans ce cas, conservez avec vous tous les documents nécessaires (les consultations médicales se règlent généralement en espèces : demandez un reçu pour le remboursement).

Vaccins

Planifiez vos vaccinations à l'avance (au moins 6 semaines avant le départ), car certaines demandent des rappels ou sont incompatibles entre elles. Les vaccins ont des durées d'efficacité très variables ; certains sont contre-indiqués pour les femmes enceintes.

Le **ministère des Affaires étrangères** (www.diplomatie.gouv.fr/fr/conseils-aux-voyageurs) effectue une veille sanitaire et met régulièrement en ligne des recommandations sur les vaccinations.

Seul le vaccin contre la fièvre jaune a un caractère obligatoire dans certaines conditions. Si vous avez visité une zone à risque (Afrique ou Amérique du Sud) dans les 6 jours précédant votre arrivée en Thaïlande, on vous demandera la preuve de votre vaccination.

Trousse médicale de voyage

Veillez à emporter avec vous une petite trousse à pharmacie contenant quelques produits indispensables. Certains ne sont délivrés que sur ordonnance médicale. Attention, les liquides et les objets coupants sont interdits en cabine.

- des **antibiotiques**, à utiliser uniquement aux doses et aux périodes prescrites. Demandez à votre médecin traitant de vous en prescrire pour le voyage.
- un **antidiarrhéique**, en cas de forte diarrhée, surtout si vous voyagez avec des enfants.
- un **antihistaminique** en cas de rhumes, allergies, piqûres d'insectes, mal des transports.
- un **antiseptique** ou un désinfectant pour les coupures, les égratignures superficielles et les brûlures, ainsi que des pansements gras pour les brûlures.
- de l'**aspirine** ou du **paracétamol** (douleurs, fièvre).
- une **bande Velpeau** et des **pansements** pour les petites blessures.
- une **paire de lunettes de secours** (si vous portez des lunettes ou des lentilles de contact) et la copie de votre ordonnance.
- un **produit contre les moustiques**, un écran total et des comprimés pour stériliser l'eau.
- une **pommade** pour soigner les piqûres et les coupures.
- une **paire de ciseaux** à bouts ronds, une **pince à épiler** et un **thermomètre à alcool**.
- une petite trousse de **matériel stérile** avec une seringue (il faut une lettre de votre médecin), des aiguilles, du fil à suture, une lame de scalpel et des compresses.
- des **préservatifs** (norme CE).

Pendant le voyage

Vols long-courriers

Les trajets en avion, principalement du fait d'une immobilité prolongée, peuvent favoriser la formation de caillots sanguins dans

Santé sur Internet

Il existe de très bons sites Internet consacrés à la santé en voyage. Avant de partir, vous pouvez consulter les conseils en ligne du **ministère des Affaires étrangères** (www.diplomatie.gouv.fr), de l'**Organisation mondiale de la santé** (OMS ; http://www.who.int/fr) ou le site très complet du **ministère de la Santé** (www.sante.gouv.fr). Vous trouverez, par ailleurs, plusieurs liens sur le site de **Lonely Planet** (www.lonelyplanet.fr).

les jambes (par exemple une phlébite). Le risque est d'autant plus élevé que le vol est plus long.

Généralement, l'un des premiers symptômes est un gonflement ou une douleur du pied, de la cheville ou du mollet. En prévention, buvez en abondance des boissons non alcoolisées, faites jouer les muscles de vos jambes lorsque vous êtes assis et levez-vous de temps à autre pour marcher dans la cabine.

Décalage horaire et mal des transports

Le décalage horaire est fréquent dans le cas de trajet traversant plus de trois fuseaux horaires. Il se manifeste par des insomnies, de la fatigue, des malaises ou des nausées. En prévention, buvez abondamment (des boissons non alcoolisées) et mangez léger. En arrivant, exposez-vous à la lumière naturelle et adoptez les horaires locaux aussi vite que possible (pour les repas, le coucher et le lever).

Les antihistaminiques préviennent efficacement le mal des transports, qui se caractérise principalement par une envie de vomir, mais ils peuvent provoquer une somnolence.

En Thaïlande

Disponibilité et coût des soins médicaux

Bangkok est considérée par de nombreux pays d'Asie du Sud-Est comme une capitale de l'excellence médicale. Les hôpitaux privés sont les plus onéreux, mais les soins prodigués y sont de meilleure qualité et le personnel parle anglais.

Précautions élémentaires

Faire attention à ce que l'on mange et à ce que l'on boit est la première des précautions à prendre. Les troubles gastriques et intestinaux sont fréquents, même si la plupart du temps ils restent sans gravité. Ne soyez cependant pas paranoïaque et ne vous privez pas de goûter la cuisine locale, cela fait partie du voyage. N'hésitez pas également à vous laver les mains fréquemment.

EAU

Si vous avez un doute, ne buvez pas l'eau du robinet (même sous forme de glaçons). Préférez les eaux minérales et les boissons gazeuses, tout en vous assurant que les bouteilles sont décapsulées devant vous. Évitez les jus de fruits, souvent allongés à l'eau. Attention au lait, rarement pasteurisé. Pas de problème pour le lait bouilli et les yaourts. Thé et café, en principe, sont sûrs, puisque l'eau doit bouillir. Par prudence, évitez également les crudités, qui sont bien souvent lavées avec de l'eau.

Pour stériliser l'eau, la meilleure solution est de la faire bouillir durant 15 minutes. Si vous ne pouvez faire bouillir l'eau, traitez-la chimiquement avec des comprimés ou des gouttes, comme le Micropur (vendu en pharmacie) très efficace.

Vous éviterez bien des problèmes de santé en vous lavant souvent les mains. Brossez-vous les dents avec de l'eau traitée.

PROBLÈMES DE SANTÉ ET TRAITEMENT

À part pour des affections bénignes (diarrhée en particulier), l'autodiagnostic et l'autotraitement sont risqués ; aussi, chaque fois que cela est possible, adressez-vous à un médecin. Ambassades et consulats pourront en général vous en recommander un. Les grands hôtels également, mais les honoraires risquent d'être très élevés.

Affections transmises par les insectes

DENGUE

Cette maladie est un réel problème en Thaïlande, surtout dans les villes. Il n'existe pas de traitement prophylactique contre cette maladie propagée par les moustiques. Poussée de fièvre, maux de tête, douleurs articulaires et musculaires précèdent une éruption cutanée sur le tronc qui s'étend ensuite aux membres puis au visage. Au bout de quelques jours, la fièvre régresse, et la convalescence commence. Les complications graves sont rares. La dengue peut se développer en une forme très sévère et mortelle de fièvre hémorragique, très rarement observée chez les touristes.

PALUDISME

Le paludisme, ou malaria, est transmis par un moustique, l'anophèle, dont la femelle pique surtout la nuit, entre le coucher et le lever du soleil.

En Thaïlande, en particulier dans les villes et dans les grands complexes touristiques, le risque de paludisme est minime, voire inexistant. Vous avez

Se protéger des moustiques

- Hormis les traitements préventifs, la protection contre les piqûres de moustique est le premier moyen d'éviter d'être contaminé par le paludisme. Le soir, dès le coucher du soleil, couvrez vos bras et vos chevilles et mettez de la crème antimoustique. Ils sont parfois attirés par le parfum ou l'après-rasage.
- En dehors du port de vêtements longs, l'utilisation d'insecticides ou de répulsifs à base de DEET (de type Cinq sur Cinq) sur les parties découvertes du corps est à recommander (sauf pour les enfants de moins de 2 ans).
- En vente en pharmacie, les moustiquaires constituent en outre une protection efficace, à condition qu'elles soient imprégnées d'insecticide. De plus, ces moustiquaires sont radicales contre les insectes à sang froid (puces, punaises, etc.) et permettent d'éloigner serpents et scorpions. Vérifiez bien que celles dans les hôtels n'ont pas de trous.
- D'une manière générale, le risque de contamination est plus élevé en zone rurale et pendant la saison des pluies.

plus de risques de souffrir d'effets secondaires dus aux médicaments contre le paludisme que de la maladie elle-même. Si vous visitez des zones rurales à haut risque (peu touristiques), il faut consulter un médecin sur un traitement préventif.

Le paludisme survient généralement dans le mois suivant le retour de la zone d'endémie. Symptômes : maux de tête, fièvre et troubles digestifs. Non traité, il peut avoir des suites graves, parfois mortelles. Il existe différentes espèces de paludisme et le traitement devient de plus en plus difficile à mesure que la résistance du parasite aux médicaments gagne en intensité.

Si vous voyagez dans des régions où la maladie est endémique, il faut absolument suivre un traitement préventif (uniquement sur ordonnance), qu'il faut en général poursuivre après le retour. Indispensable également : vous protéger des moustiques (voir l'encadré).

Tout voyageur atteint de fièvre ou montrant les symptômes de la grippe doit se faire examiner. Il suffit d'une analyse de sang pour établir le diagnostic. Contrairement à certaines croyances, une crise de paludisme ne signifie pas que l'on est touché à vie.

Maladies infectieuses et parasitaires

DERMATITE VERMINEUSE RAMPANTE

Ce parasite (ankylostome) transmis par les chiens est très fréquent sur les plages de Thaïlande. Il se forme d'abord un petit bouton, puis la zone infectée s'étend de manière linéaire. Les démangeaisons sont très fortes, surtout la nuit. Il ne faut pas ouvrir la lésion. Il est assez facile de se soigner en suivant un traitement adapté.

GRIPPE

Présente toute l'année sous les tropiques, la grippe (*Myxovirus influenzae*) peut être très sévère chez les plus de 65 ans ou les personnes présentant des pathologies chroniques (affections cardiaques, diabète) ; la vaccination est alors recommandée. Tous les voyageurs devraient envisager de se faire vacciner contre la grippe, car c'est la maladie qui risque le plus de gâcher leurs vacances alors qu'elle peut être évitée. Si vous l'avez attrapée, pas de traitement spécifique, juste du repos et du paracétamol.

HÉPATITES

L'hépatite est un terme général qui désigne une inflammation du foie. Elle est le plus souvent due à un virus. Les formes les plus habituelles se manifestent par une fièvre, une fatigue qui peut être intense, des douleurs abdominales, des nausées, des vomissements, associés à la présence d'urines très foncées et de selles décolorées presque blanches. La peau et le blanc des yeux prennent une teinte jaune (ictère). L'hépatite peut parfois se résumer à un simple épisode de fatigue sur quelques jours ou semaines.

Hépatite A C'est la plus répandue, mais il existe un

vaccin, recommandé en cas de fort risque d'exposition. Le risque a diminué à Bangkok mais est toujours présent dans une grande partie du pays. La contamination est alimentaire : l'hépatite A se transmet par l'eau, les coquillages et, d'une manière générale, tous les produits manipulés à mains nues. Il n'y a pas de traitement médical ; il faut simplement se reposer, boire beaucoup, manger légèrement et s'abstenir totalement de toute boisson alcoolisée pendant au moins 6 mois.

Hépatite B Elle est très répandue, mais la vaccination est très efficace. Dans certaines zones de Thaïlande, 20% de la population est contaminée par cette maladie. Elle se transmet par voie sexuelle ou sanguine (piqûre, transfusion). Évitez de vous faire percer les oreilles, tatouer, raser ou de vous faire soigner par piqûres si vous avez des doutes quant à l'hygiène des lieux. Les symptômes de l'hépatite B sont les mêmes que ceux de l'hépatite A.

LEPTOSPIROSE

Cette maladie infectieuse, due à une bactérie (le leptospire) qui se développe dans les mares et les ruisseaux, se transmet par des animaux comme le rat et la mangouste.

On peut attraper cette maladie en se baignant dans des nappes d'eau douce, contaminées par de l'urine animale. La bactérie pénètre dans le corps humain par le nez, les yeux, la bouche ou les petites coupures cutanées. Les symptômes, similaires à ceux de la grippe, peuvent survenir 2 à 20 jours suivant la date d'exposition. Les symptômes durent habituellement quelques jours, voire quelques semaines. La maladie est rarement mortelle.

Évitez donc de nager et de vous baigner dans tout plan d'eau douce, notamment si vous avez des plaies ouvertes ou des coupures.

MALADIES SEXUELLEMENT TRANSMISSIBLES

Les MST les plus courantes en Thaïlande sont l'herpès, les mycoses, la syphilis, la blennorragie et la chlamydia. Si vous avez des démangeaisons, pertes ou douleurs en urinant, consultez tout de suite un médecin.

RAGE

Très répandue, cette maladie est transmise par un animal contaminé : chien et singe principalement. Morsures, griffures ou même simples coups de langue d'un mammifère doivent être nettoyés immédiatement et à fond. Frottez avec du savon et de l'eau courante, puis nettoyez avec de l'alcool. S'il y a le moindre risque que l'animal soit contaminé, allez immédiatement voir un médecin. Même si l'animal n'est pas enragé, toutes les morsures doivent être surveillées de près pour éviter les risques d'infection et de tétanos.

Un vaccin antirabique est disponible. Il faut y songer si vous comptez séjourner longtemps dans des zones rurales, travailler avec des animaux ou pratiquer la spéléologie (les morsures de chauves-souris peuvent être dangereuses). La vaccination préventive ne dispense pas de la nécessité d'un traitement antirabique immédiatement après un contact avec un animal enragé.

ROUGEOLE

La bactérie qui est à l'origine de cette infection est très contagieuse (en particulier par la toux). Les premiers symptômes de la rougeole sont la fièvre et l'apparition de boutons. Il n'existe pas de traitement. Le mieux est d'être vacciné.

TYPHOÏDE

La fièvre typhoïde est une infection du tube digestif. Elle se transmet directement de personne à personne par les mains contaminées ou indirectement par de l'eau ou de la nourriture contaminées par des matières fécales humaines (bactérie *Salmonella typhi*). La fièvre et une éruption rose sur l'abdomen sont généralement les premiers symptômes, qui s'accompagnent parfois d'une septicémie (empoisonnement du sang). La typhoïde est très contagieuse. Mieux vaut être vacciné si vous passez plus d'une semaine en Thaïlande et voyagez hors des grandes villes, même si la vaccination n'est pas entièrement efficace, car l'infection est particulièrement dangereuse.

VIH/SIDA

L'infection est présente dans pratiquement tous les pays. En Thaïlande, le sida est l'une des principales causes de décès chez les moins de 50 ans. La transmission de cette infection se fait : par rapport sexuel (hétérosexuel ou homosexuel – anal, vaginal ou oral), d'où l'impérieuse nécessité d'utiliser des préservatifs à titre préventif ; par le sang, les produits sanguins et les aiguilles contaminées. Il est impossible de détecter la présence du VIH chez un individu apparemment en parfaite santé sans procéder à un examen sanguin.

Évitez, s'ils ne sont pas stérilisés, tous les instruments de chirurgie, les aiguilles d'acupuncture et de tatouage, ainsi que les instruments utilisés pour percer les oreilles ou le nez.

Piqûres de méduses

Les méduses-boîtes (*box jellyfish ou cubozoaire*) ne sont pas toutes dangereuses ; leurs piqûres peuvent être sans risque (causant juste une douleur anodine), mais elles peuvent aussi être mortelles. Par mesure de précaution, il vaut donc mieux considérer qu'elles sont toutes dangereuses, jusqu'à preuve du contraire.

En cas de piqûre grave, la priorité est de garder la personne en vie. Restez avec elle et envoyez quelqu'un chercher une aide médicale. Si la victime est inconsciente, commencez immédiatement le bouche-à-bouche et le massage cardiaque. Si elle est consciente, versez du vinaigre à l'endroit de la piqûre pendant 30 secondes.

Dans le cas d'une piqûre mineure infligée par une méduse, versez de la même façon du vinaigre. Il faut cependant toujours rechercher une aide médicale le plus vite possible au cas où d'autres symptômes se développent dans les 40 minutes qui suivent.

Merci au Dr Peter Fenner pour les précieuses informations qu'il nous a fournies.

Diarrhée du voyageur

Le changement de nourriture, d'eau ou de climat suffit à la provoquer ; si elle est causée par des aliments ou de l'eau contaminés, le problème est plus grave. En dépit de toutes vos précautions, vous aurez peut-être la “turista”, mais quelques visites aux toilettes sans aucun autre symptôme n'ont rien d'alarmant. Il est fortement recommandé d'emmener avec soi un antidiarrhéique et un antiseptique intestinal (de type Intetrix et Ercefuryl). Demandez conseil à votre pharmacien et à votre médecin. La déshydratation est le danger principal lié à toute diarrhée, particulièrement chez les enfants. Ainsi le premier traitement consiste à boire beaucoup. Quand vous irez mieux, continuez à manger légèrement. Lorsque la diarrhée persiste au-delà de 48 heures ou s'il y a présence de sang dans les selles, il est préférable de consulter un médecin.

Affections liées à l'environnement

ALIMENTATION

C'est en mangeant dans les restaurants que vous risquez le plus d'attraper la turista. Une façon d'y échapper est de ne consommer que de la nourriture fraîchement cuisinée et d'éviter les mets traînant sur un buffet. Pelez tous les fruits, cuisez les légumes. Mangez dans des restaurants très fréquentés.

COUP DE CHALEUR

Presque partout en Thaïlande, il fait chaud et humide toute l'année. Dans bien des cas, il faut au moins 2 semaines pour s'acclimater. Restez hydraté et évitez les activités extrêmes pendant les heures chaudes de la journée afin de prévenir tout gonflement des pieds et des chevilles ou des crampes musculaires dues à la transpiration excessive.

De longues périodes d'exposition à des températures élevées peuvent vous rendre vulnérable au coup de chaleur. Cet état grave survient quand le mécanisme de régulation thermique du corps ne fonctionne plus : la température s'élève alors de façon dangereuse. Évitez l'alcool et les activités fatigantes lorsque vous arrivez dans un pays à climat chaud.

Symptômes : malaise général, transpiration faible ou inexistante et forte fièvre (39 à 41°C) et céphalée lancinante, difficultés à coordonner ses mouvements, signes de confusion mentale ou d'agressivité. Il faut absolument hospitaliser le malade. En attendant les secours, installez-le à l'ombre, ôtez-lui ses vêtements, couvrez-le d'un drap ou d'une serviette mouillés et éventez-le continuellement.

COUP DE SOLEIL

Sous les tropiques, les coups de soleil sont plus fréquents, même par temps couvert. Utilisez un écran total et pensez à couvrir les endroits habituellement protégés, les pieds par exemple. Les lunettes de soleil sont indispensables.

Sur la plage, un parasol est vivement recommandé, de même que le port d'un chapeau. Évitez de vous exposer aux heures les plus chaudes (12h-16h) et privilégiez l'ombre.

Une exposition prolongée au soleil peut provoquer une insolation. Symptômes : nausées, peau chaude, maux de tête. Dans ce cas, il faut rester dans le noir, appliquer une compresse d'eau froide sur les yeux et prendre de l'aspirine.

PIQÛRES ET MORSURES

Les punaises affectionnent la literie douteuse. Vérifiez l'état de la literie avant de vous glisser dans votre lit ; si vous repérez de petites taches de sang sur les draps ou les murs autour du lit, cherchez un autre hôtel. Les piqûres de punaises forment des alignements réguliers. Une pommade calmante apaisera la démangeaison.

Les sangsues, présentes dans les régions de forêts humides, se collent à la peau et sucent le sang. Les randonneurs en retrouvent souvent sur leurs jambes ou dans leurs bottes. Vérifiez toujours que vous n'avez pas attrapé de tiques dans une région infestée : elles peuvent transmettre le typhus ou la maladie de Lyme.

Sangsues ou tiques, ne les arrachez pas, car la morsure s'infecterait plus facilement. Détachez les tiques délicatement avec une pincette fine (huile, vaseline, allumette, alcool sont déconseillés). Passez l'ongle sous la bouche de la sangsue pour lui faire lâcher prise (ne pas appliquer de sel). Une crème répulsive peut les maintenir éloignées.

PROBLÈMES DE PEAU

Les boutons de chaleur apparaissent souvent dans les tropiques. Ils sont dus à la sueur restée piégée sous la peau. Des douches froides et des poudres résoudront le problème.

Les blessures s'infectent facilement dans les climats chauds et cicatrisent mal. Coupures et égratignures doivent être traitées avec un antiseptique et du désinfectant cutané. Si vous soupçonnez une infection, consultez un docteur.

Santé au féminin

Grossesse

La plupart des fausses couches ont lieu pendant les trois premiers mois de la grossesse. C'est donc la période la plus risquée pour voyager. Pendant les trois derniers mois, il vaut mieux rester à distance raisonnable de bonnes infrastructures médicales. Les femmes enceintes doivent éviter de prendre inutilement des médicaments. Cependant, certains vaccins et traitements préventifs contre le paludisme restent nécessaires. Mieux vaut consulter un médecin avant de prendre quoi que ce soit.

Problèmes gynécologiques

Une nourriture pauvre, une résistance amoindrie par l'utilisation d'antibiotiques contre des problèmes intestinaux peuvent favoriser les infections vaginales lorsqu'on voyage dans des pays à climat chaud. Respectez une hygiène intime scrupuleuse, et portez jupes ou pantalons amples et sous-vêtements en coton.

Les protections hygiéniques et les tampons sont aisément disponibles dans les zones urbaines en Thaïlande ; faites vos provisions avant de voyager en milieu rural.

Il n'est pas rare que le cycle menstruel soit perturbé lors d'un voyage.

Voyager avec des enfants

Les enfants courent relativement peu de risques sanitaires en Thaïlande. Les personnes voyageant avec des enfants doivent néanmoins pouvoir soigner des affections mineures, et savoir quand avoir recours aux services médicaux. Bien avant le départ, assurez-vous que les vaccinations des enfants sont à jour, et sachez que certains vaccins ne conviennent pas aux enfants de moins de 1 an. Dans les zones chaudes et humides, la moindre égratignure peut s'infecter. Toute blessure doit être parfaitement nettoyée et tenue au sec. Attention à la nourriture et à l'eau présentant un risque de contamination. Pensez à emporter des poudres réhydratantes à utiliser avec de l'eau bouillie si votre enfant est sujet à des vomissements ou à des diarrhées. Demandez conseil à votre médecin. Afin d'éviter les risques de rage ou d'autres maladies, les enfants doivent être tenus à l'écart des chiens et des mammifères en général. Les morsures, griffures ou coups de langue d'un animal à sang chaud et à fourrure doivent être immédiatement et soigneusement nettoyés. S'il y a un risque, même infime, que l'animal soit contaminé, il convient de chercher immédiatement une assistance médicale.

Pour des conseils, procurez-vous le guide *Voyager avec ses enfants* de Lonely Planet (2013), ou consultez le forum du site lonelyplanet.fr.

Sécurité en voyage

Bien que la Thaïlande ne soit pas un pays dangereux, mieux vaut être prudent, surtout lors de contacts avec des inconnus (Thaïlandais ou étrangers) et si vous voyagez seul.

Agressions

Les agressions de voyageurs sont très rares, mais se produisent tout de même. Sachez que faire perdre la face à un Thaïlandais et l'insulter en public peut entraîner de sa part une réaction démesurément violente. L'alcool est souvent le principal responsable des comportements condamnables et de leurs conséquences.

Les femmes, spécialement lorsqu'elles voyagent seules, doivent rester prudentes (et sobres) lorsqu'elles discutent avec le sexe opposé (Thaïlandais ou *farang*).

Drogues

Tout achat, vente ou possession d'opium, d'héroïne, d'amphétamines, de champignons hallucinogènes ou de marijuana est illégal en Thaïlande. Les sanctions pour usage et trafic de stupéfiants sont sévères – un an de prison minimum pour possession de drogue – et ne sont en aucun cas adoucies pour les étrangers. Quant au trafic, c'est-à-dire toute tentative de franchissement de la frontière en possession de stupéfiants, il entraîne des sanctions beaucoup plus lourdes, allant jusqu'à la peine capitale.

Escroqueries fréquentes

Les Thaïlandais peuvent se montrer si amicaux et détendus que certains voyageurs laissent de côté toute méfiance et deviennent une proie facile pour les escrocs de tous poils. Bangkok compte un certain nombre d'arnaqueurs qui se font passer pour des amis aux yeux des voyageurs en leur proposant des réductions sur des pierres précieuses de grande valeur (alors qu'il ne s'agit que de jolis morceaux de verre brillant).

Suivez le conseil n°1 de la Tourism Authority of Thailand (TAT) : *ignorez les inconnus qui proposent de vous faire gracieusement visiter la ville ou des magasins.*

Vols et fraudes

Soyez vigilant en ce qui concerne vos affaires personnelles et ayez toujours sur vous votre passeport, votre argent et votre carte bancaire.

Suivez les mêmes principes lorsque vous voyagez, car un sac fermé ne décourage pas les voleurs lorsque vous dormez durant les longs trajets en bus.

Si vous payez par carte, ne laissez pas le vendeur prendre votre carte et la manipuler hors de votre vue. Certains commerçants sans scrupules éditent 3 ou 4 reçus pour un seul achat.

En cas de problème, contactez la **police touristique** (☎1155).

Téléphone

L'indicatif de la Thaïlande est le ☎66. Tous les numéros thaïlandais commencent par 0 si vous appelez depuis la Thaïlande (le 0 est omis

Numéros utiles

Indicatif de la Thaïlande ☎66

Urgences ☎191

Indicatifs internationaux ☎001, ☎007, ☎008, ☎009

Appels internationaux avec opérateur ☎100

Police touristique ☎1155

pour les appels depuis l'étranger). Les 3 chiffres qui suivent correspondent à l'indicatif régional, qui fait partie intégrante du numéro. Si le 0 est suivi d'un 8 ou d'un 9, il s'agit d'un numéro de portable.

Voir ci-dessus pour les numéros utiles.

Appels internationaux

Lorsque vous appelez la Thaïlande depuis l'étranger, composez le code d'accès international (☎00 depuis la France, la Belgique ou la Suisse ; ☎011 depuis le Canada), suivi du ☎66, puis du numéro souhaité.

Pour appeler l'étranger depuis la Thaïlande, composez un code d'accès international, suivi de l'indicatif du pays (☎33 pour la France, ☎32 pour la Belgique, ☎41 pour la Suisse et ☎1 pour le Canada) et du numéro de votre correspondant.

Il existe pour cela plusieurs codes d'accès internationaux à tarifs variables. Différents opérateurs proposent des tarifs économiques ; faites une recherche sur Internet pour dénicher des codes de promotion.

Il existe plusieurs codes d'accès internationaux à tarifs variables. Le numéro standard, le ☎001, est géré par la CAT Telecom (Communications Authority of Thailand) et possède la meilleure qualité d'écoute. Il permet d'appeler un grand nombre de pays, mais c'est le plus cher. Un autre code intéressant est le ☎007, géré par la TOT (Telephone Organisation of Thailand), un peu moins cher et de bonne qualité.

Si vous souhaitez passer par un opérateur ou appeler en PCV, composez le ☎100. Vous pouvez également contacter votre opérateur pour connaître leur numéro international gratuit.

Téléphones portables

Le plus simple en Thaïlande est de se procurer un téléphone portable équipé d'une carte SIM locale.

La Thaïlande utilise le réseau GSM et les opérateurs mobiles sont AIS (1 2 Call), DTAC et True Move.

On peut se procurer cartes SIM et cartes de recharges (généralement entre 300 et 500 B) dans les 7-Eleven de tout le pays.

La Thaïlande est désormais dotée de la 3G et True Move couvre le réseau 4G LTE à Bangkok.
La couverture et la qualité des différents opérateurs varient d'une année sur l'autre, en fonction des améliorations apportées et de la capacité du réseau. Les opérateurs vendent généralement des forfaits de communication et transmission de données basés sur le nombre de minutes ou d'heures d'appel.

Toilettes

Après votre passage dans des toilettes à la turque, l'usage est de nettoyer à l'aide de l'eau mise à disposition dans le récipient en plastique. Certains établissements fournissent du papier toilette (5 B). Sinon, il faut prévoir le sien ou utiliser de l'eau.

L'installation septique n'est pas toujours adaptée au papier toilette, même lorsqu'il s'agit de toilettes à l'occidentale. Dans ce cas, utilisez la corbeille pour le papier et les produits d'hygiène féminine. Certaines toilettes sont équipées de petits jets d'eau (une version thaïlandaise du bidet).

Voyager en solo

Femmes seules

Les femmes rencontrent relativement peu de problèmes en Thaïlande.

Les femmes thaïlandaises, en particulier de la jeune génération, adoptent parfois des tenues sexy. Toutefois, il vaut mieux se couvrir dans les zones rurales reculées et, bien entendu, lors de la visite des temples.

Transports

Depuis/vers la Thaïlande

Trouvez un vol ou un séjour en quelques clics dans la rubrique "Réserver" de www.lonelyplanet.fr.

Entrer en Thaïlande

Les formalités douanières aux frontières aériennes ou terrestres sont simples : il vous suffit de présenter votre passeport, ainsi que les cartes d'arrivée et de départ dûment remplies.

Vous n'aurez pas besoin de remplir de déclaration de douane à l'arrivée, sauf si vous importez des biens à déclarer. Dans ce cas, adressez-vous aux douaniers thaïlandais pour obtenir le formulaire adéquat.

Pour plus de détails, voir p. 382.

Voie aérienne

Aéroports

Bangkok est le principal point d'entrée national et international du pays. De petits aéroports desservent également des trajets nationaux et intérieurs.

Aéroport international Suvarnabhumi (BKK ; ☎ 0 2132 1888 ; www.bangkokairportonline.com). Dessert la plupart des vols nationaux et internationaux. Il se situe à Samut Prakan, à 30 km à l'est de Bangkok et à 110 km de Pattaya. Se prononce *sù·wan·ná·poum.*

Aéroport de Don Muang (p. 94). Le deuxième aéroport de Bangkok est utilisé par Air Asia, Nok Air et Orient Thai (anciennement One-Two-Go).

Aéroport international de Phuket (p. 304). Vols charters directs depuis l'Europe. Les vols internationaux desservent notamment Séoul, Hong Kong, Kuala Lumpur, Singapour, Abu Dhabi, Chengdu, Shanghai et d'autres villes chinoises.

Aéroport international de Chiang Mai (www.chiangmaiairportonline.com). Assure des vols internationaux vers certaines destinations asiatiques : Séoul, Hong Kong, Macao, Kuala Lumpur et Singapour.

Compagnies aériennes

Les compagnies suivantes proposent des vols depuis/vers Bangkok.

Air Asia (☎ 0 2515 9999 ; www.airasia.com).

Air Berlin (☎ 001 800 12 0666 375 ; www.airberlin.com).

Air Canada (carte p. 76 ; ☎ 0 2718 1839 ; www.aircanada.com).

Air China (carte p. 76 ; ☎ 0 2108 1888 ; www.airchina.com).

Air France (☎ 001 800 441 0771 ; www.airfrance.fr).

Bangkok Airways (☎ 1771 ; www.bangkokair.com).

Voyages et changements climatiques

Tous les moyens de transport fonctionnant à l'énergie fossile génèrent du CO_2 – la principale cause du changement climatique induit par l'homme. L'industrie du voyage est aujourd'hui dépendante des avions. Si ceux-ci ne consomment pas nécessairement plus de carburant par kilomètre et par personne que la plupart des voitures, ils parcourent en revanche des distances bien plus grandes et relâchent quantité de particules et de gaz à effet de serre dans les couches supérieures de l'atmosphère. De nombreux sites Internet utilisent des "compteurs de carbone" permettant aux voyageurs de compenser le niveau des gaz à effet de serre dont ils sont responsables par une contribution financière à des projets respectueux de l'environnement. Lonely Planet "compense" les émissions de tout son personnel et de ses auteurs.

British Airways (carte p. 76 ; ✆ 001 800 441 5906 ; www.britishairways.com).

Cathay Pacific Airways (carte p. 82 ; ✆ 0 2263 0606 ; www.cathaypacific.com).

China Airlines (carte p. 82 ; ✆ 0 2250 9898 ; www.china-airlines.com).

Delta Airlines (✆ 001 800 658 228 ; www.delta.com).

Emirates (carte p. 86 ; ✆ 0 2664 1040 ; www.emirates.com).

Eva Air (✆ 0 2269 6300 ; www.evaair.com).

Japan Airlines (carte p. 82 ; ✆ 001 800 811 0600 ; www.jal.co.jp).

Jetstar Airways (✆ 0 2267 5125 ; www.jetstar.com).

KLM Royal Dutch Airlines (carte p. 75 ; ✆ 001 800 441 5560 ; www.klm.com).

Korean Air (✆ 0 2620 6900 ; www.koreanair.com).

Lufthansa Airlines (carte p. 86 ; ✆ 0 2264 6800 ; www.lufthansa.com).

Myanmar Airways International (carte p. 86 ; ✆ 0 2261 5060 ; www.maiair.com).

Philippine Airlines (✆ 0 2633 5713 ; www.philippineairlines.com).

Qantas Airways (carte p. 76 ; ✆ 0 2632 6611 ; www.qantas.com.au).

Royal Brunei Airlines (carte p. 75 ; ✆ 0 2638 3050 ; www.bruneiair.com).

Scandinavian Airlines (carte p. 86 ; ✆ 0 2693 7888 ; www.flysas.com).

Singapore Airlines (carte p. 76 ; ✆ 0 2353 6000 ; www.singaporeair.com).

South African Airways (Map p. 76 ; ✆ 0 2635 1414 ; www.flysaa.com).

Thai Airways International (THAI ; carte p. 76 ; ✆ 0 2288 7000 ; www.thaiair.com ; 485 Th Silom ; ⏲ 8h-17h lun-sam ; **S** Chong Nonsi sortie 3).

United Airlines (carte p. 82 ; ✆ 0 2353 3939 ; www.united.com).

Depuis/vers la France

Un vol direct pour Bangkok depuis la France dure environ 11 heures. Au moment de la rédaction de ce guide, les tarifs les plus avantageux pour un aller-retour avec escale se situaient autour de 480 € ; pour un vol direct, sur la THAI ou Air France, il fallait plutôt compter à partir de 620 €.

Un aller-retour avec escales pour Phuket commençait à environ 500 €.

Pendant la haute saison (de décembre à mars), trouver un billet depuis ou vers Bangkok peut relever du défi, sans compter que les billets que vous finirez par trouver seront assez chers. Il est donc conseillé de réserver le plus tôt possible.

Pour des voyages et circuits organisés, voir p. 397.

Voici quelques agences et transporteurs :

Air France (✆ 36 54, 0,34 €/min ; www.airfrance.fr).

Bourse des Vols (✆ 0 892 888 949, 1,35 € + 0,34 €/min ; www.bourse-des-vols.com).

Nouvelles Frontières (✆ 0 826 285 385, 0,15 €/min ; www.nouvelles-frontieres.fr). Nombreuses agences en France.

Thai Airways International (THAI ; ✆ 01 55 68 80 00 ; www.thaiairways.fr).

Thomas Cook (✆ 0 826 826 777, 0,35 €/min ; www.thomascook.fr).

Voyages-SNCF (✆ 0 899 500 500, 1,35 € l'appel et 0,34 €/min ; http://agence.voyages-sncf.com/Vols).

Voyageurs du Monde (✆ 01 42 86 16 00 ; www.vdm.com ; 55 rue Sainte-Anne, 75002 Paris). Nombreuses autres agences en France, ainsi qu'à Bruxelles et à Genève.

Depuis/vers la Belgique

Au moment de nos recherches, un aller-retour Bruxelles-Bangkok avec escale commençait à environ 560 €.

Voici un transporteur et quelques agences utiles :

Airstop (✆ 070 233 188, 02-209 61 97 ; www.airstop.be ; Bd E. Jacquemain 76, Bruxelles 1000). Plusieurs agences en Belgique.

Connections (✆ 070 23 33 13, à partir de 0,78 €/min ; ✆ 02-550 01 30 ; 19-21 rue du Midi, 1000 Bruxelles ; www.connections.be). Nombreuses agences en Belgique.

Gigatours Voyages Éole (✆ 02/672 35 03 ; www.

voyageseole.be ; Place Keym 3, Bruxelles 1170). Plusieurs agences en Belgique.

Thai Airways International (THAI ; ✆ 2 502 47 44 ; www.thaiairways.fr ; Av. de la Toison d'Or 21, 1050 Bruxelles).

Depuis/vers la Suisse

En réservant à l'avance, vous pourrez trouver des vols Genève-Bangkok à partir de 750 FS, avec escale.

Vous pouvez contacter :

STA Travel (✆ 058 450 49 49 ; www.statravel.ch ; Rue Rousseau 29, 1204 Genève).

Swiss (✆ 0848 700 700 ; www.swiss.com ; Aéroport de Genève).

Thai Airways International (THAI ; ✆ 41-44 215 65 00 ; www.thaiair.com).

Depuis/vers le Canada

Les premiers prix pour un aller-retour Montréal-Bangkok, avec 2 escales, se situent autour de 860 $C.

Voici un transporteur et des agences à partir du Canada :

Air Canada (✆ 888 247 22 62 ; www.aircanada.ca).

Airlineticketsdirect.com (✆ 1 877 679 8500 ; www.airlineticketsdirect.com).

Expedia (www.expedia.ca).

Travel CUTS – Voyage Campus (✆ 800 667 2887 ; www.travelcuts.com/fr ; ✆ 514 843 8511 ; 407 de Maisonneuve Bd Est, Montréal, PQ H2L 4J5). L'agence de voyages des étudiants canadiens. Nombreuses agences au Canada.

Travelocity (www.travelocity.ca).

Voyages organisés

Séjours

La Thaïlande figure au catalogue de nombreux tour-opérateurs, qui proposent des forfaits tout compris à des tarifs défiant toute concurrence. Beaucoup se limitent à Bangkok et aux destinations balnéaires les plus touristiques (Pattaya, Phuket...). On prêtera une attention particulière aux prestations hotelières, de qualité très variable, tant du fait de leur emplacement (éloignement des plages et des divers centres d'intérêt, système de transport...) que des activités proposées (sport, activités pour les enfants...) : la réalité est souvent très éloignée des belles images illustrant les brochures publicitaires.

Circuits

Les meilleures agences de voyages établies hors de Thaïlande créent leurs circuits de A à Z, en sélectionnant leurs collaborateurs locaux en fonction de la qualité de leurs services. En voici, ci-dessous, quelques-unes, généralistes ou spécialisées dans les voyages axés sur la plongée ou le trek.

Agences généralistes

Asia (✆ 0825 897 602, 0,15 €/min, 01 44 41 50 10 ; 1 rue Dante, 75005 Paris ; www.asia.fr). Autres agences en France et en Suisse.

Clio (✆ 01 53 68 82 82 ; www.clio.fr ; 34 rue du Hameau, 75015 Paris).

Club Aventure (✆ 514-527 0999 ; www.clubaventure.com ; 759 ave Mont-Royal Est, Montréal, H2J 1W8, Canada). Nombreuses agences au Canada.

Maison de l'Indochine (✆ 01 40 51 95 15 ; www.maisondelindochine.com ; 76 rue Bonaparte, 75006 Paris).

Nouvelles Frontières (✆ 0 825 000 747, 0,15 €/min ; www.nouvelles-frontieres.fr).

Orients (✆ 01 45 61 90 90, 01 70 64 16 19 ; www.orients.com ; 60 rue de La Boétie, 75008 Paris).

Voyageurs du monde (✆ 01 84 17 19 47 ; www.vdm.com) ; Paris (✆ 01 42 86 16 00 ; 55 rue Sainte-Anne, 75002 Paris) ; Belgique (✆ 02 543 95 50 ; 23 chaussée de Charleroi, 1060 Bruxelles) ; Suisse (✆ 022 518 04 94 ; 19 rue de la Rôtisserie, 1204 Genève).

Plongée

Océanes (✆ 04 42 52 82 40 ; www.oceanes.com ; 425 Allée François-Aubrun, 13100 Le Tholonet).

Ultramarina (✆ 0 825 850 859, 0,15 €/min ; www.ultramarina.com) ; Nantes

(2 ter rue des Olivettes, CS 33221, 44032 Nantes Cedex 1) ; Paris (29 rue de Clichy, 75009 Paris) ; Marseille (27 rue de la Palud, 13001 Marseille) ; Lyon (11 rue Bugeaud, 69006 Lyon) ; Genève (☎ 022-786 14 86 ; rue des Eaux-Vives 76, 1207 Genève).

Trek

Club Aventure
(☎ 04 96 15 10 20 ; www.huwans-clubaventure.fr) ; Paris (☎ 01 44 32 09 30 ; 18 rue Séguier, 75006 Paris) ; Lyon (☎ 04 96 15 10 52 ; 38 quai Arloing, 69009 Lyon) ; Marseille (☎ 04 88 66 48 93 ; Bureau des guides Huwans en Provence, RN8 – La Petite Bastide-Village Oxylane, 13320 Bouc-Bel-Air) ; Genève (rue Prevost Martin 51, CP 124-1211 Genève 4) ; Bruxelles (27 place St Job, 1180 Bruxelles).

Nomade Aventure
(☎ 0825 701 702, 0,15 €/min, 0826 10 20 09 ; www.nomade-aventure.com) ; Paris (40 rue de la Montagne-Sainte-Geneviève, 75005 Paris) ; Toulouse (43 rue Peyrolières, 31000 Toulouse) ; Lyon (10 quai Tilsitt, 69002 Lyon) ; Marseille (12 rue Breteuil, 13001 Marseille).

Comment circuler

Avion

Voyager en avion en Thaïlande reste assez accessible financièrement. La plupart des liaisons aériennes se font au départ de Bangkok, mais Chiang Mai, Ko Samui et Phuket desservent également quelques villes thaïlandaises.

Bateau

L'authentique embarcation thaïlandaise est le *long-tail boat* ("bateau à longue queue", ou *reu·a hăhng yow*), ainsi nommé parce que l'hélice est fixée à l'extrémité d'un long arbre de transmission sortant du moteur. À Bangkok et dans les provinces voisines, les *long-tail boats* sont le moyen de transport le plus utilisé sur les rivières et les canaux.

Entre le continent et les petites îles moins touristiques, les embarcations sont généralement des bateaux en bois, de 8 à 10 m de long, équipé d'un moteur en-bord (au centre de la coque), d'un gouvernail et d'un simple toit pour protéger les passagers et la marchandise. Les liaisons les plus fréquentes sont souvent assurées par des aéroglisseurs (hydroglisseurs) et des hors-bord, plus rapides mais plus chers.

Bus et minibus

Le réseau de bus thaïlandais est à la fois très dense et fiable. Le gouvernement thaïlandais subventionne la Transport Company (*bò·rí·sàt kŏn sòng*), souvent abrégée en Baw Khaw Saw (BKS).

Les compagnies de bus les plus sûres sont celles qui partent des gares routières BKS.

Nous déconseillons d'emprunter les bus privés qui opèrent depuis les centres touristiques tels que Th Khao San, à Bangkok, où des vols et des commissions abusives sont fréquemment signalés.

Les minibus, gérés par des entreprises privées, sont en train de devenir une option de catégorie moyenne. Parce que leurs véhicules sont plus petits, ils peuvent partir du marché (et non d'une gare routière en dehors de la ville) et vous déposer directement à votre hôtel.

Classes

Les distances courtes sont généralement assurées par des bus de 2e classe rudimentaires, qui ne sont pas équipés de toilettes. Pour les trajets plus longs, les bus sont plus confortables et mieux équipés (1re classe, "VIP" et "Super VIP"). Les "VIP" et "Super VIP" comptent moins de sièges, ce qui permet de les incliner davantage ; ils sont parfois appelés *rót norn* (bus-couchettes).

Dans les bus longue distance, climatisés, prévoyez une veste.

Réservations

Vous pouvez réserver vos places pour un bus climatisé BKS dans tous les terminaux ou gares routières BKS. La plupart des hôtels et tous les voyagistes peuvent réserver des places dans les bus privés, mais il vaut mieux s'adresser directement à l'agence de bus concernée.

Voiture et moto

Assurance

La réglementation impose la souscription d'une assurance responsabilité civile pour tous les véhicules en circulation. Les meilleures agences de location proposent une couverture complète. Vérifiez

Distances kilométriques (km)

	Aranya Prathet	Ayuthaya	Bangkok	Chiang Mai	Chiang Rai	Chumphon	Hat Yai	Hua Hin	Khon Kaen	Mae Hong Son	Mae Sai	Mukdahan	Nakhon Ratchasima	Nong Khai	Phitsanulok	Phuket	Sungai Kolok	Surat Thani	Tak	Trat
Ayuthaya	246																			
Bangkok	275	79																		
Chiang Mai	844	607	685																	
Chiang Rai	1 014	777	775	191																
Chumphon	727	531	452	1 138	1 308															
Hat Yai	1 268	1 072	993	1 679	1 849	555														
Hua Hin	458	262	183	869	1 039	269	810													
Khon Kaen	432	397	440	604	774	902	1 443	633												
Mae Hong Son	1 013	767	800	225	406	1 298	1 839	1 029	829											
Mae Sai	1 082	845	746	259	68	1 376	1 917	1 107	842	474										
Mukdahan	601	524	680	917	1 087	1 029	1 570	760	313	1 142	1 155									
Nakhon Ratchasima	239	204	257	744	914	709	1 250	440	193	969	982	320								
Nong Khai	598	563	516	720	890	1 068	1 609	799	166	945	958	347	359							
Phitsanulok	535	298	420	309	479	829	1 370	560	295	578	547	608	435	411						
Phuket	1 125	929	862	1 536	1 706	412	474	667	1 300	1 696	1 774	1 427	1 107	1 466	1 227					
Sungai Kolok	1 555	1 359	1 210	1 966	2 136	842	287	1 097	1 730	2 126	2 204	1 857	1 357	1 896	1 657	761				
Surat Thani	927	731	635	1 338	1 508	214	401	469	1 102	1 498	1 576	1 229	909	1 268	1 029	286	791			
Tak	581	335	435	280	460	866	1 407	597	441	432	528	754	544	557	146	1 264	1 694	1 066		
Trat	285	392	313	999	1 169	765	1 306	496	717	1 397	1 237	886	524	883	690	1 163	1 593	965	727	
Ubon Ratchathani	444	367	620	881	1 051	872	1 413	603	277	1 106	1 119	157	163	443	572	1 270	1 700	1 072	707	729

toujours que vous êtes assuré au tiers et demandez à voir les papiers d'assurance datés. Un accident au volant d'un véhicule non assuré vous entraînerait dans des ennuis considérables.

Carburant et pièces détachées

Les stations-service modernes sont nombreuses. Dans les régions rurales, l'essence contenant du benzène (*ben·sin/nám·man rót yon*) est distribuée dans de petites stations au bord des routes ou dans les villages. Tous les carburants sont sans plomb et le diesel est utilisé par les camions et par certaines voitures. La Thaïlande utilise aussi des carburants de remplacement comme le *gasohol* (mélange à 91% ou 95% de pétrole et d'éthanol) et le gaz naturel comprimé, consommé par les taxis conçus pour rouler avec deux types de carburants.

Code de la route et règles de sécurité

Les Thaïlandais roulent à gauche (la plupart du temps !). En dehors de cela, tout semble permis, en dépit des panneaux de signalisation et des limitations de vitesse.

La règle cardinale de sécurité est de laisser la priorité au véhicule le plus gros. Même si ce n'est pas ce que dit la réglementation, il s'agit bien de la réalité. La vitesse est limitée à 50 km/h dans les villes et de 80 à 100 km/h sur la plupart des routes nationales, mais vous verrez toujours des véhicules rouler à 30 km/h comme à 150 km/h !

Location et achat

Il est possible de louer des voitures, des jeeps et

Sécurité routière

Selon un récent rapport de l'Organisation mondiale de la santé, la Thaïlande est l'un des pays où la conduite est la plus dangereuse.

Les accidents de bus mortels font la une des journaux, mais en Thaïlande, plus de 80% des accidents de la circulation impliquent des motos. Moins de la moitié des conducteurs de deux-roues portent des casques et beaucoup de touristes se blessent en conduisant des motos ou des scooters car ils ne maîtrisent pas leur véhicule et ne sont pas habitués aux habitudes de conduite locales.

Si vous êtes novice, familiarisez-vous avec votre engin dans une zone peu fréquentée et limitez-vous à une moto de 100 cm^3. Conduisez lentement, surtout sur des routes glissantes ou couvertes de graviers. Pour faciliter le maniement, pensez à répartir le poids de façon aussi équilibrée que possible. Et ne vous attendez pas à ce que les autres véhicules vous prêtent une attention particulière : les deux-roues sont tout en bas de l'échelle dans la hiérarchie de la circulation automobile.

des camionnettes dans la plupart des grandes villes et des aéroports, auprès de compagnies locales ou internationales. Les agences de location locales pratiquent des tarifs inférieurs à ceux des grandes chaînes internationales, mais la qualité de leurs véhicules est variable. Vérifiez toujours l'état des pneus et l'aspect général du véhicule avant de signer un contrat de location.

Il est assez facile de louer une moto. C'est le moyen de transport idéal pour parcourir la campagne de façon indépendante. Pour les locations à la journée, on vous demandera la plupart du temps de laisser votre passeport en dépôt. Là encore, avant de vous engager, vérifiez l'état de la moto et réclamez un casque (dont le port est obligatoire).

Permis de conduire

Pour conduire une voiture ou une moto lors d'un court séjour en Thaïlande, vous devez en théorie posséder un permis de conduire international, mais cette formalité n'est pas toujours vérifiée.

Transports urbains

Bus urbains et sŏrng•tăa•ou

L'usage veut que les passagers attendent à l'arrêt et hèlent le bus avec la main, paume vers le bas. Il faut généralement payer après s'être assis ou au moment de descendre.

Ailleurs, les transports publics sont assurés par des *sŏrng·tăa·ou* (petites camionnettes ou pick-up avec deux rangées de sièges face à face pour les passagers). Ces véhicules desservent parfois des itinéraires fixes, comme les bus, mais ils peuvent aussi fonctionner comme des taxis collectifs en prenant plusieurs passagers allant dans la même direction. Dans les régions touristiques, ils peuvent être loués comme un taxi ordinaire, mais vous devrez négocier le tarif avant de monter. Vous pouvez héler un *sŏrng·tăa·ou* sur la route et payer le trajet à la descente.

Moto-taxi

Dans de nombreuses villes de Thaïlande, on peut louer des *mor·đeu·sai ráp jâhng*, des motos de 100 à 125 cm^3, avec chauffeur, pour des petites courses.

Dans la plupart des villes, les motos-taxis restent groupées aux carrefours. Les conducteurs portent généralement des T-shirts numérotés. Le tarif de la course oscille entre 10 et 50 B selon la distance. Il faut convenir du prix avant de monter.

Taxi

À Bangkok, les taxis sont équipés de compteurs, mais dans les autres villes de Thaïlande, il peut arriver que les taxis soient des véhicules privés pratiquant des tarifs négociables. Dans certains taxis collectifs, le prix de la course est partagé entre les passagers.

Transports en commun

Bangkok est la seule ville de Thaïlande à posséder à la fois un métro aérien (BTS) et un métro souterrain (MRT), respectivement connus sous le nom de Skytrain et de Metro.

Circuits organisés locaux

De nombreux tour-opérateurs partout dans le monde conçoivent des circuits organisés en Thaïlande.

Asian Trails (www.asiantrails.info). Ce tour-opérateur propose des excursions pour des agences à l'étranger. Destinations classiques et hors des sentiers battus.

Hands Up Holidays (www.handsupholidays.com). Programmes de volontourisme et de visites de villages.

Intrepid Travel (www.intrepidtravel.com). Spécialisé dans les voyages en petits groupes destinés aux jeunes.

Spice Roads (www.spiceroads.com). Une variété d'excursions à vélo.

Tours with Kasma Loha-Unchit (www.thaifoodandtravel.com). Cette auteure de livres de cuisine thaïlandaise propose des circuits personnalisés pour s'immerger dans le pays.

Train

Les trains thaïlandais parcourent tout le pays et sont la meilleure alternative au bus pour les longs voyages vers Chiang Mai au nord ou Surat Thani au sud.

Le réseau ferré de 4 500 km est géré par la société des chemins de fer thaïlandaise, **State Railway of Thailand** (SRT ; ☎1690 ; www.railway.co.th), et dessert 4 lignes principales : nord, sud, nord-est et est. Tous les trajets longue distance partent de la gare de Hualamphong à Bangkok.

Classes

Les trains de passagers de la SRT comptent en général 3 classes – 1re, 2e et 3e classe –, qui diffèrent parfois considérablement selon le type de train : ordinaire, rapide ou express.

1re classe – Les wagons de 1re classe sont équipés de cabines privées, disponibles seulement dans les trains rapides, express et express spéciaux.

2e classe – Les sièges rembourrés (généralement inclinables) sont disposés comme dans un bus, par paires, tous tournés dans le sens de la marche. Dans les wagons-couchettes, les sièges se font face deux par deux et se transforment en couchettes, l'une au-dessus de l'autre. La couchette inférieure offre plus d'espace au-dessus de la tête, ce qui explique son prix plus élevé. Les enfants sont toujours placés en couchettes inférieures. Il existe des voitures de 2e classe uniquement sur les trains rapides et express. Certains wagons sont climatisés, d'autres ont des ventilateur.

3e classe – Un wagon de 3e classe typique compte 2 rangées de banquettes qui se font face. Chaque banquette est conçue pour 2 ou 3 passagers, mais, sur les lignes bondées des régions rurales, on tient peu compte de ces considérations. Les express n'ont pas de 3e classe.

Tarifs

Les tarifs sont calculés en ajoutant des suppléments au prix de base, selon le type de train (express spécial, express, rapide, ordinaire), la classe choisie et la distance parcourue. Des frais supplémentaires

Săhm·lór et tuk-tuk

Les *săhm·lór* (dont le nom signifie "3 roues") non motorisés sont l'équivalent des rickshaws (ou cyclo-pousse) que l'on voit dans toute l'Asie. On les trouve dans les petites villes où la circulation est fluide et la conduite traditionnelle.

La version moderne et motorisée du *săhm·lór* est le *tuk-tuk*. Ce sont de petits véhicules utilitaires, équipés d'un moteur deux temps (souvent alimenté au GPL) très bruyants – si le bruit et les vibrations ne vous abrutissent pas, les gaz s'en chargeront.

Dans les deux cas, le tarif doit être négocié avant le départ. Dans les centres touristiques, les conducteurs de *tuk-tuk* ont tendance à gonfler les prix pour les étrangers. Renseignez-vous sur les tarifs appliqués avant de héler un véhicule. Le personnel des hôtels peut vous indiquer un montant convenable.

La Thaïlande à vélo

Partout ailleurs qu'à Bangkok, le vélo constitue le moyen de locomotion idéal pour effectuer de courtes distances : bon marché, non polluant et suffisamment lent pour ne rien perdre du paysage. Des vélos (pas toujours de très bonne qualité) sont loués un peu partout, notamment dans les pensions, pour au moins 50 B/jour.

sont ajoutés pour les wagons climatisés et les couchettes (basse ou haute).

Réservations

Vous pouvez réserver vos billets de train entre 1 et 60 jours avant la date de départ, en personne, depuis n'importe quelle gare ferroviaire. On peut aussi les acheter dans les agences de voyages, mais c'est un peu plus cher. Si vous êtes à l'étranger et que vous organisez de longs trajets en train, envoyez un e-mail à l'agence gouvernementale SRT (passenger-ser@railway.co.th) au moins 15 jours avant votre séjour. Vous recevrez un message de confirmation de votre réservation. Vous pourrez retirer et payer vos billets en gare 1 heure avant le départ du train.

Les réservations sont recommandées pour les trains-couchettes entre Bangkok et Chiang Mai ou entre Bangkok et Surat Thani, car les places partent très vite.

Vous pourrez obtenir des remboursements partiels si vous annulez votre billet, selon le nombre de jours restants avant le départ. Rendez-vous au guichet des réservations de la gare.

Langue

Il existe différentes manières de transcrire le thaï dans l'alphabet romain. Dans la méthode choisie ci-dessous, les tirets marquent une rupture syllabique à l'intérieur même du mot, certaines syllabes étant elles-mêmes séparées par un point pour en faciliter la prononciation. Le thaï est une langue tonale – les accents sur les voyelles représentent ces différents tons : grave, médian, descendant, aigu et ascendant.

À noter qu'après chaque phrase, on ajoute la particule de politesse *káp* pour les hommes, et *ká* pour les femmes.

Pour enrichir votre séjour d'un guide de conversation (voir ci-dessous), rendez-vous sur **www.lonelyplanet.fr**. Quant à l'application pour iPhone, elle est disponible sur l'Apple store.

Civilités et expressions de base

Bonjour.
สวัสดี — sà-wàt-di

Au revoir.
ลาก่อน — lah gòrn

Comment allez-vous ?
สบายดีไหม — sà-bai di măi

Pour aller plus loin

Indispensable pour mieux communiquer sur place : le *Guide de conversation Thaï*, de Lonely Planet. Pour réserver une chambre, lire un menu ou simplement faire connaissance, ce manuel permet d'acquérir des rudiments de thaïlandais. Inclus : un minidictionnaire bilingue.

Je vais bien.
สบายดีครับ/ค่ะ — sà·bai di kráp/kâ (m/f)

Excusez-moi.
ขออภัย kŏr — à-pai

Oui./Non.
ใช่/ไม่ — châi/mâi

S'il vous plaît.
ขอ — kŏr

Merci.
ขอบคุณ — kòrp kun

De rien.
ยินดี — yin di

Excusez-moi.
ขออภัย — kŏr à-pai

Désolé(e).
ขอโทษ — kŏr tôht

Comment allez-vous ?
สบายดีไหม — sà-bai di măi

Je vais bien. Et vous ?
สบายดีครับ/ค่ะ แล้วคุณล่ะ — sà-bai di kráp/ kâ láa·ou kun lâ (m/f)

Quel est votre nom ?
คุณชื่ออะไร — kun chêu à-rai

Je m'appelle…
ผม/ดิฉันชื่อ... — pŏm/dì-chăn chêu (m/f)

Parlez-vous anglais ?
คุณพูดภาษาอังกฤษได้ไหม — kun pôot pah-săh ang-grìt dâi măi

Je ne comprends pas.
ผม/ดิฉันไม่เข้าใจ — pŏm/dì-chăn mâi kôw jai (m/f)

Combien coûte ceci ?
เท่าไร — tôw-rai

Pouvez-vous baisser le prix ?
ลดราคาได้ไหม — lót rah-kah dâi măi

Hébergement

Où puis-je trouver un hôtel ?
โรงแรมอยู่ที่ไหน — rohng raam yòo têe năi

Avez-vous une chambre simple/double ?
มีห้องเดี่ยว/เตียงคู่ไหม — mi hôrng dèe·o/ đi·ang kôo măi

climatisation	แอร์	aa
salle de bains	ห้องน้ำ	hôrng nám
laverie	ห้องซักผ้า	hôrng sák pâh
moustiquaire	มุ้ง	múng
fenêtre	หน้าต่าง	nâh đàhng

Se restaurer et prendre un verre

Je voudrais (le menu), s'il vous plaît.
ขอ (รายการอาหาร) หน่อย — kŏr (rai gahn ah-hăhn) nòy

Que me conseillez-vous ?
คุณแนะนำอะไรบ้าง kun náa-nam à-rai bâhng
C'était délicieux.
อร่อยมาก à-ròy mâhk
Santé !
ไชโย chai-yoh
L'addition, s'il vous plaît.
ขอบิลหน่อย kŏr bin nòy

Je ne mange pas de/d'... ผม/ดิฉันไม่กิน ... pŏm/dì-chăn mâi gin (m/f)

œufs	ไข่	kài
poisson	ปลา	Ƅlah
noix	ถั่ว	tòo·a
viande rouge	เนื้อแดง	néu·a daang

Urgences

Je suis malade.
ผม/ดิฉันป่วย pŏm/dì-chăn Ƅòo·ay (m/f)
Je suis perdu.
ผม/ดิฉัน หลงทาง pŏm/dì-chăn lŏng tahng (m/f)
Au secours !
ช่วยด้วย chôo·ay dôo·ay
Appelez un médecin !
เรียกหมอหน่อย rêe·ak mŏr nòy
Appelez la police !
เรียกตำรวจหน่อย rêe·ak đam·ròo·at nòy
Où se trouvent les toilettes ?
ห้องน้ำอยู่ที่ไหน hôrng nám yòo têe năi

Directions

Où puis-je trouver (un marché/un restaurant) ?
(ตลาด/ร้านอาหาร) อยู่ที่ไหน (đà-làht/ráhn ah-hăhn) yòo têe năi
Quelle est l'adresse ?
ที่อยู่คืออะไร têe yòo keu à-rai
Pourriez-vous me l'écrire ?
เขียนลงให้ได้ไหม kĕe·an long hâi dâi măi
Pouvez-vous me montrer (sur le plan) ?
ให้ดู (ในแผนที่) ได้ไหม hâi dou (nai păan têe) dâi măi
Tournez à gauche/droite.
เลี้ยวซ้าย/ขวา lée·o sái/kwăh

Mots clés

assiette	จาน	jahn
avec/sans	มี/ไม่มี	mi/mâi mi
baguettes	ไม้ตะเกียบ	mái đà-gèe·ap
bar	บาร์	bah
bol	ชาม	chahm
bouteille	ขวด	kòo·at
café	ร้านกาแฟ	ráhn gah-faa
carte des boissons	รายการเครื่องดื่ม	rai gahn krêu·ang dèum
chaud	ร้อน	rórn
couteau	มีด	mêet
cuillère	ช้อน	chórn
déjeuner	อาหารกลางวัน	ah-hăhn glahng wan
dessert	ของหวาน	kŏrng wăhn
dîner	อาหารเย็น	ah-hăhn yen
épicé	เผ็ด	pèt
fourchette	ส้อม	sôrm
froid	เย็น	yen
marché	ตลาด	đà-làht
menu	รายการอาหาร	rai gahn ah-hăhn
petit-déjeuner	อาหารเช้า	ah-hăhn chów
restaurant	ร้านอาหาร	ráhn ah-hăhn
tasse	ถ้วย	tôo·ay
végétarien (personne)	คนกินเจ	kon gin jair
verre	แก้ว	gâa·ou

Mots interrogatifs

Quoi ?	อะไร	à-rai
Quand ?	เมื่อไร	mêu·a-rai
Où ?	ที่ไหน	têe năi
Qui ?	ใคร	krai
Pourquoi ?	ทำไม	tam-mai

Viande et poisson

bœuf	เนื้อ	néu·a
calmar	ปลาหมึก	Ƅlah mèuk
canard	เป็ด	Ƅèt
crabe	ปู	Ƅou
fruits de mer	อาหารทะเล	ah-hăhn tá-lair
poisson	ปลา	Ƅlah
porc	หมู	mŏo
poulet	ไก่	gài
viande	เนื้อ	néu·a

Fruits et légumes

aubergine	มะเขือ	má-kĕu·a
banane	กล้วย	glôo·ay
champignons	เห็ด	hèt
citron	มะนาว	má-now
fruit	ผลไม้	pŏn-lá-mái
fruits à coque	ถั่ว	tòo·a
goyave	ฝรั่ง	fa-ràng
haricots	ถั่ว	tòo·a

égumes	ผัก	pàk
nangoustan	มังคุด	mang-kút
nangue	มะม่วง	má-môo·ang
noix de coco	มะพร้าว	má-prów
papaye	มะละกอ	má-lá-gor
pastèque	แตงโม	đaang moh
pommes de terre	มันฝรั่ง	man fa-ràng
ramboutan	เงาะ	ngó
tamarin	มะขาม	má-kăhm
tomate	มะเขือเทศ	má-kĕu·a têt

Autres

glaçon	น้ำแข็ง	nám kăang
huile	น้ำมัน	nám man
nouilles	เส้น	sên
œuf	ไข่	kài
piment rouge	พริก	prík
poivre	พริกไทย	prík tai
riz	ข้าว	kôw
salade	ผักสด	pàk sòt
sel	เกลือ	gleu·a
soupe	น้ำซุป	nám súp
sauce de poisson	น้ำปลา	nám ƀlah
sauce soja	น้ำซีอิ๊ว	nám si-éw
sucre	น้ำตาล	nám đahn
tofu	เต้าหู้	đôw hôo

Boissons

bière	เบียร์	bi·a
café	กาแฟ	gah-faa
eau	น้ำดื่ม	nám dèum
jus d'orange	น้ำส้ม	nám sôm
jus de canne	น้ำอ้อย	nám ôy
lait	นมจืด	nom jèut
lait de soja	น้ำเต้าหู้	nám đôw hôo
thé	ชา	chah

Heure et dates

Quelle heure est-il ?

กี่โมงแล้ว gèe mohng láa·ou

matin	เช้า	chów
après-midi	บ่าย	bài
soir	เย็น	yen
hier	เมื่อวาน	mêu·a wahn
aujourd'hui	วันนี้	wan née
demain	พรุ่งนี้	prûng née

Nombres

1	หนึ่ง	nèung
2	สอง	sŏrng
3	สาม	săhm
4	สี่	sèe
5	ห้า	hâh
6	หก	hòk
7	เจ็ด	jèt
8	แปด	ƀàat
9	เก้า	gôw
10	สิบ	sìp
11	สิบเอ็ด	sìp-èt
20	ยี่สิบ	yêe-sìp
21	ยี่สิบเอ็ด	yêe-sìp-èt
30	สามสิบ	săhm-sìp
40	สี่สิบ	sèe-sìp
50	ห้าสิบ	hâh-sìp
60	หกสิบ	hòk-sìp
70	เจ็ดสิบ	jèt-sìp
80	แปดสิบ	ƀàat-sìp
90	เก้าสิบ	gôw-sìp
100	หนึ่งร้อย	nèung róy
1 000	หนึ่งพัน	nèung pan
10 000	หนึ่งหมื่น	nèung mèun
100 000	หนึ่งแสน	nèung săan
1 000 000	หนึ่งล้าน	nèung láhn

lundi	วันจันทร์	wan jan
mardi	วันอังคาร	wan ang-kahn
mercredi	วันพุธ	wan pút
jeudi	วันพฤหัสฯ	wan pá-réu-hàt
vendredi	วันศุกร	wan sùk
samedi	วันเสาร์	wan sŏw
dimanche	วันอาทิตย์	wan ah-tít

Transports

Transports publics

cyclo-pousse	สามล้อ	săhm·lór
bateau	เรือ	reu·a
bus	รถเมล์	rót mair
voiture	รถเก๋ง	rót gĕng
moto	มอร์เตอร์ไซค์	mor-đeu-sai
moto-taxi	รับจ้าง	ráp jâhng
avion	เครื่องบิน	krêu·ang bin
train	รถไฟ	rót fai
tuk-tuk	ตุ๊กๆ	đúk đúk

Panneaux

ทางเข้า	**Entrée**
ทางออก	**Sortie**
เปิด	**Ouvert**
ปิด	**Fermé**
ที่ติดต่อสอบถาม	**Renseignements**
ห้าม	**Interdit**
ห้องสุขา	**Toilettes**
ชาย	**Hommes**
หญิง	**Femmes**

À quelle heure arrive le ... bus ?	รถเมล์คัน ... มาเมื่อไร	rót mair kan ... mah mêu·a rai
premier	แรก	râak
dernier	สุดท้าย	sùt tái
prochain	ต่อไป	đòr bai

Un billet ..., s'il vous plaît.	ขอตั๋ว ...	kŏr đŏo·a ...
aller simple	เที่ยวเดียว	têe·o di·o
aller-retour	ไปกลับ	bai glàp

Je voudrais un siège côté...	ต้องการที่นั่ง ...	đôrng gahn têe nâng ...
couloir	ติดทางเดิน	đìt tahng deun
fenêtre	ติดหน้าต่าง	đìt nâh đàhng

quai	ชานชาลา	chan-chah-lah
guichet	ช่องขายตั๋ว	chôrng kăi đŏo·a
horaires	ตารางเวลา	đah-rahng wair-lah

À quelle heure arrive-t-il à (Chiang Mai) ?
ถึง (เชียงใหม่) ที่โมง — tĕung (chi·ang mài) gèe mohng

S'arrête-t-il à (Saraburi) ?
รถจอดที่ (สระบุรี) ไหม — rót jòrt têe (sà-rà-bù-ri) măi

Comment puis-je me rendre à (Chiang Mai) ?
เมื่อถึง (เชียงใหม่) กรุณาบอกด้วย — mêu·a tĕung (chi·ang mài) gà-rú-nah bòrk dôo·ay

Je voudrais descendre à (Saraburi).
ขอลงที่(สระบุรี) — kŏr long têe (sà-rà-bù-ri)

En voiture et à vélo

Je voudrais louer une...	อยากจะเช่า ...	yàhk jà chôw ...
voiture	รถเก๋ง	rót gĕng
moto	รถมอร์เตอร์ไซค์	rót mor-đeu-sai

Je voudrais...	ต้องการ ...	đôrng gahn ...
faire réparer mon vélo	ซ่อมรถจักรยาน	sôrm rót jàk-gà-yahn
louer un vélo	เช่ารถจักรยาน	chôw rót jàk-gà-yahn

Est-ce la route vers (Ban Bung Wai) ?
ทางนี้ไป (บ้านบุ่งหวาย) ไหม — tahng née bai (bâhn bùng wăi) măi

Où puis-je trouver une station-service ?
ปั๊มน้ำมันอยู่ที่ไหน — bâm nám man yòo têe năi

Puis-je me garer ici ?
จอดที่นี้ได้ไหม — jòrt têe née dâi măi

Combien de temps puis-je me garer ici ?
จอดที่นี้ได้นานเท่าไร — jòrt têe née dâi nahn tôw-rai

J'ai besoin d'un mécanicien.
ต้องการช่างรถ — đôrng gahn châhng rót

J'ai un pneu crevé.
ยางแบน — yahng baan

Je n'ai plus d'essence.
หมดน้ำมัน — mòt nám man

Ai-je besoin d'un casque ?
ต้องใช้หมวกกันน็อกไหม — đôrng chái mòo·ak gan nórk măi

En coulisses

À nos lecteurs

Merci à tous les voyageurs qui ont utilisé la dernière édition de ce guide et nous ont écrit pour nous faire part de leurs conseils, de leurs suggestions et de leurs anecdotes : Jessica Demers et Claire Jobin

Un mot de l'auteur

China Williams

Mille mercis à ma bonne copine Nong, aux charmantes employées de TJR, à l'école maternelle Candyhome, à Pong du Libernard Café, Andrew Bond, Pim de CityLife, Aidan de l'agence Chiang Mai Mountain Bikes et Pat de Patara Elephant Farm. À Bangkok, sincères remerciements à Ruengsang, Mai, Jane, Kanchana et Austin. Merci également à Matt et Felix qui ont survécu à mon absence et à Mandy pour avoir pris soin d'eux. Enfin, une dédicace spéciale à mes coauteurs, à Kirsten et à l'équipe LP.

Remerciements

Données des cartes du climat adaptées de Peel MC, Finlayson BL & McMahon TA (2007) "Updated World Map of the Köppen-Geiger Climate Classification", Hydrology and Earth System Sciences, 11, 1633-44.

Illustrations p. 62-63 et p. 68-69 de Michael Weldon.

Photographie de couverture : palais Bang Pa In, province d'Ayuthaya, Jean-Pierre Lescourret/Corbis © ; 4e de couverture : Railay, province de Krabi, Ingolf Pompe/ Alamy ©

À propos de cet ouvrage

Cette 3e édition du guide *L'essentiel de la Thaïlande* est l'adaptation en français de la 3e édition du guide *Discover Thailand* dirigée par China Williams, épaulée de Mark Beales, Tim Bewer, Celeste Brash, Austin Bush, David Eimer et Adam Skolnick.

Traduction Pierre-Yves Raoult, Anna Alvarez, Nathalie Berthet, Florence Delahoche, Florence Guillemat-Szarvas, Dominique Lavigne, Jeanne Robert et Damien Zalio
Direction éditoriale Didier Férat
Adaptation française Cécile Bertolissio
Responsable prépresse Jean-Noël Doan
Maquette Marie Dautet
Couverture Couverture originale de Naomi Parker ; adaptée par Annabelle Henry pour la version française.
Cartographie Cartes originales de Diana Von Holdt et Rachel Imeson ; adaptées en français par Caroline Sahanouk
Remerciements à Julie-Pomme Séramour pour sa préparation studieuse du manuscrit et à Marjorie Bensaada pour sa relecture précieuse du texte. Merci à Dominique Spaety et Dominique Bovet pour leur soutien attentif. Enfin, merci à Clare Mercer, Joe Revill, Sarah Nicholson et Luan Angel du bureau de Londres et Andy Nielsen, Darren O' Connell, Chris Love, Sasha Baskett, Angela Tinson, Jacqui Saunders, Ruth Cosgrave et Glenn van der Knijff du bureau australien.

VOS RÉACTIONS ?

Vos commentaires nous sont très précieux et nous permettent d'améliorer constamment nos guides. Notre équipe lit toutes vos lettres avec la plus grande attention. Nous ne pouvons pas répondre individuellement à tous ceux qui nous écrivent, mais vos commentaires sont transmis aux auteurs concernés. Tous les lecteurs qui prennent la peine de nous communiquer des informations sont remerciés dans l'édition suivante, et ceux qui nous fournissent les renseignements les plus utiles se voient offrir un guide.

Pour nous faire part de vos réactions, prendre connaissance de notre catalogue et vous abonner à notre newsletter, consultez notre site Internet : **www.lonelyplanet.fr**

Nous reprenons parfois des extraits de notre courrier pour les publier dans nos produits, guides ou sites web. Si vous ne souhaitez pas que vos commentaires soient repris ou que votre nom apparaisse, merci de nous le préciser. Notre politique en matière de confidentialité est disponible sur notre site Internet.

Index

A

B

C

Références des cartes en **gras**
Références des photos en rouge

D

E

Références des cartes en **gras**
Références des photos en **rouge**

K

L

M

Références des cartes en **gras**
Références des photos en **rouge**

Comment utiliser ce guide

Ces symboles vous aideront à identifier les différentes rubriques :

- À voir
- Activités
- Cours
- Circuits organisés
- Fêtes et festivals
- Où se loger
- Où se restaurer
- Où prendre un verre
- Où sortir
- Achats
- Renseignements/transports

Ces symboles vous donneront des informations essentielles au sein de chaque rubrique :

- Numéro de téléphone
- Horaires d'ouverture
- Parking
- Non-fumeurs
- Climatisation
- Accès Internet
- Wi-Fi
- Piscine
- Végétarien
- Menu en anglais
- Familles bienvenues
- Animaux acceptés
- Bus
- Ferry
- Métro
- Subway
- Tube (Londres)
- Tramway
- Train

La sélection apparaît dans l'ordre de préférence de l'auteur.

Les pictos pour se repérer :

GRATUIT Des sites libre d'accès

Les adresses écoresponsables

Nos auteurs ont sélectionné ces adresses pour leur engagement dans le développement durable – par leur soutien envers des communautés ou des producteurs locaux, leur fonctionnement écologique ou leur investissement dans des projets de protection de l'environnement.

Légende des cartes

À voir
- Plage
- Temple bouddhiste
- Château
- Église/cathédrale
- Temple hindou
- Mosquée
- Synagogue
- Monument
- Musée/galerie
- Ruines
- Vignoble
- Zoo
- Centre d'intérêt

Activités
- Plongée/snorkeling
- Canoë/kayak
- Ski
- Surf
- Piscine/baignade
- Randonnée
- Planche à voile
- Autres activités

Où se loger
- Hébergement
- Camping

Où se restaurer
- Restauration

Où prendre un verre
- Bar
- Café

Où sortir
- Spectacle

Achats
- Magasin

Renseignements
- Poste
- Point d'information

Transports
- Aéroport/aérodrome
- Poste frontière
- Bus
- Téléphérique/funiculaire
- Piste cyclable
- Ferry
- Métro
- Monorail
- Parking
- S-Bahn
- Taxi
- Train/rail
- Tramway
- Tube
- U-Bahn
- Autre moyen de transport

Routes
- Autoroute à péage
- Autoroute
- Nationale
- Départementale
- Cantonale
- Chemin
- Route non goudronnée
- Rue piétonne
- Escalier
- Tunnel
- Passerelle
- Promenade à pied
- Promenade à pied (variante)
- Sentier

Géographie
- Refuge/gîte
- Phare
- Point de vue
- Montagne/volcan
- Oasis
- Parc
- Col
- Aire de pique-nique
- Cascade

Population
- Capitale (pays)
- Capitale (État/province)
- Grande ville
- Petite ville/village

Limites et frontières
- Pays
- Province/État
- Contestée
- Région/banlieue
- Parc maritime
- Falaise/escarpement
- Rempart

Hydrographie
- Rivière
- Rivière intermittente
- Marais/mangrove
- Récif
- Canal
- Eau
- Lac asséché/salé/intermittent
- Glacier

Topographie
- Plage/désert
- Cimetière (chrétien)
- Cimetière (autre religion)
- Parc/forêt
- Terrain de sport
- Site (édifice)
- Site incontournable (édifice)

CELESTE BRASH

Ko Samui et le golfe de Thaïlande Celeste a découvert la Thaïlande alors qu'elle était étudiante en langue, histoire et culture thaïlandaises à l'université de Chiang Mai. Depuis, elle y est revenue de nombreuses fois et a testé les folles nuits de Ko Pha-Ngan aussi bien que la méditation dans un *wat* bouddhique. Elle a collaboré à environ 50 guides Lonely Planet, mais sa destination favorite reste l'Asie du Sud-Est. Quand elle n'est pas en vadrouille dans un pays exotique, elle vit avec sa famille à Portland, dans l'Oregon. Son site Internet : www.celestebrash.com.

AUSTIN BUSH

Bangkok, Chiang Rai et le Nord Austin fait son premier voyage en Thaïlande en 1999, dans le cadre d'un programme linguistique organisé à l'université de Chiang Mai. Il se dirige alors vers Bangkok, attiré par la vie citadine, les possibilités de travail et la délicieuse cuisine épicée. Né dans l'Oregon, ce rédacteur et photographe se passionne pour la nourriture. Vous découvrirez des exemples de son travail sur son site, www.austinbushphotography.com.

DAVID EIMER

Escapades hors de Bangkok, Ko Samui et le golfe de Thaïlande Après avoir visité la Thaïlande pendant une décennie, en quête de plages sublimes et de mets savoureux, David a fini par s'installer à Bangkok en 2012. Depuis, son travail de journaliste pour différents journaux et magazines l'a mené de l'extrême Sud jusqu'aux confins nord du pays, avec d'innombrables escales entre les deux. Originaire de Londres, David a vécu 7 ans à Beijing et 5 ans à Los Angeles, avant de s'établir à Bangkok. Il a contribué à 11 guides Lonely Planet.

ADAM SKOLNICK

Phuket et la côte d'Andaman Adam écrit sur des sujets aussi variés que les voyages, la culture, la santé, le sport, les droits de l'homme et l'environnement pour Lonely Planet, *Outside*, *Travel & Leisure*, BBC.com et ESPN.com. Il a participé à plus de 20 guides Lonely Planet. Au cours de ce dernier séjour, il a conduit sur 3 000 km de routes et a fait plus de 50 trajets en *long-tail boat*. Son premier roman, *Middle of Somewhere*, a été publié en 2014. Pour en savoir plus sur le travail d'Adam, consultez son site, www.adamskolnick.com, et suivez-le sur Twitter et Instagram (@adamskolnick).

Les guides Lonely Planet

Une vieille voiture déglinguée, quelques dollars en poche et le goût de l'aventure, c'est tout ce dont Tony et Maureen Wheeler eurent besoin pour réaliser, en 1972, le voyage d'une vie : rallier l'Australie par voie terrestre via l'Europe et l'Asie. De retour après un périple harassant de plusieurs mois, et forts de cette expérience formatrice, ils rédigèrent sur un coin de table leur premier guide, *Across Asia on the Cheap*, qui se vendit à 1 500 exemplaires en l'espace d'une semaine. Ainsi naquit Lonely Planet, dont les guides sont aujourd'hui traduits en 12 langues.

Nos auteurs

CHINA WILLIAMS

Auteure-coordinatrice, Chiang Mai Tous les deux ans, China Williams quitte sa petite vie tranquille pour mettre à jour ce guide de la Thaïlande. Cette fois, elle a emmené sa fille d'un an, pour la soutenir dans ses recherches et accroître son atout charme. La ruse a fonctionné : les Thaïlandais ont fondu ! China s'est rendue en Thaïlande pour la première fois en 1997, pour enseigner l'anglais à Surin. Depuis, elle traverse régulièrement le Pacifique pour mettre à jour des guides consacrés à l'Asie du Sud-Est. À chacun de ses séjours en Thaïlande, elle découvre un pays plus riche et plus heureux. China vit dans le Maryland (États-Unis).

MARK BEALES

Escapades hors de Bangkok Après avoir travaillé comme journaliste pendant 13 ans, Mark a troqué les rivages frisquets de l'Angleterre contre le littoral ensoleillé de la Thaïlande, où il vit depuis 2004. Il a contribué à de nombreux ouvrages Lonely Planet, a tenté sa chance comme présentateur de télévision et occupe actuellement le poste de directeur du département d'anglais dans une école internationale de Rayong. Sa plus grande fierté lors de ce voyage : avoir mangé la plus grande quantité de piment lors d'un concours organisé par une équipe de bénévoles à Sangkhlaburi. Pour en savoir plus sur le travail de Mark, consultez www.markbeales.com.

TIM BEWER

Escapades hors de Bangkok Enfant, Tim ne voyageait pas beaucoup, mis à part le pèlerinage rituel à Disney World et la semaine de vacances annuelle au bord d'un lac. Il s'est rattrapé depuis et a déjà visité plus de 80 pays, notamment en Asie du Sud-Est. Après l'université, il a travaillé comme assistant parlementaire avant de démissionner pour partir, sac au dos, à la découverte de l'Afrique de l'Ouest. Lors de ce voyage, il décide de devenir rédacteur et photographe de voyage free lance, profession qu'il exerce toujours. Il vit à Khon Kaen, en Thaïlande, depuis 2007.

Plus d'auteurs

L'essentiel de la Thaïlande
3e édition
Traduit et adapté de l'ouvrage *Discover Thailand, 3rd Edition, September 2014*

Dépôt légal Janvier 2015
ISBN 978-2-81614-795-7

Imprimé par IME (Imprimerie Moderne de l'Est), Baume-les-Dames, France
Réimpression 02, novembre 2015

En Voyage Éditions | un département place des éditeurs